文化哲学方法与闽南文化
思想政治教育研究

Study on Methods of Cultural Philosophy
and Ideological and Political Education
of Minnan Culture

李晓元 著

社会科学文献出版社
SOCIAL SCIENCES ACADEMIC PRESS (CHINA)

此书为闽南地和闽南人而作

亦为普遍世界或普遍人们所创

——献词

目　　录

导　　论

所谓闽南文化思想政治教育研究，即用文化哲学方法探究闽南文化思想政治教育的意义结构。而闽南文化思想政治教育研究，总是要研究闽南文化的历史逻辑、意义结构，在此意义上，本研究也是闽南文化哲学或闽南区域文化哲学研究。如此，本研究集文化哲学方法论、闽南文化哲学、闽南文化思想政治教育学于一体。

一　闽南文化思想政治教育学——用文化哲学方法研究闽南文化思想政治教育

黑格尔说过：一个民族的文化就是一座富丽堂皇的庙宇，而如果缺少了哲学（形而上学），就像庙里面没有神像一样。而人们并不是进入文化的庙堂就能摄取哲学之魂，文化哲学的观念和方法激发和引导人们对文化世界的认知、理解、体验、选择、建构和教育行动。

文化思想政治教育研究须基于文化哲学方法论，否则就不会是文化思想政治教育研究。闽南文化思想政治教育研究导源于文化哲学方法论，而文化哲学方法论导源于文化哲学的世界观。本研究首先建构不同于一般哲学方法论的文化哲学方法论新理论体系。文化哲学方法论是关于文化世界的认知、理解、体验、选择和建构的根本方法的理论体系。这一方法论的独到之处就是这是生活世界总体方法特别是工作世界本质方法以及由此而生的价值、伦理、审美方法。目前，学界尚缺失文化哲学方法论的专门研究，更没有把文化哲学方法建立在工作世界意义结构方法基础上。

　　本研究基于文化哲学方法论阐明基于工作世界的闽南文化生成的历史逻辑，以及先大陆后海洋的闽南文化运行逻辑；提出闽南文化的新界说，特别是阐明闽南文化思想政治教育新概念范式，透析闽南文化思想政治教育的内涵、特点、价值、方式以及闽南文化思想政治教育的具体、基本和标志形态，从而建构闽南文化思想政治教育学新话语体系和理论体系。闽南文化思想政治教育学就是用文化哲学方法探究闽南文化思想政治教育意义结构的理论体系，工作世界教育是其核心范式。学界对闽南文化思想政治教育的研究，尚停留于道德观、价值观、人生观以及各种精神意蕴的分散式和叠加式研究，尚无闽南文化思想政治教育的总体意义和结构概念，更没有把这些研究建立在文化哲学方法论基础上，特别是还存在文化历史叙事话语与思想政治教育学理论话语体系的断裂问题。从文本上看，学界尚无关于闽南文化思想政治研究的独立著作，本研究试图在这个方面开先河、补空缺。从理论上看，本研究提出并阐明闽南文化思想政治教育新概念，探究闽南文化思想政治教育的意义结构，开创基于文化哲学方法论的闽南文化思想政治教育学新理论体系，力图为思想政治教育研究和实践开辟区域文化思想政治教育学的新视野和新学科增长点。

　　本研究旨在为社会、大众主体特别是教育主体研究、认知、理解、体验和建构文化世界提供文化哲学方法论；特别是为教育主体——包括闽南文化风土中的教育主体和普遍世界教育主体——提供闽南文化思想政治教育的理念、路向、方法和格局，以区域文化思想政治教育开拓和升华人们的区域文化存在，进而实现区域文化与普遍世界文化相融通的双重存在意义，并为一般的或普遍的文化思想政治教育提供研究和实践的方法论和示例。

　　文化就是主体化，就是主体化世界，就是文化世界，就是生活世界总体，而工作世界居于文化世界的核心。闽南文化的生活世界总体和工作世界本质意义结构，注定了闽南文化思想政治教育的实质是生活世界总体和工作世界本质意义教育，而不只是历史叙事，也不只是信仰崇拜、亲缘攀附、名人阐释以及权贵、富商、族谱与门第找寻的教育，更不是文化搭台，经济、政治唱戏的功利化、物化、政治化的单向度教育。

　　闽南文化是区域文化，也是普遍世界文化。如妈祖文化发生、盛行于闽南，也潜行、显露于世界；土楼文化发生于闽南，却贵为世界遗产，世界人民只在网络的图片或旅行的览胜中看了土楼一眼，土楼便进入世界人民的脑海。至于其他文化形态的道德内蕴和精神结构则更是与中国传统文化相契合，与社会主义核心价值观相映照，与当代世界文化相融通。如此，把闽南文化归结为或言说成闽南区域文化或闽台区域文化是对闽南文化普遍世界意义的消解和遮蔽，是把闽南文化装进了属人属地的盒子，必须打开这个盒子，释放闽南文化的普遍世界意义和精神能量。

闽南文化不完全依赖闽南人或闽南地的存在而存在、消失而消失，她可以离开闽南人的肉体而游走四方，她可以超越闽南地而潜入异地、异域。这不是臆想，闽南文化的精神实存和物质载体遍布世界各地和各种人种的事实足以证实这一点。这种超越了有闽南人肉体依附的闽南文化，这种没有庙宇、研究院、研究所和标志性平台的闽南文化，是何等文化？是何等级的文化？关于闽南文化属人属地的界说未免有些偏狭和表显！它把闽南文化的小宇宙装进了地域与人域的封闭的盒子！必须打开这个盒子，释放这无庙宇属地和肉体与人身依附的闽南文化！让闽南文化小宇宙在生活世界总体和工作世界本质意义的光辉中爆发！让闽南文化思想政治教育的小宇宙爆发！这将是一种开启文化与思想政治教育姻缘关系的美与爱！这将是一次因捕获区域文化存在而嵌入普遍世界文化的冒险行动和艰辛旅行。

与其争论闽南文化的属人或属地边界，不如探究闽南文化的生活世界总体意蕴和工作世界本质，并将其转化为现代思想政治教育内容和实践，为师生、民众存在主体特别是闽南文化风土中的存在主体积聚精神能量；与其沉迷于闽南文化的历史感，不如体验和陶醉于闽南文化的现代性，并将这种现代性通过思想政治教育内化为主体的精神内核，拓展主体的文化生存空间。任何一种文化都有教育特别是思想政治教育意义，否则就不能在历史和现实中发生、延续和发展，就不能成为文化。闽南文化思想政治教育是闽南文化价值实现的现实场域、主体依托和策略关键。

闽南文化思想政治教育研究离不开历史学的历史叙事，但又不囿于历史叙事，它必须首先进入哲学的语境，再循着文化哲学的方法建构文化思想政治教育的话语范式和话语体系，最后抵达摆脱历史感进入主体感、超越历史性进入现代性的境界。这就是文化思想政治教育研究的主体化方法，它必须摆脱纯粹客观历史知识和历史叙事的束缚，进入主体化的理解、体验和建构行动，构建主体化的知识、精神和存在空间。

现实中重视闽南文化教育不等于重视闽南文化思想政治教育，重视闽南文化思想政治教育不等于重视闽南文化思想政治教育研究，重视闽南文化思想政治教育研究不等于重视其生活世界总体性和工作世界本质意义的研究，闽南文化思想政治教育概念范式的提出主要就是基于这样一种教育生态和研究生态。

二 内容、结构、逻辑、体系

本研究针对文化研究、理解和建构中存在的生活世界总体的裂变和工作世界本质的缺失问题，首先建构文化哲学方法论体系，再以此为导向，针对闽南文化研究、认知、理解中存在的过度历史叙事倾向和闽南文化思想政治教育研究的失语状态，考察基于工作世界的闽南文化意义的历史生成，并提出闽南文化概念的新界说，进而提出并阐明闽南文化思想政治教育新概念，再以此为前提，阐释闽南文化思想政治教育的结构、精神内核、普遍范式、文明发端，以及妈祖文化、土楼文化、闽南红色文化、闽南—台湾文化和闽南诗文化等闽南文化思想政治教育的具体、基本和标志形态，从而建构基于文化哲学方法论的闽南文化思想政治教育研究的新理论体系，即闽南文化思想政治教育学。研究结构分为方法论（第一章）、总论（第二章、第三章）和分论（第四至六章）三大部分。方法论主要基于文化哲学观念建构生活世界总体方法和工作世界本质方法以及由此而生的价值、伦理和审美方法的文化哲学方法论理论体系；总论主要用文化哲学方法探究闽南文化历史演进和概念内蕴，以及闽南文化思想政治教育的概念、特质、价值、方式及内容结构、精神内核和文明发端，从总体上揭示闽南文化思想政治教育的意义结构；分论是总论的具体化和进一步拓展，主要阐明闽南海洋文化、妈祖文化、土楼文化、红色文化、诗文化等闽南文化思想政治教育的普遍范式以及具体、基本和标志形态。上述闽南文化思想政治教育研究的内容结构就是闽南文化思想政治教育的内容结构，即闽南文化思想政治教育要从文化哲学方法论开始，再进行总论和分论内容的教育，或者说闽南文化思想政治教育的内容是基于文化哲学方法论的闽南文化思想政治教育总体意义结构与具体标志形态的关联体系。

　　闽南文化德育资源是闽南文化思想政治教育资源的精神内核，闽南文化德育是闽南文化思想政治教育的精神内核。而这一精神内核的根本还是工作创造、工作创世精神。精神内核是总体的内核，总体不能没有内核。如此，在闽南文化思想政治教育精神内核的意义上，亦将闽南文化德育资源现代转化研究置于闽南文化思想政治教育总论的结构论部分。开漳圣王文化是闽南文明文化的开端，是闽南教育特别是思想政治教育的开端，是开漳建州的开端。历史从哪里开始，逻辑就从哪里开始。因此，闽南文化思想政治教育具体形态的研究和教育就以开漳圣王文化思想政治教育为开端、发端。发端即发生的开始。而这开端是总体的开端，开漳圣王文化思想政治教育是闽南文化思想政治教育总体的开端，它比其他闽南文化思想政治教育具体形态更具有总体的意义，如此，将之置于闽南文化思想政治教育总体论的结构论部分。开漳圣王文化是生活世界总体文化，其本质意蕴就是工作创造、工作创世精神，开漳圣王文化思想政治教育彰显了闽南文化思想政治教育的核心范式，即工作世界本质教育范式。闽南文化思想政治教育总体离不开精神内核和文明发端，也离不开普遍范式以及具体、基本和标志形态。闽南海洋文化是闽南文化具体形态的普遍范式，是闽南文化的普遍特质，而不只是一个具体的或实体的形态。闽南海洋文化思想政治教育是闽南文化思想政治教育具体形态的普遍范式，在闽南文化思想政治教育中具有一定的总体性和普遍性，因此，它被作为单独一章阐述，它既属于普遍范式教育，又属于具体、基本和标志形态教育，其地位介于总论和分论之间，兼具总论和分论的双重意义。闽南开漳圣王文化、妈祖文化、土楼文化、红色文化以及哲学文化和诗文化思想政治教育，是闽南文化思想政治教育的具体形态，这些具体形态都是基本的或标志性的闽南文化思想政治教育形态，亦是闽南文化思想政治教育内容结构的进一步展开，它们都处于闽南文化思想政治教育的基本框架中，与总体共同构成一个关联体系。而闽南哲学文化和诗文化是闽南文化思想政治教育的理性导向和审美形式，无疑是闽南文化思想政治教育的高级形式。第一章"文化哲学的观念与方法"提到的"方法"，既是其他章节所使用的基本方法，也可视为闽南文化思想政治教育的具体、基本和标志形态教育之一，即闽南哲学文化思想政治教育形态。而第六章，即"闽南诗文化思想政治教育"恰好构成了与第一章哲学文化思想政治教育的呼应格局。一花一世界，一叶一树木。本研究至多只能在总体上和标志性文化形态上相对地抵达闽南文化的实体空间、价值意义和教育实存，无法穷尽它每一片魅力而丰盈的叶子。即使在总体和标志形态上也只是相对抵达，不可能穷尽所有的总体和标志。那些遗漏的总体和标志，将在以后的研究中进一步完善。

三 创新的概念、观点、方法

本研究提出和创新的基本概念主要是文化哲学方法论、闽南文化思想政治教育学、闽南文化、闽南文化思想政治教育、闽南文化德育、开漳圣王文化德育、漳台精神共同体，以及闽南海洋文化、妈祖文化、土楼文化、红色文化、闽南—台湾文化、诗文化及其思想政治教育等概念。

文化就是文化世界，就是主体化或主体化世界，就是主体化的生活世界和工作世界，而工作世界是文化世界的核心。文化哲学方法论是关于文化世界的认知、理解、体验、选择和建构的根本方法的理论体系，涵盖生活世界总体方法特别是工作世界本质、结构方法以及由此而生的价值、伦理、审美方法。

闽南文化是区域文化，也是普遍世界文化，是生活世界总体文化，更是工作世界本质文化，工作创造精神是其根本精神。闽南文化思想政治教育是一定的教育主体利用闽南文化的思想政治教育资源，对一定的受教育者主体进行教育的教育实践活动。闽南文化思想政治教育资源，主要包括闽南文化的世界观、价值观、道德观、人生观等思想观念的精神资源以及承载这些精神和观念的载体资源，其中生活世界总体精神和工作世界创造精神是闽南文化思想政治教育资源的根本精神。闽南文化思想政治教育资源现代转化就是以马克思主义为导向，将闽南文化思想政治教育资源转化为现代思想政治教育内容的教育实践活动。闽南文化思想政治教育学就是用文化哲学方法探究闽南文化思想政治教育意义结构的理论体系。

闽南文化思想政治教育不同于闽南文化教育并与之互动，不同于一般的思想政治教育并与之互动，不同于文化思想政治教育并与之互动。闽南文化思想政治教育是区域文化思想政治教育，也是普遍世界的文化思想政治教育。闽南文化思想政治教育是文化思想政治教育的具体化、区域化。文化思想政治教育是思想政治教育的基本范式，是将思想政治教育置于文化世界的格局和视野，利用文化世界的思想政治教育资源所进行的思想政治教育；区域文化思想政治教育就是利用区域文化的思想政治教育资源进行的思想政治教育。闽南文化思想政治教育研究和实践为文化思想政治教育和区域文化思想政治教育研究和实践开辟具体的道路，并在普遍的道德内蕴和精神结构的教育意义上实现与文化思想政治教育和各种区域文化思想政治教育的贯通、融合和同化。闽南文化思想政治教育是闽南文化思想政治教育资源的现代转化过程，闽南文化思想政治教育资源的现代转化就是教育主体将闽南文化蕴含的世界观、价值观、道德观等精神内蕴转化为现代思想政治教育内容的过程，这种转化可归结为导向转化、话语转化、融合转化、挖掘转化、多主体转化、多观念内容转化、多形式转化、多课程转化、多学科转化、多载体转化10种方式。

　　本研究创新的基本观点如下。

　　文化世界最初是工作世界意义的文化，随着工作世界的发展，文化世界才从工作世界文化拓展到生活世界文化并不断获得生活世界的总体意义。闽南文化意义的历史生成基础是工作世界，是内生与外生文化互构的过程和结果。任何一种文化都是主体与主体、区域与区域、区域与普遍世界共同造化的过程和结构，闽南文化历史上亦没有过纯粹的或完全的区域文化或原创文化，这恰好说明文化的工作世界本质和融合生成品性，工作世界天生就是一个多元主体或多元区域构成的文化共同体。闽南文明文化形成的历史图谱为：旧石器时代的氏族文化→新石器时代（内含青铜器时期）的"七闽"部落文化→闽越融合部落文化→闽越与中原移民融合文化→开漳建州的开漳圣王文化。开漳圣王文化是闽南文明文化形成的标志，是基于铁器工作技术的技术、制度、观念、教育和精神文化的总体，是大陆文化与海洋文化的总体。开漳圣王文化之前的闽南文化是蒙昧时期和野蛮时期的文化。闽南文化意义生成的历史表明闽南文化是生活世界总体文化和工作世界本质文化，是区域文化或闽南人的文化，也是普遍世界或普遍人们的文化。

　　思想政治教育不只是政治意识形态教育，更是生活世界总体和工作世界本质意义教育。生活和工作就是最大的政治！生活世界总体和工作世界本质意义教育就是最大的思想政治教育意义。闽南文化的内涵注定了闽南文化思想政治教育是生活世界总体意义和工作世界价值核心教育，世界观、价值观、人本观、道德观等，所有观念的思想政治教育意义都内含其中，也显露其外并成为相对独立又互相关联的意义教育。闽南文化思想政治教育不同于闽南文化教育，前者是以历史叙事话语为前提的哲学话语和思想政治教育学话语方式，是对历史的主体化过程；后者主要是历史叙事话语，是对主体的历史化过程。闽南文化思想政治教育的基本方式是历史叙事方式、现实描述方式与现代转化方式的统一，它内含了上述诸种转化方式，但又不同于转化方式，比转化方式具有更多的规定性，它是闽南文化思想政治教育的教育内容与教育方法的统一。历史叙事是闽南文化的历史知识、历史典籍、历史源流与嬗变的教育，是闽南历史文化思想政治教育的历史前提；现实描述是对闽南文化的现实生态进行描述，是闽南文化思想政治教育的现实场域；现代转化是在历史叙事和现实描述的基础上通过各种方式挖掘、凝练、解构和建构闽南文化思想政治教育资源并将其应用和付诸思想政治教育实践，是闽南文化的道德内蕴与精神结构的教育，是以马克思主义为导向对闽南文化的历史原典剔除其糟粕和烦琐形式、取其精华的过程，是闽南文化历史叙事教育的升华与价值旨归，是闽南文化思想政治教育的根本方式。

　　闽南文化思想政治教育的历史叙事不同于闽南文化历史学的历史叙事。前者关注的主要是闽南历史文化的源流、嬗变逻辑、进展规律、演变动能、范式生态以及内在的精神结构等方面，它不是面面俱到的叙说和喋喋不休的故事讲述以及挖坟掘墓式的考古，而是客观历史知识的主体化过程，是一种对历史文化知识的主体化认知、理解、体验、选择和建构；它顾及的主要不是历史感，而是历史逻辑；它在乎的不是历史顺序，而是历史范式；它沉迷的不是历史文化的趣味、权贵的显赫、名人的灵光与资本的豪华，而是其普遍的存在意义、思想观念和精神光辉。

　　闽南文化思想政治教育的现实描述指向的主要不是闽南文化的现实事

件和具体事情，更不是文学叙事，而是理性化、哲学化的解构性描述，即解构闽南文化现实世界的总体、本质、范式、价值与劣根性以及演进路向等方面，而文学叙事或各种表达形式的现实翻版不过是这种解构性描述的铺垫、材料或插曲，离开解构性描述，各种叙事和翻版就失去了现实的品格、文化的底蕴、学术的本意、艺术的审美以及应用和功利价值。如此，闽南文化思想政治教育的现实描述不是由历史学者、文艺学者、新闻媒体学者完成，而是由持有马克思主义文化哲学方法的哲学学者和思想政治教育学者及教育应用者完成。

闽南文化思想政治教育现代转化这一根本方式以历史叙事和现实描述为前提，但关键在于转化。首先，因为教育特别是思想政治教育不只是客观知识体系的复制、复述过程，更是对客观知识、客观世界的理解、体验和建构过程，如此，就需要主体化的转化，或者说主体化的转化就是把已有的知识、资源、客体转化成主体化的生活世界和精神能量。其次，闽南文化蕴含丰富的真、善、美文化资源，又包藏假、恶、丑以及封建迷信和各种劣根，这就需要转化，即以马克思主义为导向，对其进行优化制作，剔除糟粕、取其精华，并暴露其缺陷，批判其劣根性，消解其负能量。最后，闽南文化思想政治教育资源需要与现代文化融合，需要话语转换和思想与精神内蕴的现代性链接，这些都需要研究者、教育者和学习应用者的主体化转化、造化，即闽南文化思想政治教育资源不可能现成地摆在那里，不可能信手拈来告诉别人或送给别人。

除了上述创新的闽南文化及其思想政治教育的总体性观点之外，关于闽南文化先大陆后海洋的历史运行逻辑观点，关于闽南海洋文化是闽南文化思想政治教育的普遍范式观点，关于开漳圣王文化是闽南文明文化发端、开端及其精神内蕴和思想政治教育资源现代转化的一系列观点，关于闽南文化思想政治教育的内核即其德育资源及其现代转化的一系列观点，关于闽南妈祖文化、土楼文化、红色文化、闽南—台湾文化和诗文化思想政治教育的一系列观点，都具有一定的原创性或创新性。其主要观点有以下方面。

（1）开漳圣王文化、闽南海洋文化、妈祖文化、土楼文化、闽南红色文化、闽南—台湾文化、闽南诗文化，都是闽南文化的具体、基本和标志形态，也是闽南文化思想政治教育的标志形态，它们在具体和标志形态的意义上构成闽南文化思想政治教育的关联内容体系。

（2）闽南海洋文化是闽南文化的普遍范式，闽南海洋文化思想政治教育是闽南文化思想政治教育的普遍范式。闽南文化最初是孕育着海洋文化的大陆文化而不是海洋文化。先大陆后海洋是闽南文化的历史运行逻辑，也是闽南海洋文化的历史运行逻辑。闽南海洋文化最初是作为依附范式存在于闽南大陆文化中。新石器时代的"七闽"部落文化的贝丘遗址表明闽南文化海洋性的进一步增强并已形成一个海洋文化范式依附于闽南文化总体。闽越族或闽越国部落文化以及闽越部落与中原移民融合文化时期，闽南文化的海洋性进一步增强，但海洋文化依然是一个依附范式存在于闽越文化世界的总体。开漳圣王文化是闽南文明文化也是闽南海洋文明文化形成的标志，但唐代闽南海洋文化范式依然是一个依附范式存在于开漳圣王文化或闽南文化的总体。由于捕获了闽南文明文化的技术、制度和精神能量，从此闽南海洋文化步入快速发展的轨道，并成为闽南文化的前沿文化或主导文化。宋代以来，闽南海洋文化成为一个独立范式并与闽南大陆文化或闽南文化总体互动、互构。闽南海洋文化的本质在于海洋工作世界意义，其精神实质是走向海洋的海洋世界精神，其根本意义是以海洋为介质或通道的世界意义。

（3）妈祖文化是闽南文化的跃升与标志形态之一，并循着先大陆后海洋的历史逻辑行进。闽南文化先大陆后海洋的历史行进逻辑表明，闽南海洋文化经历了从闽南大陆文化的依附范式到相对闽南大陆文化的独立范式的过程，而宋代的妈祖文化、港口文化、海商文化是其独立范式的起始形态。从陆神到海神、从大陆文化到海洋文化是妈祖神明和妈祖文化的运行轨迹。妈祖文化作为闽南海洋文化的独立范式起始于宋代莆田圣墩妈祖文化的大陆文化生态，成就于明清时期移民化和普遍世界化的妈祖文化存在。妈祖文化是海洋生活世界总体文化，其本质是海洋工作世界文化；妈祖文化不只是信仰文化，更是持有妈祖信仰的生活世界和工作世界文化。妈祖文化思想政治教育主要是妈祖文化的历史逻辑、内蕴和精神结构的教育，它与妈祖文化教育是两个不同而相关的概念。

（4）土楼文化是闽南海洋文化与大陆文化双向价值行进的一个重要

指向。土楼文化是相对完整的生活世界总体意义文化，也是较为经典的工作世界空间文化，还是富有代表性的工作创造和工作世界共同体文化。土楼文化是以土楼建筑为介质的生活世界或文化世界共同体，而工作世界共同体是其基础和价值核心。土楼文化是多重工作世界空间文化，是外生工作世界和内生工作世界空间的总体。内生工作世界空间是指土楼建筑内部的工作世界空间，主要包括人口和劳动力的生产结构、工作空间布局结构；外生工作世界空间是指土楼建筑外部的工作世界空间，主要包括农耕生产空间结构、手工业生产空间结构、商贸空间结构、养殖空间结构等。而劳动力或工作力结构以及占有、分配、交往等工作关系结构是普遍的工作空间结构，既发生于土楼建筑的外部，也发生于土楼建筑的内部。

（5）在大陆与海洋的空间文化视野中，闽南红色文化与闽南文化、闽南海洋文化、闽南—台湾文化的历史运行轨迹一样，也是循着先大陆后海洋的历史逻辑前行；从内生与外生文化融合生成闽南文化的文化生成论视角看，闽南红色文化亦是闽南内生红色文化与闽南外生红色文化融合而成的过程和结果。新泉整训、红色苏区、红色人物、红色战争和长征文化是闽南红色文化的主要历史形态。闽南红色文化是生活世界总体文化，本质是工作创造、工作创世文化，与闽南文化处在互动、互构的结构和过程中。"战斗力"是闽南红色文化中标识民众工作创造力的文化符号。

（6）闽南—台湾文化是闽南文化的主导因子和标志形态之一，也是闽台文化的主导因子和标志形态之一。这就注定了闽南—台湾文化思想政治教育是闽南文化思想政治教育的主导因子和标志形态之一。闽南—台湾文化就是闽南与台湾的关系文化，其实质是闽南与台湾的共同体关系，即文化共同体，其深层结构或内涵是以工作创造精神为核心的闽南—台湾精神共同体。

（7）闽南文化先大陆后海洋的运行逻辑注定了闽南诗文化思想政治教育亦是先大陆诗文化后海洋诗文化的思想政治教育内容结构，前者主要是普遍世界空间的闽南外生诗文化思想政治教育，后者主要是具有海洋文化特质的闽南内生诗文化思想政治教育。闽南外生诗文化思想政治教育的主要内容是主体化诗学或工作诗学教育。主体化诗学是研究诗文化主体化或主体化诗文化的生活世界总体意义结构的理论体系，内含诗文化世界观、价值观、生存论和建构方法论。主体化诗学是以工作世界为基础和核心的关于诗文化总体意义结构的理论体系，是走进工作世界的诗文化哲学，即工作世界诗文化哲学，简称工作诗学。闽南外生诗文化思想政治教育是普遍世界诗文化思想政治教育。闽南内生诗文化是指闽南人创作的叙写、映照和建构闽南海洋文化空间的诗文化，闽南内生诗文化思想政治教育既能凸显闽南诗文化思想政治教育的区域特色，又能与普遍世界诗文化思想政治教育的意义相通融和连接。

（8）开漳圣王文化、闽南海洋文化、妈祖文化、土楼文化、闽南红色文化、闽南—台湾文化、闽南诗文化的总体都是生活世界文化，本质都是工作世界文化，精神内核都是道德精神，道德精神的根本都是工作创造、工作创世和工作共同体精神。这就注定了其思想政治教育的总体都是生活世界教育，本质都是工作世界教育，注定了其思想政治教育资源的精神结构都是以工作创造、工作创世和工作共同体精神为核心的关联体系。而其思想政治教育资源现代转化的基本路径都包括学校课堂转化、交流转化、载体转化、旅游转化等方面。各种具体转化方式都融合在这些基本路径中。

本研究创新的基本方法如下。

闽南文化思想政治教育研究的基本方法是文化哲学的主体化方法，即主体与客体、主体与主体共同造化历史、现实和世界的方法，即生活世界总体方法和工作世界本质方法，即研究者主体融合自身的生活、工作和存在境遇对闽南文化思想政治教育资源的认知、确认、体验、理解和建构方法，而不只是对已有知识、观念和精神的传播和翻版，更不是对客观历史的纯粹叙事。主体化方法追求的不只是历史感，更注重主体感和现代性，它沉迷的不是历史叙事，而是对历史文化的理解、体验、选择与建构，它必须将历史叙事话语体系和感性而零散的日常话语方式转换成理论化、逻辑化、审美化、境遇化、前景化的哲学和思想政治教育学的新话语体系，并最终抵达超越历史感和历史叙事的主体化文化世界或文化生存境界。这一基本研究方法也是闽南文化思想政治教育的基本方法。

文化哲学方法对纯粹客观历史知识或客观现实不感兴趣或持悬置态度，它把文化世界以及任何一种文化形态、形式的意义都视为主体与客体以及主体之间的共同生活和工作创造，都是研究者、教育者、学习应用者或生活者与工作者的主体间性的认知、理解、体验和建构。这也是一种主体化的描述和实事求是的方法，是马克思所言的"对现实、事物、感性从主体方面而不只是从客体方面去理解"的主体化的描述和实事求是的方法，而不是离开主体造化意义的客体化的描述和实事求是的方法；也是在客体意义合法性意义上的意识意向性方法，而不是现象学、解构主义、建构主义以及哈耶克新自由主义彻底弃绝客体意义的意向性方法或主观方法；当然，它更不是某些客体或客观主义历史学的纯粹历史叙事方法。它总是质疑或质问无主体的客观历史叙事者：您所说的历史感是什么意思？您所说的"实事"是什么意思？您觉得您自己的一些历史知识就是实事吗？您所说的历史知识有多少是道听途说的故事，有多少是野史县志的编排和传说？而即便是国家正规史官记载的历史，又有多少是避重就轻地投统治者所好，又舍弃了多少生活世界真实的诉求、丰富的爱憎与平凡和伟大的事迹，又遮蔽了多少工作世界的创造行动和生命艰辛？而即便是面对客体遗迹和古董的考古学，又能从一个头盖骨或一个青花瓷的纹理和符号中读出多少确定和不确定的历史事实和意义？我们这么问、这么说并不是否定历史的客观事实和意义，更不是不相信历史和客观知识，而是说没有纯粹、绝对、完满的客观历史和知识，这就需要研究者、教育者、认知者主体化的理解、体验、建构，这种主体化的建构就是主客体以及主体间性的共同造化，共同造化历史与现实、主体与客体相融通的生活世界和工作世界。我们只想做一个既相信历史又相信自己，既相信客体、客观又相信主体造化的人，我们不想做一个只相信历史、只知道客观知识而不相信自己、不知道主体造化的人。历史客观或历史知识离开主体化的生活世界和工作世界、离开主体化的意义造化以及话语清理和话语建构就毫无意义，"历史感"离开主体感就毫无意义，背景知识离开前景化的存在就毫无意义，境遇情境离开生活世界境界特别是工作世界境界就毫无意义。哲学与思想政治教育学必须从无主体的客体化走向总体的主体化，从背景走向前景，从境遇走向境界，从历史感走向主体感，从客体化的实事或事实走向主客体共同造化的生活世界和存在空间。

文化哲学，闽南文化哲学或闽南区域文化哲学，闽南文化思想政治教育学，都是基于一定历史、客观或客体知识的主体化创作，创作的材料，一个是经典文本，一个是现实世界，而后者才是这种创作和作品的统领者和评判者，因为后者是一切文化创作和作品的意义策源地和价值旨归。而创作的内容就是主体化的生活世界和工作世界及其超越了历史叙事话语和客观知识概念的主体化话语方式和体系。

闽南文化思想政治教育学不像历史、历史名人和经典文本都现成地摆在那里，它需要创作、创造，历史上和经典中没有闽南文化思想政治教育学。如此，闽南文化思想政治教育研究的另一个基本方法就是"打断讲"的方法，而不是"接着讲"的方法，更不是"照着讲"的方法。这种研究主要顾及的是历史、现实和未来，是主体化的历史、现实和未来，是主体化的生活世界和工作世界。它只照着这种历史、现实和未来讲述，只照着生活世界和工作世界的本来面目描述，而对于那些远离生活世界总体和工作世界本质的学界话语则给予悬置或打断，绝不"接着讲"或"照着讲"。它总是对"学界"保持自己自言自语的生态，而不与学界对话不等于不对话，它一直都在与历史主体、现实生活和前景化世界对话，一直都在与有这种旨趣的思想家对话。这种"打断讲"的方法就是马克思倡导和践行的"跳出学术、学界圈子直面生活世界"的"打断法"或"描述法"，在一定意义上也是时下颇为流行的现象学的"悬置一切概念和实体直接进入现象（现实）世界"的"打断法"或"描述法"，而这种打断和描述是主体化的打断和描述，甚至在一定程度上是主体意向性的打断和描述。因此，这种"打断法"与上述主体化方法是一个关联的研究方法体系，它们都与学界盛行的"接着讲"和"照着讲"的研究方法相对峙。

我们可以"接着讲"和"照着讲"，但不能总是这样。学者的治学和存在者的存在都要有"打断讲"的勇气，"打断讲"并不是不对话，而是不与学界的圈子或圈子里的学界对话，它一直都在对话，与现实对话、与历史对话、与思想家对话。存在者的存在也是这样，要讲述自己心底的声音，倾听自己心底的声音，这心底的声音就是现实的声音，就是历史的声音，就是思想家的声音。这种"打断讲"并不是在别人津津有味地讲话的时候打断别人讲话的那种不礼貌的"打断讲"，它十分尊重和熟悉别人的讲话，只是在远离别人讲话场所的地方，不顾及那些"照着讲"或

"接着讲"的话题，只顾讲主体化的历史和现实世界的话题，只顾讲主体化的生活世界和工作世界的话题。每个真实的存在者都是思想家，都是历史、现实和文化世界。我们为什么总是要照着别人讲或学着、接着、跟着、模仿别人讲呢？难道就没有一个自己的话题吗?! 每片叶子、每只小鸟、每只昆虫都有自己的话题，何况人乎？存在是一个语言世界，存在的意义就是语言的意义，语言就是话题，有多少存在、生活、工作就有多少话题! 只不过有些生活的话题只在生活中叙说，没有必要或没有能力进入或转换成学界的话题。

第一章　文化哲学的观念与方法

现实世界是一个文化世界，文化世界是生活世界的总体，其本质是工作世界，如此，人们对文化的研究、认知、理解、体验和建构就是对生活世界总体和工作世界本质的认识与建构。这就需要文化世界方法论，即文化哲学方法论。文化世界方法论基于文化世界观，文化哲学方法论基于文化哲学世界观，因此，本章首先探究哲学研究的现实世界，即文化世界走向，从生活世界、工作世界、社会世界等多维视角确立哲学研究的文化世界场域，进而考察马克思和许茨的文化世界观念，在此基础上，探寻文化哲学方法论，从而为文化世界的认知与建构确立总体和根本的文化哲学方法。

第一节　哲学研究转型论——哲学
走向多重文化世界①

时下国内哲学界关于马克思哲学转向的研究方兴未艾，如马克思哲学的实践转向、生活世界转向、生存论转向、政治哲学转向等。这些转向都是哲学理论研究内部的转向，即从一种理论研究范式向另一种理论研究范

① 此节为国家社会科学基金项目"马克思主义哲学中国化的文化世界向度研究"（12BZX011）、教育部人文社科基金项目"许茨生活世界现象学理论研究"（12YJA720008）的阶段性成果。原载于《社会科学辑刊》2013年第4期，选入本著作时文字上略有改动。

式的转向，而最需要的是哲学研究自身的转向，即从过度的理论哲学研究范式向被遗落了的现实世界哲学研究范式转型。这里，现实世界就是以生活世界为总体、以工作世界为核心的多重文化世界。下面从四个方面以马克思哲学研究观审视这种转型，而这种转型的主题就是从资源型的理论哲学研究范式向创造型的现实世界哲学研究范式转型。这种转型是一种研究类型（即研究价值轴心）的转换，每一种转换的研究类型中都肯定被转换类型的合法性并允许其适度存在。

一　从哲学观统领的研究方法向现实世界主导的研究方法转型

现实世界主导的哲学研究方法即现实世界描述方法，它与哲学观或某种先在的哲学结构统领的哲学研究方法相对峙。前者指向现实世界，价值轴心是现实世界；后者指向既成的理论和概念，既成的哲学理论或概念是价值轴心。前者也考察既成的哲学理论和概念，但不以此为轴心和价值归宿，而是以此作为研究或描述现实世界的指向、借鉴和佐证。现实世界描述方法源于马克思的现实世界哲学研究观，其基本要义有以下两个方面。

第一，现实世界描述方法的本质是回到现实世界本身，按现实世界本来面目认识世界。现实世界描述方法就是搁置先在的或给定的哲学观和研究结构，即跳出哲学的圈子，走进现实世界，叙说和建构现实世界。这个过程就是回到事物本身，按事物本来面目认识事物的过程。"在思辨终止的地方，在现实生活面前，正是描述人们实践活动和实际发展过程的真正的实证科学开始的地方"；"对现实的描述会使独立的哲学失去生存环境"；① 每个时代哲学研究的前提"只能从对每个时代的个人的现实生活过程和活动的研究中产生"。② 马克思称脱离现实世界的哲学研究（即从概念到概念、从理论到理论的哲学研究）为"独立哲学"，他不顾"独立哲学"的哲学理念、哲学方法和哲学话题，只顾按事物的本来面目认识事物，即描述现实世界，让现实结构统领或主导哲学观和哲学结构，并通过现实世界的研究来表达自己的哲学研究观或哲学观。"不是从观念出发

---

① 《马克思恩格斯选集》第 1 卷，人民出版社，1995，第 73 页。
② 《马克思恩格斯选集》第 1 卷，人民出版社，1995，第 74 页。

来解释实践，而是从物质实践出发来解释观念的形成"；① 是"按照事物的真实面目及其产生情况来理解事物"，这样，"任何深奥的哲学问题……都可以十分简单地归结为某种经验的事实"。② "不从观念出发"就是对已有哲学特别是当时盛行的"独立哲学"话题的打断，也可视为一种对已有哲学观念抛空似的"悬置"，但马克思这种悬置是通过"打断"使其自然而然悬置起来的。马克思认为通过对现实世界或实践的描述，那些诸如"实体""自我意识"等"高深莫测的创造物"问题，"就自行消失了"。③"打断"后进入现实世界的新语境或新话题。新的话题是由一些新的概念和命题构成的，都来自现实世界，如实践、生活过程、生产活动、生产力和生产关系等。当然，马克思也接续了黑格尔、费尔巴哈乃至整个哲学史的哲学文明，但这种接续是在对现实世界的描述过程中用现实哲学概念和话题对其进行批判、改造、继承与扬弃，而不是用它们来审视、评判现实世界。在马克思看来，描述现实世界是第一原理或首要原则，顾及或研究他人或经典哲学只是为描述现实世界清除障碍或寻找佐证。而对于纯思辨的没有现实世界意蕴的"独立哲学"的概念和话题，马克思则予以坚决彻底的打断，绝不接续，并欲使其"自然消失"。

第二，现实世界描述方法是对现实世界总体意义结构的动态描述。哲学描述不是对某个或某些具体现实问题的描述，而是总体性和根本性的描述，是世界观意义上的描述，而这种总体性又是多层次的。马克思在《德意志意识形态》中首先通过对物质生活的生产、新的需要的生产、人与人和自然关系的生产、生命的生产以及精神文化的生产等五种生产活动的描述描述了生产活动的总体性，又通过对生产力、生产关系、经济基础和上层建筑及其关系的描述描述了社会历史活动的总体性，还从人的存在与本质、物质生活与精神生活的视角描述了现实人的总体性。这种总体的描述是对本体论哲学的超越，本体论哲学只是从一个本体演绎、推导出总体的存在。这种描述又是对每个时代现实人的现实世界总体性的动态过程的描述。马克思除了认为对总体性的描述"离开现实的历史就没有任何

---

① 《马克思恩格斯选集》第 1 卷，人民出版社，1995，第 92 页。
② 《马克思恩格斯选集》第 1 卷，人民出版社，1995，第 76 页。
③ 《马克思恩格斯选集》第 1 卷，人民出版社，1995，第 76 页。

价值"外，还特别指出了每个时代的哲学前提"只有在对每个时代的个人活动和生活过程的描述中产生"。总体性描述预示着对事件和问题的描述。在马克思看来，一切事件和问题特别是重大事件和问题都根源于现实的物质生产活动，而这一根本又构成现实世界的总体，因此，哲学只研究现实问题和事件而不研究现实世界总体就是舍本求末的做法。

依据马克思的现实世界描述方法论，重大哲学转向或变革首先集中、突出地表现为哲学研究方法的变革，而不是先思考出一个新的哲学观再进行哲学变革。而国内学界哲学研究观形成了一种先在哲学观统领的研究结构。一种流行的观点就是以哲学观或哲学理念统领哲学研究、评判哲学的是非。有学者认为，"哲学史上发生的哲学转向或变革，其突出标志在于提出了不同于传统哲学的种种新的哲学观"。① 又有学者认为，"人们必须从哲学观或'哲学理念'出发，去看待和评价各种不同的哲学理论，去理解和解释哲学的发展史"。② 还有学者指出，哲学学者"应经常地反观哲学自身，思索'什么是哲学'的元问题"。③ "对于某种哲学体系的建立和发展来说，最重要的是一种哲学观念的确立，正是在特有的哲学观的统领下，一种哲学理论的根本立场、思维方法、理论进路、理论特征才得以形成，并最终建构起完整统一的哲学理论。"④ 而以马克思现实哲学研究方法审视，哲学创新、转向或变革，首要的是按事物的本来面目描述现实世界，哲学的前提、出发点（亦即第一原理）不是哲学观，而是从"对现实生活过程的实际描述中产生"。因此，哲学变革并不是"突出表现为哲学观的变革"，恰好相反，哲学观的变革依赖于哲学研究方法、研究过程、研究内容等哲学总体性的变革。马克思并没有在哲学变革之前单列出一个"关于什么是哲学的元问题"并加以"不断的思考"，他的哲学观或哲学理念是在哲学研究过程中逐步表明、流露和明亮的。有了哲学研究总体性的变革，哲学观的变革就可以自明，否则，无论怎样"不断地

---

① 高清海、孙利天：《马克思的哲学观变革及其当代意义》，叶汝贤、孙麾主编《马克思与我们同行》，中国社会科学出版社，2003，第21页。

② 孙正聿：《哲学通论》，辽宁人民出版社，1998，第23页。

③ 俞吾金：《俞吾金集》，黑龙江教育出版社，1995，自序第6页。

④ 朱爱军等：《试论马克思的哲学观》，《沈阳师范大学学报》（社会科学版）2010年第5期。

加以思考"，都不会有新的关于哲学是什么的哲学观。这正如海德格尔所言："如果我们为了更清楚地说明什么是哲学而喋喋不休地总是在谈论哲学，那就会在毫无结果的起步上停滞不前。"① 在哲学变革之前或之初就首先表明的哲学观，若是一种旧有的哲学观，它就不是哲学转向和变革；若是一种"新的哲学观"，那就肯定是一种先验的哲学观结构。而"用哲学观和哲学理念评判哲学"，还会导致用先验的哲学结构评判正在生成着的现实世界哲学研究，这样现实哲学研究必然会因为不符合某种哲学观、哲学理念或哲学范式而被评判者评判掉，这样哲学研究就只能在某种既成的哲学观或哲学理念中进行，就永远不会有新的哲学研究和新的哲学观。现实世界才是哲学的评判者。

先验哲学研究方法导致诸多先验的哲学研究结构，典型表现是"解释哲学""先验研究方法论哲学"和各种"构建体系哲学"。"解释哲学"用给定的哲学观和研究结构解释现实，是一种比较普遍的先验研究结构。"先验研究方法论哲学"试图在研究现实世界之前，先设定出一些研究路径，然后让其他哲学研究者顺着这些路径研究，是当下较为流行的一种先验研究结构。哲学研究路径是研究者在对现实世界的实际研究中一步一步走出来并清晰起来的，在研究之前事先设定一些路径必是先验的路径或别人走过的经验的路径，若是前者设定者和其他研究者都无法走下去，若是后者则是过去时，无法完全通达于现在的世界。马克思认为抽象的理论离开具体的历史就毫无意义。同样，抽象的研究路径离开对现实世界的实际研究亦毫无意义。此外，从概念推演概念的概念哲学和从体系推演体系的体系哲学也是持续很久的先验研究结构。如有学者认为哲学概念和体系都是从已有哲学概念和体系中推演或整合出来的，"哲学是一种概念活动，是一种理性推理活动，这是西方哲学超越性或纯粹性所在，是哲学的魅力所在"。② 哲学描述主要是对现实世界的理性描述，那种对概念或先验意识的"纯粹"探索和描述，绝不是什么"超越性魅力"，仅是研究者自由理性或思辨意识得以生存的一点理由，而这一点理由或"魅力"是以丧

① 〔德〕海德格尔：《形而上学导论》，熊伟等译，商务印书馆，2005，第10页。
② 江怡：《共时性哲学空间中的中国与世界》，《哲学研究》2008年第11期。

失整个现实世界为代价的。哲学真正的"超越性魅力"是融于现实世界并超越现实世界的魅力。还有学者痴迷于在既成哲学体系基础上和框架内构筑新的体系:"立足于哲学研究在当代中国既深度分化又高度综合的历史趋势与现实状态,从建立具有高度整合性的当代中国哲学的高度来考虑现有各分支哲学的对话的问题,使之能够真正超越具体学科的局限和狭隘眼界,促进各分支哲学的沟通与融合,建构起既有传统根基又有当代内涵,既有民族特色又有世界意义的当代中国哲学体系。"① 应该说,当代中国哲学体系不是各种哲学的整合,而是描述现实世界的哲学体系。"一切划时代的体系的真正的内容都是由于产生这些体系的那个时期的需要而形成起来的。所有这些体系都是以本国过去的整个发展为基础的。"② 如此,当下哲学研究需在理论上消除先在哲学观或先在哲学体系统领的哲学研究理念,弘扬现实世界主导的哲学研究方式,实实在在走进多维总体的现实世界。

二 从理论哲学研究范式向现实世界哲学研究范式转型

马克思的现实世界描述方法论必然导致现实世界研究对象视域论,即主张哲学研究的对象视域是现实世界。而先在哲学观统领的哲学研究必然要把哲学研究的对象视域或着力点放在寻找已有哲学观既成的哲学理念和结构上,必然导致过度的"理论哲学"研究倾向。如此,戒除这种先验结构统领的哲学研究,就必须从理论哲学研究范式向现实世界哲学研究范式转型。理论哲学研究范式之所以为范式,就在于它是在相当长的哲学研究过程中沉淀、凝结、活跃并被学界普遍接受的研究方式。这里说的"理论哲学研究范式"是指只研究既成的哲学理论或他人的哲学思想而不研究现实世界的研究生态。描述地看,理论哲学研究范式又可分为四个具体范式:一是"关于什么是哲学、怎样建构哲学体系"的元哲学研究,即从既成的概念和理论中寻找哲学观、哲学结构和体系的研究;二是总结哲学研究,即用先在的哲学观念解构、总结、梳理已有的哲学理论和思

---

① 参见欧阳康《对话与反思:当代英美哲学、文化及其他》,人民出版社,2005,第 3 页。
② 《马克思恩格斯全集》第 3 卷,人民出版社,1960,第 544 页。

想；三是解释哲学研究，即用既成的哲学理论解释现实，或用既成的现实解释、说明既成的哲学理论；四是抽象研究方法论哲学，即专门从经典文本或经典作家的思想中寻找哲学发展、创新的经验、路径，指示哲学研究方向。这些哲学研究的特点就是以既成的或先在的哲学概念、理论、体系为价值轴心，不顾现实世界的本来面目。从理论哲学研究范式向现实世界哲学研究范式转型，实质是研究价值轴心的转向，即从以理论为价值轴心的哲学研究转向以现实世界为价值轴心的哲学研究，而不是只研究现实世界，不研究理论和文本，那样就犯了同只研究理论、不研究现实世界一样的单面性错误。理论哲学具有解释、传承、梳理已有哲学思想的重要价值，但若过度甚至只研究理论哲学，这就是价值轴心或价值取向偏离、背离了现实世界，就应该转向现实世界哲学研究。

下面简单描述一下学界存在的以理论哲学研究为价值轴心、把现实世界哲学研究边缘化的典型状况。其一，生活世界哲学研究不研究现实生活世界，而是只研究经典哲学家的生活世界理论或概念。其二，马克思主义哲学中国化研究不研究中国现实世界，而是专门研究经典作家中国化的理论、经验、路径以及中国化的概念辨析，甚至在学理上和学科建设上就人为地把马克思主义哲学中国化研究界定、限制在对经典作家中国化理论或既成的中国化成果的研究范围，这就排斥了普通哲学研究者把马克思主义哲学中国化的权利，也使得那些关于中国化的路径、经验的研究因为没有人有权利和资格按这些路径和经验去进行中国化的现实研究而失去研究的必要和意义。其三，研究大众化的哲学不研究大众，而是专门研究经典作家大众化的经验、路径以及大众化的概念辨析。其四，从现在国内一些重要的哲学类学术期刊、论著、课题以及学术会议看，几乎很少有直面现实世界的哲学研究。这里仅举一例。如细数 2011 年立项的 173 项国家社会科学基金资助项目，就会看到 90% 以上的项目都是理论哲学研究，现实哲学研究课题只在 10% 左右，且大多是诸如乡村伦理、绿色发展动力机制、人民内部矛盾、文化全球化、文化软实力等具体现实问题层面的哲学应用研究，缺失对现实世界总体的研究，缺少具有现实世界观和方法论意蕴的现实世界哲学研究。这种立项结果是立项审批者和申报者的理论哲学研究旨趣和价值轴心的双重写照和反映。

那么，为什么会造成理论哲学研究过度、现实世界哲学研究不足这样一种价值轴心偏离的格局呢？原因很多，且一些原因也是众所周知的，这里仅说两个似乎还未被人们提及的原因。其一，现实世界哲学研究在理论上是一种"为之于未有"的行动，它不是研究僵死的文本，而是面对活生生的现实世界和现实的人，是以活的现实为参照系和对照物，它一方面解读现实，另一方面也被现实解读，这种双向的比对、交流、照看甚至对峙，就限制了理论哲学研究中研究者对历史文本的随机的理解和先在结构的翻版，也使得那种文本化解读的创意、创新不再轻易降临，它必须实实在在地回到事情本身，即按事物的本来面目认识事物，如此，它是开拓、开创、开启、开辟、开发性的较为艰难的研究行动。它没有理论的参照系，也没有曾经存在过的现实世界的参照系，而是直面一个丰富、陌生而亲历的世界，它最需要不怕失败的冒险精神，需要承受在圈子哲学之外的寂寞，需要拥有面对圈子内哲学时的淡定心态。而理论哲学研究是在事先给定的概念范式、经验资料的前提下进行，是"为之于已有"，是逻辑化、系统化以及缩略化和通俗化意义上的复述、介绍或建构，是较为容易、便捷和没有风险的众人皆可作为的"研究"，如此就导致了理论哲学研究盛行及对现实世界哲学研究的遮蔽状态。其二，资源型经济衍生资源型文化，进而衍生资源型研究。资源型经济就是不创造，主要依靠开发贩卖已有资源发财致富，如此而生的资源型文化亦是不创造新文化，主要靠研究、传布和贩卖已有的文化资源维持文化生态，如儒文化热、道家文化热、西方文化热等文化生存状态，而唯独没有创造文化热。如此而生的资源型哲学研究就是主要依靠研究已有的或既成的哲学思想资源维持研究生态，而不研究现实世界，这就造成了理论哲学研究过度的研究生态，或者说理论哲学研究范式就是资源型哲学研究范式。

哲学不能总是论证、解释、解构既成的经典或他人的思想，哲学研究要成为有难度和高度的现实世界哲学研究。如此，要循着马克思的现实世界哲学研究结构和方法，进行理论哲学研究范式向现实世界哲学研究范式的转向，这一转向的根本就是立足中国实际，走进生活世界、工作世界、文化世界等多重现实世界的总体，并在这种研究和描述中预示现实问题和事件，实现基础哲学研究与哲学应用研究的一体化。而实际上，这些现实世界哲学研究范式已经或正在现实中孕育和生成，这恰好是当今学界哲学研究的景气和活力所在。资源型经济要向创造型经济转型，与此相应，资源型文化要向创造型文化转型，资源型哲学研究（即理论哲学研究范式）要向创造型哲学研究（即现实世界主导的现实哲学研究范式）转型。如此，在各级项目申报中，哲学学科除了重视资源型哲学研究选题立项外，还要重视和增加一定数量的现实世界哲学选题立项。各种期刊特别是哲学专业类期刊，如《哲学研究》等，除了发表理论型或资源型哲学研究论文外，也要加大刊发现实世界哲学研究的论文的力度。

三　从现实问题情结向现实世界总体旨趣转型

从以理论研究为轴心的理论哲学研究向以现实世界为轴心的现实世界哲学研究转型，还要注意审视和戒除过度的"哲学要研究现实问题"的现实问题情结。理论哲学研究向现实世界哲学研究转型，是向现实世界总体视域的转向，而不是转向具体现实问题或事件。哲学是世界观的理论体系，马克思主义哲学中国化研究不只是研究经典作家的思想和文本，也不只是研究某个或某些现实问题乃至重大问题的哲学应用研究，更不是脱离中国实际抽象地探求世界的一般意义，其本质是立足中国实际研究现实世界总体性的世界观和方法论研究，如毛泽东的实践哲学和矛盾哲学研究、邓小平的社会历史观思想研究。马克思主义哲学中国化研究要有世界向度、现实向度，更要有现实世界总体向度。与其说哲学要研究现实问题，不如说哲学要研究现实世界。这里"现实世界哲学"用语有别于研究现实问题的"现实哲学"一词。

马克思哲学的现实世界描述方法论和视域论都强调现实世界的总体性，即哲学是世界观，哲学研究现实世界是研究现实世界的总体意义结构，而不是某个或某些现实问题或具体问题。哲学研究的出发点是现实的总体的人，即人的生活世界，现实世界是人的世界。"人就是人的世界，就是国家"；[①] "全部社会生活在本质上是实践的。"[②] 哲学研究以现实的

① 《马克思恩格斯选集》第1卷，人民出版社，1995，第1页。
② 《马克思恩格斯选集》第1卷，人民出版社，1995，第56页。

总体的人为出发点，必然会进一步深入这个现实总体的核心，即实践活动。"这种活动、这种连续不断的感性劳动和创造、这种生产，正是整个现存的感性世界的基础。"① "全部社会生活的基础"和"整个现存的感性世界的基础"就是实践的世界总体意义，而生产实践或劳动的主体化、实体化、现实化就是人的工作实践或工作世界。如此，哲学研究以实践为核心还要主体化、实体化为以工作世界为核心。马克思的"异化劳动理论"和《资本论》既是从社会世界层面研究现实的生产实践总体，又是从主体层面描述现实的工作世界总体。"哲学家们只是用不同的方式解释世界，问题在于改变世界。"② 这些都表明马克思哲学具有强烈的现实世界总体境界意蕴。在马克思看来，缺失对现实世界总体和结构的哲学研究，就会导致把历史看成"脱离现实生活和生产"、脱离"日常生活世界"的东西，是"处于世界之外和超乎世界之上的东西"，就会"只能在历史上看到政治历史事件"和"一般的理论斗争"，从而导致"虚幻"或"妄想"式的研究。③ 马克思特别强调哲学研究是"完整地描述事物（因而也能够描述事物的这些不同方面之间的相互作用）"；④ "只要描绘出这个能动的生活过程，历史就不再像那些本身还是抽象的经验论者所认为的那样，是一些僵死的事实的汇集，也不再像唯心主义者所认为的那样，是想象的主体的想象活动。"⑤ 哲学研究是对现实生活过程总体的研究，是为事件、事实、现实问题或其他理论研究提供现实生活和实践的基础和前提，离开现实世界总体性孤立研究事件或用既成的概念解释、推演事件，就会割断、遮蔽事件或问题的现实总体性结构。马克思哲学本身也不是从某个或某些重大事件或现实问题开始，而恰好是从日常生活中的吃、穿、住、行开始，描述现实世界的总体意义结构。

德里达强调"没有事件就没有历史和未来"，⑥ 詹明信则呼吁哲学应

---

① 《马克思恩格斯选集》第 1 卷，人民出版社，1995，第 77 页。
② 《马克思恩格斯选集》第 1 卷，人民出版社，1995，第 61 页。
③ 《马克思恩格斯选集》第 1 卷，人民出版社，1995，第 93 页。
④ 《马克思恩格斯选集》第 1 卷，人民出版社，1995，第 92 页。
⑤ 《马克思恩格斯选集》第 1 卷，人民出版社，1995，第 73 页。
⑥ 杜小真、张宁：《德里达中国讲演录》，中央编译出版社，2003，第 69 页。

该回归到当前"事件"本身，成为"事件哲学"。① 而哲学只可以在总体的意义上抵达每一个事件、问题，但不能穷尽它们的全部意义。如此，后现代的"事件哲学"只能沦为对某个或某些事件、问题的文学叙事、诗歌道白，而非现实世界总体的哲学描述。受国外学界特别是后现代哲学把哲学研究事件化、碎片化的影响以及功利主义的利益驱动，国内学界形成了一种把哲学研究事件化、具体问题化的哲学研究观和研究倾向。如有学者认为，马克思哲学新世界观的现实向度就是研究现实问题或重大事件。② 在国内学界，这种事件或现实问题研究情结几乎是一个深入每个研究者内心的研究情结，是一个恒久的思维定式，看上去似乎是一个不该有任何瑕疵、不该被任何人质疑的固化的研究范式。而以马克思哲学研究观审视，事件或现实问题研究情结作为一个马克思主义哲学的研究情结，在一定程度上是对马克思现实世界哲学研究观的误读；作为一个自然而然的情结，则是一种对哲学的世界观本蕴缺乏自觉，试图靠哲学解决经济社会具体问题的功利主义哲学研究观。马克思的现实世界哲学研究观认为，现实世界哲学研究既不是孤立地研究现实问题，也不是离开现实生活抽象地研究现实世界的一般意义结构，而是融合一定的时代境遇研究多重现实世界的总体。"现实问题""重大事件"乃至"重大现实问题"都是一定领域的具体问题，主要是具体学科研究，如 2012 年国家社科基金社会学立项课题紧扣"十二五"规划选题取向，重点资助事关我国社会发展的重大现实问题和社会关注的热点问题研究，研究内容基本覆盖了社会学各专业领域。哲学是世界观，是现实世界总体意义结构的研究，哲学研究的现实问题情结实际是把哲学研究同社会学等具体学科的研究混同了。

纵观国内学界的哲学研究，虽然研究者一直在接续"哲学要研究现实问题"这个话题，但始终没有出现一个研究重大事件和现实问题的哲学，倒是涌现出一些研究现实世界总体性的哲学，如一些研究生活世界、工作世界、社会世界、文化世界的现实哲学，这些恰好是当下哲学的景气所在。重大事件和问题不过是存在总体中的一个事件或问题，哲学对现实

---

① 詹明信：《回归"当前事件哲学"》，《读书》2002 年第 12 期。
② 陆杰荣：《马克思"新世界观"的现实性向度及其实质》，《中国社会科学》2007 年第 6期。

世界总体的研究，内含和预示了对事件或问题的研究。哲学要学会从现实世界研究中预示重大事件或重大问题，而不是等重大事件和问题出来了再研究，那就有些晚了。哲学研究的现实问题情结实质就是用具体问题或事件研究代替现实世界总体研究，这与国外学界特别是后现代的去总体化、把哲学研究事件化和碎片化的倾向是同一逻辑，既不能抵达现实世界总体性，也不能进入现实事件或问题的总体性，都无法回到事情本身，无法抓住人这个根本。这些研究往往是出于这样一个幼稚的思维，即认为总体性的哲学不解决实际问题，没有实用价值，而研究具体问题或事件才有应用价值。这种把哲学完全功利化、工具化的急功近利的哲学研究，不可能抵达哲学的境界，而哲学的境界就是哲学的世界境界，就是哲学的现实世界总体境界。哲学研究现实世界的总体不是不研究具体事件和重大问题，而是在全体的具体（即总体）中研究具体事件或重大问题。哲学要从单向度地过度研究重大事件和现实问题的情结中解脱出来，走进现实世界的总体意义，实现对具体问题和事件的超越。哲学可以在现实世界总体意义上抵达每一片叶子，但不能穷尽其全部意义。把哲学具体化、问题化，除了具有功利主义的诉求外，还具有后现代哲学乌托邦色彩。因此，哲学研究者要增强研究现实世界总体的自觉、能力。而从哲学研究机制看，课题申报立项、社科优秀成果评奖以及期刊论文发表都要加大对现实世界总体哲学研究的支持力度。

四　从经济本位、个人本位向大众本位转型

马克思哲学研究观的目的论同其研究方法论、视域论一样，总是特别顾及哲学对实践应用者的价值意义。"世界的哲学化同时也就是哲学的世界化。"① 马克思所说的哲学现实化或世界化有两个内涵：一个是对研究者来说，就是通过描述现实世界使哲学成为现实世界哲学；二是对哲学应用者来说，就是用现实世界哲学思维方式或精神力量去改变现实世界。哲学研究的根本目的是为大众提供精神力量，实现人的自由和解放。要改变世界就要靠人民大众，就要给大众提供改变的精神力量，这些精神

---

① 《马克思恩格斯全集》第 1 卷，人民出版社，1995，第 76 页。

力量驱动大众改变世界的同时也改变自己的命运，并获得自由和发展。马克思批判地指出，那些经营绝对精神的哲学研究者，当黑格尔哲学瓦解的时候，靠抱着黑格尔绝对精神的残片保持自己的哲学地位、维护自己的利益。① 马克思认为，哲学研究的目的是让哲学成为"无产阶级的头脑"，成为人民大众解放自己获得自由的精神力量。② 马克思极力想跳出"圈子里的哲学"，特别注重在民间特别是工人阶级中传播自己的思想。"我们决不想把新的科学成就写成厚厚的书，只向'学术'界吐露。正相反，我们两人（马克思和恩格斯——笔者注）已经深入到政治运动中；我们已经在知识分子中间，特别在德国西部的知识分子中间获得一些人的拥护，并且同有组织的无产阶级建立了广泛联系。"③ 马克思哲学研究观的这种大众主体目的论，也呼应了费尔巴哈所说的"真正的哲学不是创作书而是创作人"。④

　　哲学要研究人，而"人就是人的生活和工作世界，研究人就要研究人怎样生活和工作"。⑤ 现实世界是人的存在世界，是生活世界的总体，而大众是生活和工作世界的主体，如此，马克思的现实世界哲学研究观必然导致大众本位的哲学研究目的论，即哲学研究现实世界要以人为本，要为大众提供生活世界、工作世界的思维方式和价值取向，为大众提供存在总体的世界境界。哲学也要研究经济社会发展，但这种研究必须为大众所掌握、所实践，否则就会被束之高阁成为无效的研究。而哲学要为大众所掌握就必须研究大众，研究大众的生活、生产和工作世界，这应是哲学大众化特别是马克思主义哲学大众化的本意所在。"哲学工作者不能仅仅在书斋里自食其果了（当然，纯学术研究也是必要的），哲学工作者的责任在于以哲学的方式走进我们的时代和现实生活，为当代中国的发展提供核心理念。"⑥ 可以说，哲学研究最根本的转向或最高价值归

---

① 《马克思恩格斯选集》第 1 卷，人民出版社，1995，第 63 页。
② 《马克思恩格斯选集》第 1 卷，人民出版社，1995，第 16 页。
③ 《马克思恩格斯选集》第 4 卷，人民出版社，1995，第 197 页。
④ 〔德〕费尔巴哈：《费尔巴哈哲学著作选集》上卷，荣震华等译，商务印书馆，1984，第 250 页。
⑤ 李晓元：《人学走进工作世界——主体化人学初探》，人民出版社，2012，第 1 页。
⑥ 韩庆祥：《思想是时代的声音：从哲学到人学》，新世界出版社，2005，第 69 页。

宿是转向大众主体的现实生活世界、工作世界。但在实际的哲学研究中表现为诸多经济本位和个人本位的研究状态。

细看各种级别的哲学研究课题立项文件，一般都要求申报和立项国家急需或政府需要以及为经济社会发展服务的课题，唯独忽略了"大众主体急需"这一规定或诉求。这就在研究管理机制上淡化了哲学对大众主体本身的研究，从而偏离了哲学要研究大众、服务大众的马克思哲学研究目的观。一些国家急需或政府需要的课题固然要研究，经济社会发展问题固然要研究，但不能因此而漠视经济社会发展中的大众主体。哲学更应该研究大众，为大众积聚精神能量或打造"精神武器"，成为大众的"头脑"。如此，哲学研究目的问题也是一个比"什么是哲学的元问题"更加元问题的元问题。哲学研究谁，谁就关注哲学；哲学替谁说话，谁就推崇哲学。哲学有多少大众，就有多少现实存在。而大众一般不太关心什么是哲学的元问题，因此，马克思哲学也不太关心什么是哲学的元问题；大众更关心哲学里有多少他们的存在和他们的现实世界。背离大众目的的研究，除了经济本位、政府本位研究外，还有个人本位研究。如有些哲学研究就是研究者个人纯粹的思辨乐趣；有些研究是为了获取个人功利，如一些课题申报者就是以拿到课题和经费为根本，以符合评委口味为根本，几乎不考虑大众主体的需要，甚至也不考虑经济社会的真实需要；一些圈子里的哲学研究，以维护自己圈子的利益和地位为根本。哲学研究一旦脱离大众，就必然脱离现实生活世界和工作世界，结果必沦为民众不需要、国家也不需要的无效研究。如此，在各级项目申报中，哲学学科的课题指南除了强调选题要符合经济社会和国家需要外，还要强调选题要符合大众需要、要研究大众主体并增加这方面的立项课题数量。各种期刊除了发表理论型或资源型哲学研究论文外，也要加大刊发研究大众主体、研究大众生活世界和工作世界的哲学论文的力度。

马克思曾用现实世界哲学研究打断"独立哲学"话题，跳出哲学的圈子并使其失去生存环境，而实际上真正打断"独立哲学"话题、焚毁"哲学圈子"的是大众主体对这种哲学的弃绝。但"独立哲学"似乎很难彻底消失，总是在不同时代延续。那种哲学研究者的概念思辨乐趣、自我意识化的张扬，以及那种在一定哲学研究圈子里引经据典的缜密和荣光，或许是它得以自我延续的理由，但这一点点理由使它丧失了在整个现实世界中存在和延续的理由。经济本位、个人本位的哲学研究实际上是不顾现实世界总体性和大众主体的"独立哲学"，哲学研究要向大众本位的现实世界哲学研究转型，否则，即使不被现实世界哲学研究打断，也会因为丧失生存环境而被大众弃绝，这是一个哲学研究者和实践应用者的双向选择过程。

第二节　马克思的生活世界总体观——文化世界的生活世界总体意蕴①

马克思首先把人、人的历史视为生活世界及其过程，进而又把人的生活世界及其历史视为文化世界及其过程，从而确立了文化世界的生活世界总体意蕴。而学界对马克思的生活世界观虽有诸多论说，虽有文化世界视域，但尚未触及生活世界总体性的意义结构内核以及生活世界境界特别是工作世界境界价值旨归。马克思哲学的价值旨归不是探寻世界是什么的世界观，而是基于世界观指向世界应该是什么的世界境界，指向改变世界的世界境界，即主体化生活世界或生活世界共同体境界。

马克思的新世界观首先是生活世界总体观，其价值旨归是生活世界境界观，即以工作世界共同体为核心价值的生活世界共同体观。它将本体论消融于生活世界总体论，终结了主客二元分离的思维方式，深度影响了现代哲学的生活世界转向；它将哲学的世界观意蕴拓展到世界境界层次，使哲学不仅是解释世界的世界观哲学，更是改变世界的世界境界哲学。它对于现代人戒除物化、异化等单面生态以及权力中心和资本至上逻辑，追寻存在总体的生活世界境界具有现世的导向意义，也为中国梦的生活世界和工作世界境界奠定了世界观和世界境界哲学基础。

一　马克思的新世界观首先是生活世界总体观

新世界观有强烈的世界意识和世界关怀，马克思认为，在消灭了异化

---

① 本文原为《世界境界哲学——中国梦的世界境界及其实现》（社会科学文献出版社 2013 年版）第七章"中国梦的世界境界"第一节内容，选入本著作时文字上有改动。

和对抗的未来生活世界，作为新世界观的哲学，不同于其他旧世界观的哲学体系，它正在"变成面对世界的一般哲学，变成当代世界的哲学。各种外部表现证明，哲学正获得这样的意义，哲学正变成文化的活的灵魂，哲学正在世界化，而世界正在哲学化"。① 哲学必须具有世界的总体性，即必须是世界观，否则就不是哲学。这也正如海德格尔所言："阐明世界概念是哲学的中心任务。"② 如此，哲学的首要问题就不在于是不是世界观的问题，而在于是什么样的世界观，旧哲学（指古代和近代哲学）世界观把世界还原成本体或中心，是本体论或中心论的世界观；新世界观把世界恢复成生活世界的原样，是非本体论的生活世界总体观。这一点从马克思新世界观的出发点和"全部问题"理论可以得到确证。

新世界观把现实世界视为生活世界，并以此作为自己的出发点和逻辑前提，显摆新世界观首先是生活世界总体观。马克思在被恩格斯奉为新世界观天才萌芽的第一个纲领性文件《关于费尔巴哈的提纲》（以下简称《提纲》）中指出："从前的一切唯物主义（包括费尔巴哈的唯物主义）的主要缺点是：对对象、现实、感性，只是从客体的或者直观的形式去理解，而不是把它们当作感性的人的活动，当作实践去理解，不是从主体方面去理解。"③ "对对象、现实、事物、感性世界的理解"就是对现实、现实世界的理解问题。《提纲》第一段话开宗明义地讲世界观问题，并十分清晰地表达了马克思哲学新世界观与旧唯物主义和唯心主义世界观在现实世界观点上的根本分歧。旧哲学世界观是本体论思维，唯物主义世界观把现实世界理解成客体本体的世界，将主体、生活世界消解在客体世界中；唯心主义世界观把现实世界理解成精神本体的主体世界，将客体、生活世界消解在精神世界中。新世界观首先是从"人的活动"方面去理解，即把现实世界当成主体化生活世界去理解，人的生命活动的世界就是主体化生活世界。"人就是人的实际生活过程"，"没有从主体方面去理解"就是指没有把现实世界当作主体化生活世界去理解。关于这一点，马克思在后

---

① 《马克思恩格斯全集》第1卷，人民出版社，1995，第220页。
② Martin Heidegger, *The Fundamental Concepts of Metaphysics*, translated by WcNeill and Nicholas Walker, Bloomington: Indiana University Press, 1995, p. 209.
③ 《马克思恩格斯选集》第1卷，人民出版社，1995，第54页。

来批判费尔巴哈抽象人本主义世界观时又有一个十分清晰的表达："就形式讲，他是实在论的，他把人作为出发点；但是，关于这个人生活的世界却根本没有讲到，因而这个人始终是在宗教哲学中出现的那种抽象的人。"费尔巴哈以人为本的世界观、现实观脱离生活世界，是抽象人本主义，马克思这里明确提出的"生活世界"概念和对费尔巴哈的批判与《提纲》中"人的活动世界"概念和对费尔巴哈的批判是一致的。新世界观首先是生活世界观，首先是生活世界总体论，其次才是从实践方面去理解的实践论，"当作实践去理解"，即进一步把现实生活世界的本质理解为实践或实践生活，这与《德意志意识形态》（以下简称《形态》）认为新世界观的出发点是"从事实际活动的人"，"人的现实生活过程"，进而深入实践本质是一致的。生活世界总体观是对现实世界作总体生活世界的理解，实践论是对现实世界作实践生活本质的理解，从总体生活世界到实践生活世界是新世界观对现实世界作生活世界理解的深化和递进的过程，这个深化过程既符合历史又合乎逻辑。实践是与认识、精神、意识活动相对而生的范畴，实践特别是物质生产实践是生活世界最为深厚的根基，但不具有生活世界的完整性、全面性、丰富性和普遍性，不具有生活世界那样的总体性。生活世界不仅具有实践的规定性，而且包容了情感、思想、想象、梦想、幻想甚至潜意识等所有精神生活世界。如果把生活世界等同于实践活动，那么许多精神生活、心理活动以及梦想世界境界就被从生活世界中剔除了。特别是在思想匮乏、精神失落、物欲横流或物质生活水平提高的当今社会，更应该追寻生活境界的精神向度、精神价值和精神文化归属，更应该有生活世界的总体性思维，更不能把生活就归结为本质的实践活动。"我思故我在"，人是物质动物也是思想动物，是实践活动者也是精神生活者。学界在解读《提纲》第一段话时往往忽略了"人的活动"一语，一下就跳到"没有当作实践去理解"这句话，进而把后面的主体一词也只是理解成实践主体，而不是马克思理解的内含了实践的生活主体。这是因为对作为生活世界总体性的主体或主体的生活世界总体性缺乏理解和把握，也正是如此，这段话总是被解构成马克思的实践观或实践本体论的经典表述，而遗漏了马克思新世界观对现实世界作生活世界总体性的理解和归结，这就遗漏了马克思新世界观的出发点和逻辑起点是生活世界总体性，从而也遗漏了马克思实践观的逻辑前提是生活世界总体论。这种遗漏可谓历史性的疏忽或失误，因为迄今为止，关于《提纲》开篇这段话，学界还只是集中于实践论或实践本体论的解读，而对其进行主体化生活世界总体观的解读尚未存在或凸显。也正是如此，这段话的生活世界总体观内蕴也就不得而知了。这段话能作为《提纲》的开篇语不是偶然的，实际上，它是马克思新世界观也是整个马克思哲学的开篇，哲学首先是世界观，马克思哲学首先是生活世界总体观，其次才是生活世界的展开——实践本质论、主体论、社会历史观等。《提纲》的全部内容实际上就是循着这个逻辑展开的。总之，这段话具有强烈的世界观自觉，这种世界观自觉又具有强烈的生活世界总体观自觉，也正是因为这种世界观的强烈自觉，恩格斯才奉《提纲》为新世界观天才萌芽的第一个纲领性文件。它从马克思新世界观的出发点和逻辑起点上明晰了马克思哲学的生活世界总体观本蕴。

二　马克思生活世界总体观的核心是生活世界境界观

哲学仅仅是世界观还远远不够，还要有世界境界。与其说哲学是世界观，不如说哲学是世界境界。马克思生活世界总体观的核心或价值旨归是生活世界境界观。世界观指向世界是什么的问题，世界境界指向人的价值世界样式，即追寻什么样的世界。马克思新世界观在明确了自己的出发点和逻辑前提是生活世界总体的同时，又把哲学的"全部问题"归结为改变世界的总体性问题，又把这一总体性问题归结为生活世界总体性的建构问题，即追求什么样的生活世界境界的问题，将本体论和中心论消解于生活世界总体论。"哲学家们只是用不同的方式解释世界，问题在于改变世界。"① 对于新世界观来说，"全部问题都在于使现存世界革命化，实际地反对并改变现存的事物"。② 旧哲学世界观的问题是只"解释世界"，这个被解释的世界就不具有改变世界的生活、实践的意义，人的生活被摆置在世界之外，被湮没和消解在世界中，这个世界就是不完整的

---

① 《马克思恩格斯选集》第 1 卷，人民出版社，1995，第 57 页。
② 《马克思恩格斯选集》第 1 卷，人民出版社，1995，第 75 页。

世界，只是一个从客体方面被解释或理解的世界或者是从主体精神层面被虚构、歪曲或抽象化的世界，是一个非生活世界的世界，不具有世界的总体性。由此造成旧世界观不是世界总体论思维，更不是生活世界总体论思维，而是重视本体决定或中心控制的本体论或中心论思维。新世界观强调"改变世界"，改变本身就是人的生活，是创造生活的意义，或者是把世界的意义融入生活，把生活的意义给予世界；世界被纳入生活之中和被赋予生活的意义，生活从世界中凸显出来，使世界成为生活世界。人只有在改造自然对象的活动中"才真正地证明自己是类存在物。这种生产是人的能动的类生活"。① 改变着的世界就是生活世界，它融入主体、客体、人、自然、社会的全部存在，是一个主体造化的总体世界，即主体化生活世界总体。新世界观的全部问题都是"改变世界"，"使现存世界革命化"，这样就把哲学世界观的全部问题归结为世界总体性问题，归结为生活世界的总体性问题，归结为主体化生活世界的建构问题。哲学基本问题是世界的本体问题，是世界是什么的世界观问题；哲学"全部问题"是世界的总体性问题，即以什么为总体的问题，是世界应该是什么或人追寻什么样的世界的世界境界问题。马克思新世界观提出哲学世界观的"全部问题"或总体问题，是对哲学世界观问题的一个重大拓展、发展。新世界观不仅要解决哲学基本问题，还要解决世界总体性问题，不仅要解决世界是什么的世界观问题，还要基于世界观解决世界应该是什么的世界境界问题，而且从新世界观的出发点和逻辑前提是现实生活世界这一点看，"基本问题"和"总体性问题"（即世界观与世界境界问题）是哲学世界观的一体化问题，即总体性问题解决不好，不能立足于生活世界总体性，就不能解决好哲学基本问题。在马克思看来，"一切深奥的哲学问题"，诸如"实体与自我意识"（物质与意识）的关系问题、"人与自然的关系"问题以及"高深莫测的创造物"（即本体）问题，只有在生活世界、实践活动特别是现实"工业和商业"世界中才能得到说明，才能被理解并获得和解和意义。② 只有在生活世界总体中才能消除主体与客体、物质

① 《马克思恩格斯选集》第 1 卷，人民出版社，1995，第 47 页。
② 《马克思恩格斯选集》第 1 卷，人民出版社，1995，第 76 页。

与意识、人与世界二元对立的思维和存在，并抵达主体化生活世界境界。

哲学的全部问题或世界观的价值旨归是改变世界的世界境界问题，这一点可从海德格尔哲学的世界境界观得到佐证。如前所述，海德格尔把阐明世界概念作为哲学的中心任务，那么，他是怎样阐明世界的呢？他认为人在世界中存在就是立足现实世界追寻存在总体的世界境界。海德格尔还把"在世界之中存在"理解为"超越"（Transzendenz）："我们把此在本身所进行超越的何所往称为世界，现在并且把超越规定为'在世界之中存在'。世界乃是超越的统一结构，作为超越所包含的东西，世界概念被叫作一个先验的概念。"① 在海德格尔看来，超越不是此在摆脱世界而超然独立，而是"在世界之中存在"，即追寻一个超越性的、先验的整体结构，即世界境界。这里，"世界作为一个先验概念"就是强调存在作为一种"何所往"的世界境界，它既是立足于现实世界（即在"世界中存在"），又是超越现实世界的引领人们前往的精神梦想世界。这里的先验性指的是世界境界作为一个超越概念对未来世界的先在性、梦想性，是存在的一种超前性、趋向性或预见性，是潜在的现实世界，而不是纯粹的先验意识，因为它以"在世界中存在"为前提和境遇。这就使"何所往"的世界境界获得了此在的现实世界和潜在的未来的现实世界的双重世界总体性意蕴。

三　生活世界总体性的意义结构

马克思在《提纲》里确立了新世界观的生活世界出发点（即生活世界总体性）这一"全部问题"之后，又在《形态》等著作中解构了生活世界的总体性意义结构，强调总体相对"本体""中心""部分"的优越性。新世界观把世界观归结为生活世界观，又进一步把生活世界观归结为生活世界总体观，具体解构了生活世界总体性的意义结构，即主体化生活世界的意义结构。

第一，世界意义的总体性。所谓世界意义的总体性，即生活世界的世界性，即生活世界是内含了人、自然、社会等世界一切存在要素、关系和

---

① 〔德〕海德格尔：《海德格尔选集》上卷，孙周兴选编，上海三联书店，1996，第 170～171 页。

意义的总体，包容了物质生活与精神生活、社会生活与个人生活、实践生活与认识生活、感性生活与理性生活的总体。其中实践、物质生活处在本质或核心层次。马克思新世界观解释了人、人的存在、历史、自然、意识的生活世界意义。"人就是人的世界"，① 人就是人的实际生活过程，"个人怎样表现自己的生活，他们自己就是怎样"；② 人的本质就是现实生活世界中的"一切社会关系的总和"；历史是由人的劳动创造的，而"人们为了能够'创造历史'，必须能够生活"；③ 自然界是"人的无机的身体"，是"工业和社会状况的产物"，是人的生活的物质条件，"所谓人的肉体生活和精神生活同自然界相联系，不外是说自然界同自身相联系"。④ 意识的意义源于生活世界，"意识在任何时候都只能是被意识到了的存在，而人们的存在就是他们的现实生活过程"。⑤ 生活世界是内含了世界各个要素的生命活动的总体世界，而不是世界的一部分或一个要素。我们仰望天空，天空就有了生活世界的意蕴；我们触摸大地，大地就有了生活世界的内涵。没有生活，地球、星体、宇宙依然客观存在，但不具有生活世界的总体性。生活世界不是现实世界的一部分，而是现实世界的总体，世界观的总体性就是生活世界的总体性。当代哲学家海德格尔对这一点也深有自觉，认为存在就是人的生活世界，人和世界的关系不是像水在杯子里或衣服在衣柜里那样，而是"融身"在世界之中，"依寓"在世界之中，繁忙在世界之中，生活在世界之中，生活世界是人与自然的统一。⑥ 由此，"世界观也意味着甚至首先意味着生活观"。⑦ 马克思"新世界观所理解的'世界'是在人的实践活动中，在历史的发展过程中所生成的世界"。⑧ 新世界观的最大现实意蕴或最强烈的现实性向度和归属，就是消解了各种高深莫测的哲学问题的现实生活世界。

---

① 《马克思恩格斯选集》第1卷，人民出版社，1995，第1页。
② 《马克思恩格斯选集》第1卷，人民出版社，1995，第67页。
③ 《马克思恩格斯选集》第1卷，人民出版社，1995，第79页。
④ 《马克思恩格斯选集》第1卷，人民出版社，1995，第45页。
⑤ 《马克思恩格斯选集》第1卷，人民出版社，1995，第72页。
⑥ 〔德〕海德格尔：《存在与时间》，陈嘉映等译，三联书店，1987，第66~69页。
⑦ 〔德〕海德格尔：《林中路》，孙周兴译，上海译文出版社，1997，第90页。
⑧ 陆杰荣：《马克思新世界观的现实性向度及其实质》，《中国社会科学》2007年第6期。

第二，生成意义的总体性。马克思承认物质的"先在性"，坚持物质的本体性，但不是本体决定论；主张物质生活和实践的根基性、核心性或决定性，但不是中心决定论。他认为本体、中心只有在生活世界总体中才有意义，认为总体的意义高于本体、中心和局部意义，并具有本体、中心和单个个体不可比拟的优越性。本体论强调本体的生成与创造意义，中心论强调中心的决定与控制意义，而总体论则强调总体的优越性和生成意义，这个总体就是主体化生活世界，其本质是人与人、自然和社会的共同体关系。"只有在共同体中，个人才能获得全面发展其才能的手段，也就是说，只有在共同体中才可能有个人自由。"① 同时又强调总体与本体、中心和个体的共生性，认为生活世界是生产力和生产关系、经济基础和上层建筑等基本存在矛盾运动的过程，或者是"个人的历史过程"。个体不是绝对地服从、追随和受制于总体，面对靠资本逻辑和利润价值生成的充满异化和对抗的社会"虚假共同体"，个体甚至处在边缘的穷困卑微的无产者个体可以改造或消灭这个共同体总体，建立新的生活共同体，即未来社会的"真实共同体"。② 这个生活共同体不再与个体相分离，即共同体总体的意义就是个体的意义。总体的优越性和生成意义就是个体的优越性和生成意义。在这个过程中，消亡、失落的是一些本体、中心和个体，而生活世界的总体性却成为一个不死的幽灵，潜入未来共同体的生活世界。或许正是因此，德里达说，没有马克思，没有马克思的遗产，我们就没有未来。而马克思留给我们最大的遗产就是生活世界总体论，留给我们最灿烂的未来就是主体化的生活世界共同体境界。

第三，个体意义的总体性。新世界观坚持生成意义的总体性，强调总体意义生成性和优越性，同时也内含了个体意义的生成性和优越性。个体意义的总体性有三个含义。一是个体是多元、多维个体意义的总和，而不只是作为某个本体、中心的决定者或唯一者，而本体论或决定论的个体只是某个本体或中心，其他个体的意义都被消解于这种单面的个体。二是个体总体（即共同体总体）如果不再是个体的本质，个体就可联合起来批

---

① 《马克思恩格斯选集》第 1 卷，人民出版社，1995，第 119 页。
② 《马克思恩格斯选集》第 1 卷，人民出版社，1995，第 119 页。

判改造或消灭它，建立新的共同体总体。在由无产者建立的"真实共同体"中，"各个人都是作为个人参加的。它是各个人的这样一种联合（自然是以当时发达的生产力为前提的），这种联合把个人的自由发展和运动的条件置于他们的控制之下"。① "社会结构和国家总是从一定的个人的生活过程中产生的。"② "符合现实生活的考察方法"就是"从现实的、有生命的个人本身出发"，③ 即社会、生活世界的总体意义实际上是由个体的生活产生的。三是每个人的生活都是总体存在，而不是单面的异化存在。在主体化的共同体生活世界，人"以一种全面的方式，就是说，作为一个总体的人，占有自己的全面的本质"。④ 由此，新世界观实际上是用总体性方法和意义剥夺了某个本体或中心个体的绝对至上的生成与统治意义，又把总体的意义还给了多元个体。如此，新世界观的总体意义的优越性和生成性，实际上是相对某个本体、中心和单个个体的优越性和生成性，是多元个体相对一元个体、个体总体相对单个个体的优越性和生成性，总体意义就是个体意义的总体性。由此，后现代主义的去总体化、去中心化、去本质化、去主体化等对生活世界的现代文化体系的批判，并不适用于马克思的生活世界总体性理论，而且马克思在后现代主义之前就描述了异化的"虚假共同体"的无主体、无本质的碎片状态，特别是还描绘了这个生活世界中的去总体化、去中心化的现实运动，并建构了未来生活世界共同体的个体化、个性化、差异化的总体化生活理想、梦想，即主体化生活世界境界。

第四，结构意义的总体性。所谓结构意义的总体性，即生活世界结构的意义是结构总体生成的。马克思在《〈政治经济学批判〉序言》中把对生活世界结构的认识视为自己研究工作的总结果："人们在自己生活的社会生产中发生一定的、必然的、不以他们的意志为转移的关系，即同他们的物质生产力的一定发展阶段相适合的生产关系。这些生产关系的总和构成社会的经济结构，即有法律的和政治的上层建筑竖立其上并有一定的社

---

① 《马克思恩格斯选集》第1卷，人民出版社，1995，第121页。
② 《马克思恩格斯选集》第1卷，人民出版社，1995，第71页。
③ 《马克思恩格斯选集》第1卷，人民出版社，1995，第73页。
④ 《马克思恩格斯全集》第3卷，人民出版社，2002，第303页。

会意识形式与之相适应的现实基础。物质生活的生产方式制约着整个社会生活、政治生活和精神生活的过程。不是人们的意识决定人们的存在，相反，是人们的社会存在决定人们的意识。社会的物质生产力发展到一定阶段，便同它们一直在其中运动的现存生产关系或财产关系（这只是生产关系的法律用语）发生矛盾。于是这些关系便由生产力的发展形式变成生产力的桎梏。那时社会革命的时代就到来了。随着经济基础的变更，全部庞大的上层建筑也或慢或快地发生变革。"① 马克思所确立的生活世界的社会结构的意义——包括过程动态意义、矛盾动力意义、生产的物质意义、政治法律与意识形态的上层建筑意义等，是结构总体或结构要素的共生过程，而非由某个本体或中心单面决定。生产力虽是最终决定者，但生产关系、经济基础、上层建筑也都是生活世界意义的生成者，既生成自身的意义，又产生他者和总体的意义。生产力的劳动者主体与劳动资料和劳动对象、生产关系的所有制基础与交往关系和分配关系、上层建筑的政治核心与各种意识形态，都在互动互为中生成与幻灭。阿尔都塞把生活世界看作一个动态的结构总体，就是在这个意义上理解马克思哲学的总体性概念的："黑格尔主义的总体性认为有一个主要的本质存在于复杂的外表背后……因此，这是一个有中心的结构。然而，马克思主义的总体性在这方面从不与构成它的因素相分离，因为每一个因素都是其他因素存在的条件；因此它没有中心……它是一个无中心结构。"② 西方马克思主义把总体性方法视为马克思主义的基本方法，并把马克思主义归结为社会总体性或实践总体性理论，看到了结构意义的总体性，看到了马克思无中心主义的结构总体性，这不失为真知灼见。但它把马克思主义说成无中心的结构，这就消解了生产力、物质生产这个中心，马克思主义不是任何形式的中心主义，但诉诸一定形式的结构、本质、中心、核心、基础等人和社会的深层存在。

生活世界结构意义的总体性是社会生活结构的总体性和日常生活或个体生活结构的总体性的统一，它既是社会结构又是各个个体的生活结构，

① 《马克思恩格斯选集》第2卷，人民出版社，1995，第32页。
② L. Althusser, *For Marx*, Harmondsworth: Penguin, 1969, pp. 253-254.

每个个体的生活结构都是由一定的个体生产力、个体生产关系和思想、政治、文化关系构成；它不单是社会生活的总体结构，也不单是某个个体或某些个体的生活结构，而是每个个体（即所有个体）的生活结构，也是所有共同体的生活世界结构。

第五，本质意义的总体性。在马克思看来，人就是人的生活世界，生活世界是生活世界的总体意义，生活世界总体的本质是主体化生活世界，即人与人、自然和社会的共同体关系，其本质和基础是共同创造、平等占有、公平享受的生产活动共同体，而生产共同体的实体化、具体化、主体化就是工作世界共同体。自由、快乐、幸福、公平、正义以及人的创造性的意义都源于这种生活共同体特别是生产、工作共同体并在其中实现。因此，这一本质意义亦是人、自然、社会的总体生成，是总体的意义，而非某个本体、中心或个体的意义。这就超越了本体论和中心论把本质理解为某个本体或中心意义的单面本质意义。

四　马克思生活世界总体观的现代价值

马克思新世界观的生活世界总体观具有重大的理论价值。其一，马克思的生活世界总体观否定和扬弃了本体论和中心论哲学。马克思把现实世界视为人的生活世界的总体，描述了生活世界总体性，即生活世界的世界意义、生成意义、个体意义、结构意义、本质意义的总体性。马克思的生活世界观是生活世界总体观，是关于生活世界总体性意义结构的理论体系。这种生活世界总体观作为一种新世界观，其革命意义在于用生活世界总体性思维方法，消解、超越了哲学世界观历史上的本体论和中心论二元分立的世界观思维惯性，并深度和广泛影响了现当代哲学世界观的生活世界转向或回归。其二，马克思哲学不只是世界观，更是世界境界哲学，马克思哲学是最讲究改变世界的世界境界哲学。马克思的生活世界总体观的价值旨归在于改变世界，它把改变世界并为民众确立存在总体的生活世界境界作为哲学的最高、最根本的世界境界，这就把哲学的意蕴从只解释世界是什么的解释哲学的世界观哲学拓展到基于世界观探究人的世界境界的世界境界哲学的更高层次。其三，马克思生活世界总体观的哲学品质是现实世界哲学。可以说，马克思最关怀人的生活世界，即主体化的生活世界，特别是深入生活世界的工作世界核心，特别是深入劳动阶级、平民阶级的生活世界和工作世界之中，为民众确立了共创、共享的生活共同体特别是工作共同体的世界境界。这就引导当今哲学研究要面向现实世界，要从文本主导的理论哲学研究范式转向现实世界主导的现实世界哲学研究范式，研究人民大众的生活世界和工作世界，并为民众确立生命存在的总体世界境界，即为民立言、立命，为民创世，为民筑梦。其四，当今中国，各种生活方式、价值取向和生活理想相互交融，特别是面对一些生活世界的沉沦、困窘、迷茫和失落状态以及工作世界的冲突倾向，马克思生活世界总体观的主体化生活世界境界和生活共同体核心价值取向，对于马克思哲学在当今中国的生活化特别是中国梦的生活世界境界的研究有启示性和引导性。

马克思新世界观的生活世界总体观具有重大的现实意义，对现代人的生活具有总体和本质的导向意义。其一，马克思的生活世界总体观引导当代人追寻生活世界的总体性意义，戒除资本化、物化、异化等单面生态以及权力中心和资本至上逻辑。其二，"哲学的境界就是哲学的世界境界，就是哲学的现实世界总体境界。"① 马克思的生活世界总体观对现存生活世界的批判、否定精神和对未来生活世界共同体的造化精神是其基本精神。生活世界总体观就是主体化生活世界观，马克思对异化的生活世界的批判，对生活世界共同体的建构，就是对非主体化或客体化的生活世界的批判与对主体化的自由平等的和谐生活共同体境界的建构。马克思的生活世界境界观给人提供了一个存在总体的目标和梦想世界，即主体化生活世界境界，为人们确立了生活世界共同体特别是工作世界共同体的核心价值取向，激励人们改变世界、变革社会，创造平等、公正的生活和工作世界。其三，梦想及其实现靠工作创造，工作创造的本质是工作世界共同体的实践。马克思的生活世界总体观在异化生活世界境遇下建构起的生活世界共同体境界就是生活世界的梦想世界境界，为中国梦对生活世界境界的追寻和践行提供了世界观与方法论导向，即中国梦不仅是经济、政治、文化、社会世界的梦想与践行，更是总体的生活世界特别是工作世界的梦想

① 李晓元：《哲学研究转型论》，《社会科学辑刊》2012 年第 4 期。

与践行，而自由全面发展的主体化生活世界特别是工作世界共同体是其最高、最根本的世界境界和核心价值取向。

第三节　从生活世界到工作世界：许茨现象学的文化世界走向①

许茨把现实（现象）世界视为一个文化世界，又把文化世界的总体视为生活世界，进而又把工作世界视为生活世界的核心。这一进展有其内在的思想运行逻辑，也有其外在的文本表征。其还原方法、意义理论、主体间性理论、意向性理论都建立在工作世界基础上，这就在意识哲学的意义上构成了一个走向工作世界的文化世界理论体系，这是肇始于胡塞尔的生活世界现象学的一种新进展，也是当代文化世界哲学的一个新走向。

阿尔弗雷德·许茨作为现象学哲学家特别是现象学社会学的创始人，其思想日益受到国内外学界的关注，国外每年都产出相当数量研究许茨的文章或论著，研究的领域主要包括许茨的现象学哲学基础、社会现象学、比较现象学以及应用现象学等方面，唯独缺少对许茨现象学的工作世界向度的独立性研究。这似乎有些不可思议，究其原因，或许是一个先验结构的原因，是受了许茨的学生纳塔森的影响。纳塔森作为许茨的得意弟子，许茨委以他出版《许茨文集》的重任，他曾在《社会实在问题》的序言里评论许茨的思想，认为许茨理论的主导线索或主题是日常生活世界的意义结构，目标是建立世俗哲学，独特贡献是现象学哲学与社会实在概念的独特结合，而理解主体间性问题是理解社会实在的关键线索。这为我们把握许茨思想提供了帮助，但是，他没有提到工作世界这一重要思想，他在评论中几乎提到了许茨理论中所有的重要概念，唯独没有提到"工作世界"这个词。这或许是一个疏忽，或许是一个有意的回避，如许茨在 1945 年发表的《论多重实在》一文明确指出工作世界是最高社会实在并构成生活

① 本节为国家社会科学基金项目"马克思主义哲学中国化的文化世界向度研究"（12BZX011）、教育部人文社科基金项目"许茨生活世界现象学理论研究"（12YJA720008）的阶段性成果。原载于《齐鲁学刊》2013 年第 5 期，选入本著作时文字上略有改动。

世界的核心，而纳塔森却说许茨认为日常生活是最高实在。疏忽和回避都不可确定，而有一点似乎可以确定，即只有牢固持有马克思实践哲学思想的人才有可能从工作实践的价值意义上理解许茨的工作世界理论及其价值所在，才会对它有理论旨趣。如此，西方意识形态语境下的学者、研究者对许茨现象学的工作世界向度的疏忽、回避与熟视无睹似乎就有了较为确定的理由。此外，还有一个原因就是许茨是个银行职员、非主流的业余哲学家，虽然死后受到广泛关注，但受关注较晚，非主流哲学家总是要受到主流哲学家的冷遇。一些主流哲学家虽也研究他的思想，但真正研究的主要是一些学术论文，而且长期以来形成的生活世界范式也容易造成研究者的思维定式并抑制新范式的生成。

受国外研究视域和观点的影响，国内有学者对许茨的生活世界现象学理论及其对胡塞尔生活世界理论的继承与改造关系做了较为充分的研究，① 但国内学界没有关于许茨现象学的工作世界向度的独立研究，这在很大程度上是受了国外先验研究结构的影响。通过对许茨思想历程及生活世界理论内核的进一步探究，发现许茨的主体间性理论、意义理论以及这些理论所使用的方法，都建立在工作世界基础上，其生活世界或文化世界理论呈现从生活世界到工作世界的进展和走向。

一　许茨现象学的工作世界旨趣的生成

许茨现象学的工作世界旨趣有其内在的思想进程逻辑和外在的文本表征。

受韦伯、柏格森、詹姆斯特别是胡塞尔等人思想的激发，许茨的现象学理论呈现一个从生活世界走向工作世界、从一般的社会行动或个人行动走向实体的工作行动或工作世界的进程。另外，许茨的工作世界理论也留有马克思实践哲学影响的深痕明迹，这一点将在文中其他部分加以论证。

许茨 1918 年入维也纳大学攻读法学、经济学和社会科学，在听了韦伯的学术讲座后，其对社会科学产生浓厚兴趣，开始关注韦伯的思想，毕

---

① 何林：《论许茨对胡塞尔生活世界理论的继承与改造》，《哲学研究》2010 年第 11 期。

业后成为一名银行职员，用业余时间研究哲学和社会学，感到韦伯的理论缺乏科学基础。韦伯认为社会学就是解释、理解社会行动意义的科学，而行动的意义是主观意识赋予的。许茨认为韦伯的理论主要建立在主观性的纯粹意识构造基础上，没有解决主观如何赋予行动意义的问题，需要重新考察行动的意义来源或构成。可见，许茨最初的理论旨趣就定位在具有深厚的工作行动意蕴的社会行动的意义问题上。在 1945 年《论多重实在》一文中，许茨认为"社会行动包含沟通，任何一种沟通都必须建立在工作活动的基础上……各种姿态、言语、文字书写等等，都建立在各种身体运动基础上。"① "它（生活世界）从一开始就是一个主体间际的文化世界。它之所以是主体间际的，是因为我们作为其他人之中的一群人生活在其中，通过共同影响的工作与他们联结在一起，理解他们并且被他们所理解。"② 即社会行动只有实体化、现实化为工作行动才有实际意义。

韦伯虽然对社会行动的类型做了诸如"目的合理的行动""价值合理的行动""情感的或情绪的行动""传统的行动"的分类，但缺失工作行动的概念和认知，而工作行动是行动的根本、总体和实体。正因如此，1924～1927 年许茨试图以柏格森的绵延理论为基础解决社会行动的意义问题，但没成功，于 1928 年放弃了。柏格森生命哲学的价值在于把生命理解为一个创造性行动的过程，"我们仅仅探讨我们的意识赋予'存在'一词的精确含义是什么，我们认为，对于一个有意识的生命来说，存在在于变化，变化在于成熟，成熟在于不断地自我创造"。③ 这种思想对许茨在后期的思想中消除胡塞尔的先验意识，把意识活动看作一个工作意识的设计、活动、创造过程有一定的影响，但柏格森把生命意义的源泉、生命行动的驱动力看作来自神秘的直觉意识的冲动，这与韦伯主观赋予行动意义一样武断和不切实际，无助于解决行动意义问题。

1928 年后，许茨开始用胡塞尔的现象学改造韦伯的理论基础。1932年出版第一部著作《社会世界的意义结构：理解社会学导论》，此书受到胡塞尔的赞赏。胡塞尔的先验意识虽然先验，却是没有任何先验内容规定

---

① 〔美〕许茨：《社会实在问题》，霍桂桓等译，华夏出版社，2001，第 296 页。
② 〔美〕许茨：《社会实在问题》，霍桂桓等译，华夏出版社，2001，第 36～37 页。
③ 〔德〕柏格森：《创造进化论》，姜志辉译，商务印书馆，2004，第 12～13 页。

性的纯粹意识，几乎就是一块意识的白板，只有意向活动的能力和本性，且是一种"我们"化的主体间性的共同体意识，这至少在形式上消除了韦伯、柏格森等人的意识哲学的自我意识本体论和意识先验结构。胡塞尔把世界还原成一个可经验的现象世界或生活世界总体，并由先验意识结合生活现象的材料在主体间性的行动中构造生活世界的意义，认为社会世界、社会行动的意义来自生活世界的主体间性关系。许茨把社会世界、社会行动建在了胡塞尔的生活世界现象学基础上。但是，生活世界的意义又来自哪里？空心化的先验意识虽然不是一个精神实体，但依旧是先验的，先于生活世界，也先于主体间性各种意义，至少最初仍然是一个在生活世界之外的构造者、旁观者。这个不自然的先验自我怎能与生活世界的自然而然的状态相融呢？

许茨 1937 年移居美国后，继续思考生活世界的意义起源问题，并接触了詹姆斯的实用主义理论。实用主义对实在、效果、效用的经验主义和实证主义倾向，排斥了非经验的先验意识，也更增强了意识的工作意向性，因为只有通过工作行动或工作创造活动才能有实用和效果。如此，许茨认识到胡塞尔先验现象学的局限性。"首先，因为我相信在这一领域中，还有许多为职业现象学家所忽略的事情要做；其次，我越来越确信生活的起源不在先验的领域而只在自然的领域。"① 这自然的领域根据许茨的分析就是工作世界领域，如此，"许多职业现象学家忽略的事情"就是对工作世界的分析，这表明许茨已很明确认识到生活世界及其意义起源于工作世界，其他现象学家忽略了这个世界。1943 年，许茨指出胡塞尔的先验主体性的悖论：先验的"世界构造"预设了自我的主体间性存在，而根据其定义和方法，先验自我就其超级的孤独状态而言并不存在于主体间性之中。② 于是，许茨对胡塞尔现象学从先验自我中推导出主体间性以及行动和生活世界的意义理论进行批判，他在 1945 年《论多重实在》一文中提出了工作世界概念并描述了其意义，用工作世界描述代替了生活世

①　Wagner, H. R., *Alfred Schutz: An Intellectual Bioigraphy*, Chicago and London: The University of Chicago Press, 1983, p. 99.

②　Wagner, H. R., *Alfred Schutz: An Intellectual Bioigraphy*, Chicago and London: The University of Chicago Press, 1983, p. 291.

界描述，确立了现象学的工作世界理论雏形。

此外，还有其外在的文本表征，一般把许茨思想分两个时期，即欧陆时期和1940年后美国时期。前期以《社会世界的意义结构：理解社会学导论》为代表，主要是对社会世界主观意义的探讨，主要致力于对内在经验的纯粹心理学和现象学的探讨，用胡塞尔理论改造韦伯理论。工作世界理论生成于第二个时期，是思想成熟期。在他去世后出版的四卷本的《许茨文集》中收集了他在美国时的37篇论文，《许茨文集》第一卷具有突出的地位，收录了他1940～1959年的主要论文，浓缩了许茨成熟时期思想的精华，由他的学生纳塔森编辑，即1962年出版的《社会实在问题》。从这些文章的时间排列顺序也可见其思想的递进逻辑，即从日常生活世界到工作世界再到最后的社会理论总体。该文集发表的论文集中在1945年。1945年初的论文，主要内容是阐述现象学的最主要概念，把现象学做了一个梳理。许茨的工作世界理论主要集中在1945年6月发表的论文《论多重实在》中，它论及日常生活世界实在的各种层次，提出了工作世界概念并描述了其意义和在生活世界中的核心地位。如第一部分"日常生活世界的实在"，通篇阐述的是工作世界意义结构问题，共分七节，第一节"日常生活的自然态度及其实用动机"，就是以描述工作世界为起点；第六节"实在在日常工作中的各种层次"和第七节"作为最高实在的工作世界、原始焦虑、自然态度的悬置"，则是以工作世界理论为结束，而其他五节也都是以描述工作世界为主线。第一节"日常生活的自然态度及其实用动机"也只用了不到一页就开始引出工作世界概念，通篇几乎很少提到生活世界概念，一直在用工作世界概念，如此，从文论形式看，他的生活世界理论实际是工作世界理论。《论多重实在》的其他部分是关于梦和理论静观的论说，这些论说也是建立在工作世界基础上。

二　"现象即本质"的方法与工作世界本质还原

从理论的内容结构看，许茨现象学的工作世界走向首先表现在用"现象即本质"的现象学还原法还原了生活世界的工作世界本质。在许茨看来，我们生活在其中的这个世界是一个常识世界，而"常识世界从一开始就是一个文化世界"。①"我们生活在其中的这个世界"就是我们所谓的现实世界，就是现象学的"现象世界"。许茨把现象世界看成一个"常识世界"或文化世界，又把文化世界看成一个生活世界，进而又还原了文化世界或生活世界的工作世界本质。对于现象学来说，"现象即本质"既是一种世界观又是一种研究方法。作为世界观就是说世界的本质就是人的经验世界，即现象世界，不存在预先设定或与人无关的本质、本体。现象学所说的现象世界就是人的现实世界。这虽然否定了"物质世界的先在性"，但在"世界的本质是人的现实世界或实践世界"这一点上，与马克思的实践哲学有共通点。马克思认为现实、事物、感性、对象，如果离开主体人的实践活动就没有意义。② 许茨承袭了这一观点，指出："对于我们的自然态度来说，这个世界首先不是一种我们思想的客体，而是一个我们支配的领域。我们对它具有突出的实践方面的兴趣。这种兴趣是由满足我们生活的基本需要的必然性造成的。"③"现象即本质"作为研究方法就是悬置以往各种关于本质、本体的先验认识，以抵达"按事物的本来面目认识事物"的境界。如此，作为研究方法就是现象学的悬置法、还原法或描述法。胡塞尔把现象或现实世界描述为或还原为一个由纯粹意识指向的生活世界，认为主体意识化的生活世界是现象、现实世界的基础，也是各种科学和文化的基础。而许茨则不满胡塞尔先验现象学的抽象生活世界观，试图探究现象学也是整个现实世界的更为世俗的基础，这个基础就是工作世界。"世界首先是一个我们支配的领域"，首先是一个"实践兴趣的世界"，就是说工作世界是基点和价值核心。"精明成熟这个概念合理而且实用地为解释我们的认知生活揭示了出发点"，④"精明成熟"就是许茨所谓的"精明成熟的自我"，即"工作的自我"。"这种关于操纵领域优先的理论当然与我们这篇论文提出的论题集中到一起了，这个论题就是，这个由于我们的工作，由各种身体的运动，由我们可操纵的客体，可处理的事物和人构成的世界，构成了日常生活的特殊

---

① 〔美〕许茨：《社会实在问题》，霍桂桓等译，华夏出版社，2001，第388页。
② 《马克思恩格斯选集》第1卷，人民出版社，1995，第54页。
③ 〔美〕许茨：《社会实在问题》，霍桂桓等译，华夏出版社，2001，第306页。
④ 〔美〕许茨：《社会实在问题》，霍桂桓等译，华夏出版社，2001，第290页。

实在。"① 他悬置了胡塞尔先验的纯粹意识或先验自我，认为现象、现实、生活世界都是被工作世界连接起来或总体化的，认为工作世界是一个自然而然的世界，是最现实、最现象、最可经验的世界，是最高的实在和意义。

许茨现象即本质的方法就是自然态度的悬置法。与胡塞尔通过"括弧法"抛弃"自然态度"的做法不同，许茨关注的是"自然态度"本身。胡塞尔把各种所谓的实体悬置起来就是悬置人们的"自然态度"。"使属于自然态度本质的总设定失去作用，我们将该设定的一切存在性方面都置入括号：因此将整个自然世界置入括号中，自然界持续地'对我们存在'，'在身边'存在，而且它将作为被意识的现实永远存在着，即使我们愿意将其置入括号之中。"② 许茨认为，对于自然态度我们应该采取与传统现象学不同的悬置。这种"自然态度的悬置"就是还原了被胡塞尔悬置的"自然态度"，"也许可以冒险地提出下面的建议来看一看，即人在自然态度中也使用一种特殊的悬置，当然，这种悬置是与现象学家的悬置截然不同的。人并不把他对外部世界及其客体的信仰存而不论，而是与此相反，把他对它的存在的怀疑存而不论。他放进括号里的是这样一种怀疑，即这个世界及其客体可能与它显现给他的样子不同。我们建议把这种悬置叫做自然态度的悬置"。③ 在《论多重实在》一文中，作为方法论的自然态度悬置法虽是放在后面阐述的，却是初始使用的方法，即他的还原过程一开始就使用了这种方法。而许茨之所以能持有这种自然态度，关键就是从抽象的或先验的生活世界走进工作世界，发现了工作世界是现实世界或生活世界的"出发点"和"最高实在"。日常生活和生命时空依靠工作世界组织、拓展和延续。"精明成熟的自我在它的工作中并且通过它的工作，把它的现在、过去和未来结合成一种特殊的时间维度；它通过它的工作活动实现作为一种整体性的自身；它通过工作活动与他人进行沟通；它通过工作活动把这个日常生活世界的不同空间视角组织起来。"④ 生命

① 〔美〕许茨：《社会实在问题》，霍桂桓等译，华夏出版社，2001，第301~302页。
② 〔德〕胡塞尔：《纯粹现象学通论》，李幼燕译，商务印书馆，1992，第97页。
③ 〔美〕许茨：《社会实在问题》，霍桂桓等译，华夏出版社，2001，第308页。
④ 〔美〕许茨：《社会实在问题》，霍桂桓等译，华夏出版社，2001，第289页。

的时空维度、存在的"完整性"和过程以及交往都靠工作世界拓展和组织并在其中实现。

按照现象即本质的方法，越是现象的就越是本质的，日常生活无疑是首先经验的最现象的东西，进入这个世界就会发现现代生活都被工作化了，工作世界又是现象的现象、现实的现实。现象学的这个过程就像婴儿首先进入的是日常生活世界而不是工作世界一样，随着生命的成长，他才开始就业进入工作世界，尽管他一出生就直面护士、接生婆的医疗工作世界，但那不属于他，属于他的最生动、最初级的现象是母亲温暖的怀抱。从这个意义上讲，现象学的最初是进入生活世界，后来才抵达工作世界，这既符合现象学哲学行进的逻辑，也符合生命成长的逻辑。总之，许茨通过"现象即本质"或"自然态度的悬置"方法，还原了现象世界或生活世界的工作世界本质、基点、出发点。

三　意义理论与工作世界的总体性和主体间性意义

现象即本质的方法还原了现象世界的工作世界本质，那么工作世界及其本质又是什么？或者说，工作世界的意义结构是什么？这是许茨现象学意义理论的主要指涉，即他的意义理论建立在工作世界基础上，而工作世界主体间性意义是其意义理论的核心。

许茨首先从世界总体性上揭示了工作世界的总体性意义。许茨用工作世界而不用工作这个概念，就在于强调工作的世界性，而世界是一个总体，生活世界、文化世界、工作世界、社会世界、个人世界……世界的多重性意味着总体的多重性，强调世界性就是强调总体性。许茨明确地描述了工作世界的总体性："作为一个整体，作为最高的实在，工作世界是对照着实在的其他许多次级宇宙（sub-universe）突出表现出来的。它是由自然事物构成的世界，包括我的身体在内，它是我的各种运动和各种身体操作的领域；它提供要求我们努力去克服的各种抵抗；它把各种任务摆在我们面前，允许我们把计划进行到底，使我能够通过尝试达到我的目的获得成功或者遭到失败。我通过我的工作活动同外部世界连接起来，而且我改变它。……我和其他人一道分享这个世界及其客体；我和其他他人具有共同的目的和手段；我通过多种社会活动和社会关系与他们一道工作，检查他们并被他们检查。这种工作世界是这样一种实在，只有在这种实在中，沟通和双方动机的作用才能变得有效。"① 即工作世界是一个由自然、身体的运动与操作、工作任务、工作目标和目的、工作效果以及工作同伴关系构成的总体，工作世界或工作行动总体化并改变外部世界，是现实世界或生活世界的基础和核心，且主体间的沟通交往关系（即主体间性关系）只有在工作世界总体性中才能实现。"我们建议把这种被个体当作实在核心来经验的工作世界的层次，称为处在他力所能及的范围之内的世界（the world within his reach）。"② 而"处在我力所能及的范围之内的世界"的整个系统只是一个"现在时态"，随着"我的工作运行"的改变而改变。

工作世界的意义产生或总体化生活世界的意义，那么工作世界总体的意义又是由什么总体化起来的？许茨进一步探讨了工作世界的结构或本质就是主体间性的伙伴关系，即主体间性关系生成于工作世界并构成工作世界的意义源。胡塞尔指出："作为一个个人活着就是生活在社会的框架之中，在其中我和我们都一同生活在一个共同体之中，这个共同体作为一个视界而为我们共同拥有。"③ 这个共同体是生活世界共同体，"它是一个持久的有效性的基础，一个不言而喻的一劳永逸的源泉，我们无论是作为实践的人还是作为科学家，都会不加考虑地需要这个源泉"。④ 在胡塞尔看来，生活世界或主体间性的共同体是意义的源泉，而先验自我是一切意义的最终源泉。许茨把胡塞尔的意识化的主体间性共同体或生活共同体原则置于工作世界，揭示了工作世界的共同体本质或主体间性的伙伴关系。"我们生在其中的这个世界，从一开始就是一个主体间性的世界。这一方面意味着，这个世界不是我个人的世界，而是对于我们所有人来说共同的世界；另一方面意味着，在这个世界中存在我通过各种社会关系与之联系起来的同伴。我不仅影响那些无生命的东西，而且也影响我的同伴，在他们的诱导下进行活动，并且诱导他们进行反作用。"⑤ 在许茨看来，主体

---

① 〔美〕许茨：《社会实在问题》，霍桂桓等译，华夏出版社，2001，第 305～306 页。
② 〔美〕许茨：《社会实在问题》，霍桂桓等译，华夏出版社，2001，第 302 页。
③ 〔德〕胡塞尔：《欧洲科学的危机和先验现象学》，张庆熊译，上海译文出版社，1988，第 3 页。
④ 〔德〕胡塞尔：《生活世界现象学》，倪良康等译，上海译文出版社，2002，第 259 页。
⑤ 〔美〕许茨：《社会实在问题》，霍桂桓等译，华夏出版社，2001，第 295 页。

间的现实关系——交往、沟通、相互理解和作用以及面对面的情境、互相关照的伙伴关系、共同经验等，不是存在于胡塞尔的纯粹意识或先验意识中，而是只有在工作世界之中才是可能的。"在这种面对面的关系中，每一个伙伴不仅通过生动的现在共享另一个伙伴，而且其中每一个伙伴及其自发生活的全部表现也都是另一个伙伴的环境的一种成分，他们都参与他们对外部世界的一整套共同经验，其中，每一方的工作活动都可以连接在这个世界上。而且最后，在这种面对面的关系中（而且也只有在这种关系中），这个伙伴才能通过生动的现在，把他的同伴的自我当作一个完好无缺的整体来观察。"①

主体间性关系产生于工作世界并构造工作世界的意义，是工作世界意义的源泉。"我想用'精明成熟'这个术语表示意识张力程度最高的平面，它是从充分注意生活及其各种要求的态度中产生的，只有进行活动的自我、特别是工作的自我，才是对生活完全感兴趣的自我，因而才是精明成熟的自我。它生活在它的活动之中……这种注意完全是一种主动的注意。……工作的自我所具有的这种充分觉醒的状态勾勒出这个世界从实用角度看与我们相关的部分的轮廓，并且勾勒出这些决定我们的思想流的形式和内容的关联的轮廓：它们决定我们的思想流的形式，是因为……它们决定我们的思想流的内容。"② 工作世界是产生自我、主动、自由、思想意识、经验等意义的源泉和根据。"希望和畏惧以及与它们相关的满足与失望，都以这个工作世界为依据，而且只有在这个世界中才成为可能。"③ 许茨还认为，梦、游戏、虚构或想象、童话、神话这些"有限意义域"的意义也都来自工作世界及其主体间性关系，"都来源于我们的日常生活的最高实在所经历的一种特殊修正，因为我们的心灵在通过意识张力的逐渐减少离开这个工作世界及其各种任务的过程中，为了一种被想象为准真实的（quasi-real）幻想代替这个工作世界，取消了它的某些层次的实在特征"。④ 这些精神世界或幻想世界的意义来自作为最高实在的工作世界，

---

① 〔美〕许茨：《社会实在问题》，霍桂桓等译，华夏出版社，2001，第298~299页。
② 〔美〕许茨：《社会实在问题》，霍桂桓等译，华夏出版社，2001，第290页。
③ 〔美〕许茨：《社会实在问题》，霍桂桓等译，华夏出版社，2001，第307页。
④ 〔美〕许茨：《社会实在问题》，霍桂桓等译，华夏出版社，2001，第314页。

又有相对独立性或自由，在这些精神领域"我们摆脱了支配我们关于这个日常生活世界的自然态度的实用动机，也摆脱了'客体间际'的（inter-objective）空间和主体间际的标准时间的束缚"。① 许茨还认为理论静观的意义也来自工作世界及其主体间性关系，"这种静观思维的全过程都是为了实践的意图和结果而进行的，正因为如此，他在这个工作世界中而不是在一个有限意义域中，构成了理论静观的'飞地'（enclave）"。② 一个人离开工作活动及其创造的财富和生活条件，既不能在深夜梦想，也不能进行科学静观，连精神病患者的精神意义也会因为没有生存条件的支撑而消失。

工作世界作为意义域，是众多有限意义域之一，作为意义源，是意义世界的核心。许茨把工作世界作为意义源，实际上是承袭了马克思"社会生活以物质生产活动为基础"的思想，超越了柏格森、詹姆斯以及胡塞尔的精神、意识主体意义源。但是，这似乎背离了现象学的意识意向性这一首要原则，其实不然，他是把胡塞尔的生活意识转换成了工作世界意识，认为意义来源于工作主体的意识或意向性，许茨的意义源最终在胡塞尔意向性的意义上返回工作意向主体自身。

四　意向性理论与工作行动的意识设计过程

工作世界主体间性关系构成工作世界的意义，工作世界的意义总体化生活世界的意义，那么工作世界及其主体间性关系的意义又来自哪里？许茨认为，工作意向性（即工作行动设计）是整个意义世界的源泉。胡塞尔的意向性是先验或纯粹的主体间性意识意向性，他把世界理解为由这种纯粹意识的诸基本的意向性形成的意义构成物。许茨的意向性理论没有停留在胡塞尔先验而纯粹的意识意向性活动的层次，他从工作行动意向性开始，把行动分为内化的自我意识设计行动和外化的公开活动，"为了把单纯思考的（隐蔽的）行进与那些需要身体运动的（公开的）行进区别开来，我们可以称后者为工作（working）"。③ 这就使意向性成为有现实或世

---

① 〔美〕许茨：《社会实在问题》，霍桂桓等译，华夏出版社，2001，第314页。
② 〔美〕许茨：《社会实在问题》，霍桂桓等译，华夏出版社，2001，第326页。
③ 〔美〕许茨：《社会实在问题》，霍桂桓等译，华夏出版社，2001，第289页。

俗感的工作意向性或工作意识活动，成为一个完整的过程总体。这里的自我不是一个以物质活动为本质的人，而是有意识张力，即意识延伸力、设计力或现实建构力并在主体间性关系中存在的工作的精明成熟的自我。"精明成熟这个概念合理而且实用地为解释我们的认知生活揭示了出发点"，工作的自我或行动的自我是出发点，是认知的出发点，也是生活的出发点。

许茨对生活世界的还原最后完成于意向性理论，意义首先来自工作世界主体间性，最后来自意识意向性，即最后回到意识的指向性赋予对象意义问题。如此，许茨与胡塞尔在意向性问题上是殊途同归。但有一点不同，即胡塞尔的意识构造力是先验存在，而许茨是后天绵延、行动的过程，是在设计行动修正中累积的能力，即意向性或意向性能力是一个后天行动作为的过程。但不是行动修正设计而是设计修正行动，即设计才是行动有没有意义的参照者，行动的过程方式都是意识设计的，行动的意义在于是否符合设计。而设计的不断修正和改变则是意识本身的张力或意向性本性和能力。意识就是这样一个自我驱动、自我行动、自我修正、自我实现效果的意向性过程，过程的每一个环节都是意向的活动，行动是意向的设计，效果是意向的外化，修正是对不符合意向的行动的修正，或是原有意向的自我改变和行进。当然，这主要是一种逻辑的分析，在实际阐述和实际工作世界中，意向性始终存在，意义理论和主体间性理论，也就是他的意向活动理论。如前所述，行动理论是他整个研究的起点，始于对韦伯的兴趣，最后又落在工作行动上，工作行动最后落在工作行动设计（即工作意向性）上。"工作是存在于外部世界之中的行动，它建立在一个设计基础上，并且由通过身体运行造成经过设计的时态的意向描述其特征。对于构成日常生活世界的实在来说，工作形式是我们描述过的全部自发性形式中最重要的一种形式。"①

如此，许茨的意向性理论以工作意向性理论的方式最终解决了韦伯等人没有解决的"意识如何给予行动意义"的问题。其基本环节是：①把行动转化为工作行动，使得行动实体化、实在化，为描述行动意义做铺垫或

---

① 〔美〕许茨：《社会实在问题》，霍桂桓等译，华夏出版社，2001，第289页。

提供经验材料；②意识设计行动；③以一定的知识储备为基础，不同知识储备有不同的设计，并导致不同结构；④设计要有动机，动机不断变化；⑤把设计外化为公开化的行动；⑥意识修正行动，发现行动偏离了设计就要修正，或者发现自己不能公开化、外化也要修正行动；⑦行动意义在于效果是否符合设计，而不是效果本身；⑧行动、设计都基于主体间性的伙伴关系；⑨意向性就是意识行动或工作设计、修正的全过程，它赋予工作行动意义，赋予工作世界意义，又赋予社会世界及生活世界意义，即意识行动总体化现实世界。韦伯、詹姆斯等现代意识哲学大量阐述行动，试图通过亲近行动获得意识的现实感。许茨与之不同的是把行动转换成工作行动，这就更具有实在感和现实境遇，与之相同的是最后回到意识自身，这是意识哲学普遍的生存轨迹。"我们可以说，现象学家并不与客体本身发生什么关系，他所感兴趣的是它们的意义，因为它是由我们的心灵活动构造的。"① 他的"意义源"否定了客体的意义，最终回到了现象学的主观意向性。

综上所述，许茨现象学的文化世界走向呈现从生活世界到工作世界的进展，其工作世界理论还原了文化世界或生活世界的工作世界基础，探究了工作世界的总体性和主体间性结构与本质，阐明了工作世界是意义的源泉，最终确立了工作意向性是意义的最终源泉。它对我们具有一定的启示与借鉴意义：哲学不仅要关注生活世界，更要关注工作世界；不仅要关注工作世界，更要关注人性化或主体间性关系的工作共同体世界；要循着工作世界的意义结构，追寻工作世界的过程、总体和共同体的价值意义，而不能停滞于某个片段或痴迷于某种物化；工作世界是生活世界或文化世界的核心，以人为本要以建构主体化的工作世界为本。但是，"许茨的工作共同体只是异化社会内部个人之间关系的狭隘的共同体，建立在交往、沟通、理解的基础上，缺乏和谐生产关系的基础，不具有总体的社会批判和改造的性质"。② 其共同体主体的狭隘性、意向性的主观性以及意义域的意识性，则需要予以马克思主义哲学的矫正和升华。

---

① 〔美〕许茨：《社会实在问题》，霍桂桓等译，华夏出版社，2001，第 167 页。
② 李晓元：《人学走进工作世界——主体化人学初探》，人民出版社，2012，第 111 页。

第四节　从观念到方法：文化哲学方法论

上述文化世界观表明，哲学研究要走向现实生活世界、工作世界、社会世界等多重文化世界，文化世界的总体是生活世界，其本质是工作世界。或者说，文化就是主体化世界，就是主体化生活世界的总体或主体化关系的总体，主体化关系是主体与自然、社会和主体的共同造化关系的总体。主体化就是主体对世界的化解、造化，就是主体化世界，主体化世界就是主体化生活世界的总体，其本质是主体化工作世界或工作世界共同体。基于文化世界观的文化世界方法论就是文化哲学方法论，就是认知、确认、理解、体验、建构文化世界的根本方法，主要包括生活世界总体方法、工作世界本质方法和结构方法以及价值、伦理、审美方法和工作生存与教育方法。

一　总体、本质、结构方法

生活世界总体方法、工作世界本质方法和结构方法构成文化哲学方法论的基本方法，其核心要旨就是文化世界的认知、理解、体验、建构都要追寻生活世界总体意义和工作世界本质价值以及工作能力与工作关系的互构关系结构。

（一）生活世界总体方法

生活世界总体方法就是认知、研究、理解、体验和建构文化世界要追寻生活世界的总体意义。文化世界的总体方法就是生活世界总体方法。文化世界是主体化关系的总和或主体化生活世界的总体。主体化关系就是主体对自然、社会和主体的造化关系，这些造化关系就是生活世界的总体结构，或者说生活世界就是这些关系的总体化或实体存在。文化世界就是主体化关系或主体化生活世界的总体，主体化就是主体化关系或主体化生活世界。如此，生活世界总体方法是主体化关系总体和生活世界意义总体方法的总和。

1. 生活世界总体方法是主体化关系总体方法

主体化关系总体方法是指认知、研究、理解、体验和建构文化世界要追寻主体化关系的总体意义，即人与人、自然和社会关系的总体意义，其核心是生活共同体意义。主体化关系的本质是共同体关系；共同体的本质是主体化的多维度和谐关系，根基是和谐物质生产关系；共同体是个人与社会的结合域，亦是主体与自然的结合域。生活世界是主体对自然、社会和主体的造化关系的总体，其本质是主体与自然、社会和主体的共同体关系。

其一，生活世界是主体造化自然的关系。主体化自然的关系就是主体造化自然为主体的生活存在。①化自然为精神的快乐、幸福、富有、智慧，化自然为主体的精神生活。每个人都面对同样的天空、大地、海洋、河流以及花草树木和动物，这是每个人的自然存在境遇，这是向每个人都敞开的资源，而有人熟视无睹，有人能化为自己的存在意义。如果不会主体化就会白白失却很多这种存在的资源和意义。这是一块每个人都相对平等持有的存在的领地和家园。如此，我们经常要在喧嚣和繁忙的世事中去河边注视流水、穿越竹林并倾听翠鸟的鸣叫；经常去曲径通幽的公园散步，汲取花草树木的灵气与芬芳；经常仰望天空的白云和星宿，感受天空的高远和星空的浩瀚，并使得这些高远和浩瀚进入生命和灵魂。在这些自然的怀抱里，还有许许多多的体验、回忆、振奋、感悟，还会得到许许多多的自然的美善和智慧。这一主体化存在甚至是每个人都需要开拓或进一步开拓的存在的处女地。它对每个人来说，都是一个无限的意义域。②化自然为主体的行为、物质、财富存在。化自然为精神的富有和存在就是化自然为生命、生活和工作的富有和存在。因为幸福、快乐、美善和智慧都表现为一定的行为方式或融入一定的选择和行动。如果说化自然为精神主体的精神生活主要还是一种意化，那么这种实践造化自然主要就是一种物化与意化的并行主体化生活。

其二，生活世界是主体造化社会的关系。主体化社会就是主体造化社会为主体的生活存在。社会就是社会生活，社会生活就是社会关系的总体。"社会关系就是许多人的合作"，是人与人关系的总体，其基本结构是生产、分配、交往等物质关系和政治、道德、法律以及精神文化关系，也可表述为技术关系、制度关系和精神文化关系。社会生活和社会关系都是人的生活和关系，都是主体人的构造、建造和创造，是主体的自我生成与创造。主体化社会的内涵主要有三个方面。①主体造化社会的对象是社会的物质关系和精神文化关系、经济关系和政治关系、技术关系和制度关系的总体。②主体化社会和主体化自然是同一过程，主体化社会是主体化世界的本质存在。只有在社会中才有人对自然的关系。③主体化社会以主体造化主体自身和单位为基础。相对的单位共同体构成绝对的社会总体共同体。个人的社会本质和社会的个人本质都直接呈现于相对的单位共同体。如此，个人主体化构成单位主体化，单位主体化构成总体的社会主体化。社会主体化始于单位主体化，单位主体化始于个人主体化。如此，个人主体化构成单位主体化的基础，个人和单位主体化构成社会主体化的基础，总体的社会主体化又构成个人和单位主体化的基础。个人、单位、社会主体化是一个互构的结构，社会对主体的构造和主体对社会的构造都是主体对主体自己的构造。一旦社会不再作为主体的社会构造主体，这个社会就是一个与主体分裂的、异化的、非主体化的社会或"虚假的共同体"；同样，一旦主体不再作为社会的主体构造社会，这个主体就是一个与社会对抗的、非社会化的、异化的主体或孤立的、抽象的个人。如此，每一个人都可通过造化单位共同体而造化社会共同体，这就使主体化社会通过主体化单位获得实现的通道或路径，即每一个主体都可通过改变或造化单位而获得一份改变和造化社会的生活存在和价值意义，而个体主体造化单位又是从造化自己开始，而造化自己又是一种主体间性的主体化关系。

其三，生活世界是主体造化主体的关系。主体造化主体就是主体造化其他主体为主体间性的存在，这种造化是主体间性的共同造化。这种主体间性的主体化关系，马克思称之为互为自由的共同体关系；许茨称之为"伙伴关系"；《圣经》称之为"你想让别人怎样爱你，你就要怎样爱别人"；儒家称之为"己欲立而立人，己欲达而达人"；官人与商人称之为"互惠、互利、共赢"的关系。其实质就是主体的平等、互助、互动、互为的关系。这种主体间性的主体化关系需要一个平等的前提，那就是主体与主体之间在平等的经济、政治、物质利益关系前提下才有这种关系，否则，这种主体间性关系就会大打折扣甚至沦为主客体性关系，如私营企业的雇工在与私营企业主、老板谈判和进行利益分配时就不可能有这种平等的主体间性的主体化关系。但是在日常生活和工作中，主体与主体之间的关系并不都指涉这些不平等的前提，而是大量指向平等背景下的合作与交往关系。如此，做一个主体化人，既要认知哪些是自己的主体化世界境遇、哪些是自己的非主体化世界前提，以便在主体化世界中构造自己的主体间性关系，在非主体化世界中尽量避免被客体化或力所能及地去适应或改变这种客体化世界。

上述主体化关系既是文化世界或生活世界观意义上的"关系"，也是文化世界或生活世界方法论意义上的"关系"，当用这些主体化关系观念来认识和建构文化世界或生活世界时，这些主体化关系观念就转换成文化世界或生活世界总体方法论。

2. 生活世界总体方法是生活世界意义总体方法

将文化世界观用来认知、确认、理解和建构文化世界，文化世界观就转换成文化世界方法论。依据马克思的文化世界总体观，生活世界总体性即生活世界的世界意义、生成意义、个体意义、结构意义的总体性。生活世界是人的现实存在世界，生活世界总体观就是生活世界主体观。生活世界并不都是主体化的生活世界，异化的生活世界就是客体化的生活世界，就是人被客体化的世界。文化世界的生活世界总体方法包含以下方面。①世界意义总体方法，即生活世界的世界性方法，即生活世界是内含了人、自然、社会等世界一切存在要素、关系和意义的总体，是包含了物质生活与精神生活、社会生活与个人生活、实践生活与认识生活、感性生活与理性生活的总体，是包含了异质性与同质性、差异性与齐一性、片段性与过程性、杂乱性与齐整性、逻辑性与逆逻辑性、中心性与边缘性的总体。其中实践、物质生活处在本质或核心层次，而工作世界处在实践的核心层次。世界意义总体方法要求我们把文化世界置于人与人、自然和社会的总体关系中确认、理解、认知和建构。②生成意义总体方法，即生活世界意义生成的共同体性方法。主体与客体、本体与实体、个体与总体、中心与边缘共同构成意义生成的共同体源泉。个体不是绝对地服从、追随和受制于总体，面对靠资本逻辑和利润价值生成的充满异化和对抗的社会"虚假共同体"，个体特别是处在边缘的穷困卑微的无产者个体可以改造或消灭这个社会生活总体，建立新的"真实的生活共同体"。生成意义总体方法要求我们平等地看待文化世界的各个因子及其对总体的生成意义，特别是戒除权贵文化、资本中心文化和异化、物化文化世界的"虚假共同体"，追寻和造化真实的文化共同体意义。③个体意义总体方法。总体意义的生成性和优越性内含了个体意义的生成性和优越性。个体意义的总体性有三层含义。一是指多元、多维个体意义的总和，而不只是作为某个本体、中心的决定者或唯一者。二是指个体总体（即共同体总体）如果不再是个体的本质，个体就可联合起来批判、改造或消灭它，建立新的共同体总体。如此，生活世界意义总体方法实际上是用总体性方法和意义剥夺了某个本体或中心个体的绝对至上的生成与统治意义，又把总体的意义还给了多元个体。三是指每个个体都是一个生活世界总体，都造化和拥有自己的生活世界，即"一叶一世界"，每个人都是一个总体的人，都是一个生活世界总体的人。个体意义总体方法要求关注和重视个体文化世界的总体性及其对文化世界总体的生成与造化意义。④结构意义总体方法，即生活世界结构的意义是多重结构总体的生成。生活世界结构的意义是结构总体或结构要素的共生过程，而非某个本体或中心的单面决定；是社会生活结构的总体性和日常生活、个体生活结构的总体性的统一。这一方法对于认知和造化文化世界的结构和意义有重要方法论意义。

（二）工作世界本质方法

文化世界的总体方法是生活世界总体方法，本质方法是工作世界本质方法，因为工作世界处在文化世界或生活世界的基础与核心地位。工作世界本质方法是指认识、确认、理解、体验和建构文化世界要以工作世界为基础和核心价值取向，而工作共同体价值是工作世界本质方法的核心。人是生活世界总体的人，也是工作世界本质的人。社会生活在本质上是实践的，人的实践本质就是主体以实践改变世界、造化世界的过程，就是实践化的过程，而实践的具体化、现实化、实体化、主体化就是工作世界或工作化，人的实践本质就是工作世界本质或工作化本质。人必须造化一个主体化的工作世界，即人性化工作世界或工作世界共同体，才能成为主体化的人，才能拥有主体化世界，即文化世界。人的平等、自由、正义、快乐、幸福、价值、审美、道德伦理从根本上说都是在工作世界中实现的，没有一个工作世界，一切就会沦为空谈。工作世界是工作造化来的世界，工作造化的本质是工作者的共同造化。人的最深刻、最现实的本质是工作世界，工作世界的本质是主体化的工作世界共同体。人的本质是工作世界，但不是所有的工作世界都能构成人的本质，异化的、对抗的工作世界会使人丧失本质并失去存在的意义。只有和谐的工作世界共同体才是人的本真或真存。工作世界的本质是共同创造、平等占有和享受工作成果的共同体活动和关系。前述马克思的生活世界观、许茨的生活世界现象学都预示了这一点，这里不再赘述。

（三）结构方法

结构是存在的深层规定，是存在意义的源泉和意义生成的根本动力。文化世界的存在结构是以工作世界结构为核心的多重结构的总体。文化世界结构方法就是对文化世界的认知、理解、体验和建构，不能停滞于文化的表层存在，而要深入其内在的结构层次。

1. 文化世界的生活世界总体结构方法

文化世界的生活世界总体结构方法是指认识和建构文化世界要追寻主体化能力和主体化关系的互构关系结构。这一总体结构方法亦源于文化世界总体结构存在本身。

文化就是主体化，主体化就是主体化世界，主体化世界就是主体化生活世界和工作世界的总体。主体化的总体结构是由主体化能力和主体化关系构成的主体化方式结构，它是主体化存在总体的基本结构。主体化能力是主体造化世界能力的总和，是意化世界能力与物化世界能力、生活化能力与工作化能力的总体。主体化能力是主体造化自然、社会和人为主体化存在的根本支撑和动力源泉。不同主体的主体化能力不同，主体化能力不同造成主体化存在不同，一个人主体化能力越强，其主体化存在视域越开阔、越丰富、越深厚，反之，就越狭窄、越贫乏、越浅薄。主体化能力构造主体化关系，同时，它也是在主体化关系中形成的，受主体化关系的推助。如在各种条件和背景相同的情况下，一个处在平台较高、人际关系和谐的共同体中的人，其主体化能力就相对高于处在一个落后的互相倾轧的单位的人。主体化关系就是主体对自然、社会和主体的造化关系，是自然关系和人性关系、个人关系与社会关系的总体。主体化的总体结构是主体化的自然结构和社会结构的总体，这两个结构是互为、互生、互动的关系，而社会结构居于主导地位。

文化世界的总体结构实质是主体化的生活世界结构，它内含了所有的生活能力和生活关系，是主体化存在的最广义、最普遍的结构，这一结构的意义就在于生活世界的总体意义，而不单是生产结构或意识结构、自然结构或社会结构。它生成和构造主体化存在总体的意义，也被这个总体的意义生成和构造。而主体化总体的意义和结构意义，又都被其工作世界本质的意义生成与构造。主体化能力与主体化关系的和谐互动关系结构是文化世界的总体结构，它表现在或存在于主体化存在的多重结构中。这里重点探讨文化世界的工作世界本质结构。文化世界的生活世界总体结构注定了文化世界的生活世界总体结构方法，这就要求我们认知和建构文化世界不能停滞于文化形态、形式、符号、载体等表层存在，而要深入文化世界的内在结构；认知和造化文化世界的结构，而不能局限或囿于精神结构、物质结构、社会结构等某种单面的结构，要把握和趋向生活世界能力和生活世界关系的互构关系结构，特别是基于一定社会关系的人与人、自然和社会的总体关系结构。

2. 文化世界的工作世界本质结构方法

文化世界的工作世界本质结构方法是指认识和建构文化世界要以工作世界为价值核心，追寻共创、共享的工作世界共同体。这一本质结构方法亦源于文化世界的工作世界本质结构的现实存在。

工作世界的本质不是某个单个的要素、关系、本体、中心，而是结构性的本质，这种结构性本质就是工作世界的基本矛盾关系，即工作能力与工作关系的互构关系。

马克思所确立的社会基本矛盾结构是工作世界的社会结构。这个结构的意义——包括过程动态意义、矛盾的动力意义、生产的物质意义、政治法律的制度意义、意识形态和精神文化意义，是结构总体或结构要素的共生过程，而非某个本体或中心的单面决定。生产力虽是最终决定者，但生产关系、经济基础、上层建筑也都是社会世界意义的生成者。社会基本矛盾的和谐结构构成人性化或主体化的社会世界和工作世界，对抗的结构造成异化、客体化的社会世界和工作世界。

工作世界的主体结构是单位和个人工作世界结构，即工作力和工作关系的矛盾关系结构，这是工作世界结构的主体化、现实化、日常化。人们往往把马克思的基本矛盾理论单向度地理解为社会基本矛盾理论，忽略了其单位和个人基本矛盾的意蕴，从而在很大程度上消解了单位和个人工作世界的结构本质，进而忽略了单位和个人工作力的提高和工作关系的改进。"社会结构和国家总是从一定的个人的生活过程中产生的。"① 如此，个人工作世界构成单位和社会工作世界，个人工作世界的结构本质构成单位和社会工作世界的结构本质。文化哲学方法论平等地看待个人、单位和社会工作世界的结构本质，并把它们置于一个互动、互为的关联总体。如此，建构主体化工作世界的结构本质是社会、单位和个人的共同责任和担当。总之，生产力与生产关系、经济基础与上层建筑的矛盾关系，是工作世界的社会世界结构，工作能力与工作关系的互动关系是日常化的工作世界结构。个人工作世界构成单位工作世界，个人和单位工作世界构成社会工作世界并与之互构，如此，个人或单位的日常工作世界就更为直接、现实、具体地呈现主体化工作世界的主体化存在本性。而这个日常工作世界的结构也就更为直接和现实地呈现主体化工作世界的结构。

工作世界结构是一个内在关联和互构的体系。工作能力决定工作关系和工作态度，工作关系决定工作态度并培养工作能力，工作态度作为工作精神文化的集结或凝聚，是工作能力、工作关系的精神驱动力量，并与之一同成就工作事业和工作生存意义，而工作创造力是工作世界结构的根本支撑。工作世界结构本质方法给我们的指向就是：认识、理解和建构文化世界要以工作世界为本，以建构主体化（即人性化）的和谐工作共同体为本；以广大民众的根本利益为本就是以主体化或人性化工作世界为本，就是以构成工作世界总和、总体的个人工作世界为本，就是以广大人民群众（即各个个人或广大个人）的工作世界为本，就是以广大人民群众或各个个人的主体化的工作就业关系为本，就是以广大民众的工作创造力为本。这就是根本、本根，就是根本利益所在，它不单是物质利益问题，它内含了主体化工作世界的一切价值内涵和存在归属。以主体化工作世界为本是以群众、生产力和生产关系为本的具体化、现实化、实体化和主体化。

---

① 《马克思恩格斯选集》第 1 卷，人民出版社，1995，第 71 页。

二　价值、伦理、审美方法

文化世界的价值、伦理与审美方法是指认知、理解、体验和建构文化世界要追寻文化世界的生活世界总体价值、伦理和审美以及工作世界核心价值、伦理和审美。文化世界的价值、伦理与审美方法遵循的基本原则就是生活世界总体原则和工作世界本质原则，而这两个原则恰好是被当下各种价值观理论和伦理道德观深深遮蔽的原则。

文化世界是主体化关系的总体，主体化关系的造化总是循着价值、伦理和审美意义进行的，或者说主体化关系就是造化主体化的价值、伦理和审美关系，从这个意义上讲，文化世界或主体化人就是主体化的价值关系、伦理关系和审美关系。如此，文化世界的存在、本质与结构规定了文化世界的价值、伦理和审美取向，这就是生活世界总体取向或主体化关系总体取向以及工作世界本质结构取向。价值、伦理、审美就是主体化的世界关系，就是主体与自然、社会和主体的造化关系，或者说，主体化的世界关系就是价值、伦理和审美关系；价值、伦理和审美的总体是生活世界总体，本质是工作世界，是共创、共享物质财富和精神财富的工作世界共同体。幸福、快乐、自然，公平、正义、平等，所有的价值、伦理和审美都根植于这种生活世界共同体特别是工作世界共同体。为此，认知、理解、体验和建构文化世界要弃绝资本至上逻辑、权力中心思维、经济本位主义和消费物化、异化的消费美学倾向。

面对当下价值建构和价值取向中存在的把某一种价值本体化、中心化的单面价值观，确认生活世界总体价值原则尤为重要。生活世界总体价值是自然价值与人性价值、个人价值与社会价值、日常价值与非日常价值、物质价值与精神价值等主体化存在价值意义的总体。文化世界不是单面的意识化存在，也不是物化、异化的客体化存在，而是生活世界总体性存在。生活世界总体性注定了文化世界的价值意义是生活世界总体价值意义，或者说是主体与自然、社会、主体价值关系的总体。这一价值总体原则是文化世界价值、伦理和审美的首要原则。这一原则要求循着生活世界总体意义追寻、体验、理解和建构文化世界总体化的价值意义，从而戒除把价值、伦理和审美物化、资本化、权贵化、意识化的异化取向和单面倾向，即主体化的文化世界或人要在造化自然、造化社会、造化主体的关系中造化自己的自然价值、社会价值和主体价值，要沉入生活世界总体性中不断开拓、开启和开创存在的价值、伦理和审美域。这对每一个人来说，都是一个无限的意义域或一种价值资源。

工作世界是文化世界或生活世界的基础和核心，亦是文化世界或生活世界的价值、伦理和审美核心。工作的本质是工作世界，工作世界的本质是工作世界总体性，工作价值、伦理和审美是工作世界总体的价值、伦理和审美，而不只是赚钱、技能、态度、消费、资本、权力等某个单面的向度。工作世界总体性的本质是工作世界共同体，如此，工作或工作世界的最高价值、伦理和审美就是主体化的工作世界共同体价值、伦理和审美，而工作力与工作关系的和谐互动结构是工作世界的核心价值体系，即工作世界的价值是由这种结构价值和总体性价值构成的价值体系或框架。工作世界的总体性本质注定了其价值生成、价值取向和价值决定的结构性和总体性。离开工作世界及其价值谈生活世界、社会世界和实践世界及其价值，都带有抽象的不切实际的色彩。如此，要把文化世界的价值、伦理和审美建立在工作世界基础上。

三　工作生存与教育方法

工作生存与教育方法是文化哲学方法论更为具体和细致的方法，这里的工作生存方法即工作生存论方法，它是文化生存的核心方法；这里的教育方法是总体性教育（即思想政治理论课）意义上的工作世界文化教育方法。

（一）"工作生存论"——哲学生存论的文化视界①

哲学与文化相融是哲学主导文化的有效方式。意识哲学的意识生存论越来越融入工作世界成为工作文化，马克思主义哲学的实践生存论也要与大众的工作世界相融生成工作生存论文化。当下学界对马克思主义哲学生存论的研究主要集中于一般的较为抽象的社会实践生存论，尚未行进到主体化或实在化的工作生存层次，这在一定程度上导致了哲学生存论与众多

---

① 此文原载于《学习论坛》2011 年第 11 期，选入该著作时文字上有改动。

实在工作者主体生存的隔阂状态。如此，从实践生存论行进到工作生存论，就应该是马克思主义哲学生存论行进的一条现实通道。

1. 工作生存论概念的提出

工作生存论是马克思主义文化哲学方法与工作世界相融而生的关于工作生存意义结构和方式的哲学认知体系。这一概念的提出，是以工作生存的现实为根据，以马克思哲学的工作生存论思想为基础，以现象学社会学家许茨和建设性后现代主义的工作生存思想为借鉴。

（1）人依靠工作生存的现实与马克思哲学的工作生存论思想。依照马克思哲学的现实考察和描述方法，即按事物的本来面目来认识事物，以从事实际活动的人为根据和出发点，① 借鉴胡塞尔、许茨等现象学家的"悬置法"或"回到事情本身"的方法，这里先将各种思辨哲学生存论关于生存本质、本体、意义的观念置之不顾，以便直面工作生存的现实。那么人们生存的"本来面目"或"事情本身"是什么呢？或者说，"从事实际活动的人"何以为生、何以为靠呢？一个普遍的、无所不在的事实，就是人依靠工作生存，或者说，人们靠实践生存要现实化地表现为依靠工作生存。谁都知道，离开现实的工作活动，人既不能生存也不能生活，更无法实践下去。工作生存论是每个人现实地持有并永不离弃的生存论。无劳动能力或丧失劳动能力的人，其工作生存论就是要靠他人的工作或自己以往工作的贡献生存下去；下岗工人的工作生存论就是要通过再就业和创业来养家糊口、维持生计和尊严；在校大学生的工作生存论就是努力学习、掌握技能、提高素质，以便将来找个好工作、成家立业并立足社会；小孩的工作生存论就是从懂事时就知道要靠父母的工作给自己提供营养、食物和生存条件。人依靠工作生存，这是现实人生存也是工作生存论的第一原则或原理。

"任何一个民族，如果停止劳动，不用说一年，就是几个星期，也要灭亡，这是每一个小孩都知道的。"② 在马克思看来，人依靠工作（劳动）生存，这是连"小孩都知道"的生存论。马克思明确指出了人的工作生

① 《马克思恩格斯选集》第 1 卷，人民出版社，1995，第 73 页。
② 《马克思恩格斯选集》第 4 卷，人民出版社，1995，第 580 页。

存意义，"这种活动、这种连续不断的感性劳动和创造、这种生产，正是整个现存的感性世界的基础"。① 他把实践、生产、劳动以及社会关系或生产关系作为人的生存基础、根本或生存意义的源泉，就是把人的工作活动看作人的生存依靠。工作就是主体化、实体化的生产活动，工作活动是社会实践、生产、劳动的实体存在和主体化形式，工作关系是社会关系或生产关系的实体存在和主体化形式。工作生存论是实践生存论的核心层次，是实践生存论的大众化、日常化、主体化和实体形式。

（2）许茨现象学的主体间性工作生存观。当代"主体间性"哲学把人的生存归结为主体间共同意识的活动，胡塞尔把人的生存还原为生活意识的意向性，认为人和生活都可以被"理解为由诸基本的意向性形成的意义构成物"。② 现象学社会学家许茨把人的生存还原为工作意识的意向性，他们与笛卡尔和黑格尔一样，也都曾把意识现实化为生活和工作活动，但最终又把这些现实还原为意识，即现实的生存只是意识生存的一个片段，只是意识总体性的一个中间环节。而工作生存作为意识生存的一个片段或环节在许茨那里得到了前所未有的展现。

在许茨看来，工作世界是生活世界的核心领域和最高的社会实在。"精明成熟的自我在它的工作中并且通过它的工作，把它的现在、过去和未来结合成一种特殊的时间维度；它通过它的工作活动实现作为一种整体性的自身；它通过工作活动与他人进行沟通；它通过工作活动把这个日常生活世界的不同空间视角组织起来。"③ 个体通过自己的工作活动与外部世界连接起来，实现自己在世界中总体的生存意义；工作世界赋予日常生活最切实的实在感，只有在工作世界的实在中，个体之间才能有效地相互作用、观察、沟通、理解、支持、感受，从而形成主体间性的"伙伴关系"。④ 许茨这种主体间性的个人工作共同体的现实生存状态或生存方式，最后又被他还原为工作意识的生存过程，还原为意识的工作意向性。"我

---

① 《马克思恩格斯选集》第1卷，人民出版社，1995，第77页。
② 〔德〕胡塞尔：《欧洲科学的危机与超越论的现象学》，王炳文译，商务印书馆，2001，第203页。
③ 〔美〕许茨：《社会实在问题》，霍桂桓译，华夏出版社，2001，第289页。
④ 〔美〕许茨：《社会实在问题》，霍桂桓译，华夏出版社，2001，第298页。

们可以说，现象学家并不与客体本身发生什么关系，他所感兴趣的是它们的意义，因为它是由我们的心灵活动构造的。"①

（3）建设性后现代主义的工作生存理念。如果说许茨在主体间性的工作共同体关系上以意识生存论的方式展现了工作生存的深厚意蕴，那么建设性后现代主义则在崇尚创造力的意义上表达了工作生存思想。格里芬认为，人的本质、本性就是创造，创造性能量是每个人都具有的，人的工作活动就是创造活动，这种创造性工作又离不开人与人互相需要、互相贡献的工作关系，即接受他人贡献的"接受性需要"和为他人创造的"创造性贡献"的关系，工作并不只是为了金钱，而是追求和实现创造性本质，若忽视人们工作的创造性能量、价值和本质，就会使一些"掌握政治经济大权的人们制定出不现实的政策"，他告诫决策者们："工人不仅仅是'工人'，他们首先是人，因而他们需要从工作中获得某种满足感，需要创造性地行事；需要感觉到他们对某些事情作出了有价值的贡献；需要参与公司的决策程序。"② 福柯则认为，人们写作、生活、恋爱、乐趣等生存意义，都存在于创造性的工作过程，生活本身就是工作创造出来的活生生的艺术品，"人生劳作的主要兴趣是使自己成为不同于昨日的另外之人"。③ 但是，与许茨现象学的工作生存思想一样，建设性后现代主义的创造性工作生存理念最后又复归为意识生存论，如霍兰德把格里芬的"创造性能量"归结为"精神能量"，认为精神能量的首要性是第一原则，所有社会能量都以精神性为基础和根源。④

2. 工作生存的意义结构

工作是人们职业化、分工化的物质和文化的生产和创造活动，工作活动具有深厚的主体意蕴。人依靠工作生存，工作生存的意义是基于共同体

---

① 〔美〕许茨：《社会实在问题》，霍桂桓译，华夏出版社，2001，第167页。
② 〔美〕大卫·雷·格里芬：《后现代精神》，王成兵译，中央编译出版社，1998，第223页。
③ 〔美〕大卫·雷·格里芬：《后现代精神》，王成兵译，中央编译出版社，1998，第4页。
④ 〔美〕大卫·雷·格里芬：《后现代精神》，王成兵译，中央编译出版社，1998，第73页。

关系的总体意义，它取决于工作生存的内在结构。

（1）工作生存的意义。第一，工作生存的表层含义。人的生存依靠是工作，工作的本质是工作生存。工作生存既指有工作意义的生存，又指有生存意义的工作。这里，工作生存是与生存、工作有所不同的概念。没有工作意义的生存不是工作生存，如靠偷盗、抢劫、贪污的生存；没有生存意义的工作亦不是工作生存，如"黑砖窑"里的工作摧残民工的身体并使他们失去生存意义。如此，说"人的生存依靠是工作"，实质上是说"人的生存依靠是工作生存"，而不是工作。人们对工作的追求实际上也并不就是对工作的追求，而是对工作生存的追求，即追求能让人生存的工作和能让人在工作中生存的工作。工作生存的意义不仅包括为人的生活、生存提供基本的物质文化资料，更内含自由、创造、审美、尊严、幸福、享受等存在价值。

第二，工作生存的本质意义。工作生存的本质是共同创造、平等占有和享受工作成果的共同体活动和关系。这一点从马克思哲学可以得到确证。人的生存依靠是工作，但并不是所有的工作都有生存的意义，马克思的异化劳动理论批判了私人占有制的对抗性工作世界。"总体工人从而资本在社会生产力上的富有，是以工人在个人生产力上的贫乏为条件的"；① "工场手工业把工人变成畸形物，它压抑工人的多种多样的生产志趣和生产才能"；② "工人的生命活动对于他不过是使他能够生存的一种手段而已。他是为生活而工作的。他甚至不认为劳动是自己生活的一部分；相反，对于他来说，劳动就是牺牲自己的生活。劳动是已由他出卖给别人的一种商品。"③ 异化劳动使工人的工作活动在工作能力、工作关系、工作过程和结果上全面失去了工作生存的意义和价值。为此，要消灭异化劳动，建立共同创造、共同占有和享受的工作共同体。"在真正的共同体的条件下，各个人在自己的联合中并通过这种联合获得自己的自由。"④ 在自由人联合体中，"才能够实现自己的充分的、不再受限制的自主活动，

① 《马克思恩格斯全集》第44卷，人民出版社，2001，第418页。
② 《马克思恩格斯全集》第44卷，人民出版社，2001，第417页。
③ 《马克思恩格斯选集》第1卷，人民出版社，1995，第336页。
④ 《马克思恩格斯选集》第1卷，人民出版社，1995，第119页。

这种自主活动就是对生产力总和的占有以及由此而来的才能总和的发挥"。① 共同创造、共同占有和享受"生产力总和"或社会财富的工作共同体才具有工作生存意义，创造、主体间性的自由、审美、快乐、富有、享受、公平、正义、尊严、人性化等工作生存意义都如此而生，并与之一起构成工作生存的总体意义。

（2）工作生存的结构。工作生存的本质是工作共同体，工作生存的意义是基于工作共同体的总体意义。工作生存的意义取决于、生成于工作生存结构。

工作态度、工作能力、工作关系是工作生存结构的基本层次。首先，工作态度逻辑上是工作生存首要的问题，也是工作生存论首先面对或遭遇的问题。只有在这个逻辑的意义上，才能体现出上述后现代主义或整个意识生存论的"精神能量的首要性是第一原则"。工作态度是工作人所秉持的一种首要的精神文化，是工作人所有精神文化的一个聚焦点或凝结点。在工作世界，人们看一个人的精神文化不是看他（她）有多少哲学、文学和思想理论，而是首先看他（她）的工作态度，如此，工作态度是一个人工作文化的窗口和前沿，一个人的工作情感、意志、理念、价值观、思维方式都凝聚其中，或者说工作态度就是工作精神文化总体的凝聚、凝结，它表现为一个人对工作的热爱与厌恶、认真与敷衍、唯利是图与义利并重等精神状态。而这些精神状态只是工作态度在意识层面的直接体现，一个人的实际工作态度体现在他的工作行动、过程和结果上，如此，工作态度是体现在一个人工作现实和工作文化上的总体精神状态。其次，工作能力是工作者个人体力和智力与工作对象、工作资料相结合的能力，主要表现为生产、制造、创造物质文化产品的能力，建构工作关系的能力以及处理日常工作事务、解决工作问题、完成工作目标任务的能力，工作创造力是最根本的工作能力。最后，工作关系主要是指工作者对工作资料、工作成果的占有和分配关系以及工作活动中的交往关系，共同创造、公平占有和享受工作成果的共同体关系是最根本、最优化的工作关系。工作能力和工作关系决定工作态度。

---

① 《马克思恩格斯选集》第 1 卷，人民出版社，1995，第 129 页。

工作生存结构是一个内在关联和互构的体系。工作能力决定工作关系和工作态度。工作素质、水平、能力越高，就越会得到他人的尊重、信任和爱戴，就越有可能建构更广泛、深厚和持久的工作交往关系，并越能从总体上获得更多的工作成果和荣誉。"艺高人胆大"，有"技艺"才能有积极进取的态度、信念和激情。有技艺就有创造力，技艺是工作生存的根本方式，脱离创造性和技艺能力的抽象德性态度不会产生工作生存效应。社会、单位和个人若只重视这样"好的工作态度"，那工作世界就会在缺失技艺和创造力的支撑中而慢慢地停滞和衰退。工作关系决定工作态度并培养工作能力。好的工作态度不仅要以工作能力为根本，还要以共同体关系为生长的土壤和支撑。有了适宜的工作关系，工作者才能有责任心、热情等德性态度。工作关系是靠工作能力建设起来的，工作能力是在工作关系中养成的，公平占有、分配的和谐工作关系会调动工作的积极性，催生其创造力，有利于其才能的发挥。工作态度作为工作精神文化的集结或凝聚，是工作能力、工作关系的精神驱动力量，并与之一同成就工作事业和工作生存意义。"激情、热情是人强烈追求自己的对象的本质力量。"[①] 有责任心、热情的工作者，就会使人乐于与其交往，这就有助于构建工作者之间互通有无、互相协作和支持的主体间性关系，从而不断累积工作资源，不断提高自己的技艺和工作能力。

3. 工作生存意义的实现

工作生存的意义结构注定了工作生存的现实方式，即以提高工作能力特别是工作创造力为根本，以构建工作共同体关系为基础和支撑，以积蓄优秀的工作态度等精神文化为驱动力。

（1）"以人为本"要以人的工作生存为本，以构建工作共同体为本。人依靠工作生存，工作生存的本质是工作共同体。社会、单位和个人都要重视工作关系特别是占有、分配和交往关系的改进，要改变因为重视社会生产关系变革而忽视工作者主体工作关系优化的倾向。工作共同体对每个人来说都是最现实、最亲近、最根本、最可经验的世界，最日常的工作共同体就是我们的生命共同体。人的生存意义或者从哪里获得，或者从哪里

---

① 《马克思恩格斯全集》第 3 卷，人民出版社，2002，第 326 页。

丧失。一个企业、公司倒闭破产，一个单位的解体，一种生产方式或生产关系的变迁，都意味着一些人共同体本质和生活的流变。失业就是失去工作共同体本质，就业就是占有、拥有工作共同体本质，待业就是期待工作共同体本质和意义的到来。"找工作"就是对人的工作共同体本质、意义和根基的寻找。工作生存或工作共同体是人的存在之基、利益之本、价值意义之源。

（2）实施"就业优先战略"要以工作生存意义优先为应有之义。可以说，从"以人为本"到把就业视为发展首要原则的"就业优先"战略，这是科学发展观人本思想的合乎逻辑的递进过程。但是实施就业优先战略必须抓住就业优先的根本所在。工作生存的意义不只是就业、绩效、成果，更是自由、审美、尊严、快乐等工作生存总体性意义。在一个充斥着各种压力、冲突、危机、贫富不均以及失业与待业的工作世界，在一个存在资本利润化、权力中心化和技术控制化倾向的工作世界，追寻、建构工作生存的总体意义就显得尤为必要。如此，实施就业优先战略，不只是就业岗位、数量的优先，更是工作生存意义的优先，要把工作生存意义优先作为就业优先战略的应有之义。工作就业是最根本的民生，是社会之基，是人的存在之本。如此，社会、政府、单位和个人，都要把构建共创、共享、共有的工作共同体世界作为首要原则和核心价值取向。

（3）加快转变经济发展方式要以提升工作创造力为支撑。从一定意义上讲，以人为本就是以人的工作就业为本，就是以构建工作共同体关系为本。如此，转变经济发展方式就是要由片面重视 GDP 和片面依靠耗费资源的客体性发展方式转向依靠大众工作者创造力的主体性发展方式。工作创造力是工作生存的根本支撑，社会、单位、个人除了重视工作共同体关系以及工作态度和工作精神文化的建构外，更要重视工作技艺、工作创造力的提升，要改变因为重视社会生产力发展而忽视工作者主体能力建设的倾向，以避免出现"社会生产力发展而个人生产力贫乏"的状况。长期以来的人口资源红利、自然资源红利、引进技术的后发优势红利，在一定程度上消解和抑制了工作者主体创造力的建设和发挥，在这些红利的生存效应即将发挥殆尽的今天，转变发展方式，除了依靠工作者主体的工作创造力和工作结构的优化，已再无别的生存依靠。

（4）注重积聚工作精神文化的能量，实施工作就业、工作立业总体性教育。不同的哲学主导不同的工作文化，从而产生不同的工作生存意义和效应。哲学与生活世界特别是工作世界的文化相融是哲学发挥自身效应和自身精神能量的现实通道。意识哲学的意识生存论越来越融入工作世界成为活灵活现的工作文化，它在很大程度上遮蔽和消解了大众工作者的工作生存意义。例如，职场上流传的"态度决定一切"的态度文化或"欲望决定一切"的欲望文化认为，只要有了好的态度和强烈的欲望，就会有好的工作结果，就会实现工作目标和人生价值。这些都是意识生存论与工作世界相融而生的工作精神文化，都会导致忽视大众工作者的工作能力特别是工作创造力的提升和工作关系特别是工作共同体关系的改善与建构。如此，要注重建设马克思主义的工作生存论和工作精神文化，并以此矫正意识生存论及其工作文化。马克思主义哲学不仅要贴近生活世界，更要走向和融入工作世界发挥其大众化效应。要在思想政治教育和大学生就业教育中融入工作生存论的文化教育，进行工作就业和工作立业总体性教育，即以马克思主义为主导，融合各种文化形态和文化思潮对学生进行工作世界观、工作价值观和工作生存方法论的教育。

（二）工作世界生存律

上述文化哲学方法是文化世界生存的基本方法，这里"工作世界生存律"是由上述文化哲学基本方法衍生出来的更为具体、更有可操作性的文化生存方法。文化生存方法的根本是工作世界生存方法，这里的方法主要围绕工作世界生存方法展开。

深度的生存智慧和方法要深入存在的本质与结构，造化存在的本质与结构，而不是表层的或平面化的具体方法和智慧的叠加。文化世界总体方法、本质与结构方法都要求认识和建构文化世界，要立足生活世界总体性，建造工作世界共同体，提升主体化能力特别是工作化能力，优化主体化关系特别是工作关系，把造化工作世界特别是工作共同体世界作为文化生存的根本方法，更要把造化工作能力、工作关系和工作精神文化及其互构关系作为文化生存的最根本方法。这是文化世界生存的根本智慧。文化世界是人造化的世界，化自然、化社会、化主体，所有的造化关系都以工作世界为依托、根据、根基，没有工作世界或工作世界共同体，没有工作就业，没有人性化的共同体工作就业关系，文化世界就失去了生存的根基，就什么都不能造化。工作世界的本质与结构注定了文化世界生存的根本方式、方法是以累积和提高工作能力特别是工作创造力为根本，以构建和优化工作共同体关系为基础和支撑，以积蓄优秀的工作态度等精神文化为驱动力。其基本方法论可归结为以下十律。

（1）工作创世律。每个社会、国家和个人都要靠工作创造世界。"诺亚方舟"并不是一条资本救世的船，而是一条工作创世的船。它是载着种子、工具和牲畜航行于灭世的洪水，而不是载着资本、黄金和铜钱。要趁早摒弃资本救世的思维，要从资本救世的思维转向工作创世的思维。以现在救现在就只有现在。那么未来呢？那些洪水般的欲望、暴虐、贪婪与堕落必将毁于洪水或已经毁于洪水。未来不在资本的手里，而在每一位工作者的创造行动中。资本没有未来。一个缺乏创造力或创造力处于停滞状态的民族是危险的民族。中国长期以来的劳动力低成本红利、廉价资源红利、技术引进的后发优势红利在一定程度上抑制了创造力的发挥和提升，如对一些人来说，卖房子、卖地、卖资源就可以了，其他都可以不想不做。在这些红利的效应即将发挥殆尽的今天，转型、调结构、保民生除了依靠民众的文化创造力，再无别的生存依靠。

（2）技艺生存律。工作技艺或工作能力决定工作关系和工作态度。无论是国家、民族还是个人，工作素质、水平、能力越高，就越会得到他人的尊重、信任和爱戴，就越有可能建构更广泛、深厚和持久的工作交往关系，并能从总体上获得更多的工作成果和荣誉。否则，只引进、模仿、复制甚至抄袭就会被歧视、贬黜。加快转变经济发展方式要以提升工作创造力为支撑。转变经济发展方式就是要由片面重视 GDP 和片面依靠耗费资源的客体性发展方式转向依靠大众工作者创造力的主体性发展方式。工作创造力是工作生存的根本支撑，社会、单位、个人除了重视工作共同体关系以及工作态度和工作精神文化的建构外，更要重视工作技艺、工作创造力的提升，要改变因为重视社会生产力发展而忽视工作者主体能力建设的倾向，以避免出现"社会生产力发展而个人生产力贫乏"的状况。

（3）共同体优先律。技艺是第一工作力，是工作世界的根本支撑，决定工作关系、工作精神状态。工作共同体关系是工作世界的基础。工作创世、立世或工作生存要做好两件根本的事情，一件是提高和展现自己的技艺，二是造化和融入共同体关系。共同创造、共同占有和享受"生产力总和"或社会财富的工作共同体才具有工作生存意义，创造、主体间性的自由、审美、快乐、富有、享受、公平、正义、尊严、人性化等工作生存意义都如此而生，并与之一起构成工作生存的总体意义。社会、单位和个人都要重视工作关系特别是占有、分配和交往关系的改进，要改变因为重视社会生产关系变革而忽视工作者主体工作关系优化的倾向。"以人为本"要以人的工作生存为本，以构建工作共同体为本，工作生存或工作共同体是人的存在之基、利益之本、价值意义之源。社会、政府、单位和个人，都要把构建共创、共享、共有的工作共同体世界作为首要原则和核心价值取向。

（4）改变律。"改变"已经成为一个流行世界的文化词语。面对一个问题世界，面对工作长期没有起色的状况，面对无法再用已有技能和经验解决问题的困境，唯一的选择就是改变。谁改变得快，谁率先改变，谁就会提前进入未来！个人或许改变不了世界，但至少可以改变自己，而一旦自己改变了，世界也就改变了。

（5）做事律。人的素质、能力、水平是怎么来的？是做事做出来的，多做一件事水平就提高一些，少做一件事水平就欠缺一些。一些人不愿意做事，遇事的第一反应就是如何逃避或推给别人，这样的人很难有出息。在工作中为人，是做人的水平；在为人中工作，是做事的水平。要讲究这两个水平，这是最高境界的"讲究"。要把做事当成展示自己才能、亲近他人、向他人学习的机会，而不是当成负担，有了这种思维就一定会有所成就。做事是永恒的机遇，做难事、做别人不愿做的事是大机遇。

（6）问题承担与机会律。要把承担问题、解决问题当成自我发展和提升的机会。一有问题了，就把自己摆出去，把别人摆进来；一有利益和好处了，就把自己摆进来，再把别人摆出去。这种自以为聪明的思维不适用于工作世界，结果只能是聪明反被聪明误。这样摆来摆去，就什么都摆不平。把问题特别是"根本"问题都摆给别人，自己就会因为丧失改变自己的机会和改变的力量而丧失自己。一些工作者总是抱怨没有机会，其实机会到处都有，真的到处都有。最常见的机会就是工作中的各种问题，谁善于思考、发现和解决问题，谁就把握了机会，就展现了自己。而只要留心观察、善于思考、勤奋做事，就总是能找到和把握问题和机会的。特别是当下的工作世界中，更是普遍存在问题机会。

（7）潜能涌现律。设定工作目标不要追求 100% 的清晰度和正确率，通常情况下目标有 60% 的清晰度和正确率就可以着手实施了。目标是在做的过程中不断修正、完善和趋向真理的。在做的过程中，自我的潜能、环境的潜能会不断涌现，一开始看上去不具备的条件、不清晰的物象和意识都会慢慢涌现出来。这就是"潜能涌现原理"。如果等什么都想得十分清楚明白了再做，那可能将一事无成，至少会错过很多机会。

（8）累积创新律。在一个似乎显得有些浮躁的时代和社会里，这种思维和行动方式被许多急功近利的人所遗弃，也正是如此，越发显出其价值与意义。一个民族、一个社会乃至个人，要真正有所成就，必须有这种思维和行动。"合抱之木，生于毫末"，累积创新思维和行动的精髓就在于累积"毫末"的精神。这似乎很愚蠢、很笨，却是人生和社会发展的大智慧，有了这种精神就一定会有所成就。而急功近利和浮躁有时可以取得一时的功效，但没有持续性。比如，一些地方政府靠房地产拉动经济的思维和行动既省力又快捷，不用费力累积技术、人才等要素，可房子和地都卖完了怎么办?! 资源都耗尽了怎么办?! 再如，一些企业只愿意引进技术或买设备，不重视人才累积和技术创新。可是买的技术总是人家淘汰的或落后的技术，只有一时的效用，这就导致长期的产能落后和技术的低级化。可以说，现在的工作世界，最需要的就是踏踏实实地累积创新精神和行动。

（9）和谐与冲突并进律。要学会和谐，也要学会冲突，单向的和谐思维或冲突思维都不适用于工作世界。可以说，这一思维对于改变当下和谐文化有余、冲突思维不足的单向度思维文化倾向有重要意义。面对冲突和面对和谐具有同样的存在感，要像面对和谐那样去面对冲突，去选择价值，取舍意义。和谐与冲突各有其价值向度。对一些人和事，要用和谐思维；对一些人和事，要用冲突思维。平衡是最好的存在状态，总体的和谐与适宜的冲突构成平衡。

（10）精神文化能量与驱动律。精神文化是一个看不见的世界，这个世界最日常、最普通，人人拥有，是我们每个人自己的存在与财富，是最能归我们每个人自己占有、支配和使用的资源，它具有深广而恒久的疆域，但因为自己的无形而被一些喜欢有形的人淡忘了，这种无形的力量可以摧毁有形的力量，这种潜能的力量可以替换现存的实力，而现存的实力却会因为丧失这种力量而慢慢地衰退、没落和消亡。意识哲学的意识生存论越来越融入工作世界成为活灵活现的工作文化，它在很大程度上遮蔽和消解了大众工作者的工作生存意义。如某台资企业发生员工连续跳楼自杀事件后，把员工自杀问题归结为心理脆弱、意志消沉以及厌恶工作的态度问题，只靠请心理咨询师进行心理干预，甚至靠请法师作法驱除妖魅来解决员工自杀问题，而不从提高工作能力、改善工作环境特别是工作关系等方面解决危机和冲突，这是意识生存论只从精神意识层面解决工人工作生存问题的范例。意识生存论与工作世界相融而生的工作精神文化，会导致忽视大众工作者的工作能力特别是工作创造力的提升和工作关系特别是工作共同体关系的改善与建构。因此，要注重建设马克思主义的工作生存论和工作精神文化，并以此矫正意识生存论及其工作文化。

（三）工作文化教育：高校思想政治理论课的文化教育向度①

提升文化创造力、增强文化实力以及文化自觉和自信，都离不开文化教育。高校思想政治理论课教育是人的总体性教育，其本质是工作世界总体性教育。它的一个重要职责就是把思想政治基本理论或社会主义核心价值体系转换成大学生的就业、创业、立业等工作文化，对大学生进行工作文化教育。而当下学界对人本化教育的理解，尚游离于工作文化教育这一根本之外；一些对思想政治教育或思想政治理论课文化教育向度的研究，则局限于某些具体文化形式或文化问题的视域，尚缺少工作文化教育这一根本性或总体性的研究视野；一些基于人本主义、建构主义、后现代视域的教学和课程改革观，则由于缺少与当今中国文化境遇的视域交融而有些不切实际。为此，就要从理论上扬弃那种无主体、无根本的理论教学模式，选择和确立有现实文化境遇和文化本蕴的工作文化教育模式，从而以

---

① 此文原载于《黄山学院学报》2011 年第 6 期。选入本著作时内容上有增添。

理论进一步支持和推进思想政治理论课教学改革的工作文化教育实践，并从理论的普遍性意义上，激发一些总体的教育改革观念与行动。

1. 高校思想政治理论课工作文化教育概念的提出

思想政治理论课工作文化教育，是一个教学改革实践和理论建构的双向探索过程，是一个艰难的选择过程，这种艰难性应如哈佛大学前校长德里克·博克所说，"改变一个课程体系比搬迁一座坟墓还要难"。如此，这"改变""改革"的依据问题就尤为重要。

（1）高校思想政治理论课工作文化教育的实践趋向。2009 年教育部颁发了《关于加强普通高等学校学生就业思想政治教育的通知》，从教育总体视角确立了大学生"就业思想政治教育"的原则、任务和方式，使就业教育在就业思想政治教育的意义上，从单纯的职业生涯辅导课程教育拓展到专业教育、实践教育、创业活动教育等大学教育的各个方面。高校就业、创业思想政治教育越来越目标化、总体化、体系化。高校思想政治理论课教学改革也越来越呈现从"理论教学模式"向人本性教育模式转换的实践趋向，这种人本性的根本体现就是就业、创业、立业等工作立业文化教育。这种教学改革或教育转向能成为一种趋势或趋向，是由理论教学模式的失效性和工作文化教育模式的有效性决定的。

理论教学模式以传授、学习和掌握固定的理论为价值轴心，而不是以学生的生存发展特别是工作立业为根本。这就严重抑制了师生双方的独立思考和创造性，并由于远离现实特别是工作就业的实际而缺乏亲和力和对灵魂的穿透力。其教学改革往往不顾教学内容的创新，只是沉迷于教学方法的标新立异。教学效果最终取决于传授给学生的教学内容，一定的教学方法只有在一定的教学内容体系中才有意义，把一种教学内容体例下的教学方法生搬硬套到另一种教学内容体系下，就会做成方法与内容的"夹生饭"。如建构主义的情景式教学方法，本是立足于不确定的教学内容，设置动态的实际工作情景，这样才能求得新颖的体验并建构起新的经验和知识；而理论教学模式下的实践式或体验式教学，其实践、体验的目的主要是验证、图解固定的既成理论，且往往为了验证一个早已被验证过的通俗易懂的理论，跑到很远的固定景点去"实践"和"体验"，这就既不会获得新体验，也不会有新知识的建构。与理论教学模式不同，工作文化教育模式是以理论教学为基础和指导，建构起新颖的可操作的工作立业理念、思维和方法，对学生进行工作立业文化教育，并视工作文化教育为必备教学内容和最后价值归宿。这种模式与学生的工作立业生存紧密联系，使师生都有亲近感、主体感、在场感，能引发师生双方的教学兴趣并提升创造性思维能力，从而印象深刻，穿透灵魂，震撼生命，终身受益。工作文化教育模式不是否定理论教学，恰恰相反，是让理论教学通过工作文化教育更为有效地发挥作用，理论教学不仅是工作文化教育的基础，而且要融入工作文化教育生成新的工作生存思想，通过工作文化教育重新获得灵魂教育的价值。

（2）高校思想政治理论课工作文化教育的文化传统。中国传统教育特别是民间教育文化一直重视思想政治教育同工作立业文化教育的融合。从家庭教育看，最典型的是岳母刺字，"精忠报国"就是岳母对岳飞武功立业进行的爱国主义思想政治教育。从行会、行业师徒教育看，讲究行业规制和道德秩序等工作立业文化教育，如艺德、武德、医德、师德教育。孔子的私塾教育是儒家思想政治理论教育与"六艺"（礼、乐、射、御、书、数）立业教育的融合，这种融合构成工作技艺与工作精神文化的总体。"古之学者必有师，师者，所以传道受业解惑也。"传统教育理论强调把自然运行之道与社会、人生发展之道融入工作立业教育，而如此则必须解决实际问题，即"解惑"。"人无信不立"，"己欲立而立人，己欲达而达人"，"立"即立世、立业，即工作立世、立业，孔子的这一工作立业道德观、价值观和生存方法论的教育，堪称儒家思想政治理论工作立业教育的范例。但是，古代工作立业文化教育总体上重视的是德性立业、德性工作文化教育，轻视以物质生产实践为基础的工作立业、工作实践文化教育，这从苏格拉底"美德即知识"和孔子"君子不器"教育可见一斑。

（3）高校思想政治理论课工作文化教育的理论基础。"教育会生产劳动能力。"[1] 教育同生产劳动相结合是马克思主义教育理论的核心思想，这当然也适用于思想政治理论教育。生产劳动就是工作就业或立业活动，生产劳动教育就是工作文化教育。思想政治理论课的工作文化教育是工作

---

① 《马克思恩格斯全集》第 33 卷，人民出版社，2004，第 249 页。

思想政治和精神文化的教育，是灵魂教育。"宣传思想文化工作说到底是做人的工作……必须坚持以人为本。"① 科学发展观认为"就业是民生之本"，因此要实施"就业优先"战略。这就明确表达了思想政治教育特别是思想政治理论教育以人为本就是要以工作就业或工作立业教育为本。"学马列要精，要管用的。"② 理论应用于实际是思想政治理论课教学的根本原则。根据以人为本的原则，理论联系实际就要以大学生的实际为本，而大学生实际是以工作立业为本，特别是在自主择业教育背景和就业难的窘境下，工作立业实际更具有大学生的人本意蕴。马克思主义哲学把生产劳动、实践看作人的本质，就是把工作立业看作人的本质。工作立业是生产劳动或实践的主体化，离开工作立业活动，人的生产劳动本质、实践本质、社会关系本质就无所依托，人的诚信、道德、价值、人性、个性、人格、尊严、奉献活动就都失去了实现的场所和根基。"理论只要说服人，就能掌握群众；而理论只要彻底，就能说服人。所谓彻底，就是抓住事物的根本。但是，人的根本就是人本身。"③ 思想政治理论教育要"抓住事物的根本"，这个根本就是大学生的工作立业实际，包括大学阶段的工作立业认知活动和未来的工作立业实践活动，这样，思想政治理论教育教学才"彻底"，才有"说服力"，才能"掌握群众"。

（4）高校思想政治理论课工作文化教育的思想借鉴。维果茨基等人的现代建构主义教育理论认为，知识不是被动接受的，无论对教师还是学生，教学的知识内容都应该是主动建构的；在教学活动中，教师要设置"情景"，让学生在与情景的交互作用中建构知识；"真实"的学习任务就是建构这些情景知识，而"真实"的情境就是工作情景。如此，真实的知识就是师生共同建构起来的关于工作立业的技能、思想观念或精神文化。马斯洛、罗杰斯等人的现代人本主义教育理论认为，教育的核心是发展人的个性、潜能、创造性，培养人的自我实现本质和意识，"大学的生命全在于教师传授给学生新颖的符合自身境遇的思想来唤起他们的自我意

---

① 《十七大以来重要文献选编》（上），中央文献出版社，2009，第182页。
② 《邓小平文选》第3卷，人民出版社，1993，第382页。
③ 《马克思恩格斯选集》第1卷，人民出版社，1995，第9页。

识"。① 如此，教学活动就是师生不断建构新颖适用的知识内容的过程。多尔等人的后现代教育理论认为，课程知识内容应该是开放的、动态的；课程既不是精确的，也不是预先设定的，课程应该采取一种"一般的、宽松的、多少带有不确定性的方式"。② 这种不确定的知识就是生存"境遇"知识。有效教学理论认为，教学效益不在于是否完成教学任务和教授多少知识内容，而在于能否促进学生的生存发展。上述教育理论的共同点是：在教育本质和目标上都强调以学生的生存发展教育为本；在教育内容上都主张以创造性、建构性、不确定性、动态性、境遇性的知识内容为核心；在教育教学方法上都诉诸对话、情景体验、小型叙事等互动方式。这些教育思想为思想政治理论课工作文化教育目标、教育内容创新和方式的确立提供了借鉴和佐证。但其否定知识客观性、确定性、体系性、意识形态性以及生存教育的抽象性、平面化、娱乐化倾向，则必须予以弃绝。

2. 高校思想政治理论课工作文化教育的内涵

这里，立足于高校思想政治理论课教学改革趋向，以传统教育文化为渊源，以马克思主义教育理论为基础，借鉴现代西方教育思想，探讨高校思想政治理论课工作文化教育的概念、内涵和特性。

（1）高校思想政治理论课工作文化教育概念界定。工作是人们就业、创业、执业等立业活动的总体，包括工作认知活动和工作实践活动。或者说，立业就是工作立业，离开工作就业，立业就无从谈起。如此，工作、就业、创业、立业在同等程度概念的意义上使用，它们互相规定和解释，并由于语言习惯的不同可以互相替换。工作文化教育是工作技能、工作关系和工作精神文化的全面教育，包括专业课教育、职业生涯辅导中的就业创业课程教育和在专业课与其他教育教学活动中的就业思想政治教育。"大学教学和科研的目标不仅仅是传播事实和技能，而且要造就全人。"③"全人"就是既有工作技能又有工作世界总体性本质、素质和价值的总体的人或全面发展的人，其培养要靠"整体性知识"教育。高校思想政治理论课工作文化教育就是这种"整体性知识"教育，就是培养总体的人，

---

① 〔德〕雅斯贝尔斯：《什么是教育》，生活·读书·新知三联书店，1991，第139页。
② 〔美〕多尔：《后现代课程观》，教育科学出版社，2000，第242页。
③ Karl Jaspers, *The Idea of the University*, London：Peter Owen Ltd. , 1965, p. 21.

即具有工作世界总体性本质的人。高校思想政治理论课工作文化教育就是教师在思想政治理论课教学过程中，以思想政治基本理论教学为基础，将基本理论教学与工作立业教育相融，对大学生进行工作世界观、价值观、生存方法论的工作世界总体性教育。它是基于教学内容的带有根本性和总体性的教学方式模式，教学方式是教学内容与教学方法的统一，是教学目标、教学本质、教学价值的集中体现，而教学内容统领教学方法、教学方式和整个教学过程并构成一种教学模式的根本内涵。如此，这里主要围绕教学内容展开对高校思想政治理论课工作文化教育内涵的探讨。

（2）高校思想政治理论课工作文化教育的基本内涵和特性。高校思想政治理论课工作文化教育是一种教学方式模式。①它是教学内容体系模式，即以基本理论教学为基础、以工作世界总体性教育为必备内容和价值归宿的双重教学内容体系。而在以理论为价值轴心的理论教学模式中，完成理论教学即视为完成教学内容和教学任务，理论联系实际或人本教育是一种可有可无的"良心活"，甚至沦为解释既成理论的工具或遮掩抽象与贫乏的点缀。工作文化教育模式强调教学内容对教学方法乃至整个教学过程的基础和统领作用，与无视教学内容创新、只重教学方法改革的形式化的教学方法模式相对峙。②它是将基本理论教学内容应用于工作立业教育的应用创新教学方法模式，即以基本理论教育为基础，把基本理论应用于大学生工作立业活动，生成新的工作立业理论或精神文化，再通过教学活动达到立业教育的目的。这一方法模式是工作文化教育最为根本的方法模式，也是理论联系实际这一根本教育方法在工作文化教育中的体现。其他诸如互动式、体验式、实践式、情景式等教学方法，都是由一定的教学内容衍生并为一定的教学内容服务，不具有根本性或总体性的教学方法模式意义。③它是既成内容体系与创新内容体系相结合、确定性内容体系与动态性内容相结合的模式。思想政治理论课的基本理论是较为确定、稳定的内容，工作文化教育内容作为工作世界观、价值观、生存方法论的体系也具有确定性和系统性，而一些工作立业的精神文化、一些境遇性经验和知识则具有不确定性，需要师生不断在境遇中建构。它不同于人本主义、建构主义和后现代的教育模式，后者过度强调教学内容的不确定性、情景性或境遇性，甚至有否定基本理论、独立的客观知识和理论体系的单面倾向。

　　高校思想政治理论课工作文化教育是教学目标、教学本质和有效教学价值模式。教学方式是教育活动和过程的实体存在，是教学目标、本质、价值和效果的集中表现和实现方式。工作立业活动是大学生的本质存在和发展趋向，工作立业文化教育是本质教育，这就注定了教学的根本目标就是培养大学生的工作实践本质、素质和能力，注定要把思想政治理论课较为抽象的德、智、体全面发展教育目标同对大学生的工作德性、智慧、心理健康和精神文化的教育结合起来；注定思想政治理论课教育的最高价值归宿是促进大学生在工作立业活动中生存发展，为党、为国建功，为己立业，从而实现思想政治理论课有效教学目的。这不同于离开工作立业本质教育抽象谈论个性教育、全人教育、生存教育的抽象人性化或人本化教育模式，也不同于离开工作立业生存基础片面强调日常生活教育的生活教育模式。

　　高校思想政治理论课工作文化教育是根本性和总体性模式。教学内容总体化教学方式、目标、本质、价值和有效性以及整个教学过程。如此，作为教学方式特别是教学内容体系的工作文化教育，是思想政治理论课整个教学活动的根本或核心。而作为一种根本性的模式，同时又必然具有总体的意义，因为根本是对总体的根本，离开总体，根本就失去了依托，而总体是由根本联系或总体起来的。如此，工作文化教育模式又在根本的意义上获得了总体的意义，其总体性模式意义主要有三个方面。①工作文化教育内容总体性。思想政治理论课工作文化教育是工作世界观、价值观、生存方法论的工作世界总体性教育，这不同于高校专门设立的"大学生就业创业课程"具体层面的就业创业教育，也不同于就业思想政治教育所进行的一般世界观、价值观和方法论的教育。②宏观意识形态教育与微观主体生存教育的总体性。思想政治基本理论教育主要是国家、社会、历史等方面的宏观意识形态教育，工作文化教育主要是微观学生主体生存发展教育。这不同于去主体化的单纯的意识形态理论教育，也不同于去意识形态化的单纯的个人生存教育。③教育过程总体性。工作文化教育内含了教学目标、本质、价值、内容、方法、效果等全部教学活动和过程，是高校思想政治理论课教学内容与教学方法的双向改革以及由此引起的教学运行机制、教学观念的改革，这一点不同于有效教学理论和实践，后者强调影响教学效果的教师、环境、方法等因素，但忽略了教学内容特别是工作文化教育内容对教学有效性的根本性影响。

3. 高校思想政治理论课工作文化教育的实施方式

如前所述，高校思想政治理论课工作文化教育是基于教学内容的教学方式模式，如此，这里围绕教学内容对其实施方式展开探讨。

（1）借鉴管理方格理论，设计理论教学和工作立业教育双重教学内容和水平。美国行为科学家布莱克等人关于领导效果和管理实践的管理方格理论也适用于课程教学内容的设计、实施和管理。这里，参照管理方格理论，将思想政治理论课程内容实施方格图设计如下。

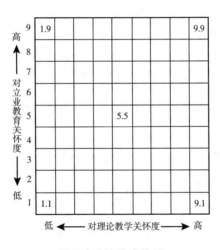

课程内容实施方格图

"1.1"方格表示对基本理论教学和工作立业教育都很少关心，是无效教学；"9.1"方格表示重点放在基本理论教学上，而对工作立业教育很少关心，教师话语权力很大，强制性灌输，学生被动接受，不能有效发挥积极性和创造性；"1.9"方格表示重点放在满足学生的工作立业实际需要上，而对基本理论教学和教师主导性重视不够；"5.5"方格表示教师对工作立业教育的关心和对基本理论教学的关心保持中间状态，只求维持一般的教学效果与氛围；"9.9"方格表示对工作立业教育和基本理论教学都很关心，能使学生和教学最有效地结合起来。课程内容实施总体上应该尽量采用"9.9"方格的设计方式。当然,并不是每一节课都如此,有时可能重点是基本理论教学,那就是"9.1"方格;有时可能重点是工作立业教育;那就是"1.9"方格;有时可能比较中立,那就是"5.5"方格。这样设计可以使师生了解基本理论教学和立业文化教育的课程内容分布,从而自觉、积极主动地参与到不同水平的教学活动中,也可以强化这两种水平并重的教学意识。教学内容是教学目标、本质、价值以及整个教学活动和过程的集中反映和展现,如此,这一"教学内容实施方格图"也体现了基本理论教学和工作立业教育双重教学目标、教学评价和教育终极价值取向的实施方式和水平。

(2)敬畏、热爱理论,夯实基本理论教学基础。首先,针对一些平面化、娱乐化、去意识形态化的消解思想政治基本理论的教学倾向,对大学生进行思想政治理论价值意义的教育。这一教育要渗透整个课程教学过程,让学生懂得思想政治理论既具有社会意识形态意义,又具有主体化的工作立业价值,使其感受到学习思想政治理论能使自己对世界、社会、人生有正确的认知,特别是能使自己获得工作立业的智慧、价值取向和生存方法论。

其次,讲好先进、前沿、适合大学生工作生存的基本理论。大学生的素质、能力、水平和创造性都是靠基本知识融合实践练就的。思想政治理论课离开基本理论教学就失去了教育基础和精神能量,理论应用或联系实际就无从谈起。要弃绝否定客观知识体系和确定性理论知识的后现代不良教育教学倾向。大学和教师从来不存在讲授知识或理论过多的问题,只存在讲授的知识理论是否先进、前沿、新颖和适用的问题。只有没有思想的人才说"不要跟大学生讲思想",其实大学生普遍喜欢有思想价值和可以实际应用的课程。

最后,有针对性地选择理论。思想政治理论课每门课程内容都极为丰富,不可能面面俱到地教授给学生,尽量依据教学大纲选择有现实境遇感和工作立业应用价值的基本理论。

(3)与基本理论相衔接,建构工作文化教育内容体系和经验知识。首先,以思想政治理论课基本理论为指导,立足于工作立业实践,融合优秀传统文化和世界先进文化,建构思想政治理论课工作文化教育的内容体系，从而对学生进行确定性和系统性的工作文化教育。笔者 2009 年出版的《工作哲学引论》，尝试性建构了内含工作世界观、工作价值观、工作生存方法论的工作立业总体性教育的内容体系，并应用于思想政治理论课工作文化教育，取得良好效果。如对应一般实践观对大学生进行工作实践观的"做事思维"教育："人的素质、能力、水平是怎么来的？是做事做出来的，多做一件事就多一块水平，少做一件事就少一块水平。一些人不愿意做事，遇事的第一反应就是如何逃避或推给别人，这样的人很难有出息……要把做事当成展示自己才能、亲近他人、向他人学习的机会，而不是当成负担，有了这种思维就一定会有所成就。做事是永恒的机遇，做难事、做别人不愿做的事是大机遇。"这种教育话语通俗易懂，可以使学生获得应用化的新思想、新思维和新的价值取向。

其次，与思想政治理论课基本理论相衔接，结合教师自己的工作就业经验和对周围工作世界的阅历以及大学生的工作就业境遇，进行动态性的、不确定性的工作立业经验意识教育，并对工作立业的消极没落文化进行批判和矫正，这样，可以教给学生怎样应用理论，使学生独立思考立业生存的现实问题，提高创造性思维能力。

最后，与区域文化想通融，将区域文化的思想政治教育资源转化为思想政治理论课的教育内容。人都是生活于一定的区域空间，受一定区域文化的熏陶和影响，并且只有融入一定的区域文化才能适应当地的风土人情，否则就会被排斥甚至被隔离。大学生来自五湖四海，是一定区域文化中多元文化交织的群体，因此，更需要进行一些区域文化方面的思想政治教育，使他们融入当地的价值观、道德观和行为风俗。同时，思想政治理论课的理论作为普遍世界文化只有融入一定地域的文化风土才能实现其价值和意义，否则就会受到排斥或被悬置。区域文化是传统文化的重要组成部分，其爱国爱乡精神、道德信仰精神、工作创造精神、异质包容精神等与马克思主义基本理论特别是社会主义核心价值观具有天然的契合性。这就为区域文化与国家意识形态文化的世域内涵相融提供了可能，也会使作为世域文化的国家意识形态文化捕获区域文化的风土人情从而进一步现实化和民众化。如此，就可以把嵌入了马克思主义特别是社会主义核心价值观现代文化意义的区域文化精神提升为或转换成当今世域文化精神，以此提升大学生思想政治理论课的实效性、亲和力，进而使他们融入区域生活和普遍的生活世界，使他们在区域文化和世域文化的双重意义上获得更为广阔的文化生存空间。而区域文化大多是民众的文化自觉，具有丰富的生活世界内蕴和工作世界内蕴，因此，工作文化教育就是区域文化思想政治教育和核心价值取向。

第二章　闽南文化思想政治
教育的意义

　　本章基于文化哲学方法论考察闽南文化意义的历史演进及其生成的工作世界基础，提出闽南文化概念的新界说，特别是提出并阐明闽南文化思想政治教育新概念范式。闽南文化思想政治教育不同于闽南文化教育。现实中重视闽南文化教育不等于重视闽南文化思想政治教育，重视闽南文化思想政治教育不等于重视闽南文化思想政治教育研究，重视闽南文化思想政治教育研究不等于重视其生活世界总体性和工作世界本质意义的研究，闽南文化思想政治教育概念范式的提出主要就是基于这样一种教育生态和研究生态。学界对闽南文化思想政治教育的研究，尚停留于道德观、价值观、人生观以及各种精神意蕴的分散式和叠加式研究，尚无闽南文化思想政治教育的总体概念和意义结构思维，更没有把这些研究建立在文化哲学方法论基础上，特别是还存在文化历史叙事话语与思想政治教育学理论话语体系的断裂问题。文化就是主体化，就是主体化世界，就是文化世界，就是生活世界总体，而工作世界居于文化世界的核心。闽南文化的生活世界总体意蕴和工作世界本质意义结构，注定了闽南文化思想政治教育的实质是生活世界总体教育和工作世界本质意义教育，而不只是历史叙事，更不只是信仰崇拜、亲缘攀附、名人阐释以及权贵、富商、族谱与门第的找寻，更不是文化搭台而经济与政治唱戏的功利化、物化、政治化的单面行动。

第一节　闽南文化意义的历史生成

　　考察闽南文化生成的工作世界基础，首先要从总体的人类历史文化生成的工作世界基础说起，因为一方面，闽南文化的早期历史特别是"史前"（原始社会）资料有限，这就有必要通过这种考察为闽南文化考察提供一个逻辑前提；另一方面，这种考察本身就内含了闽南文化的考察，因为闽南文化是整个人类历史文化的一部分，考古学已经证明闽南区域的历史文化经历了上古时期或史前时期，这一点将在下面有关部分加以表述。闽南文化意义的自身历史生成过程呈现的轨迹主要是：原始早期氏族文化—原始后期"七闽"部落文化—闽越融合部落文化—闽越与中原移民融合文化—开漳建州文明文化，即开漳圣王文化。这一过程或轨迹演进的基础是工作世界。工作世界生态注定了闽南文化的意义是内生与外生文化不断融合生长的过程，闽南文化不仅是闽南区域文化，还是普遍世界文化。

一　文化世界最初是工作世界文化

在考察文化世界历史的过程中，无论是历史学、历史文化学、文化社会学还是历史哲学，无论是唯物史观还是其他的社会历史观，无论是人类文化哲学、实践文化哲学、生活世界文化哲学还是工作世界文化哲学，其面对的世界都是一个世界，即文化世界，只是由于考察的对象视域、方法、价值取向、概念范式与逻辑分析结构以及身边的质料和手上的资料不同，才产生了上述各种学说的不同、各种学科及学科内部的差异。以工作世界为核心范式的文化世界哲学不同于一般的文化哲学，其考察文化世界主要视角如下。①文化世界的主客体关系、范式及其演进的逻辑，这不同于历史学、历史文化学的历史叙事方式。②文化世界的生活世界或日常生活存在及其进展过程。③文化世界的工作世界基础，这种主体化的工作世界结构分析，是对侧重于社会生产结构或社会基本矛盾结构分析的实践文化哲学或唯物史观的拓展。工作世界是人的存在与生活世界的基础，是生产活动或实践活动的主体化、具体化和实体化。④链接历史与现实，将历史意义引申到现实意义，而不只是对历史本身进行考察。通过文化世界的历史考察得出的主要结论是：①文化世界的演进是工作世界总体的演进，文化世界最初是工作世界意义的文化世界，随后才拓展到生活世界；②具体文化世界最初一般也是从工作世界开始，然后拓展到生活世界；③如此，文化世界演进的基础是工作世界，本质是工作世界，文化世界的意义来自工作世界，工作世界的意义来自工作世界结构，即工作世界共同体；④文化的本质是创造，文化创造的本质是工作创造，工作创造的本质是工作共同体的创造。一旦工作创造力停滞，文化世界就停滞和衰退了，就要被新的文化取代，发展文化要从提高工作创造力开始。

描述或历史地看，文化世界即人化世界，人化世界即人的生活世界。如无论是考古学还是人类学、历史学、人类文化学，都把人的一切历史存在——包括人的身体骨骼、行为方式、建筑、食物、文字、社会结构、思想等视为文化，即文化就是人类的一切历史。如果把整个历史、现实和未来世界看作一个人化的文化世界，那么唯物史观主要是考察社会历史的文化存在与结构，是宏观考察，主要文化范式是社会文化范式，社会文化范式主要是社会生产力、生产关系、经济基础以及意识和政治上层建筑等。文化世界哲学方法主要考察文化世界的生活世界和工作世界存在及其结构，是对社会主体或日常主体的存在和结构的考察。以往对文化世界或文化历史的考察忽视了这一点，偏重于对文化世界的社会存在结构或社会生活、生产及其结构的考察，忽视了对主体化的生活世界和工作世界及其结构的考察。文化世界应该有两个结构：一个是社会结构，即社会基本矛盾结构（包括阶级结构）；另一个是主体化结构，即工作世界结构。这里所说的文化哲学方法即以工作世界为核心范式的文化世界哲学方法，主要是对文化世界的主体存在及其结构的分析，主要是对生活世界特别是工作世界及其结构的分析。

这里，将生产话语转换成工作或工作世界话语，将生产分析结构转换成工作或工作世界分析结构，其主要原因有四个。其一，生产实际上是社会生产和个人生产的总体，后者即主体化的工作活动，是社会生产的主体化、日常化、实体化、具体化。当我们说生产的时候关注的是生产活动本身，是物的方面或物化世界，而不管是谁进行的，而当我们说工作的时候关注的是谁的工作，是主体。因此，在观念上生产往往也被误解为总体的社会生产或物的生产，而工作就是主体的劳动活动或主体化的世界。马克思唯物史观的生产概念既是总体的社会生产也是个人主体的工作生产，社会基本矛盾，即生产力和生产关系的矛盾是社会生产结构也是日常个人工作世界结构。但人们对唯物史观的理解往往是把生产只理解为总体的社会生产，把社会基本矛盾只理解为总体的社会生产结构或社会结构，忽略了主体化或个人化的工作世界生产和结构，对历史、社会、人只有总体的社会生产基础和结构的分析，缺失主体化的工作世界基础和结构的分析。这就给一些西方学者提供了曲解马克思主义哲学的借口，即他们总是把马克思主义哲学说成社会总体层面的宏大叙事，是缺少经验和实在的形而上学体系，缺少对人和日常生活的关注，遗有人学空场，等等。工作世界是社会生产活动的主体化、实体化、具体化，工作世界结构（即工作能力和工作关系的关系）是社会生产和社会结构（即社会基本矛盾结构）的主体化、具体化和实体化，社会生产结构与工作世界结构二者是总体与具体、宏观与微观的关系，没有原则的界限，并在不同语境中互相支持、解释和转换。其二，生产和工作是有区别的两个概念，这种区别不仅是上述总体和具体、宏观和微观意义上的区别，还有更多的意义。如生产的本意是生成和产出，即通过人的活动生成和产出了新的东西，至少是改变了原有的东西。而工作则不同，如原始人采摘树上的果实并把它吃掉，这个过程就很难说是生产过程，因为没有生成和产出任何新的东西，但这个过程可以说是原始人的工作活动，即采集工作。因此，工作的意义远远大于生产的意义，它包括了所有的生产活动，还包括了一些非生产的生命活动。因此，工作或工作世界结构分析比生产结构分析具有更多的适用空间和时间。特别是在没有生产活动或生产活动还没有成为一个社会总体活动的早期人类的蒙昧时代更适合用工作世界话语或分析结构。其三，生产结构主要是社会化、理论化、经济化的话语方式，而工作或工作世界话语是社会化与日常化、大众化与理论化的综合话语体系，具有更广泛的话语适用空间和语境。如我们说"找工作"而不说"找生产"，说"我在工作"而不说"我在生产"，一般是在关涉单位、国家、社会等总体的时候才用生产这个词。其四，工作世界话语是现代文化哲学和文化人类学的话语方式。下面仅列举几个经典作家的论述。卡西尔的人类文化哲学认为，人就是文化，人的本质就是创造文化的工作活动，"人的突出特征，人与众不同的标志，既不是他的形而上学本性也不是他的物理本性，而是人的劳作（work）。正是这种劳作，正是这种人类互动的体系，规定和划定了'人性'的圆周，语言、神话、宗教、艺术、科学、历史，都是这个圆的组成部分和各个扇面"。① 许茨的现象学文化哲学认为，"社会行动包含沟通，任何一种沟通都必须建立在工作活动的基础上……各种姿态、言语、文字书写等等，都建立在各种身体运动基础上。"② "它（生活世界）从一开始就是一个主体间际的文化世界。它之所以是主体间际的，是因为我们作为其他人之中的一群人生活在其中，通过共同影响的工作与他们联结在一起，理解他们并且被他们所理解。"③ 即社会行动只有实体化、现实化为工作行动才有实际意义。马尔库塞指出，"文明首先就是工作的进步，即为获取和增加生活必需品的工作的进步"。④ 又指出，"文明主要是爱欲的工作"，⑤ "创造和扩大文明的物质基础的工作主要是劳动，是一种异化劳动"。⑥ 他虽把工作或工作世界作为文明、文化世界的基础，但又认为爱欲的文明不是在工作文明中文明起来的，而是受到工作文明的压制；不是爱欲依靠工作文明得到解放，而是工作文明依靠爱欲解放得到发展。这显然颠倒了爱欲与工作世界的关系。但在这里，这些并不重要，重要的是他也使用了工作话语体系来讲述文化问题，他还经常使用"工作世界"这个词语。马克思晚年的《人类学笔记》包含丰富的文化人类学思想，他亦把人类历史视为一个"文化生活"的过程，而马克思和恩格斯则都把劳动视为历史文化或文化生活的基础，"整个所谓世界历史不外是人通过人的劳动而诞生的过程"。⑦ 而劳动就是劳作、就是工作，在马克思的著作特别是《资本论》里，工作和劳动两个概念经常互换并在同等意义上使用。而这两个概念的差异将在后面相关部分说明，即文化哲学方法还要将劳动概念话语转换成工作或工作世界概念话语。

　　工作活动是生产活动的主体化、具体化、实体化，生产都是一定工作

---

① 〔德〕恩斯特·卡西尔：《人论》，甘阳译，上海译文出版社，2003，第107页。

② 〔美〕许茨：《社会实在问题》，霍桂桓等译，华夏出版社，2001，第296页。

③ 〔美〕许茨：《社会实在问题》，霍桂桓等译，华夏出版社，2001，第36～37页。

④ 〔美〕赫伯特·马尔库塞：《爱欲与文明》，黄勇、薛民译，上海译文出版社，2012，第69页。

⑤ 〔美〕赫伯特·马尔库塞：《爱欲与文明》，黄勇、薛民译，上海译文出版社，2012，第70页。

⑥ 〔美〕赫伯特·马尔库塞：《爱欲与文明》，黄勇、薛民译，上海译文出版社，2012，第73页。

⑦ 《马克思恩格斯全集》第3卷，人民出版社，2002，第310页。

者的工作生产。或者说生产是社会化总体的工作活动，工作是主体化的生产活动。生产是社会历史或文化世界的基础，这是马克思主义的一个基本观点。唯物史观对生产结构的分析主要是社会总体生产结构的分析，即社会生产力与生产关系、经济基础与上层建筑结构的分析。但生产活动都是由个人工作者进行的，离开工作就没有生产活动，我们所看到的生产活动都是一个个人的工作活动。一个个人的工作活动构成总体的社会生产活动。因此，工作世界是社会历史或文化世界的基础与生产活动是社会和文化世界的基础既一致又有所不同。前者是社会结构的分析，主要是社会生产力、生产关系（或经济基础）、上层建筑及其关系结构，后者是主体结构的分析，是工作能力与工作关系结构。

考察文化的历史就是考察文化世界演进的生活世界总体性特别是工作世界基础与意义源泉。

古代人们生活和面对的世界，其总体意义是自然化世界，包括纯粹的或原生态的自然界和被自然统治的社会与人的存在领域，即人化世界或文化世界。古代世界特别是远古时代，人化世界的空间范围很小，人们生活、实践之外的世界与感觉和直观之外的世界广阔、浩瀚而神秘，而文化世界空间微小、实体贫乏、力量单薄，即使是自己游牧过的地方，自己居住的领地、采集狩猎的原野，即使是自己亲在的家园，也到处充盈着未经改变或未留下实践印记的原生态自然。古代除了广袤的自然界和狭小的文化世界，还有神灵化世界，即以神灵为总体和本体的世界。神灵化世界从神灵是人造物的意义上讲，是一个文化世界，从神灵是世界、历史和人的存在本体意义上讲是一个神灵客体化或精神客体化世界，即这个世界不是以人为本，而是以神灵或客观精神实体为根本。自然化世界、神灵化世界、文化世界构成古代世界的三重世界。古代文化世界，人主要靠大自然的恩赐以及顺从自然和神灵的意志生活，这种人对自然的依赖关系和对神的依赖关系表明古代文化世界是客体化文化世界，即被自然客体化和神灵客体化的世界，它被自然规律必然性和神灵道德必然性统治，这源于人的劳动生产力或工作创造力十分低下，即这种客体化文化世界源于客体化工作世界。

远古时代指的是距今 300 万年～公元前 21 世纪的世界。中国的远古时代指夏朝以前的三皇五帝时期及更早的历史时期（传说中的盘古开天辟地和女娲造人故事即发生在更早时期）。考古学从社会生产力特别是生产工具的视角，将早期制作和使用打制石器时代称为旧石器时代，将制作和使用磨制石器的时代称为新石器时代。旧石器时代的早期，石器以粗厚笨重、器类简单、一器多用为特点；学会了用火，先是采野火，后发明了人工取火的方法，如打击火石取火、钻木取火等，人类用火照明、驱除野兽、驱赶寒冷、烧烤食物。晚期石器趋于小型化和多样化，器类增多，人们还发明了弓箭、投矛器等复合工具和钻孔技术。旧石器时代，人类不会建造房舍，多在山洞中栖身，以采集果实和渔猎为生，过着群居的生活。距今 1 万年前，人类进入新石器时代，渐渐走出山区，移向平原地区活动，并选择了临近水源的地点聚族而居，建造房屋，发明了陶器，出现了原始农业，开始了定居生活。远古时代从社会关系层面又可分为原始群居时代、母系氏族公社时期、父系氏族公社时期和原始社会向奴隶社会过渡时期。

　　美国文化人类学家摩尔根（1818～1881 年）视人类社会历史为"文化生活"，并以工具作为划分人类不同文化时期的标准。他认为，人类"生存的技术"（即"生产技术"和"生活技术"）以及由此而来的智力发展推动人类进步。在《古代社会》中他把历史分为蒙昧期、野蛮期和文明期，这三个时期又都分别包括低级、中级和高级三个阶段。"每一期各有其不同的文化，并呈现出多少独具一格的生活方式"，"弓和箭标志着蒙昧时代高级阶段"，"铁剑标志着野蛮时代"，"火器标志着文明时代"。[①] 摩尔根针对蒙昧阶段说道："我们根据这一系列必要的推论，将人类追溯到这样一个时候，那时，人类对于火是无知的，他们没有清楚的语言，也没有手制武器，像野兽一样，依靠地上自生的果实为生。他们以几乎觉察不到进展的缓慢速度进入蒙昧社会，以手势和不完全的声音发展到语音清楚的语言；由作为最早的武器的棍棒发展到以燧石为锋尖的矛，并最终发展到弓箭；由燧石刀和凿发展到石斧和石槌；由柳条和藤条编的篮子发展到涂有粘土的篮子，使之成为能用火煮食物的容器；最后掌握了制

---

① 〔美〕摩尔根：《古代社会》（上），杨东莼等译，商务印书馆，1977，第 9～12 页。

陶术，从而产生了耐火的容器。"① "我们对蒙昧阶段的初期知道很少。"
这一时期"始于人类的幼稚时期，而其终点可以说止于鱼类食树和用火
知识的获得。这时候人类生活在原始的有限环境内，依靠水果和坚果为
生。"② 摩尔根推测原始人诞生在热带或亚热带的果木林中。③ 他认为人类
初现时，动物在数量和质量上正处于全盛时期，"如果说，人类初诞生时
既无经验，又无武器，而周围到处都是凶猛的野兽，那么，为了保障安
全，他们很可能栖息在树上，至少部分人是如此"。④

在蒙昧低级阶段，人仅仅是语言（恩格斯称为分节语言）、制造和使
用简单棍棒和打制简单石器工具意义上的人，文化仅仅是语言、制造和使
用棍棒工具意义上的工作世界文化。由于主要住在树上，还没有居住文
化；由于吃的东西主要是天然的果实和植物的根茎，还没有吃文化；由于
没有织物，穿的是天然的树叶、树皮等，没有衣物文化。也就是说，吃、
穿、住等还像动物似的，没有生活世界文化，只有采集意义上的工作世界
文化。

这里附带说明一下"棍棒"问题。19 世纪摩尔根根据当时各大陆都
发现了处于旧石器时代的石器这一事实，推断在当时人们所知道的历史之
前，还有一个更原始的社会发展阶段，即蒙昧低级阶段。由于该阶段尚无
考古学或生产工具的证明，摩尔根也就不可能提供此阶段生产工具的证
据。但摩尔根认为该阶段确实为人类社会，而非动物群体。恩格斯在
《家庭、私有制和国家的起源》中赞同摩尔根这一观点，并列举了摩尔根
在该阶段提到的语言学成就。考古学、历史学没有工具证据不等于历史没
有工具实存，按恩格斯的研究，手脚分工是在语言产生之前，既然手脚分
工，那随时随地用自然木棍和石头进行修理和打制并以之防御野兽、采摘
果实，这是可以理解的。人与文化的最初是制造和使用工具意义上的工作
人与工作文化。原始社会史研究表明，人类最初的生产工具是"万能工
具"，既能生产又能狩猎。恩格斯在《劳动在从猿到人转变过程中的作

---

① 〔美〕摩尔根：《古代社会》（下），杨东莼等译，商务印书馆，1977，第543页。
② 〔美〕摩尔根：《古代社会》（上），杨东莼等译，商务印书馆，1977，第9页。
③ 〔美〕摩尔根：《古代社会》（上），杨东莼等译，商务印书馆，1977，第19页。
④ 〔美〕摩尔根：《古代社会》（上），杨东莼等译，商务印书馆，1977，第19页。

用》一文中明确认为，人类最古老的工具"是打猎的工具和捕鱼的工具，而前者同时又是武器"。① 在人类早期，武器是生产工具，生产工具也是武器。那么，蒙昧低级阶段的生产工具是石器还是木器？摩尔根认为，人类在蒙昧中级阶段才出现了生产工具和武器的较专业化分工，但在蒙昧低级阶段，只能是集采集、狩猎为一体的生产工具，这就是由天然棍棒转变而来的木器——木棒、木矛，不可能是石器。生产工具发展史表明，越是"硬质材料"，反而加工较晚，它需要一定的制造与加工技术。因此，人类制造工具的顺序应该是木、石、青铜、铁、钢，而不是相反。但这只是一个总体的顺序，并不排除在某一个阶段多种工具并用的情况。至于说先有棍棒还是石器，这个不必纠结也无从考证，我们可以想象蒙昧低级阶段的人类一手持棍棒、一手持石头与野兽抗争，或一边用棍棒采摘果实，一边用石头敲打坚果。只要他们手脚已分工，他们就有能力和经验使得使用的棍棒和石头不会是纯天然的。恩格斯说："人类社会区别于猿群的特征在我们看来又是什么呢？是劳动。""劳动是从制造工具开始的。"② 蒙昧低级阶段已经有劳动、劳作、工作，劳动就要制造和使用工具，哪怕是最简陋、简单的工具，如折断一根木棍，把它的枝条弄掉，或把一块大的石头打碎成几块小的石头，这些都是其他动物做不到的。

蒙昧中级阶段进入打制石器时代，原始人开始使用火，采用鱼类作为食物，沿着河流和海岸过移居生活；掌握了摩擦取火的技术，食用更多的熟食，间或食用猎物。这个阶段，工作世界拓展到制造和使用石器与火以及间或地狩猎。由于吃熟食，有了吃的生活世界文化；由于移居，有了居住生活文化。文化世界从工作世界拓展到吃、住等生活世界。"从原来居住的恒常炎热的地带，迁移到比较冷的、一年中分成冬季和夏季的地带，就产生了新的需要：要有住房和衣服以抵御寒冷和潮湿，要有新的劳动领域以及由此而来的新的活动，这就使人离开动物越来越远了。"③ 这里，恩格斯指出了工作世界、迁徙和生活世界的互动关系。

在蒙昧高级阶段，由于弓箭的发明，狩猎成为主要的工作活动，这就

---

① 《马克思恩格斯选集》第 4 卷，人民出版社，1995，第 379 页。
② 《马克思恩格斯选集》第 4 卷，人民出版社，1995，第 378 页。
③ 《马克思恩格斯选集》第 4 卷，人民出版社，1995，第 380 页。

使工作世界由采集拓展到狩猎，食物也从天然食物拓展到狩猎食物，吃文化从植物拓展到猎物。这正如恩格斯指出："弓箭对于蒙昧时代，正如铁剑对于野蛮时代和火器对于文明时代一样，乃是决定性的武器。"① 这个阶段还有了磨制石器，人们能制造独木舟，有了用木制纤维做成的手工织物，有了定居文化的萌芽——村落。这表明生活世界文化在吃、穿、住、行等方面进一步拓展。

在野蛮低级时代，工作世界进一步拓展，人们学会了制陶术、动物的驯养与繁殖和植物的种植。在野蛮中级阶段，食物进一步丰富，出现村落以及木头和砖石建造的房屋、城堡，在适合游牧的地方出现了游牧生活。在野蛮高级时代主要特征是铁器的发明和使用，这是向文明时代的过渡时期，工作世界与生活世界得到进一步拓展和丰富。

在文明时代，即原始社会向奴隶社会过渡时期，工作世界进一步发展，并推动生活世界总体意义的进一步生成。"除打猎和畜牧外，又有了农业、农业之后又有了纺纱、织布、冶金、制陶器和航行。伴随着商业和手工业，最后出现了艺术和科学；从部落发展成了民族和国家。法和政治发展起来了，而且和它们一起，人间事物在人的头脑中的虚幻的反映——宗教，也发展起来了。"② 国家生活、艺术、科学、宗教、哲学世界观等精神生活意义的拓展都源于工作创造。"迅速前进的文明完全被归功于头脑，归功于脑的发展和活动；人们已经习惯于用他们的思维而不是用他们的需要来解释他们的行为（当然，这些需要是反映在头脑中，是进入意识的）。这样，随着时间的推移，便产生了唯心主义的世界观，这种世界观，特别是从古典古代世界没落时起，就统治着人的头脑。它现在还非常有力地统治着人的头脑，甚至连达尔文学派的具有唯物主义精神的自然研究家们对于人类的产生也没有提出明确的概念，因为他们在这种唯心主义的影响下，认识不到劳动在这中间所起的作用。"③ 工作、劳动创造是文化世界的基础和源泉，但这个创造与生成意义被宗教和唯心主义哲学的精神实体遮蔽了。

---

① 《马克思恩格斯选集》第 4 卷，人民出版社，1995，第 20 页。
② 《马克思恩格斯选集》第 4 卷，人民出版社，1995，第 381 页。
③ 《马克思恩格斯选集》第 4 卷，人民出版社，1995，第 381 页。

随着生产力或工作创造力提高，阶级、国家出现了。当一个人的劳动所生产的价值超过他本人的消费而有了余额时，战俘不再被杀死，他们沦为奴隶而被强制进行劳动生产，他们创造的财富被主人全部占有，这样，私有制出现了。一些首领利用他们的特权首先富裕起来，氏族与部落内的掌权者首先成了剥削阶级。在这种情况下，族与族之间以掠夺奴隶和财富为目的的战争更加频繁，为防御敌对一方的掠夺和侵扰，他们各自筑起了一座座高耸的城池，开始了乡村文化世界向城市文化世界的演进。剥削阶级统治者为了保护自己的私有财产和维持自己的统治，建立了军队、警察、法庭等国家机器，国家出现了。

综上所述，原始社会的文化世界最初是蒙昧低级阶段的工作世界文化，不具有吃、穿、住、行等生活意义，不具有生活世界总体意义，随着工作世界特别是工作技术和工作关系的发展，文化世界逐渐拓展到生活世界、政治国家世界和精神生活世界，才逐渐有了生活世界总体意义。而生活世界总体意义又是随着工作世界意义的不断创生而不断改变的过程。工作世界是基础的文化世界，工作关系是基本的文化关系，工作能力特别是工作创造力是根本的文化能力或文化生存能力，而技术是文化或工作创造力的表现。由于缺少技术或创造力的进步动力，原始社会几万年都安于茹毛饮血的低级文化和停滞于石器复制文化，停滞于蒙昧和野蛮时代的文化世界。铁器和陶器的发明创造使人类进入文化的文明时代。是创造力的发展打破了这种落后的原始文化世界结构，而这种古代文明又是在工作创造力的发展与停滞中延续、颓败与改变的。

下面再用恩格斯的文化人类学思想进一步说明文化世界的最初是工作世界文化，工作世界是文化世界进展的基础和意义生成的源泉。恩格斯的文化人类学思想，进一步表征了人和文化最初是工作世界意义的人和文化。远古时代的文化世界最初只是劳动意义（即工作世界意义）上的文化世界，随着劳动的发展才成为生活世界总体意义上的文化世界。劳动创造人从而创造文化是一个过程，人并不是一下子就成为人的，人的最初只是劳动意义上的人，即制造和使用工具采集自然食物的人，文化世界只是劳动意义上的文化世界，还没有拓展到吃、穿、住、行意义上的生活世界，人类在居住、食物、衣物等生活方面还是动物化的。人的最初只是劳动意义（即工作意义）上的人。恩格斯指出："人们最初怎样脱离动物界（就狭义而言），他们就怎样进入历史……"① 此处"历史"无疑是指原始社会史，即蒙昧低级阶段的历史，而劳动就是脱离动物界的根本方式，因为"人类区别于猿群的特征是劳动"，是劳动使手脚分工、语言产生、猿脑变成人脑，是劳动使居住等生活条件一步步人化为文化世界。"政治经济学家说：劳动是一切财富的源泉。其实，劳动和自然界在一起它才是一切财富的源泉，自然界为劳动提供材料，劳动把材料转变为财富。但是劳动的作用还远不止于此。它是一切人类生活的第一个基本条件，而且达到这样的程度，以致我们在某种意义上不得不说：劳动创造了人本身。"② 人和文化的最初是劳动，劳动的最初是制造和使用工具，"动物仅仅利用外部自然界，简单地通过自身的存在在自然界中引起变化；而人则通过他所作出的改变来使自然界为自己的目的服务，来支配自然界。这便是人同其他动物的最终的本质的差别，而造成这一差别的又是劳动"。③ 而"劳动是从制造工具开始的"。马克思也说："所以富兰克林给人下的定义是'a toolmaking animal'，制造工具的动物。"④

　　人最初只是劳动意义上的人，也就是说，人最初只是工作意义上的人，文化世界最初只是劳动意义上的文化世界，也就是说文化世界最初只是工作世界意义上的文化世界。随着工作世界的进步特别是工作能力的提高，人和文化世界才一步步从工作世界文化拓展到生活世界总体文化。这里将劳动一词转换为工作或工作世界一词，并不只是换一个说法。劳动是制造和使用工具的行为，劳动的最初就是制造和使用工具的工作，但仅仅是制造和使用工具的工作。工作还有不制造和使用工具的工作，如脑力劳动、哲学家的静观沉思等。古代文化世界最初的劳动就是制造与使用工具的体力劳动，没有独立的脑力劳动职业和分工，而实际上在这种制造和使用工具的体力劳动中也蕴含着脑力劳动，在语言产生后，任何一个劳动除了本能的驱动外，还受意识的支配，即脑力的支配，首领还要负责对劳动

---

① 《马克思恩格斯选集》第 3 卷，人民出版社，1995，第 522 页。
② 《马克思恩格斯选集》第 4 卷，人民出版社，1995，第 373 页。
③ 《马克思恩格斯选集》第 4 卷，人民出版社，1995，第 383 页。
④ 《马克思恩格斯选集》第 2 卷，人民出版社，1995，第 179 页。

过程的总体设计和目标任务的分配、分工，等等。正如恩格斯指出："在所有这些起初表现为头脑的产物并且似乎支配着人类社会的创造物面前，劳动的手的较为简朴的产品退到了次要地位；何况能作出劳动计划的头脑在社会发展的很早的阶段上（例如，在简单的家庭中），就已经能不通过自己的手而是通过别人的手来完成计划好的劳动了。"① 即原始社会后期，宗教、国家产生，精神劳动逐渐控制了体力劳动，而这种控制和支配在原始社会早期就存在了。但是，这时的脑力或智力同体力相比是微不足道的，即劳动最初主要是体力劳动。甚至从采集到狩猎到耕种的整个劳动过程，虽然工具不断进步，智力不断提高，但主要还是靠体力完成的，生产力、工作力、劳动力都是体力型的。远古末期出现脑体分工后，脑力劳动才具有相对独立的意义，这时进入文明时代，就不是远古的蒙昧和野蛮时代了。脑力或智力劳动的内敛性或与体力的融合性以及体力的外显性和张扬性，导致了远古时代劳动的性质是制造和使用工具的体力劳动，遮蔽了这种劳动的脑力方面，从而导致一些人不仅把远古的劳动只看作体力劳动，而且把一切带有"劳动"字眼的劳动都看作体力劳动，或者反过来把体力劳动才看成劳动，而从事管理、知识活动不是劳动。这种误解甚至已成为一种约定俗成的或共识性知识，即一提劳动就是体力劳动或生产物质产品的劳动。如"文化大革命"时期甚至不承认知识分子是劳动人民，只有工人、农民才是劳动人民。即使今天人们也总是把"劳动者"这个词冠于工人、农民的头上。比如"劳动者最光荣"这句话的语境往往就是有工人、农民在场，至多还有知识分子在场，而很少听到对管理者或政府工作人员说"劳动光荣"。总之，劳动的最初或劳动天生就是使用工具的工作，但无法反映工作的全部意义，工作是体力和脑力劳动的总体，比"劳动"具有更多的劳动意义。把劳动转换成工作一词不仅能体现最初的劳动的意义，还能体现所有劳动的意义。当然，这种转换是一种主体词语或主体概念的转换，并没有放弃劳动这个词，有时还要在与工作同等意义上使用劳动这个词，因为劳动的本意与工作是相同的，至于什么时候用工作、什么时候用劳动，完全取决于语境的不同。这里附带说明一下，马克

---

① 《马克思恩格斯选集》第 4 卷，人民出版社，1995，第 381 页。

思和恩格斯都是在同等意义上使用这两个词的，并没有在偏狭的意义上理解劳动。那么，这里之所以用工作或工作世界而不用劳动做主体词语或概念，一方面是为了避免对劳动的偏狭理解，以在更广泛、更完整的意义上理解劳动；另一方面是因为工作是大众化、日常化、现代化概念，既是文化世界中无所不在的存在，又是文化世界中无所不在的话语，而劳动一词的话语空间，无论是日常生活空间还是学术空间，越来越受到工作一词的挤压，越来越让位给工作概念。此外，还要将工作转换成工作世界概念，一方面，工作实际上就是工作世界，就是工作行动、工作能力、工作关系、工作过程、工作成果与工作精神文化的总体，是一个世界，而不只是职业化的工作行动或赚钱的行为，但在观念上往往被狭义地理解为职业化的工作行动，缺少世界总体性，为了避免观念上的这种误解，将工作转换成工作世界；另一方面，工作世界是一个哲学概念，工作主要是社会学概念，同时也应该是哲学概念。如此，这种转换也没有舍弃工作这个概念，二者在不同语境中使用，在同等意义上使用。

对于文化世界的工作世界基础的历史考察可以得出以下结论和引申意义。

远古时期的历史表明，工作技术、工作关系的进展推进文化世界的拓展。工作技术的进展过程为：采集技术（主要是手的发达或手的技艺）—捕鱼和火技术—陶器—铁器。工作关系的进展过程主要包括三个层面，从家庭关系看，经历了群婚制—偶婚制——一夫一妻制；从占有和分配关系看，经历了以公有制为基础的氏族关系—以私有制为基础的奴隶制关系；从交往关系看，经历了氏族内部交往—氏族与氏族或部落与部落之间的外部交往。文化世界（即生活世界）的进展过程为：工作文化—以火技术为支撑的吃熟食的吃文化—以石针、铁针技术和种植技术为支撑的穿织品和麻衣的穿文化—建筑村落的居住文化—以驯养技术和捕鱼技术为支撑的水陆行走的车船文化—以专业分工为支撑的脑体分工文化（有了精神劳动和精神生活）。这些吃、穿、住、行的生活文化都是在工作世界文化的进步中一步一步拓展开来的。这对我们今天仍有启示意义：文化的意义是什么，就是生活世界总体的意义，这个总体是一个不断创新拓展的进程，文化就意味着创新、流变和改变，文化的停滞就是文化的消亡，而复制就是最大的停滞。生活的意义、物质的享受与精神的喜悦、财富与历史的累积与传承皆在于此。某个人或某些人的尊贵、显赫及权势和财富都在历史的涤荡中荡然无存，历史留下的是人类共同的文化创造和文化遗存，并使后人乃至今人沿着它的轨迹进行新的创造、开辟新的存在空间。

那么这些文化得以不断拓展的动力是什么？这些文化的意义来自哪里？就是工作世界文化，就是工作创造力和工作关系互动、互构发展的工作世界结构。而工作创造力自身的矛盾（即低技术与高技术、新技术与旧技术的矛盾）是最根本动力。工作技术链构成一个矛盾的过程，每个环节都是矛盾的一个方面，如有了捕鱼和狩猎技术就需要火技术使食物被烧烤，火技术又推动了制陶和冶铁技术发展。这些都源于生命创造力的不断冲动，而生命冲动的根本就是工作创造的冲动，而这些创造的冲动是工作世界总体的运行和需要，即技术的总体性又源于工作世界和生活世界的总体性，离开后者单纯的技术环节或矛盾就不会有任何冲动和动力，即技术体系、技术总体性也只有在整个工作世界和生活世界中才有意义。整个文化世界或生活世界从工作世界获得意义，工作世界又从文化和生活世界获得意义；技术体系链条从整个工作世界获得意义，整个工作世界又从技术体系、技术矛盾过程获得意义。

工作关系对文化世界的推动也是这样。每一次工作占有、分配、交往以及管理或权力关系的改变，都意味着工作世界特别是工作创造力的解放和自由，也意味着文化世界的进一步拓展和进步。从家庭关系看，母系社会是妇女工作地位占主导的结果，父系社会是男人工作地位占主导的体现。从工作行业关系看，农业与畜牧业分工促进了农业技术与驯养技术的发展。从工作世界占有关系看，原始公有制适应了低水平生产力或工作力的发展，私人占有制促进了冶铁等技术的发展，促进了文化世界向政治、法律、道德、意识形态等文明世界的发展。从阶级关系看，奴隶主最初是氏族首领，氏族首领最初是工作能力较强的人，特别是在早期，只有一个在体力、能力和技能各方面都强势的人才能做首领，否则不能服众，这与动物首领相似。只是随着首领世袭制的发展使后续的首领能力才有所弱化。当然，工作能力强大并不意味着道德能力强大，一些奴隶主是靠贪污集体公共财物成就的，资本家是靠暴力掠夺起家的。而古代中国，奴隶主阶级特别是首领、国王还特别被赋予了道德强者的角色，如夏、商、周的一些贤明君主。大禹被赋予超人的技能或神化的能力，又是一个道德楷模。而最初的奴隶阶级则是一些工作能力相对较弱的弱势群体或遵纪守法的道德模范或战败者或反抗者或逆来顺受者，他们肯定是不愿意做奴隶的，可为什么做了奴隶？因为有国家的暴力工具。

文化世界一开始仅是工作意义上的文化世界而非生活意义上的文化世界，这一探究对理解文化世界和文化哲学有重要意义。这呼应了历史和逻辑相统一的研究方法，即历史从哪里开始，逻辑就从哪里开始。这又是文化世界和文化哲学的真谛所在，即文化的历史从工作世界文化开始，然后向生活世界拓展，任何一个新的相对的文化世界的生成，也都是这样一个逻辑，即始于工作世界文化，如乡村文化世界从驯养和农耕工作世界开始，工业文化从机器发明、机器生产开始，信息文化世界从信息技术开始拓展到生活世界各个领域，等等。因此，说文化世界就是生活世界或日常生活世界是不全面的，说文化哲学是研究生活世界或日常生活世界的哲学是不完整的，因为文化世界最初或一开始只是工作意义上的世界，那时没有吃、穿、住、行的生活世界和日常生活世界，那时在工作世界人类是人，在生活世界人类是动物，没有人化世界即没有人的生活世界。而中古乃至近现代和当代的一些相对文化世界生成过程也是如此。说文化世界就是生活世界就把人类早期的工作意义上的文化世界排除了，就把历史和现实中处在工作世界意义阶段的文化世界排除了。说文化哲学是生活世界哲学就把人类早期的文化世界哲学和研究工作世界意义上的文化哲学排除了。除非这里说的生活世界包括早期工作意义上的生活世界。但一些文化哲学研究者诉求的生活世界并不是这个意思，而是吃、穿、住、行和婚、丧、嫁、娶的日常生活世界，是与生产工作世界相对而言的那个生活世界。

不仅远古人类最初只有工作文化世界，没有吃、穿、住、行的日常生活世界，不仅文化世界的原点是这样，而且历史和现实的一些文化世界也是工作世界意义上的文化世界，具体的文化世界也首先是工作世界意义上的文化世界。中古时期的奴隶，封建社会的佃户，旧中国的"杨白劳"们，还有血汗工厂或被延长工作日的工人阶级，黑砖窑、黑煤窑里的工人……他们又有多少日常生活世界？他们吃、穿、住、行只是维持劳动力和工作能力，日常生活不再是生活本身，而是工作的手段和工具，"杨白劳"们过年只是一次日常生活的奢侈。他们的贫穷又能给他们带来多少这样的日常生活？而当代人普遍的生活世界的碎裂又使他们普遍丧失了日常生活。因此，说文化哲学就是生活世界哲学或日常生活哲学，就会使文化哲学陷入无对象、无视野的境地，那样文化哲学还能研究多少日常生活世界？而如果说文化哲学是日常生活世界批判哲学，那同样它还有多少日常生活可以批判？而若仅仅批判那些吃、穿、住、行和婚、丧、嫁、娶的日常生活，这样的文化哲学又是何等贫乏，何等千篇一律，特别是现代的文化世界和生活世界，都远远地超越了传统吃、穿、住、行和婚、丧、嫁、娶的日常生活意义，都越来越趋向总体的社会文化世界或生活世界，个人的吃、穿、住、行和婚、丧、嫁、娶越来越微不足道地被总体的社会总体离弃，又被自己的工作世界边缘化和消解，或许也只有在假日和节日的时候人们才能感受到这些日常的存在，来一次"杨白劳"式的节日的狂欢。

而实际上现当代的日常生活哲学对日常生活世界的批判，如物化、异化、技术合理化、单面化的批判，特别是马克思的异化劳动批判，其实都是集中在对工作世界的批判和工作世界的建构，其实都是工作世界哲学，而不是生活世界哲学或日常生活世界哲学。或者说它们本质上都是工作世界意义上的生活世界哲学或日常生活哲学，离开工作世界或不顾工作世界的生活世界哲学或日常生活哲学从来就没有产生过，或者只是在名称和称谓上出现过，或者像胡塞尔那样只是作为一个抽象的概念或先验的领域存在并最终消解在意识意向性中。现象学社会学家许茨看到了这一点，所以他的日常生活世界理论几乎没有提到吃、穿、住、行和婚、丧、嫁、娶这些日常生活的事，而是大讲特讲工作世界，并把还原法、意义理论、主体间性理论、意向性理论都建立在工作世界基础上，这应是日常生活世界哲学的非日常生活性和工作世界本蕴的一个突出例证。此外，西方马克思主义的社会批判理论、大众文化批判理论也都较为清晰地指向工作世界。因此，说文化哲学是生活世界哲学没有反映文化哲学的本蕴，文化哲学应是关于文化世界意义结构的理论体系，而文化世界的总体是生活世界，本质或核心是工作世界，文化哲学是生活世界总体（内含工作世界）哲学，更是工作世界本质哲学，是这两个哲学的总体。文化世界始于工作世界，工作世界是文化哲学的起点和核心。只讲文化哲学是生活世界哲学，就遗漏了历史和现代的文化世界的工作世界核心，就会陷入无对象、无存在核心、无世界品质、无人本关切的"多无"境地。文化哲学只有在工作世界基础上关怀生活世界或日常生活世界才有存在的合法性，即只有给人一个工作世界才能给人一个生活世界，否则这个哲学和生活世界就会一同陷入"多无"和"空无"境地。

二　基于工作世界的闽南文化的生成

与人类文化世界生成的工作世界基础相应，闽南文化生成的基础亦是工作世界文化，同时也是内生文化与外生文化的互构过程，这一互构的基础仍是工作世界文化。闽南文化的生成经历了一个从远古蒙昧时期到唐代开漳建州时代的漫长历史过程，这一过程的动态谱系是：原始旧石器时代的氏族文化—原始后期新石器时代的"七闽"部落文化—闽越融合部落文化—闽越文化与中原文化的融合文化—开漳建州的开漳圣王文化。

闽南文化生成的内生与外生意义，一方面表明闽南文化是闽南区域文化，又是普遍世界文化；另一方面表明交往关系特别是工作交往关系对文化世界的催生作用，即一个文化世界不只是受其内部工作世界的推动，还受外部工作世界的驱动，而后者对于工作世界相对滞后于中原文化的闽南文化来说尤为重要和值得关注。闽南文化是闽南区域主体与其他区域主体或普遍世界主体共同造化的过程或结果。闽南文化的产生、形成和发展是具有区域特质的闽南内生文化与具有普遍世界意蕴的闽南外生文化互动融合的结果，这恰好说明了闽南文化从来就不是只有区域特色的区域文化，而是具有闽南区域特质和普遍世界意蕴双重内涵。

（一）闽南文化行进的工作世界基础

闽南文化的工作世界基础首先从其自然基础说起，即工作世界基础蕴含了自然基础，蕴含了人与自然的共同造化关系。正如恩格斯所说："劳动和自然界在一起它才是一切财富的源泉，自然界为劳动提供材料，劳动把材料转变为财富。"闽南位于我国东南沿海，地处亚热带，气候温暖，雨量充沛，而且多山，森林茂密，物产丰富，是适宜古人类早期生活的区域之一。摩尔根的研究表明，早期人类主要集中在热带和亚热带，且为了躲避野兽的袭击，很可能居住在树上。闽南的自然条件一方面使得闽南有可能存在早期人类，另一方面也使得闽南文化能独立存在下来。福建背山面海，北与浙江接壤，西与江西为邻，南与广东相连。境内重山叠岭，千岩万壑，素有"东南山国"之称。福建平原面积只占全省面积的 10%，主要有漳厦、福州、莆仙、泉州四大平原，地形的主要特征是西北高、东南低，即西北重峦叠嶂，东南丘陵起伏，这种自然地形决定了古代福建与内地省份的交往困境。在唐代之前，中原人士都视福建为"蛮荒之地"。而闽南更是处在福建的南端沿海，在船舰技术不发达的古代社会特别是远古社会，其他区域的文化对闽南的侵入、融入和同化比闽北更有难度，更有时空的间隔性，即要经过闽北、闽中的跳板才能到达闽南。这种自然环境就为闽南文化的独立存在和运行提供了条件，使得闽南文化能够独立存活下来。总之，闽南的自然条件为闽南早期文化提供了发生与存活的双重可能性。但这还仅仅是一种可能性，那么，有没有闽南早期文化的实际证据呢？当然有，而且可以一直追溯到旧石器时代。

1987 年初，东山县铜陵镇渔民打捞起一件古人类遗骨化石，经鉴定为距今 1 万年左右的旧石器时代人类化石。随后，在清流沙芜乡、漳州北郊、龙岩适中镇等地相继发现旧石器时代的人类遗骨化石和文物，时间也都在距今 1 万年左右。1999 年，三明市万寿岩旧石器时代文化遗址的考古发现，把福建人类活动的历史推前了十几万年。特别是 1990 年发现的漳州莲花池山遗址存有不同时期的旧石器时代遗物，石器类型丰富。莲花池山是漳州平原一个相对独立的孤丘，毗邻九龙江，附近是平原，有水有山有草有树，古人居住于此，可以捕鱼采贝、狩猎、采果，是一处自然条件优越的地方，适合古人类的资源型生存。当时古人使用石器主要用于撬贝壳、切树皮、割兽皮。考古人员采集到的刮削器、石核、石片、尖状器等，不少是功能齐全的复合工具，可"一石多用"。此前，被列为 2000 年度全国十大考古新发现榜首的三明万寿岩，把古人类在福建生活的历史推至 20 万年前。此次莲花池山出土的旧石器中，下层文化出土的石器存在于距今 40 万年的网纹红土层中，是福建史前考古的重大发现，可将福建人类史推前 20 万年。旧石器时代考古学家贾兰坡教授认为，"台湾的古人类是福建过去的，不可能不在福建留下遗迹"。1990 年发现的莲花池山旧石器，年代比台湾的"长滨文化"早。通过这次发掘可看出史前"漳州文化"与台湾"长滨文化"的整体相似性和通约性。这些考古材料充分证明，早在十几万、几十万年前，闽南和整个福建区域有古人类活动和存在。因此，再加上适宜的自然条件，闽南的旧石器时代过渡到新石器时代就成为一种必然。

1954 年福建考古工作者发现的福州市闽侯昙石山文化遗址，出土了一大批有价值的考古文物，计有石、玉、骨、陶等上千种福建原始社会文物，其中大多数是劳动工具。同时还发现有几十座墓葬、一处陶窑群以及厚达约 3 米的海贝壳。昙石山文化遗址是目前福建发现的类似遗址中面积最大、文物最多的一处新石器时代晚期的遗址。昙石山文化遗址大体上可以反映出福建原始后期"七闽"部落的生活和工作世界特别是工作技术。从石头工具中石锄、石刀、石镰等可以看出，他们已有了原始农耕文化。原始农耕能够获得部分固定的食物来源，为定居生活创造必要的物质条件。但当时的农业生产，还无法满足人们的日常食用，仍需要狩猎与采集作为获取食物的重要手段，这一点可以从发现的海贝壳和部分野兽遗骨得到证明。这时也有了初步的手工作坊，能够制作出各种原始的陶器，以满足生活上的需要。在工作和生活关系上，他们合群而居，共同劳作，死后都葬在公共墓地，而且基本上均为单人葬。在闽侯县白沙溪头遗址中，还发现有男女合葬的墓址，这表明存在一夫一妻制的家庭关系。总之，昙石山文化时期的"七闽"部落生活时代已处在原始社会父系氏族晚期，距今 4000 多年，而当时中原已进入夏代奴隶制社会，其文明程度远远高于福建地区，这是由于福建相对独立的封闭状态抑制了与其他区域交往互动的发展关系，即这个时期主要是区域内部氏族与氏族、部落与部落的交往融合。但也表明原始文化从分散的氏族文化世界进展到以"七闽"为标志的较为集中的部落文化世界。而在这个过程中，工作技术、工作世界的进步以及内部工作占有、分配和交往关系的发展是基础和根本动力。

福州市闽侯县石山文化遗址直接是福州地域或闽中的文化遗址，还不是关于闽南区域的新石器时代文化的直接考古证据。但是考古学没有证明的历史，不等于这种历史就没有历史的存在。那么，福州市闽侯县昙石山文化遗址能不能证明闽南当时也处在这个文化阶段呢？既然昙石山文化遗址是"七闽"时期的文化遗址，那么只要证明了"七闽"部落的分布区域包括闽南就证明了闽南当时也处在这样一个新石器时代。

"七闽"虽隶属于周，但文化上处在原始后期的部落阶段，技术文化处于新石器和青铜器时代，与当时的中原文明有一定的交流，曾向周朝进贡，但历史典籍上对他们的记载极其有限。他们可能就是生活于古代福建的原住民古闽族。中原人士对福建等地的部族迟至商周还不甚了解。有关福建部族的最早名称，始见先秦典籍《周礼》中的两条记载。《周礼·秋官·司寇》记载："象胥掌蛮夷、闽、貉、戎、狄六国。"① 这里谈到周朝管理边疆几个有别于中原的部族名称，其中有闽这个部族。《周礼·夏官·司马》记载："职方氏，掌天下之国，以掌天下之地，辨其邦国，都鄙、四夷、八蛮、七闽、九貉、五戎、六狄之人民。"② 这里，把"闽"部族称为"七闽"。东汉经学家郑玄对"七闽"的解释是："闽"为"蛮"的别种，而"七"乃周所服的国数，③ 即指闽部族有7个互不相属的部落。闽部族活动的区域，先秦典籍《山海经·海内南经》说："闽在海中。"④ 指出闽部族是生活在南方靠海边的地方。东汉许慎在《说文解字》里对闽字注释："闽，东南越，蛇种。"也就是说，"七闽"生活在东南沿海一带，周代的"七闽"就是秦汉时期南方百越族中的一种。从上述典籍记载可知，"七闽"属于周朝的7个部族，生活在东南沿海，属于蛮荒部落，并有崇拜蛇的习俗或以蛇为图腾。那么"七闽"的生活地域是否包括闽南呢？

首先，从陈元光自述看，"七闽"包括闽南。这在陈元光当年写的《请建州县表》里已说得很清楚了。他叙说自己屯戍的地域"地极七闽，境连百越"，居住在这里的蛮獠都是断发文身，过着刀耕火种的原始生活。对付这样化外的野蛮民族，征伐10年，结果"元凶既诛，余凶复

① 《周礼·秋官·司寇》。
② 《周礼·夏官·司马》。
③ （清）李光坡：《周礼述注》第19卷。
④ 《山海经·海内南经》。

起。法随出而奸随生，功愈劳而效愈寡，抚绥未易，子育诚难"。他总结经验教训，认为政府若把蛮獠编入版籍，看作子民，授予土地，施以教化，让他们得安生，则民心自知感激。因而创议"其本则在创州县；其要则在兴庠序"，若令蛮獠诚心归附，就要在政策上一视同仁，才能使中原移民与本地土著和睦相处，共同开发闽南。"地极七闽，境连百越"就是说其所在的漳州、闽南一带是"七闽"地域的一部分，也是百越族地域的一部分。由此可见，居于闽南的蛮獠部落，是"七闽"的一部分，从来不曾真正"臣服于周"，也从未真正接受过秦、汉、唐的辖制。自唐代陈元光"平闽南十八峒"，才使蛮獠肯服王法，归唐化里。

其次，从"八闽"说看，"八闽"和"七闽"虽是两个完全不同的概念，但这一说法还是承袭了闽地的"七闽"划分方法，即把闽地划分为8个不同的部分，尽管这8个部分与七闽的7个部落毫不相干。"七闽"指7个种类的"闽人"，"八闽"是8个府郡的"闽地"。"八闽"是宋之后对福建省的称谓。明洪武元年（1368）福建省置福建等处承宣布政使司，领福州、建宁、泉州、漳州、汀州、延平、邵武、兴化八府。建宁府、汀州府、延平府、邵武府，俗称"上四府"；建福州府、兴化府、泉州府、漳州府，俗称"下四府"，计八府，因此福建还称"八闽"。清康熙二十三年（1684），新置台湾府，隶属于福建省。福建省辖有"九府"，但习惯上仍称福建为"八闽"。既然"八闽"是对整个福建的一种地域划分，那么"七闽"也应该是对整个福建地域或部落的一种划分，二者虽在划分内容上毫不相干，但在划分形式上将整个福建划分为若干区域的意义上应该是一致和相通的。这就是说，"八闽"说包括了闽南地域和闽南人，"七闽"之说也应该包括闽南地域和闽南部落。

再次，2010年漳州市普查队在对龙文区朝阳镇虎林山遗址周围区域进行专项文物调查、考古勘探时，同时发现了商周、宋代及明清三个历史时期的文化遗存。经专家考证，本次出土的商周石锛，证明3000多年前在此周围已有大规模的生活区。既然周朝时"七闽"是附属周朝的7个部落，那么漳州商周石锛的发现足以证明漳州、闽南是"七闽"部落的聚居地之一，"七闽"的新石器文化覆盖了闽南。

复次，从图腾崇拜看包括闽南。汉代许慎在《说文解字》中说：

"闽，东南越。蛇种。"古人称蛇为长虫，可见福建古时因多蛇，当地氏族以蛇作为图腾，故有"闽"地之称。如今，福建的南平市延平区樟湖镇和漳州、长汀等一些地方仍有崇蛇风俗。这就表明从有了闽部落的那天起，包括漳州在内的闽南就是闽部落的聚居地之一，这样就造成了先祖对蛇的图腾崇拜延续至今。此外，有学者根据史书记载的"闽越王都冶"和"东越王居保泉山"，以及元初著名学者吴澄在《送姜曼卿赴泉州路录事序》一文中所说"泉，七闽之都会，番货远物异宝奇玩之所渊薮"，等等，认为"七闽"的政治经济中心在闽南泉州。还有学者根据《山海经》的"闽在海中"之语，认为海中的台湾自古与"七闽"连在一起。

最后，20世纪80年代以来漳州和泉州地区新石器时代贝丘遗址的发现，则进一步为闽南地区新石器时代的历史存在提供了直接的证据。贝丘（Shell Mound）是古代人类居住遗址的一种，主要由大量古代人类食贝后抛弃的贝壳构成，大都属于新石器时代，有的则延续到青铜时代或稍晚。贝丘遗址多位于海、湖泊和河流的沿岸，在世界各地有广泛的分布。在贝丘的文化层中夹杂着贝壳、各种食物的残渣以及石器、陶器等文化遗物，往往还发现房基、窖穴和墓葬等遗迹。漳州现已发现古文化遗址近几百处、古窑址几十处，其中新石器时代贝丘遗址4处（5000年左右），商周至西汉时期文化遗址3处（3500年至4000年左右），商周至西汉时期文化遗址1处，岩画30多处。泉州地区新石器、青铜时代的遗址，各县市均有发现，多达77处。据考古发掘资料，泉州地区新石器时代的文化遗址以贝丘居多，分为早期贝丘遗存较典型的金门富国墩遗址和晚期的惠安涂岭镇蚁山遗址两个时期。据考古学者描述，泉州地区新石器时代早期文化，石器制作较为简单，打磨粗糙；陶器多为夹砂陶，泥质陶少见，都为手制，火候不高，纹饰都有绳纹、刻画线纹、贝印纹等。考古学者还发现，泉州地区单纯新石器时代遗存较少，更多的是新石器时代含青铜时代遗存的遗址，一般分布于河流两岸的丘陵或山麓坡地。泉州青铜文化典型有南安丰州狮子山遗址、永春五里街附近诸山遗址、南安大盈遗址等，从这些遗址中发掘出来的文化遗物有青铜器、陶器、石器、玉器。磨制石器仍是这个时期的主要生产工具，青铜器数量有限，主要是一些工具或兵器，陶器以几何印纹硬陶为主，还伴有零星釉陶和原始瓷。这些考古发现表明闽南文化新石器时代的石器技术与青铜技术的连贯性及工作技术的持续性，同时表明闽南原始人类历史文化和生活世界的连续性与持续性。

通过上述考古资料和分析可知，闽南文化始于原始早期旧石器时代的氏族文化，经过了漫长的时间，过渡到原始后期新石器时代的"七闽"部落文化，这一演进的基础是工作世界的进展，特别是工作技术由旧石器向新石器的进展和工作关系从氏族关系向部落关系的跃升。闽南文化最初亦是工作世界意义上的文化，随着工具和技术的进步才创造了生活世界文化，并推动氏族生活向部落生活的进展。那么，"七闽"部落文化又如何进展呢？否定"七闽"部落文化的是随之而来的闽越文化，而这种否定从根本上讲，亦是先进工作世界对落后工作世界的否定和扬弃。上述论证已表明，闽侯县石山新石器文化亦折射了闽南新石器文化，从石头工具中石锄、石刀、石镰等可以看出当时已有了原始农耕文化，但受限于农耕技术和多山的自然环境，当时的农业生产还无法支撑人们的生活世界，还需狩猎与采集工作支撑生活。这样一种工作世界生态，无法与处在青铜和铁器时代的越文化和中原文化抗衡。随着相互生命空间的拓展，"七闽"部落文化就进入一个与越文化和中原文化互构、融合的时代，而这种互构和融合仍是源于工作世界的互构和融合，源于先进工作世界对落后工作世界的接替、侵入和同化。这种闽南内生文化与外生文化的互构、融合意义与生成过程，应由下面的内容来表征。

（二）闽南文化生成的内生与外生意义

文化哲学方法是生活世界总体方法和工作世界本质方法的总和。文化哲学方法论认为，文化就是主体化，就是主体化世界，这种主体化是主体与主体、主体与客体的共同造化。每个人的文化都是主体间的共同造化关系或社会关系的总体，不存在纯粹的孤立的个人文化，同样，每个区域的文化也是不同区域主体之间的共同造化或共同体关系，不存在纯粹的封闭与孤立的区域文化。人与人、民族与民族、区域与区域的交往和融合就是文化的交往和融合。窥探、侵占、征服、同化、布道、施爱，一切的一切，无论是出于何种目的，人天生就是爱交往和融合的动物，就是文化动物，就是具有社会关系、区域关系或主体间性关系的动物，就是文化世界，即主体化世界。那种"老死不相往来"或绝对封闭的田园境界只存在于一些哲学的虚幻和诗歌的意化境界中。无论是人类历史文化的发端还是某种现实文化形态，文化世界最初总是工作世界意义上的文化，然后逐渐拓展到生活世界的总体。从闽南文化的历史演进看，闽南文化是闽南内生文化与外生文化融合的过程，是区域文化，更是普遍世界文化，而其融合共生的基础是工作世界文化。闽南文化不是闽南外生文化的复制或机械传承，而是嵌入了闽南区域文化风土和人文因子；也不只是祖祖辈辈繁衍生息在这块土地上的人民所创造、演进和传承的文化，它还是普遍世界的普遍人们创生与建构的文化，如开漳圣王文化的原创者就不是居于闽南地的祖辈或说闽南语的闽南人，而是来自闽南区域之外的作为当时普遍世界的唐朝社会的陈元光及其将士与闽南地的闽南人共同创造的。而这种创造的本质就是工作创造，是工作共同体的创造。

从逻辑上讲，闽文化与中原文化的互构和融合，不可能一下就指向中原文化的中心，而是要从最接近的福建区域开始，而福建区域也要从接近中原或其他区域的地域开始，历史的行进也恰好是这样一个符合逻辑的过程，即福建北方先汉化，逐渐向南推进；先与周边的越文化互动，再与中原文化总体互动。

如前所述，旧石器时代闽南就有人类活动。考古发现证明，在 5000～4000 年前的新石器时代晚期，原始人类已经广泛分布在闽江、汀江、九龙江、晋江流域和边海岛屿地区。考古资料表明，福建原始人类的经济生活以渔猎、采集、农业为主要形式，手工业主要有陶瓷业、纺织业和造船业，但锄耕农业没有向犁耕农业过渡，畜牧业不发达，工作创造力特别是技术创造力落后于中原主体社会。3000 年以前的夏商时期，居住在福建的原始人类已经创造出独具特色的原始文化——闽文化。闽文化即"七闽"文化，它是包括闽南的福建文化的原始社会后期形态，是原始部落人与人、群体与群体共同交往、融合和创造的文化。与"七闽"关系较密切的是浙江的于越族。在越王允常时代，于越族有人进入福建定居。如铸剑能手欧冶子，曾受越王派遣，带领助手在闽北（今松溪县）湛卢山建炉，铸造质量优良的宝剑。福州市的冶山和欧冶池，相传也是欧冶子铸剑地。周显王三十五年（公元前 334），越为楚所灭，不愿臣服于楚的于越贵族和平民向福建迁移。于越首领无诸统一"七闽"，自称闽越王。原先比较落后的"七闽"迅速发展成为百越诸族中最强大的一支。"七闽"和于越族融合而形成闽越族。闽越族的风俗习惯和汉族有很多不同之处，如：聚居在沿海、沿江地方，习惯于水上生活，善于驾舟在江河、海水中捕捞水产；喜欢居住干栏式房屋，人们称之为"巢居"。江浙越国部分遗族的迁入，带进江浙先进的生产工具，秦汉时期与中原交往增多，不但普遍使用青铜器，而且也开始使用铁器，但铁器不多，冶铁业不发达。与昙石山文化时期相比，闽越人粮食生产自给有余。这使得闽越人有经济条件三番五次攻略邻近各国。手工业已能制造麻、丝、帛等纺织品，并作为礼品、贡品与中原交流，造船业更为发达，善于水战和用舟。这些史料表明，从"七闽"到闽越族的形成，就是闽越文化的形成，这个过程就是闽文化（包括闽南文化）与其他区域文化（即于越族文化）的融合过程。闽越文化一开始就既是福建或闽南区域文化，又具有其他区域文化的内蕴。

从最初的闽文化主体与主体的融合到部落与部落的融合再到闽越文化区域与区域的融合，这是闽文化历史演进的一个过程，但这对于文化的世界品性来说还远远不够，闽越文化逻辑上还要与普遍世界文化融合，而这也是现实文化世界使然。中原文化的世界意义的张力必然要向这些区域文化绵延。秦始皇二十六年（公元前221），秦统一中国，将全国划分为36个郡，随后派兵南下平百越。大约秦始皇三十三年（公元前214）平南越后，秦兵打到福建，削去无诸等王号，置闽中郡，设郡县制，从此福建正式纳入中央版图，但秦王朝并没有实施实际的统治。秦二世时期爆发农民起义，无诸和摇率领闽越军参加反秦队伍，接受鄱阳令吴芮的领导。后又佐刘邦攻楚，表现得非常勇敢。刘邦称帝后，分封无诸为闽越王，恢复闽越人封王称号，自治其地。闽越国由此建立，与西汉时期的其他"同姓王国"比较，在政治上要接受汉高祖的封赐，但在与中央王朝的行政关系上，闽越国享有较高的独立性，其国内不实行郡县制，仍然施行闽越人旧有的以血缘关系为纽带的部落联盟式的治理方式。这种落后的政治制度在一定程度上造成闽越国的不稳定。于是汉高祖十二年（公元前195），封立另一个闽君长织为"南海王"。① 封地大约在江西、广东、福建三省

---

① 《汉书》卷一《高帝纪》。

交界之处。惠帝三年（公元前192），分封另一个闽君长摇为东海王，都东瓯（今浙江永嘉县）。这样西汉王朝就通过分封诸王的策略将秦代的闽中郡一分为三，自然造成东越内部的分崩离析，闽越、南海、东瓯三国鼎立，互相猜疑，彼此攻击，不断发生冲突和战争，给西汉王朝分而治之创造了条件。最先亡国的是南海王，在汉文帝时就被淮南厉王刘长所灭。属众被迁往上淦（今江西清江县）。第二个灭亡的是东瓯国，东海王惧于朝廷的威严以及忧于闽越国的不断骚扰，主动提出弃于内迁，汉武帝自然求之不得，即令其部迁徙到江淮一带。闽中故地只剩下闽越一国，势单力薄，汉武帝于元封元年（公元前110），令攻占南越的大军挥师入闽，很快就击败闽越人的抵抗。为了防止闽越人东山再起，杜绝后患，汉武帝下令将其民迁移江淮地，闽越国不复存在。可以说，闽越国的消亡源于其落后的工作世界，包括落后的生产工作世界以及政治和精神文化工作世界。这也表明，文化的融合或先进文化对落后文化的接替，并不都是和风细雨的和谐过程，而是经常伴随着对抗、冲突，但总体上文化世界在矛盾冲突中趋向不断融合或异质并存的和谐世界。

汉代闽越之地虽然仍被中原人称为"方外之地"，但闽越文化与汉文化的融合进一步加速了。汉晋至五代，中原汉人开始不断向东南沿海迁徙。不断南徙入闽的中原汉族移民，逐渐成为社会的人口主体。中原移民由闽北逐渐进入闽南，也把中原文化带入闽南，汉族的生产、生活习俗以及行为礼仪、宗教信仰等文化逐渐融入闽越居民土著文化或闽越文化。因此，在这个意义上，无论闽南社会和文化，还是包括闽南在内的福建社会和文化，在汉晋以后都是来自中原地区的移民社会和文化，都具有中原文化的普遍世界文化意义。闽南文化就是这样一个区域化和普遍世界化的融合发展过程。这种融合一开始就是一个双向互动的过程，一方面，汉文化由于其文明时代的先进性成为闽越文化的重要甚至主导因子；另一方面，闽越土著文化一些生活习俗由于其原生力量以及生活环境的适应性，也在这种融合中适当传承下来。

闽越文化的生成过程也是闽南闽越文化的生成过程。闽南文化是一个动态的发生、形成和发展过程，而不只是某个历史节点的文化。自汉晋或汉唐以来北方汉人大量迁移入闽之后，汉族文化逐渐取代土著文化而占主导地位，这个地位的奠定基础应首推开漳圣王文化。唐朝陈政、陈元光父子入闽平乱，实现了中原文化的技术、制度、教育和观念的全面统治、同化和融合，这就标志着闽南文化进入文明文化时代，因为在这之前闽越文化总体上还是处在尚未开化的战乱频繁的野蛮历史时代，这一点已得到考古学的证明，即开漳建州之前的"七闽"文化和闽越融合文化主要处在新石器时代或含有青铜器的新石器时代，闽越文化融合时代以及闽越与唐朝之前的中原移民文化融合时代，虽然也有铁器，但极少，总体上都未形成文明时代的技术、制度和教育以及精神意识形态等文化。而史料也明确记载漳州设治前，仍处于"刀耕火种"的游耕农业时代，是"蛮荒之地"，民以渔猎为生，战乱不断。开漳建州使得闽南有了以铁器为标志的技术、制度、观念、教育和思想意识形态的文明文化。如此，开漳圣王文化构成闽南文明文化的逻辑起点和闽南野蛮文化时代的逻辑终点，标志着闽南文明文化的形成。在此之前的闽南文化可视为闽南文化的前史，包括闽南原始蒙昧阶段或旧石器时代的氏族文化、闽南原始野蛮阶段或新石器时代的"七闽"部落和闽越部落联盟文化以及闽越部落与唐朝之前的中原移民融合文化，它虽然在秦汉时期也融入了汉文化或中原文化，但还不具有文明时代的铁器技术、制度、教育和精神文化的总体性，还不具有文明生活世界特别是工作世界的总体性，如秦朝虽然在闽设郡县制，但并进行没有实际的统治，而且这时中原文化对福建的融入主要是在闽北和闽中，后来才逐渐向闽南绵延。如此，闽南文化的真意或主要意义是指文明时代的闽南文化。当然，这并不是说开漳建州之前闽南就没有文明文化，而是说开漳建州是闽南文明文化形成的标志。而宋元明清时期，则是闽南文明文化进一步发展的历史时期。直到今天，闽南文化还处在不断演进的过程中。

有学者将学界关于闽南文化的形成的观点归结如下。① ①晋代说。晋代中原动乱，大量民众南下闽南，聚居在南安江两岸，以至于后来这条江称晋江，闽南文化因而形成。②唐初说。唐初陈政、陈元光父子带兵戍

---

① 胡沧泽：《关于闽南文化研究的若干思考》，《漳州师范学院学报》（哲学社会科学版）2011 年第 1 期。

守闽南，带去了河洛文化并与漳州、泉州地区的原有文化结合而形成。③唐末说。唐末王潮、王审知带领河南军民数万入闽，以闽南为基地开拓发展并最终据有福建，王氏在闽南传播中原文化，并与当地原有文化相融合而形成。④五代说。五代后期，留从效据有漳泉，他在境内实行保境息兵安民政策，鼓励百姓发展生产，大力发展对外贸易，同时招徕中原士人、发展闽南地区的文化而形成。⑤宋代说。宋代，闽南地区社会安定，经济发展迅速，海外贸易繁盛，泉州已成为全国的大都市。尤其到了南宋，宋廷南迁临安，闽南与中央王朝的距离大大缩短，泉州迅速发展成为举世闻名的东方大港。著名理学家朱熹在闽南主政、游学，这些因素相辅相成，共同促进闽南文化的形成。⑥明清说。明成化以后，受人多地少、海禁和战乱等因素影响，闽南人大量向潮汕、浙南、台湾和南洋移民，这种移民尽管时断时续，有低潮、有高潮，但一直持续到清末民初。如明郑时期，大批闽南人有组织地迁移台湾垦荒，总人口在10万人以上，清中叶闽南人迁居台湾掀起热潮，以至清嘉庆时，台湾人口已超过200万人。笔者认为，上述观点都在一定程度上揭示了闽南文化的形成意义，但都没有抓住闽南文化形成的关键性标志，即闽南文明文化形成的标志。把闽南文明文化的形成视为闽南文化形成的基点或标志，是依据摩尔根的文化人类学对文化时期的划分，即蒙昧时代、野蛮时代和文明时代的划分；也是依据马克思和恩格斯对人类文明文化的界定，即文明文化是超越了原始部落文化的国家文化，文明文化以广泛使用铁器为标志，并出现了独立的精神文化和教育文化以及较为完善的制度文化。开漳圣王文化具备了这些要素，在开漳建州之前的闽南文化时期都没有形成这些文化生态，只是闽南文明文化的史前时期或累积阶段，这些阶段虽然也有文明文化的成分，但文明文化在这些阶段都不具有闽南总体社会的意义。也就是说，闽南原始早期的氏族文化—原始后期的"七闽"文化—闽越融合的部落联盟文化—闽越文化与晋汉中原移民的融合文化，这个漫长的过程还只是经历了原始蒙昧文化和野蛮文化两个阶段，其间虽有郡县制、闽越国以及留从效的漳泉之治或独立王国，但这些制度、国家，这个文化世界还是建立在原始部落联盟的基础上，其工作世界基础特别是工作技术和工作关系基础并没有总体或根本性的改变，充其量是一个"酋邦国家",① 即野蛮阶段向文明阶段的过渡时期或平等社会向国家社会的过渡时期,从而在技术、制度、社会组织和精神文化等方面兼具野蛮和文明两个时代的特征。过渡阶段不等于文明阶段,酋邦不等于真正意义的国家,闽越国既不是奴隶制国家也不是封建制国家,它是一个不同于原始氏族和部落社会的部落联盟式的"酋邦国家",在闽越国亡国后的废墟上开漳建州的开漳圣王文化才使它具有了隶属唐朝封建国家的国家形式和属性。从这些意义上讲,闽南社会文化是在没有经历奴隶社会文化情况下直接进入封建社会文化的。这种跨越式的社会文化进展要归功于开漳圣王文化对闽南社会的造化,而这种造化也使得开漳圣王文化成为闽南文明文化形成的标志。而闽南文化一旦捕获了中原文明文化的技术、制度、观念以及精神能量和教育造化,就开始步入快速发展的轨道,其被自己落后的工作技术和工作关系长期抑制的海洋文明文化的小宇宙不断地被开启,并释放出海洋文化与大陆文化姻缘相合的互构能量,也使得开漳圣王文化本身从原初的大陆文化范式衍生出海洋文化范式,陈元光及其部属的后裔向台湾、东南亚等世界空间的迁移和进取就是这一成就的展现。宋代以后,闽南海洋文化成为相对独立的范式,并使得闽南的经济社会以及生活和工作世界走在中国历史和整个文化世界的前列、前沿。只有具备了文明工作世界基础和生活世界总体的继往开来的开漳圣王文化才能成为闽南文明文化意义上的闽南文化形成的标志。

闽南文化从初始的原始氏族文化和"七闽"部落文化的主体与主体、群体与群体间的融合,到秦汉之前的闽越文化的区域与区域文化的融合,再到汉晋或汉唐以来的闽南区域文化与中原普遍世界文化的融合,构成一个闽南文化与其他区域文化和普遍世界文化融合的合乎逻辑的历史过程。这个过程十分清晰地彰显了闽南文化的区域文化意义和普遍世界文

---

① 摩尔根在《古代社会》一书中把原始氏族和部落社会看成完全的纯粹的自由平等社会,没有注意到不平等问题,这样就缺乏原始社会向奴隶社会、野蛮时代向文明时代过渡的环节。当代美国人类学家塞维斯认为,在平等的原始社会与国家社会之间有一个不平等的社会发展阶段,这个阶段就是"酋邦国家"阶段。酋邦国家由各个部落推选出的部落联盟首领来统治,这个部落联盟首领就是酋长。酋邦是靠血缘关系组织起来的"再分配"的社会,酋长以收取贡品的形式从共同体或各个部落成员那里收集部分产品,然后按社会等级对产品实行重新分配,从而造成分配的不平等和原始剥削的出现。

化蕴含的双重品质。时至今日，大多数闽南现有居民在追溯先祖的时候，声称自己是来源于中原地区，这是历史事实，也进一步彰显了闽南人从来就是不纯粹的闽南人，他们是闽南人，又是带着中原血统和文化因子的普遍世界人们。当然，这里说的中原文化只是普遍世界文化的一个符号，除此之外，闽南文化还融入了其他普遍世界文化。主体与主体、区域与区域、区域与普遍世界的融合关系推动文化世界的发展，实际就是文化世界或生活世界关系特别是工作世界关系推动文化的进展，是工作世界的占有、分配和交往关系推动文化世界的进展，这恰好表明，文化世界是在以技术为标志的工作力与工作关系的双重动力、能量和意义源泉中行进的。这个交往融合的过程也进一步表明，从古至今就没有纯粹的或完全的原创文化或区域文化，文化天生就是主体与主体、区域与区域、区域与世界共同造化的结果，而这种造化就是工作共同体的造化和创造，这个过程孕育和流溢着新生、价值、审美、和谐，也充斥着矛盾、冲突、对抗甚至破坏和毁灭。

第二节　闽南文化新界说

闽南文化意义的历史进展已经预示了闽南文化的意蕴。闽南文化是区域文化世界，也是普遍的世域文化存在。把闽南文化归结为或言说成闽南区域文化是对闽南文化普遍世界意义的消解和遮蔽，是把闽南文化装进了属人、属地的盒子。闽南文化的特质不在于其普遍的精神内蕴，而在于其外显的物质载体、文化符号、语言外壳、人物、事件等方面，闽南文化的世界性亦不在于其山岭阻隔和海洋敞开的生存境遇或地理空间结构，而在于其普遍的生活世界和工作世界意义。历史学的历史叙事方式在很大程度上消解和遮蔽了闽南文化的真谛。这里主要用文化哲学的生活世界总体方法和工作世界本质方法尝试性提出闽南文化新界说。

一　学界对闽南文化的界定及其缺陷

文化就是主体化，就是主体化世界，就是文化世界，就是生活世界总体，而工作世界居于文化世界的核心。学界对闽南文化概念的界定主要有四种范式。一是最有代表性的空间边界范式，即从属人、属地的空间视角把闽南文化界定为闽南人的文化或闽南地区的文化或二者的合二为一，这是区域文化范式。如有学者认为，"闽南文化是闽南人祖祖辈辈延续、发展的具有自身特色的区域文化"。① 又有学者认为，"闽南文化是指闽南人及其后裔共同创造的、以闽南方言为主要载体的、以闽越文化为基础、以中原文化为主体、以海洋文化为特色的文化共同体。闽南文化的发源地是闽南，中心区是闽南和台湾，亚中心区是福建其他地区及其周边省区的闽南人聚居地，散播区是东南亚及其世界各地的闽南人聚居地。"② 二是历史叙事范式，即把闽南文化界定为一些历史文化的主要形态。三是精神梳理或叠加范式，即从精神内涵上界定闽南文化，如把开漳圣王文化界定为开漳建州文化、信仰文化和寻根文化，把总体的闽南文化界定为爱国爱乡文化、敢拼会赢文化、义利并重文化、多元包容文化等。四是特质情结范式，即把闽南文化界定为有闽南特质、特色的某些文化形式，如把闽南文化特质界定为海洋文化。这些界定都在一定意义上把握了闽南文化的内涵，但还有诸多不足，其主要局限如下。

（1）缺少文化世界的生活世界总体意蕴。闽南文化无论就其整体还是某种形态、形式来说都是生活世界总体文化，都是人与人、自然和社会关系的总体文化，都具有生活世界总体意义。任何文化都是主体造化的世界，即主体化世界，主体造化世界就离不开人与人、自然和社会的关系，就离不开生活世界总体意义，或者说主体造化世界就是造化生活世界总体意义。如此，闽南文化的界定要向生活世界总体意义回归，这也是对文化向生活世界回归的潮流的呼应，也是对历史学、文艺学、社会学等单学科界定闽南文化局限的哲学化超越。

（2）缺失文化世界的工作世界本质向度。工作世界是生活世界或文化世界的基础与核心，主体造化文化世界的过程就是工作创造、工作创世的过程，工作创造生活、创造文化。这一点，闽南文化体现得尤为突出，

---

① 林华东：《肇端于汉，多元融合——关于闽南文化历史形成问题的探讨》，《东南学术》2013 年第 4 期。

② 林国平：《闽南·闽南文化·闽南文化研究》，《闽台文化研究》2014 年第 1 期。

如开漳圣王文化，可以说没有开漳建州的工作世界和工作创造，就没有我们今天称谓的闽南文化，也正是在工作创世这个意义上，本书把开漳圣王文化视为闽南文明文化和闽南文化思想政治教育的发端。

（3）过度的历史情结导致了上述界定缺少现代文化意蕴，如闽南红色文化作为闽南文化的现代文化的重要形态就被忽视了，至少没有明确地或显耀地被纳入闽南文化的概念和研究之中，尽管它从诞生的那天起就是地道的又属人又属地的闽南文化。因此，本书把闽南红色文化纳入闽南文化及其思想政治教育的研究视野，并将其摆置于闽南文化及其思想政治教育的基本框架和格局中。其他现代文化意蕴的缺失在闽南诗文化、闽南哲学文化、闽南技术和制度文化等方面也比较突出，如一提闽南哲学文化就是古代的理学、儒学，严重缺失现代哲学文化意蕴。

（4）特质情结导致闽南文化生活世界总体意义的分裂，它必然会把没有闽南特质的闽南文化特别是普遍的大众日常生活文化从闽南文化中排除。而特质文化恰好是在普遍的闽南社会和生活文化中显露的，离开后者，前者就既无特质也无特色，就是空无。而实际上闽南文化是一种和而不同的文化，是特色与普遍意义、是同质文化与异质文化、是历史文化与现实文化的统一体，而绝不局限于某种特质或特色，况且，当代文化世界是一个多元并存与融合的世界，那种与普遍文化或"他域""异域"文化完全不同的隔世特色文化根本就不存在，它或许只能存在于与世隔绝的孤岛之中。只把闽南文化界定为特色文化还会使闽南文化失却向世域文化拓展和延伸的张力，使其囿于本地域的狭窄和短暂时空而不能走向世界，这与闽南文化的精神特别是开拓、开创精神是背道而驰的。实际上，一些学者不断言说的那些闽南文化的特质也是其他文化形态中共有的，比如谁都清楚，闽南文化的海洋文化特质就不是闽南文化特有的，它可以在很多文明世界中找到。而开漳圣王文化作为闽南文明文化的发端也是在同当时普遍的世域文化或社会文化的互动中成就的。那么，是不是说闽南文化就没有特质、特色了呢？当然不是。特色是相比较而言，一种文化特色都是相对一定的文化参照系而言的。

（5）有些学者习惯于把闽南文化的特质或人文特质归结为冒险拼搏、爱国爱家、求新求变、崇尚科学与神灵信仰等方面，这是对闽南文化特质的误读。请问：难道闽北、闽中、闽西或内陆与中原文化就不具有这些"特质"吗？这些方面应该是闽南文化与普遍世界文化的共同内涵或精神，而非闽南文化的"特质"，闽南文化的特质并不在于这些精神内蕴，而在于承载这些精神内蕴的物质载体、生活方式和符号形式，如妈祖文化就其扶危济困、爱国爱乡等精神内蕴来讲并没有什么特质，其特质在于妈祖其人、其事、其文化生态和历史过程。闽南文化的特质不在于其内蕴，而在于其外显，这恰好表征了闽南文化就其本质来讲是普遍世界文化，就其物质和人文载体以及符号形式来看是有浓厚区域色彩的闽南区域文化。这是区域文化的一种普遍生态，即区域文化的特质主要不是从它的内在精神中搜寻，而是从它的外显形式中寻找。文化的精神是跨越时空的彼此通约的生命绵延，更具有普遍世界意蕴，文化精神的物质载体和符号形式是流变、具体、易碎和有差异的，从而更容易具有囿于一定时空的特质或区域性。

二　何谓闽南文化

那么，何谓闽南文化？依据闽南文化意义演进的工作世界基础和内外文化互构共生的历程，笔者对这个问题作如下尝试性解答。

（1）闽南文化是闽南内生文化和闽南外生文化的总体。闽南文化是发生于闽南人和闽南地的文化，是闽南人造化的生活世界和工作世界。闽南文化一部分局限于闽南人和闽南地，如闽南语；另一部分则既属于闽南人和闽南地，又超越了闽南人和闽南地走向世界、融入普遍世人的生活存在。闽南内生文化是发生于闽南人和闽南地的文化，而一旦发生，就不必只属于闽南人和闽南地了。闽南外生文化是进入、侵入、融入闽南并运行、传播、嬗变于闽南的发生于其他区域、人群和世界的文化，如闽南的儒道文化、天主教文化和各种科技文化。发生于闽南的闽南内生文化是闽南的原创文化；发生于闽南外界的闽南外生文化是闽南的同化文化（包括被动同化和主动同化），即它要同闽南风土人情相融合才能繁衍和运行，这就离不开与闽南人和闽南地的共同造化，这种造化的过程就是融入或嵌入闽南情愫、因子和风土的过程。不经历这样一个同化、融化或异质并存的过程，外生文化即使进入闽南也不能成为闽南文化，它只能是作为典籍尘封在那里，或者作为雕塑孤独地站在那里。而这种沉寂和孤独不只是一些闽南外生文化的境况，也是一些闽南内生文化的遭遇。但这种沉寂和孤独的质地大有不同，一些文化的沉寂和孤独是暂时被遮蔽、被埋没、被一些有势力的评判者有意地从明处投向暗处；一些文化的沉寂和孤独则是天性，即从它发生的那天起就注定了被尘封、被弃绝的结果，这不是命运，而是它本当如此、理应如此，因为它本身就失却了文化的现实生活质地和创造品位，只是一些历史复制、名人解释、神灵考证以及权贵、资本攀附，只是一些圈子里的吹捧、所谓名人的签章以及各种平台的提举和照应。一些所谓的文化一旦离开它金碧辉煌的庙宇或走下它赖以发迹的高台、平台，就会立刻骨肉离散，它甚至不能作为泥胎的塑像孤独地站在那里，甚至也不能作为尘封的典籍被摆在任何一个网下书店的橱窗和网上书店的阁楼。而文化的真正孤独者，虽然天天孤独地站在那里，没有香火和朝圣的人群，但其灵魂早已嵌入民间和江海，那沉寂的不过是其不断轮回的肉身。其必将成为一个神话，或已经成为一个神话，或早已是一个神话。"守得住寂寞，你就是一个圣者"，真正的有创造力的文化、作品，真正的有创造力的哲学、诗歌、艺术，真正的有创造力的生活、工作，都必经历一个孤独而沉寂的世界，而后破茧而出，或许，这才是命运。命运就是自我创造之命与天地造化之运的一次互构，命运是主体化世界（即文化世界）的造化之爱、之美、之孤独与沉寂。闽南妈祖文化、开漳圣王文化、蓝色文化、红色文化、土楼文化，等等，这些标志性文化无不是这样一种命运，无不是经历了这样一次沉寂与辉煌。而闽南文化作为一个现实文化世界，又蕴含、潜藏和渴求着多少尚未被标志的标志性文化！

（2）闽南文化的总体（即闽南文化存在）是生活世界文化，或者说，闽南文化是生活世界总体文化，是闽南主体与客体、主体与主体共同造化的生活世界，即人与人、自然和社会的关系。如开漳圣王文化、妈祖文化、土楼文化等古典闽南文化形态都是人与人、自然和社会关系的总体文化，都是生活世界总体文化。

（3）生活世界的总体意义来自工作世界的本体创造，但这一本体是持有总体生成意义上的本体，故不是本体论。闽南文化的本质是工作世界文化，或者说，闽南文化是工作世界本质意义文化，如开漳圣王文化的开漳建州、发展生产文化，土楼文化的土楼建筑、生态家园筑造文化，妈祖文化的渔业生产、出行海洋谋生文化，闽南红色文化的革命变革社会活动、建造未来共创共享和平等分配的工作世界共同体行动，等等，都具有强烈的工作世界、工作创造文化意蕴。

（4）闽南文化的结构是社会文化世界结构和主体化文化世界结构的统一。前者就是社会文化世界的社会基本矛盾结构，即生产力与生产关系、经济基础与上层建筑结构；后者就是主体化的工作力与工作关系的互构结构。闽南文化的主体化结构（即工作世界结构）构成闽南文化的社会结构并与之互构，闽南文化的主体化结构（即工作世界结构）是闽南文化意义的源泉或最根本的意义域。从根本上讲，闽南文化的一切意义皆由此而生、随此而去，而工作创造力是闽南文化意义的源泉，工作共同体关系是闽南文化生成与延展的根基，闽南文化随工作创造力的蓬勃而蓬勃、丧失而丧失；闽南文化随工作共同体关系的优化而优化、裂变而裂变。

（5）闽南文化精神实质、核心价值取向与道德伦理和审美原则就是生活世界总体原则和工作世界创造精神。

（6）闽南文化的边界在闽南人和闽南地那里，又不在闽南人和闽南地那里。有闽南生活世界和工作世界的地方就有闽南文化，即使是一个闽北人或北极人，只要他过着有闽南文化意蕴的生活，从事有闽南工作世界意蕴的工作，他就生活在闽南文化里，他就拥有闽南文化世界。因此，有闽南文化精神或主体的地方就有闽南文化存在，即使不是闽南人和闽南地。

（7）闽南文化的形态是无限意义域，历史文化与现实文化，红色文化与蓝色文化，黑色文化与白色文化，信仰文化与科技文化，官方文化与民间或民俗文化，生活文化与工作文化，城市文化与乡村文化，经济、政治、生态、社会、自然、人以及狭义的精神文化，等等，都是闽南文化的形态、形式、范式，闽南文化博大精深，具有不可穷尽的意义域、价值内核和存在空间。闽南文化的生活世界总体意蕴和工作世界本质意义结构，注定了闽南文化思想政治教育的实质是生活世界总体教育和工作世界本质意义教育，而不只是历史叙事，不只是信仰崇拜、亲缘攀附以及门第找寻的教育，更不是文化搭台、经济唱戏或政治唱戏的功利化、政治化的单面教育。

（8）闽南文化是闽南区域文化世界，也是普遍的世域文化存在。如妈祖文化盛行于闽南，也潜行于中国、世界；土楼文化发生于漳州，却贵为世界遗产，世界人民只在网络的图片或旅行的览胜中看了土楼一眼，便对其留下深刻印象。至于其他文化形态的道德内蕴和精神结构则更是与中国传统文化相契合，与社会主义核心价值观相映照，与当代世界文化相融通。特别是闽南外生文化，更是普遍世界文化与闽南地和闽南人的融合，其本身就是普遍世界或普遍人类文化。因此，把闽南文化归结为或言说成闽南区域文化是对闽南文化普遍的世域意义的消解和遮蔽，是把闽南文化装进了属人、属地的盒子。

一些学者从闽南文化的海洋性和闽南人走向世界的生态推出闽南文化的世界性，这是对文化世界性的一个误读、误解。文化的世界性一点也不用海洋性来衬托，也无须由一些走向世界的人来支撑，文化的世界性在于其普遍的生活世界意义和工作世界价值。如西藏文化远离海洋，也缺少走向世界的人物和群体，更缺少走向世界的经济、政治，布达拉宫始终站在那里，从不向世界移动半步。但西藏文化中的自然文化、生态文化、宗教文化等人文地理文化，都具有普遍的世界意义，都既是具有强烈区域色彩的区域文化，又是具有浓厚世界意义的世界文化。去西藏旅游观光的有世界性的人远比去闽南旅游观光的有世界性的人多得多。也就是说，一种文化的世界性或者一种走向世界的文化可以在这种文化离开原地走向世界中实现，也可以在这种文化不离开原地、坚守原地从而让世界走向这种文化中凸显，并不是说非得靠近海洋并有山岭阻隔的文化才有世界性。切不可把文化的世界性单纯地理解为离开原地到世界游走的文化，有些文化到世界去游走了，而且露脸了，只是混个脸熟，甚至仅仅是去了又回来了，连脸熟都没混出来。如媒体披露的一些国家级演艺界演员，靠官商资本的炒作和砸钱，也是跨过海洋到奥地利维也纳金色大厅去演唱，台下坐着的大多是排队演出的人，这种走出去的文化、这种文化的世界性只能是演完了就回来了，甚至都没混个脸熟。文化的世界性并不是仅仅跨越地域，走向世界的空间，而是融入普遍世界的存在和进入普遍人们的灵魂。有些文化虽然走进了维也纳的金色大厅或法国的巴黎剧院，但仍然不具有世界性，甚至都不具有一个国家、一个省、一个市、一个县的地域性，仅仅是圈子里的炒作或资本与权贵的吹捧，有些文化伫立于原地却会得到世人的瞩目、万民的敬仰和朝拜。

（9）闽南文化与闽南区域文化是同一个概念。这就意味着闽南文化是闽南区域文化，同时也是普遍世界文化，没有纯粹的闽南区域文化，只有区域性相对凸显的闽南区域文化，如闽南语文化，只有闽南人和闽南地说闽南语，但它并不是纯粹的闽南区域文化。因为语言本身就是一个文化世界，而文化世界是一个意义世界，离开意义任何语言都不会存在。语言并不是文字、词语以及音节、发音的空壳或空音。语言的意义在于它的世界意义，或者说语言的意义就是世界的意义，包括生活世界和工作世界的意义，这些意义都是与这个语系之外的其他语系的生活世界和工作世界的意义一体化的，即每个区域特有的语言都是这个区域的，也是普遍世界的。否则它就不能在历史中留存和延展。因此，即使闽南区域之外的其他区域不说或不会说闽南语，闽南语也是涵盖或摄取了这些区域的生活世界意义的普遍世界文化。我们不能、不可依据闽南人说闽南语的话语方式就认定闽南语只是闽南区域文化。我们要把闽南语或任何语言文化置于文化世界总体特别是生活世界总体格局中才能抵达闽南语或语言文化的真谛。这正是文化哲学方法给我们的一个认知、理解和确认任何一种文化形式意义的真理，即生活世界总体方法和工作世界本质方法。

（10）闽南文化是一个动态过程，其内涵随着生活世界和工作世界意义的改变而改变、发展而发展、创新而创新，即不同时代、不同社会闽南文化具有不同的意义或内涵。现在的闽南文化与唐朝、宋朝、清朝的闽南文化已大不相同，今天的闽南文化与昨天的闽南文化大不相同，明天的闽南文化与今天的闽南文化大不相同。我们不能一提闽南文化就是那几句话、那几个定义、那几个范式、那几个形态，更不能把闽南文化固化在某几个历史文化形态上或抽象的属人、属地的概念界定上。我们要在历史的变迁中探究闽南文化内涵的变迁，在现实的流变中把持闽南文化意义的流变。特别是在技术、制度、精神以及人与世界的关系都发生了重大改变的今天，我们不可以继续用闽南文化的历史叙事和历史意蕴展现和解构今日的闽南文化内涵了。比如，我们不能一提闽南诗文化就是古代那几首平仄押韵的诗，不能一提闽南哲学文化就是古代那些理学、儒学。现代诗文化——包括闽南内生诗文化和外生诗文化潮起潮落、美艳绝伦，而我们还只抱着那几首古诗词不放，这不可悲吗？这不是没有诗性吗？现代哲学——包括闽南内生哲学和外生哲学风起云涌、思想林立，而我们还只沉迷于理学、儒学，这不可叹吗？这不是没有哲思吗？在挖掘闽南文化历史意蕴的同时，更要凸显闽南文化现代性的生态和意蕴。

最后，概言之，闽南文化是闽南人和闽南地的文化，亦是非闽南人和非闽南地的文化，其总体是生活世界文化，本质是工作世界文化，是闽南内生文化和外生文化的总和。也可把闽南内生文化称为狭义的闽南文化，把闽南内生文化和外生文化的总体称为广义的闽南文化，但不管是狭义的还是广义的闽南文化，都既是闽南区域文化也是普遍世界文化。任何一种区域文化只有具备普遍世界意义才能成为区域文化，任何一种普遍世界文化必须区域化才能成为普遍世界文化。闽南文化属于闽南地和闽南人，也属于闽南地和闽南人之外的普遍世界或普遍人们。闽南文化不因闽南人或闽南地的消失而消失，它可以离开闽南人的肉体而游走四方，它可以超越闽南地而潜入异地、异域。这不是拔高，更不是臆想，闽南文化的精神实体和物质实体遍布世界各地和各种人种的事实足以证实这一点。这种超越了有闽南人肉体依附的闽南文化，这种没有庙宇、研究院、研究所和标志性平台的闽南文化，是何等的文化？！是何等级的文化？！如此，关于闽南文化属人、属地的界说是何等狭隘！它把闽南文化的小宇宙装进了地域与人域的盒子！必须打开这个盒子，释放这无庙宇属地和肉体与人身依附的闽南文化！让闽南文化小宇宙在生活世界总体性和工作世界本质意义的光辉中不断爆发！让闽南文化思想政治教育的小宇宙不断爆发！这将是一种新的创世的美与爱！这不是某个人的事业，而是闽南人和普遍世界人们的共同担当。

三　闽南文化的当代价值

上述闽南文化的意义或意蕴问题属于闽南文化是什么的问题，那么，闽南文化对我们有什么用？这是闽南文化的价值问题，这里依据闽南文化的意义或意蕴简释闽南文化的当代价值结构，闽南文化的意义或意蕴已经预示了闽南文化的价值。闽南文化的当代价值结构是闽南文化价值的深层规定，主要指涉以下方面。

（1）生活世界总体价值。文化哲学的价值方法认为，文化世界的总体是生活世界，文化世界的价值亦是生活世界总体价值，而不是生活世界某个单面的规定。闽南文化的生活世界总体价值主要体现为两个方面。其一，闽南文化是经济、政治、精神、生态文化价值的总和，而不单是其中的某一个向度。闽南文化的经济价值主要表现为闽南文化可以促进当代经济的发展或带来经济效益，如人们常说的"文化搭台、经济唱戏"，就是利用文化的纽带作用或将文化注入、植入经济活动，从而使经济活动因为文化因子或文化能量而得到新的活力和获得更广阔的效益空间，如利用闽南文化的各种节日、集会、纪念活动等形式，进行商务洽谈、项目对接、技术与产品的销售等，从而带来可观的经济效益并拓展市场空间。再如，利用一些有影响力或标志性的历史文化发展旅游业，这是更为直接的文化经济或经济文化，妈祖文化旅游、土楼文化旅游、闽南红色文化旅游，等等，都是闽南文化所实现的旅游经济价值。闽南文化的政治价值是指闽南文化可以促进当代社会稳定以及两岸和平发展，这是由闽南文化的爱国爱乡、和谐包容精神以及闽台文化共同体关系决定的。闽南文化的精神价值主要体现为闽南文化的精神内蕴与当代世界人们精神追求的通约性，以及与社会主义核心价值观的契合性，这就能进一步丰盈和升华当代人的精神生活。闽南文化具有博大的精神内涵，其道德精神、义利并求精神、真善美信仰精神、公平正义精神、工作创造精神等精神向度，都既与当代普遍世界精神呼应，又与社会主义核心价值观照应。闽南文化的生态价值主要体现为闽南文化的敬畏自然、与自然和谐发展的生态理念，如土楼文化就内含丰富的生态伦理观念和思想。总之，闽南文化的生活世界总体价值凸显的是生活世界总体意义，而不是某种单纯的物化、经济化、功利化、政治化、精神化价值。其二，闽南文化是技术、制度、观念价值的总和。闽南蒙昧文化、野蛮文化、文明文化的发展历程，都依赖技术文化特别是工作技术文化，同时又受到占有、分配、交往关系的推动，这些关系构成各种文化制度，基于各种技术关系的各种制度关系又衍生了丰富的意识形态观念，这些技术、制度和观念构成文化世界的基本结构，推动闽南文化不断发展和创新。闽南文化的技术、制度和观念构成的生活世界总体价值，激励当代人要立足技术创新和工作创造追求当代技术、制度和观念文化的总体意义，而不是让我们复归它历史上的石器、陶器、铜器、铁器和船舶技术，更不是重回它历史上的那些家庭制度、家族关系以及各种儒道学术和迷信观念。

（2）工作世界本质价值。文化哲学方法论认为，文化世界的基础和核心是工作世界，工作世界是文化世界的价值核心。如前所述，闽南文化最初是工作世界意义上的文化，随着工作世界的进展，才有了生活世界总体意义，才有了生活世界空间和意义的不断拓展。闽南文化的工作世界本质价值与当代工作世界的融合发展生态主要体现两个方面。其一，闽南文化的工作世界本质意义激励当代人以工作世界和工作创造为价值核心建构生活世界或文化世界，戒除资本至上逻辑和权力中心思维，特别是坚决弃绝消费主义文化的消费价值观、伦理观以及消费美学。其二，闽南文化的工作世界本质价值直接体现为闽南文化自身的工作世界化，如关于闽南文化的研究、教育、学习、交流和践行，关于闽南文化的经济化、旅游产业化、文化产业化，等等，都是闽南文化工作世界价值的直接展现。

（3）区域文化价值与普遍世界文化价值的统一。文化哲学方法论认为，文化是主体与主体、区域与区域、区域与普遍世界互构的过程。闽南文化的历史演进亦表明，闽南文化是内生文化与外生文化共同造化的过程，没有纯粹的完全的闽南区域文化和原创文化。闽南文化的意义是闽南区域文化和普遍世界文化的统一，闽南文化的价值亦是闽南区域文化价值与普遍世界文化价值的统一，闽南文化不仅适用于当代闽南人和闽南地，也适用于普遍世界或普遍人们。

上述闽南文化的当代价值结构是闽南文化价值总体程度和本质层次的体现，闽南文化的价值还有更为广阔的具体的价值域。切不可一提闽南文化的价值就是那几个精神向度或具体文化形态或文化搭台、经济唱戏的功利，要把闽南文化的当代价值置于生活世界总体和工作世界本质价值结构的框架中理解，才能使闽南文化的价值在当代人的生活和工作中丰厚、深广、绵延和明亮起来，才能使闽南文化的价值不仅展现闽南区域存在的意义，更能彰显普遍世界的价值。

第三节　闽南文化思想政治教育概念

现实世界是文化世界，人的存在是文化世界存在，人的本质是创造文化的工作世界或工作活动。思想政治教育是对人的教育，是人的存在与本质的教育，是文化世界教育，其总体是生活世界文化教育，本质是工作世界文化教育。因此，要将思想政治教育置于文化世界的视野中进行，而区域文化构成文化世界的重要向度，也构成人的存在与本质的重要向度。闽南文化思想政治教育就是这种文化世界思想政治教育的重要形态。

一　闽南文化思想政治教育概念的提出

闽南文化思想政治教育概念的提出首先是受闽南文化思想政治教育历史的激发。历史上中国社会、民间、家庭和学校就有利用闽南文化进行思想政治教育的传统。下面以妈祖文化思想政治教育的历史范例来说明这一点。历代帝王出于政治教化和经济需要，累封妈祖为夫人、天妃、天后等，修建妈祖庙宇彰显妈祖神迹，以凝聚妈祖信众对政府的向心力，让信众在崇敬之中，感悟与培养妈祖救世的道德情操。基于民间与政府的共同信仰和共同认知，政府运用民间信仰凝聚社会、安定民心。这些都彰显了妈祖文化的教化作用。从官方视角看，宋朝可谓妈祖文化思想政治教育的历史发端。宋徽宗对妈祖首次封号，这起因于北宋末高丽国王俣病死，其子继位，派使者来宋告哀，使者在途中遇险，妈祖显灵相救。他将妈祖显灵护佑一事上奏朝廷，宋徽宗赐匾"顺济"于莆田圣墩庙，开了官方妈祖信仰之先河，对民间信仰起了巨大的推动作用。明代典籍《三教搜神大全·天妃娘娘》把妈祖列入道教诸神之中，把妈祖的舆从车仗，直接与道教尊神西王母相提并论。明代典籍《太上老君说天妃救苦灵验经》中，又把妈祖誉为"北斗降身，三界显迹，巨海通灵，神通变化"，这些典籍把妈祖逐渐纳入神仙谱系，提升了妈祖的神性形象。特别是元代"修佛事"的记录比比皆是。元黄渊《圣墩顺济祖庙新建蕃厘殿记》记载："湄洲故家有祠，即姑射神人之处子也。泉南、楚越、淮浙、川峡、海岛，在奉尝，即普陀大士之千亿化身也。"第一次赋予妈祖佛教中观音之角色。元代兼容并重的宗教政策，为妈祖文化与佛教文化的结合造就了机缘。明代《三教搜神大全·天妃娘娘》中就有不少佛典故事。清光绪年间的《天后圣母幽明普度真经》堪称妈祖文化思想政治教育的经典著作，该书在宣传儒家道德规范的同时，也反映了妈祖文化与儒文化结合方面的一些基本思想。该书针对清末的政治腐败和危机，尤其是鸦片战争后的列强入侵，提出"救民保国""报国捐躯"的口号，这与妈祖文化中的爱国爱乡和扶危济困精神是一致的。该书认为只有孝敬双亲、尊敬长辈、爱老扶幼、矜孤恤寡、谦良恭让，才算达到道德的标准。在妈祖传说中，"伏机救父"的故事，也正是突出"孝"德这一主题。上述事例表明，历史上统治者利用封号、庙宇、著述以及宗教政策等形式对民众进行妈祖文化思想政治教育。

妈祖及其事迹的传说是民间利用妈祖文化进行自我教育的主要形式。如民间传说妈祖母亲梦中吃了南海观音的"优钵花"而怀孕。再如，《七修夹稿》中云："舟将覆矣，举船大呼天妃，但见火光烛船，船即少宁，明日有粉蝶绕舟飞，不去。黄雀立柁楼食米，顷刻风又作，舟行如飞，彻晓至闽，午后入定海也，神实不可掩也。"类似故事太多，大都说明妈祖显灵的先兆有"红灯""红火""神鸟""黄雀""粉蝶"等，这些都与观音显身大有相似之处，因此，有人称妈祖为"南海女神"。各种妈祖传说激励人们信奉和尊崇妈祖，而这种信仰的实质就是对妈祖这种道德精神实体的信仰。历史上，除了妈祖文化思想政治教育形态外，闽南社会、政府和民间还利用关帝文化、开漳圣王文化等信仰文化进行思想政治教育，即利用闽南文化进行思想政治教育是国家和闽南社会的历史传统，并起到了应有的教化作用，稳定了社会，充实了人们的精神生活，激发了人们的生活热情和工作创造动力。

闽南文化思想政治教育概念的提出除了源于历史传统外，还是对闽南文化教育实践的呼应和建构。改革开放以来，随着闽南文化传播范围的扩展和影响力的提升，闽南文化教育也兴盛起来。仅从福建高校教育层面看就显现出色彩纷呈的闽南文化教育态势。闽南师范大学于1994年成立闽南文化研究所，2003 年该所更名为闽台文化研究所。学校开设多门闽南文化教育选修课，如"闽南田野文化调查""闽南歌仔戏研究""闽南与台湾民间信仰"等。其中，"闽南与台湾民间信仰"为选修重点课程。该课程宣介在闽南和台湾影响较大的妈祖、保生大帝、关帝、清水祖师等神明以及女神、水神、灶神、医药神等饶有趣味的故事和民间传说。这些课程是了解闽南和台湾社会以及中国传统文化的一个重要窗口，受到学生们的欢迎。1994 年，福建师范大学成立闽台文化研究所，1998 年成立台湾研究中心，并设立多门闽台文化课程，主要有"福建史专题""福建历史与文化""台湾法概论""台湾历史与文化"等。其中"台湾历史与文化"为国家精品课程，本课程还录制了供网络教学平台使用的网络课程"台湾历史与文化专题"，并于 2003 年春季开始正式进行网络教学。福建广播电视大学于 1999 年成立了闽文化研究所，从事闽台政治、经济、文化、教育等多方面的研究及开展有关涉台课程教学调研。其漳州分校漳州广播电视大学开放教育经济类本科学生开设了"闽台经济与文化"课程，为开放教育文科类本科学生开设了"闽台区域文化"课程，与在专科开设的"闽文化概论"课程对接。同时，漳州广播电视大学在"电大在线"上设立了这两门课的网页，网上进行辅导及答疑并提供模拟试题及参考答案，布置日常作业并进行作业指导。这两门课程亦立项设为精品课程。莆田学院则特别开设了"妈祖文化教育"选修课，举办妈祖文化专题知识讲座等活动。厦门大学开设的"闽台经济与文化"课程是经济类各专业的选修课程，课程包括经济篇和文化篇两部分内容。经济篇系统地介绍了古代及近现代闽台经济关系，分析、阐述了当代闽东南地区及福建内陆地区对台经济关系；文化篇系统地介绍了闽台宗教关系、民俗渊源、民间信仰源流、建筑交融、文学交流及闽台艺术互动等。

福建各大高校长期以来高度重视开展以闽南文化为重要内容和内蕴的闽台文化研究和教育，开设了形式丰富的闽台文化课程，使得闽南文化教育得到前所未有的发展。这就需要闽南文化教育特别是闽南文化思想政治教育的理论研究，为闽南文化教育实践把脉，提供导向，从而助推其进一步繁荣发展。但是，与闽南文化教育实践的发展和兴盛相比，闽南文化教育特别是闽南文化思想政治教育的研究却相对滞后、成果稀少，只是近年才产出一些研究闽南文化思想政治教育的成果。闽南文化思想政治教育概念的提出是闽南文化教育实践的激发以及闽南文化思想政治教育实践和研究缺失的召唤，也是对闽南文化理论研究的拓展和充盈。

首先，重视闽南文化教育不等于重视闽南文化思想政治教育，这是两个相关而不同的概念。逻辑地看，闽南文化教育应该包括闽南文化的历史叙事教育和思想政治教育，但现实地或描述地看，闽南文化教育主要是文化的历史叙事教育。闽南文化想政治教育是基于闽南文化历史教育的闽南文化世界观、价值观、道德观等方面的教育。从上述高校闽南文化课程设置和教育状况看，闽南文化教育主要是闽南文化的历史叙事教育以及闽南文化与经济、政治、文化、社会的对接教育，而对人的世界观、价值观、道德观、人生观等方面的思想政治教育则被这种历史文化教育遮蔽了，这恐怕就是闽南文化教育实践的一个重要缺陷，这样就会导致学生只知道历史文化知识，而不知这种文化的精神内核和价值旨归，这样就会导致闽南文化教育失去价值轴心，沦为一般的历史叙事。如一份关于福建高校的妈祖文化教育的调查报告显示，大多数受教育者对妈祖文化的认知只停滞于"妈祖文化是中国传统文化的重要组成部分"和"妈祖文化是大陆与台湾相联系的精神纽带"，以及一些妈祖文化的历史故事和知识方面，而不知道"妈祖文化是建构新道德新价值体系的重要文化资源"，"妈祖文化的核心是立德、行善、仁爱、和平"。① 这表明妈祖文化教育中以世界观、价值观、道德观和人生观为核心的思想政治教育以及学生对妈祖文化精神内蕴认知的缺失。这不得不说与妈祖文化思想政治教育的研究缺失有重要关联。

其次，重视闽南文化教育，不等于重视闽南文化思想政治教育研究。如闽南师范大学闽南文化研究院的研究方向主要是闽南家族文化、东南海疆文化、闽南方言文化、闽南民间信仰等，福建师范大学闽台区域研究中心研究方向主要有闽台区域历史与文化、台湾基督教文化、闽台佛教文化源流初探等。这些研究方向都没有涉及闽南文化教育特别是闽南文化思想

---

① 李倩：《妈祖文化的思想政治教育资源及其现代转化路径研究》，闽南师范大学硕士学位论文，2014。

政治教育方向。再以妈祖文化为例，妈祖文化思想政治教育的研究与妈祖文化教育实践就形成明显的反差。有学校虽然开设了妈祖文化课程，进行妈祖文化教育，有学校虽然在开设的闽南文化课程中内含了妈祖文化教育，即现实当中已有丰富的妈祖文化教育实践，包括学校的教育和社会的教育，但长期以来，学界对妈祖文化的研究主要是历史文化学的研究，即主要围绕着妈祖文化的历史、内涵和当代价值进行研究，在网络上几乎搜索不到关于妈祖文化教育研究的文论，更没有关于妈祖文化思想政治教育或妈祖文化思想政治教育资源现代转化研究的文论，即妈祖文化教育特别是妈祖文化思想政治教育问题被学界忽略了。传承、传播、发扬妈祖文化，实现妈祖文化的当代价值，都离不开妈祖文化教育，更离不开妈祖文化思想政治教育及其研究。同样，整个闽南文化教育实践都离不开闽南文化思想政治教育及其研究，否则就会出现偏离文化价值轴心的倾向。

最后，学界对闽南文化的研究主要集中于闽南文化的历史叙事和精神解构，并在这种研究中对闽南文化的道德精神也有所涉猎，这些都为本研究提供了资料和借鉴。但学界尚未提出和阐明总体的闽南文化思想政治教育概念以及意义和结构，更未涉猎闽南文化思想政治教育资源现代转化这一话题，近几年虽产出一些从总体上和具体形式上探讨闽南文化思想政治教育资源或价值的文论，但对闽南文化思想政治教育的概念特别是其资源结构和精神本蕴，尚缺乏足够的考察和充分的探究。这种局限就为本研究提供了进一步探讨的契机。要重视闽南文化教育，更要重视闽南文化思想政治教育，还要重视闽南文化思想政治教育研究，这样，三者才能相得益彰，闽南文化教育才能获得价值轴心的支撑和教育本体的光辉。

综上所述，闽南文化思想政治教育概念的提出，是闽南文化思想政治教育的历史传统的接续，是现实中闽南文化教育实践的激发，是现实中闽南文化思想政治教育实践和研究缺失的召唤和诱致。

二 闽南文化思想政治教育的意蕴

闽南文化思想政治教育概念的提出，是闽南文化教育实践的激发，是闽南文化思想政治教育研究缺失的召唤与诱致。闽南文化思想政治教育就是一定的教育主体利用闽南文化的思想政治教育资源，对一定的受教者主体进行教育的教育实践活动。这里所说的闽南文化教育主体可以是闽南文化风土中的教育主体，也可以是闽南文化风土之外的教育主体，包括学校、社会、民间等多重主体。闽南文化的思想政治教育资源简称闽南文化思想政治教育资源，主要包括闽南文化的世界观、价值观、道德观、人生观等思想观念的精神资源以及承载这些精神和观念的载体资源，其中生活世界总体精神和工作世界创造精神是闽南文化思想政治教育资源的根本精神。闽南文化思想政治教育资源现代转化就是以马克思主义为导向，将闽南文化思想政治教育资源转化为现代思想政治教育的内容的教育实践活动。闽南文化思想政治教育的基本内涵包括以下六个方面。

其一，闽南文化思想政治教育的总体是生活世界总体教育。闽南文化是人与人、自然和社会关系的总体，这些总体就是生活世界的总体，是物质与精神、技术与人文、制度与观念、社会生活与日常生活、信仰生活与现实生活的总体。这个总体不仅是整个闽南文化的总体，也是每个闽南文化具体形态的总体。文化就是主体化，主体化就是主体化的生活世界。因此，闽南文化思想政治教育以及任何一种具体形态的闽南文化思想政治教育，如开漳圣王文化、妈祖文化思想政治教育，都不只是单面的神灵信仰教育或圣王崇拜教育，也不只是单面的精神或道德教育，更不是单面的物质教育或技术、技艺教育，而是生活世界总体性教育。这种生活世界总体性笔者在第一章已通过马克思的生活世界总体观作了较为详尽的阐释，这里不再赘述。

其二，闽南文化思想政治教育的本质是工作世界本质意义教育。如前所述，民众的工作活动创造生活世界或文化世界。工作世界是文化世界或生活世界的基础和核心，闽南文化中无论是海商文化、开漳圣王文化、妈祖文化等历史文化还是现代红色文化以及经济、政治、社会文化，都是以工作世界、工作创造精神为价值核心，这一点在后面的研究中还会有更为具体的阐释。因此，工作创造、工作创世价值与精神的教育就是闽南文化思想政治教育的核心价值取向。闽南文化的世界观、价值观、道德观、人生观教育都是以这种工作创造精神教育为本蕴的。

其三，闽南文化思想政治教育的基本内容是蕴含在闽南文化中的世界观、价值观、道德观、人生观等思想观念和精神能量教育。而这些内容都是蕴含在闽南文化的具体形态和载体当中，因此，闽南文化思想政治教育的内容也包括闽南文化的历史叙事、历史形态和载体教育，但历史叙事教育只是思想政治教育的一个载体、语境或材料，其价值轴心是思想政治教育，是生活世界总体和工作世界本质意义教育。

其四，闽南文化的普遍世界意义注定了闽南文化思想政治教育的主体是闽南文化风土中的教育主体，也是其他文化风土中的教育主体，包括学校、社会、家庭、民间等多重主体，即闽南文化思想政治教育不仅适用于闽南地和闽南人，也适用于非闽南地和非闽南人。

其五，闽南文化思想政治教育是闽南文化思想政治教育资源的现代转化，这种转化可归结为十个向度。①导向转化，即以马克思主义为导向，汲取闽南文化精华，剔除其糟粕。②话语转化，即将闽南文化的历史叙事话语、民间零散话语转化成思想政治教育学的学术话语、理论话语、理性话语以及教育教学话语。闽南文化思想政治教育及其研究不能照搬闽南文化的原生态话语或历史话语，要对其进行改造，使其成为现代的理论化、通俗化的教育话语体系，特别是要把历史文化的话语体系转化成现代文化和思想政治教育的话语体系。历史学的历史话语与思想政治教育学的教育话语是两套不同的话语体系。因此，不能用历史学的历史叙事方法来审视闽南文化思想政治教育研究和实践，后者是一个比前者更有难度和高度的历史文化主体化的创生过程。③融合转化，即要把闽南文化的思想政治教育资源同优秀传统文化以及外国先进文化和世界前沿文化相链接和融合，使它们互相比较、互相审视、互相补充，使其呈现古典和现代性的双重意义。④挖掘转化，即闽南文化思想政治教育资源或内容不是现成地摆在那里，而是蕴含在闽南文化的各种形态和载体中，这就需要挖掘，即挖掘闽南文化的精神结构和道德、价值内蕴，并使之系统化、理论化。⑤多主体转化，即学校、社会、民间、政府、社团、研究机构和研究平台都是闽南文化思想政治教育的转化者。⑥多观念内容转化，即闽南文化中的世界观、价值观、道德观、人生观、审美观以及平等观、正义观、自由观、和谐观、创新观等有生活世界意义和工作世界创生精神的思想观念都可以转化为闽南文化思想政治教育的内容。⑦多形式转化，即课堂、讲座、实践、文学、音乐、美术、网络媒体等都是闽南文化思想政治教育的转化形式。⑧多课程转化，即思想政治理论课、闽南文化课以及其他人文课都可以利用闽南文化的思想政治教育资源对学生进行教育。⑨多学科转化，即哲学、文学、教育学、马克思主义理论、历史学、法学、社会学等哲学社会科学和人文科学都可从本学科视角挖掘闽南文化的教育资源，为思想政治教育提供支持。⑩多载体转化，即闽南文化物质载体和精神载体的转化，如有关闽南文化的庙宇、博物馆、文化馆、影视、旅游景点及其设施以及文化产业及其生产的产品，都具有将闽南文化的思想政治教育资源转化为人们精神能量的效应。以上这些转化形式将在后面章节进一步论及，这里不再具体展开。

其六，闽南文化思想政治教育的基本形态多种多样，包括开漳圣王文化、闽南海洋文化、妈祖文化等历史文化形态的教育以及现实的经济、政治、社会文化教育，包括哲学、宗教、艺术等意识形态文化和民间文化或民俗文化的教育，以及物质文化与精神文化、红色文化与宗教信仰文化等方面的教育。

从上述闽南文化思想政治教育的基本内涵看，闽南文化思想政治教育与思想政治教育是两个相关而不同的概念，二者是双向互动的关系。这里说的思想政治教育在相对区域文化思想政治教育范畴时也可称为一般思想政治教育。学界对思想政治教育的一个具有共识性的界定就是：思想政治教育是社会或社会群体用一定的思想观念、政治观点、道德规范，对其成员施加有目的、有计划、有组织的影响，使他们形成符合一定社会所要求的思想品德的社会实践活动。这个概念实际上只是突出了思想政治教育的观念内容，并没有揭示其教育意蕴。因此，这里首先给思想政治教育下一个定义：思想政治教育是一定教育者主体对受教育者主体进行如何做人、如何处事的教育。从教育内容看，思想政治教育包括世界观、价值观、人本观、道德观、幸福观、快乐观、消费观、生命观、情爱观等各种思想政治观念的教育，其本质或核心是生活世界总体和工作世界本质意义的教育；从教育方式、方法上看，思想政治教育是以教育者为主导的教育者主体与受教育者主体对思想政治教育客观知识体系以及现实生活和工作世界的主体间性的共同认知、理解、体验和建构，而不只是传授、接受客观知识体系，即主体化教育方式、方法是思想政治教育的基本方式、方法。思想政治教育是这种教育内容与教育方法的统一。我们的思想政治教育是马克思主义思想政治教育，马克思主义思想政治教育是马克思主义的思想政治教育内容——如马克思主义世界观、价值观、人本观、道德观等内容——与主体化教育方式、方法的统一，也包括以马克思主义为主导，将文化世界的各种思想政治教育资源转化为现代思想政治教育内容的教育，即文化思想政治教育。因此，闽南文化思想政治教育是一般思想政治教育或马克思主义思想政治教育的具体化、区域化、文化化，是对一般思想政治教育领域和内容的拓展。闽南文化蕴含着独特的思想政治教育资源，包括世界观、人生观、价值观、道德观、生命观等内容，与一般思想政治教育的世界观、人生观、政治观、道德观既具有一致性，又具有差异性。闽南文化思想政治教育具有闽南文化的区域特性，如历史叙事性、载体性、显性教育和隐性教育的交错性和互补性，这些都区别于一般思想政治教育。一般思想政治教育或马克思主义思想政治教育为闽南文化思想政治教育提供导向，闽南文化思想政治教育要吸纳一般思想政治教育的一些规范和先进理念，才能科学发展并具有当代的适用性。闽南文化思想政治教育与一般思想政治教育的方式、方法都是以教育者为主导的教育者主体与受教育者主体对思想政治教育客观知识体系以及现实生活和工作世界的主体间性的共同认知、理解、体验和建构方式、方法，即主体化教育方法，而不只是客观知识体系的灌输和复制。闽南文化思想政治教育与一般思想政治教育的实质或核心都是生活世界总体和工作世界本质意义的教育。

闽南文化思想政治教育不同于闽南文化教育。前者的核心是闽南文化中的世界观、人生观、价值观、道德观等观念意识和精神能量的教育，后者是闽南文化的历史原典或现实生态的历史叙事或现实描述教育。如闽南舞蹈教育是闽南舞蹈的技艺、风格和精神的总体教育，受教育的舞蹈班的学生主要是掌握闽南舞蹈的技法，学会身体的舞蹈，当然也包括对闽南舞蹈精神内蕴的把握。而闽南舞蹈思想政治教育则主要指向闽南舞蹈所蕴含的生活世界意义特别是工作世界价值取向，而对非舞蹈班学生的闽南舞蹈文化教育则只是闽南舞蹈思想政治教育，并不要求他们掌握舞蹈技法。逻辑地看，闽南文化教育包括闽南文化思想政治教育；但描述地看，即从闽南文化教育的现实生态看，闽南文化教育主要是闽南文化的历史叙事教育，遗漏了闽南文化思想政治教育，这一点前面已经论及。而即使逻辑和现实中闽南文化教育都包含了闽南文化思想政治教育，也有必要把闽南文化思想政治教育概念从闽南文化教育概念中凸显出来，作为一个相对独立的概念，以示它的独特性和价值意义，以表明它与闽南文化教育概念的不同，特别是与闽南文化历史叙事教育的不同。而在研究上有了独立的概念，就会引导、引发或诱致现实的闽南文化教育，一方面在历史叙事中重视闽南文化思想政治教育，另一方面将闽南文化思想政治教育对象推广、拓展到诸如"闽南文化研究所""闽南文化研究院""闽台文化班"之外的无限广阔的存在主体，包括普遍的学生主体和社会、民间公众主体。闽南文化教育是有限和狭窄的，一般针对特定的群体和对象；而闽南文化思想政治教育具有无限的普遍的存在主体和对象，当然首要的还是闽南文化风土中的存在主体。

闽南文化思想政治教育是区域文化思想政治教育，也是普遍的文化思想政治教育。闽南文化思想政治教育是文化思想政治教育的具体化、区域化。文化思想政治教育是思想政治教育的基本范式，是将思想政治教育置于文化世界的格局和视野中，利用文化世界的思想政治教育资源所进行的思想政治教育。区域文化思想政治教育就是利用区域文化的思想政治教育资源进行的思想政治教育。闽南文化思想政治教育研究和实践为文化思想政治教育和区域文化思想政治教育研究和实践开辟具体的道路，并在普遍的道德内蕴和精神结构的教育意义上实现与文化思想政治教育和各种区域文化思想政治教育的贯通、融合和同化。

第四节 闽南文化思想政治教育的方式与价值

教育方式是教育内容与教育方法的统一。闽南文化思想政治教育的基本方式是历史叙事方式、现实描述方式与现代转化方式的统一。闽南文化思想政治教育的价值是生活世界总体价值和工作世界本质价值的统一，是闽南区域思想政治教育价值与普遍世界思想政治教育价值的统一，它不仅适用于闽南区域，还适用于普遍世界或普遍人们。

一　闽南文化思想政治教育的方式

闽南文化思想政治教育的基本方式是历史叙事方式、现实描述方式与现代转化方式的统一，它内含了上述十种转化方式，但又不同于转化方式，比转化方式具有更多的规定性，它是闽南文化思想政治教育的教育内容与教育方法的统一。历史叙事是闽南文化历史知识、历史典籍、历史源流与嬗变的教育，是闽南历史文化思想政治教育的前提；现实描述是对闽南文化的现实生态进行描述，是闽南现实文化思想政治教育的依托；现代转化是在历史叙事和现实描述的基础上通过各种方式挖掘、凝练、解构和建构闽南文化思想政治教育资源并将其付诸思想政治教育实践，是闽南文化的道德内蕴与精神结构的教育，是以马克思主义为导向对闽南文化的历史原典剔除其糟粕和烦琐形式、取其精华的过程，是闽南文化历史叙事教育的升华与价值旨归，是闽南文化思想政治教育的根本方式。

闽南文化思想政治教育的历史叙事不同于闽南文化历史学的历史叙事。前者瞩目的主要是闽南历史文化的源流、嬗变逻辑、进展规律、演变动能、范式生态以及内在的精神结构等方面，它不是面面俱到的叙说和喋喋不休的故事讲述以及挖坟掘墓式的考古，而是客观历史知识的主体化过程，是一种对历史文化知识的主体化认知、理解、体验、选择和建构；它顾及的不是历史感，而是历史逻辑；它在乎的不是历史顺序，而是历史范式；它沉迷的不是历史文化的趣味，更不是权贵的显赫、名人的荣光与资本的豪华，而是其普遍的存在意义、思想观念和精神光辉。

闽南文化思想政治教育的现实描述指向的主要不是闽南文化的现实事件和具体事情，更不是文学叙事，而是理性化、哲学化的解构性描述，即解构闽南文化现实世界的总体、本质、范式、价值与劣根以及演进路向等方面，而文学叙事或各种表达形式的现实翻版不过是这种解构性描述的铺垫、材料或插曲，离开解构性描述，各种叙事和翻版就失却了现实的品格、文化的内蕴、学术的本意、艺术的审美以及应用的价值。因此，闽南文化思想政治教育的现实描述不是由历史学者、文艺学者、新闻媒体学者完成，而是由持有马克思主义文化哲学方法的哲学学者和思想政治教育学者及其教育应用者完成。

闽南文化思想政治教育现代转化这一根本方式以历史叙事和现实描述为前提。为什么要转化呢？首先，因为教育特别是思想政治教育不只是客观知识体系的复制、复述过程，更是对客观知识、客观世界的理解、体验和建构过程，如此，就需要主体化的转化，或者说转化就是把已有的知识、资源、客体造化成主体化的生活世界和精神能量。其次，闽南文化蕴含丰富的真善美文化资源，又包藏假恶丑以及封建迷信和各种劣根，这就需要转化，即以马克思主义为导向，对其进行优化制作，剔除糟粕、取其精华，并暴露其缺陷，批判其劣根，消解其负能量。最后，闽南文化思想政治教育资源需要与现代文化融合，需要话语转换和思想与精神内蕴的现代性链接，这些都需要研究者、教育者和学习应用者的主体化转化、造化，即闽南文化思想政治教育资源不可能现成地摆在那里，不可能随手拈来送给别人，那样只能是落后的特别是缺少现代性的闽南文化教育。那么，怎样转化呢？这一点已在上面论及了十个方面。

闽南文化思想政治教育的基本方法是主体化方法，即教育主体融合自身的存在境遇对闽南文化思想政治教育资源的认知、确认、体验、理解、建构方式，而不只是对已有知识、观念和精神的传播和传授。而这一主体化方法是多重主体的主体化，包括学校主体、社会主体、民间主体等方面。闽南文化思想政治教育的具体方法包括讲授式、启发式、情景式、体验式、实践式等方面，这些将在后面的章节中具体论及。

二　闽南文化思想政治教育的价值

这里，闽南文化思想政治教育的价值与闽南文化的思想政治教育价值是两个不同概念。前者是指将闽南文化思想政治教育资源转化为现代教育实践所产生的有效性、功利性和文化生存意义。后者是指闽南文化所蕴含的思想政治教育资源，包括闽南文化所蕴含的世界观、价值观、人生观、道德观等方面，是闽南文化思想政治教育的价值内容，需要闽南文化思想政治教育的现代转化才能实现其效益、效应，即闽南文化的思想政治教育价值就是闽南文化的思想政治教育资源，反之亦然。这些具体的资源或价值是一个流变的内容体系和结构，将在后文闽南文化思想政治教育的内容结构以及闽南文化思想政治教育发端、精神内核以及标志形态中不断地挖掘和展现。闽南文化思想政治教育的价值亦是一个无限的意义域，这里主要归结为以下方面。

（1）生活世界总体存在和工作世界本质教育价值。如前所述，人的存在是生活世界总体意义，本质是工作世界意义。闽南文化的总体是生活世界文化，本质是工作世界文化。闽南文化追求人与人、自然和社会的和谐关系，这是对生活世界总体意义的追求，而这些关系都是人造化出来的，是人与人、自然和社会的共同体造化，这种造化的过程就是工作活动、工作创造的过程。闽南文化有强烈的工作创造、工作创世精神。闽南文化思想政治教育就是使受教育者认知、持有和追求生活世界总体意义和工作世界本质结构，并以此作为价值、伦理和审美的根本原则，从而创造和捕获生活世界总体存在和工作世界本质意义。

（2）道德教化价值。道德精神是闽南文化的精神内核，道德教育是闽南文化思想政治教育的精神内核。闽南文化追求人与人、自然和社会的总体关系，必然要遵循道德伦理原则，因此，造化生活世界和工作世界的过程亦是造化道德伦理关系的过程，而最根本的道德精神就是工作创造精神。如闽南文化中的理学和儒学教育直接就是道德教化。朱熹使闽南地区成为"朱子过化"之地和理学传播的重要区域。朱熹主张"居敬、力行"的"格物致知"。有"小朱子"之称的真德秀主张"天人合一"，认为天心即民心，上天之视听即民之视听，而民心的向背也即天心的向背。而陈淳从理生气、气化生万物出发，认为由理气结合而产生的"心"天然地具有道心、人心两种性质，当以"存天理，灭人欲"作为修心养性之道。儒学学者黄道周上承孔孟礼教，又以程朱理学为旨归。儒学及理学的伦理思想渗透于闽南的社会、家族组织之中，内化为一般人的集体意识，对他们的人格心理结构、价值取向及行为模式产生了深远的影响。当今这些闽南道德文化教育都具有一定的日常生活性和社会存在性，会使受教育者在马克思主义道德观主导下受到传统道德观的熏陶和感染，完善自己的人格修养。

闽南文化除了儒学、理学的道德能量外，尚有开漳圣王文化、妈祖文化、海洋文化等历史文化形态的道德精神特别是工作创世、工作创造精神，这是闽南文化的根本道德精神，是一种创造力意义上的道德和人格，而创造力意义上的道德和人格是道德的本蕴所在，这一点将在后边的研究中再具体阐明。可以说，闽南道德文化教育是一个相对完整的道德教育体系，它不仅诉诸一般的道德精神，更追求生活世界总体意义和工作创造精神；不仅重视日常生活道德教育，更重视社会道德伦理教育。

（3）群体意识和爱国情感教育价值。中原汉民移居闽南时，大多是整个家族一起移入，在定居闽南时，也采取聚族而居的生产方式。他们入闽后，又往往遇到当地土著的顽强抵抗，同时不同宗族的北方移民在争夺生存空间和利益时也经常发生激烈的冲突。因此，入闽后的汉民大多聚族而居，依赖家族的力量来求得生存和发展，家族制度也较中原地区更加严密和完善。闽南民众能够在恶劣的地理环境中生存和发展，依靠的就是这种群体意识和群体力量。这种群体意识使他们团结在一起，战胜各种困难。这种群体文化教育一方面可以使闽南区域主体面对激烈的竞争和外来文化的冲击时能牢牢地团结在一起，另一方面也有助于培养他们爱国爱家的思想情感。

（4）意志与信念教育价值。闽南地区历史上远离中国的交通和经济中心，同时又有面临大海的自然优势，这就养成闽南人开拓、拼搏、包容的海洋品格。闽南语歌曲《爱拼才会赢》中的"三分天注定，七分靠打拼"这句歌词是闽南人生存意志和人生信念的最好写照。从宋代泉州的"东方第一大港"到当今的世界鞋服"加工厂"，是闽南人爱拼敢赢的生存意志和生活信念的历史与现实展现。海外探险，开荒拓殖，更是闽南人冒险开拓的进取意志和信念的表现。闽南文化中的这种生存意志和生活信念文化，在信念相对缺失、意志相对薄弱的生存境况下，对于广大民众特别是学校学生的生存意志和生活信念教育有重要价值和现实的针对性。

（5）审美教育价值。从物质文化资源看，闽南地区的自然景观、生活环境和生产生活用品中的文化因素以及建筑文化、艺术文化、宗教信仰文化异彩纷呈。厦门鼓浪屿建筑有"万国建筑博览会"之称，泉州有"泉南佛国""世界宗教博览馆"的声誉。土楼群、妈祖神庙、惠安女服饰等文化都具有审美感。南音、北管、歌仔、闽南语歌曲、高甲戏、傀儡戏、布袋戏、锦歌、方言说书、月琴弹唱、拍胸舞、贡球舞、大鼓凉伞、蜈蚣阵、宋江阵、鼓吹阵、高跷阵、德化瓷、石雕、漆线雕、绣珠、彩扎、泥塑、面塑、木偶雕刻、剪绒绣等艺术文化都具有古典美和现代美的双重审美意义。这些艺术文化大多是闽南人的原生文化，是闽南人的工作创造和艺术生活。这些闽南艺术文化的思想政治教育价值就在于能唤醒人们的生活审美情感和工作创造审美价值。而这种教育又不仅局限于学校教育主体，它通过各种载体潜移默化地实现了社会化、大众化的教育意义。

（6）闽台情感教育价值。闽南与台湾关系密切，历来交往频繁，闽南人民移居台湾是中国移民史的重要环节。早在3000多年前，就有闽南先民用竹筏横渡海峡，开发台岛。大规模迁居入台始于明末清初。1628年，闽南大旱，郑芝龙招饥民数万人，用海船载往台湾，开荒自给。1661年郑成功率兵收复台湾，明朝遗民、军队及眷属、沿海商民等亦跟随入台。郑氏父子经营台湾23年，将中原文化全面、大规模地播传台湾。郑氏建孔庙，倡儒学，把中国传统文化的核心儒家精神灌输到台湾民众之中。清廷统一台湾之后，闽南人民大规模自发渡台持续200多年。闽南和台湾之间地缘相近、血缘相亲、文缘相承、商缘相连、法缘相循，闽南的文化习俗和文化精神，至今仍然深深地扎根在移居台湾的闽南人生活中。因此，闽南文化在一定意义上也是闽台文化或闽南—台湾文化，是闽台人民共同创造和享有的闽台共同体文化，闽南文化思想政治教育必会进一步增强受教育者的闽台一家、两岸一家亲的闽台情感和两岸共同体情感。

（7）闽南区域文化与普遍世界文化相融通的价值。闽南文化思想政治教育可以使学生和民众主体捕获自身的区域文化存在，并掌握认知、理解、体验和建构文化世界的根本方法，进而开拓普遍的世域文化世界。与其争论闽南文化的属人或属地边界，不如探究闽南文化的生活世界总体意蕴和工作世界本质，并将其转化为现代思想政治教育内容和实践，为师生、民众等存在主体特别是闽南文化风土中的存在主体积聚精神能量；与其沉迷于闽南文化的历史感，不如体验和陶醉于闽南文化的现代性，并将这种现代性通过思想政治教育内化为主体的精神内核，拓展主体的文化生存空间。任何一种文化都有教育特别是思想政治教育意义，否则就不能在历史和现实中发生、延续和发展，就不能成其为文化。闽南文化思想政治教育是闽南文化价值实现的现实场域、主体依托和策略关键。闽南文化思想政治教育为师生主体、大众主体特别是闽南文化风土中的存在主体研究、认知、理解、体验和建构文化世界提供文化哲学方法论，特别是为闽南文化风土中的教育主体提供闽南文化思想政治教育的理念、路向、方法和格局，以区域文化思想政治教育开拓和升华人们的区域文化存在，进而实现区域文化与普遍文化世界相融洽的双重存在意义。

（8）闽南区域教育主体与普遍世界教育主体的广泛性价值。闽南文化是闽南区域文化，也是普遍世界文化，如妈祖文化、土楼文化、闽南红色文化，等等。因此，闽南文化思想政治教育是区域文化思想政治教育，也是普遍世界文化思想政治教育。闽南文化的精神内核或道德内蕴的教育以及闽南文化的生活世界总体意义和工作世界本质的教育都是普遍世界文化思想政治教育，既适用于闽南区域教育主体，也适用于普遍世界教育主体。

第三章 闽南文化思想政治
教育的结构

闽南文化思想政治教育的结构是闽南文化思想政治教育的内在关系或关联体系，是闽南文化思想政治教育意义的深层规定。意义都有结构，结构亦是意义，是深层的意义。教育者、受教育者、教育内容和教育实践构成一般教育和思想政治教育的基本结构或一般结构，亦构成闽南文化思想政治教育的基本结构或一般结构，这种一般结构已有教育学和思想政治教育学系统而全面的研究，且亦渗透在本书对闽南文化思想政治教育的总体和具体的考察和阐释中，故这里不再赘述。本章主要探究闽南文化思想政治教育的内容结构、精神内核——道德精神文化结构以及文明文化结构。而道德精神作为闽南文化思想政治教育的精神内核这一地位本身亦具有结构的意义，即与总体精神的核心关联性意义；开漳圣王文化作为闽南文化思想政治教育的文明开端地位本身亦具有结构的意义，即在总体中的开端意义。在一种文化或教育的总体中，精神内核、开端都在与总体的直接关联性意义上获得基本结构的意义，同样，一种文化或教育的普遍范式、标志形态亦在与这种文化或教育总体的关联性意义上具有结构的意义。但是，本章作为一章不可能考察具有结构意义的全部领域或问题。本书对闽南文化思想政治教育普遍范式和标志形态的具体、深入考察和阐释留待后面的章节进行，这里只是从逻辑上表明它们的结构性意义。

第一节 闽南文化思想政治教育的资源与内容结构

闽南文化思想政治教育内容结构亦具有多重向度，这里主要在本书涉猎和关注的视域，即文化哲学方法和思想政治教育学视域，考察闽南文化思想政治教育的历史文化结构和精神资源结构。而这种历史文化结构和精神资源结构是闽南文化思想政治教育的历史文化和精神资源的结构，所以，本节首先要考察闽南文化的思想政治教育资源，而闽南文化思想政治教育资源在历史文化、人物与事件、载体、精神资源的构成意义上亦是一个关联结构，是一个总体资源的关联结构。

一　闽南文化思想政治教育资源结构

闽南文化思想政治教育资源丰富而深广，这里主要考察具有总体和普遍意义的历史文化资源、载体资源和精神资源。这些资源亦构成互相关联的资源结构。其中，历史文化资源是基本的资源或初级资源，载体资源是承载历史文化的二级资源，精神资源是蕴含在历史文化和载体资源中的深层资源或最高资源。

（一）历史文化资源

闽南历史文化经历了旧石器时代的氏族文化时期、新石器时代的"七闽"部落文化时期、闽越融合文化时期、汉晋至唐末五代时期、宋元时期、明清时期和近现代等历史发展阶段。这些历史文化都具有生活世界总体意义和工作世界核心价值的思想政治教育意义。

如前所述，闽南文化最初是工作世界意义上的文化，蒙昧中级阶段才拓展到生活世界意义上的文化。随着工作技术从旧石器时代演进到新石器时代，原始氏族文化过渡到"七闽"文化。战国晚期，于越族大批入闽，与"七闽"土著逐渐融合，形成了闽越族。秦设立闽中郡，闽越王被降为君长，都东冶（今福州）。汉高祖复立无诸为闽越王，但因闽越国多次反叛，汉武帝出兵剿灭闽越国，闽越先民多数被迁往江淮等内陆地区。于越族的迁入给闽人带来了纺织、冶炼等技术，特别是越人"以船为车，以楫为马的"造船与航海技术，促进了闽越国海洋技术的发展。这个融合过程彰显了以工作世界特别是工作技术为支撑的闽南历史文化演进的过程以及海洋文化作为依附范式与大陆文化并行的进程。这些都具有思想政治教育意义。

汉晋至五代，中原汉人多次入闽，主要有西晋末永嘉之乱的"衣冠南渡"、唐初陈政父子率兵开发漳州、唐末王潮兄弟率部入闽三次大规模移民。西晋末年，北方战乱，汉人陆续入闽避难，特别是永嘉之乱发生后，晋人大批进入泉州，他们沿江而居，晋江由此得名。这是中原文化与闽南土著文化的一次大融合。中原汉人所带来的先进农耕技术和文化，对土著文化产生了决定性影响，促进了晋江流域农业经济的发展。同时，东南沿海的海洋地理环境，以及当地土著航海工具制作、海洋捕捞、海洋物产等文化的特殊性，也使中原文化因素产生变化。唐总章二年（669），陈政奉朝廷之命总领岭南军事，与其子陈元光率府兵来漳州平定"獠蛮啸聚"，随后开发漳州。唐垂拱二年（686），朝廷从陈元光所请，在潮、泉二州之间设置漳州，州署在西林（今云霄县境内）。唐贞元二年（786）州治又从漳浦迁至龙溪（今漳州市区），辖地相当于今漳浦、云霄、诏安、东山、南靖、平和及龙海的一部分。陈元光开发漳州，发展农业，兴修水利，兴办教育，传播汉文化，促进了土著与汉族的融合，使漳江、九龙江流域成为富庶安乐之土。这些亦都显示出闽南文化演进的工作世界基础和生活世界总体意义以及内生与外生文化的融合互构过程，都是闽南文化思想政治教育的重要资源，特别是开漳建州文化，重视技术创新、制度建设和教育发展，标志着闽南文明文化的形成，是闽南文明文化与文明精神教育的发端。

闽南方言在古闽越语、吴楚语的基础上，多次与中原汉语融合，在唐末、五代形成较为稳定的地方语言。唐末、五代大规模的中原移民入闽，促使闽南语有别于其他方言而成为汉语的另一种大方言。现在，闽南语底层还保留着部分古越语、吴楚语，文读层保留着部分上古和中古汉语语音、词语，被称为"河洛语"。闽南语的生成过程是闽南语文化、闽南文化与中原文化和其他区域文化融合共生的过程，闽南语无论是其语言外壳还是意义指向，都既是区域文化，也是普遍世界文化。

唐代，闽南开始重视文教。唐初，漳州设立州学，创办了松洲书院；唐开元年间，泉州兴建了孔庙，闽南教育初步兴起。五代泉州"文风大盛"，聚集了北方南下的一批诗人文学家，促进了闽南地区的文学发展。唐代泉州歌舞音乐兴盛，五代时更多的中原歌舞音乐也在泉州落地，后来逐渐演化为南音等地方音乐、歌舞。中原宗教信仰也在闽南扎根。西晋太康年间，晋江已有道教玄妙观，南安有佛教延福寺等。唐末、五代时，闽南佛教兴盛，代表性佛寺有泉州开元寺、承天寺和漳州南山寺、三平寺等，还出现了本土的义存禅师等数位高僧。本土民间信仰也开始兴起。唐初开发漳州的将领陈政、陈元光（开漳圣王），唐代的李元溥（福佑帝君），五代将领张悃（青山王）等以及五代牧童郭忠福（广泽尊王）等被当地民众奉为神祇而祭；至宋代，闽南民间信仰进一步发展，创造了诸多本土神祇。这些闽南文学艺术和信仰文化的发展过程，亦是基于工作世界特别是唐代文明工作世界和宋代海洋工作世界的进展，彰显了文学艺术的核心价值是工作世界，神明信仰的实质是对工作创造、工作创世精神的信仰。这些都具有重要的思想政治教育价值。

宋代，中原文化再次南移。北宋在泉州设置市舶司，南宋"南外宗正司"迁入泉州。宋元时期，闽南掀起了中外文化大交流、大融合的第一波浪潮。刺桐港与埃及的亚历山大港并称为"世界最大的贸易港"，同世界上约百个国家和地区进行贸易往来。泉州成为闻名世界的"海上丝绸之路"起点城市之一。航海技术领先于世界。宋代，泉州、漳州成为造船业的重要基地，闽南人掌握了水密隔舱技术，这是世界造船技术的一次大革命。闽南海商率先运用了指南针航海，突破了"循岸梯航"的传统方法，进入了远洋航行时代。宋元时期刺桐港的海上交通路线主要有泉州至菲律宾、印度尼西亚、亚丁湾、东非沿岸以及朝鲜和日本的航线。随着航海业的发展，民间还创造了妈祖、清水祖师、保生大帝等信仰文化，这些本土神祇随着闽南人的海外移民而传播到台湾地区和世界各地。这些文化进展表明，闽南海洋文化成为相对独立的范式，具有海洋文化思想政治教育的重要意义，闽南海洋文化的本质和基础是以工作技术和工作关系的关系为结构的工作世界文化，总体是生活世界文化。

明清时期，厉行海禁与解海政策、倭寇侵扰、郑成功反清复明、清廷收复台湾、西方列强入侵等事件构成闽南文化的主要内容和影响因素。月港、安海港、厦门港等海洋文化范式及其变迁亦构成这一时期闽南文化的主要因子。从明初开始，闽南人冲破朝廷禁令，与外国商人私下贸易，迫使朝廷于1567年开放漳州月港。漳州月港文化是闽南文化与外来文化的融合过程，其开辟的海上通道是月港—马尼拉—美洲—欧洲的世界性贸易航线。明末清初，泉州的安海港取代月港。安海港是郑芝龙、郑成功父子的军事、贸易基地。明末郑芝龙击败荷兰人，清初郑成功收复台湾，从荷兰人手中夺回海上贸易权。这个时期，以郑氏集团为首的闽南海商掌控着中国东海、南海的海上贸易权。1683 年清廷收复台湾，取消海禁，在厦门设立海关，厦门港崛起。1842 年，《南京条约》签订，厦门成为"五口通商口岸"之一，1903 年厦门鼓浪屿沦为"公共租界"，开始接触西方现代文化艺术，华侨名人、华侨商业、华侨建筑、华侨教育等华侨文化成为闽南现代文化的重要因子。随着海外贸易活动和台湾的开发，闽南人向东南亚和台湾大量移民，将闽南文化传播到世界各地，也将异域文化带回闽南，为闽南增添了外来文化因子。这个时期的闽南文化充满冲突与融合、抗争与进取，蕴含着丰富的思想政治教育意义。

历史是由人物主体和事件构成的，事件也是由人主导的。人物和事件是历史文化载体的重要方面。宋代科学家苏颂，明代思想家李贽、史学家何乔远、理学家黄道周、民族英雄郑成功、抗倭英雄俞大猷，清代理学家李光地和收复台湾的施琅、近现代华侨领袖陈嘉庚等闽南先贤，构成了闽南名人文化，他们至今为人们所崇敬。但名人文化不过是闽南主体文化的一个方面，闽南文化是由广大民众共同创造的，是广大民众的生活世界和工作世界文化，所以，闽南历史文化的主体资源是广大的闽南民众。

（二）载体资源

闽南文化的载体资源主要包括闽南非物质文化遗产、物质文化遗产、自然遗产以及承载着闽南文化意义的现代文化形式。载体文化资源与历史文化资源的区别是相对的，主要是不同的语境中有不同的意义，有的文化既是载体文化又是历史文化，如妈祖文化中的信仰活动和庙宇文化，既承载着闽南历史文化意义，是载体文化，同时其本身也是历史文化的一部分。

闽南非物质文化遗产南音，广泛传播于台湾、东南亚各地；北管、什音、褒歌、四平锣鼓乐等传统音乐，至今仍唱响闽南本土。中国宋元南戏活态遗存梨园戏、技艺精湛的木偶戏、独具喜剧风格的高甲戏、海峡两岸共同哺育的歌仔戏、宗教特征鲜明的打城戏等传统戏曲，仍然活跃于各地城乡舞台之上。闽南灯谜、闽南童谣等民间文学，锦歌、答嘴鼓、东山歌册等曲艺，至今仍为闽南人所喜爱；中原古汉语与闽越语融合而被称为"河洛语"的闽南方言，仍为世界数千万闽南人所使用。拍胸舞、踢球舞、火鼎公婆、大鼓凉伞、车鼓弄等传统舞蹈和蜈蚣阁等民间游艺活跃于迎神赛会场面；五祖拳、赛龙舟、宋江阵等传统体育与竞技仍为广大群众所爱好。闽南传统民居营造技艺，与闽南土楼、闽南庙宇、开元寺的东西塔、洛阳桥、安平桥等古建筑，共同展示闽南传统建筑特点。剪纸与木版年画、刻纸、纸织画、无骨花灯、木偶头雕刻等传统艺术，至今还在节日节庆和各种艺术活动中发挥作用。如水密隔舱福船制造技艺、东山海船钉造技术和妈祖信仰、送王船习俗、惠安女习俗等非物质文化遗产，华侨教育、华侨商会、侨批局、华侨社团等华侨文化，以及唐宋元明清的港口遗址、九日山摩崖石刻、宋代古船、蚝壳厝、鼓浪屿建筑等物质文化遗产，等等。闽南文化的自然遗产资源丰富多彩。闽南共有国家级自然保护区6个、省级自然保护区14个，其中国家级和省级海洋自然保护区各5个；国家级陆地自然保护区1个、省级陆地自然保护区9个。闽南共有森林公园15处，其中国家级4处、省级11处。闽南地区自然保护区的生态系统得到良好的保护，但由于气候变化和工业污染，生物多样性受到一定影响。闽南共有风景名胜区9处，其中国家级2处、省级7处。国家级清源山风景名胜区保留了我国现存最古老、最完好的唐代伊斯兰教圣迹，保留了我国现存最大的宋代石雕老君造像以及我国现存年代最早、保存最完整的元代藏传佛教（喇嘛教）三世佛石雕造像。九日山祈风石刻群是海上丝绸之路的历史见证，成为中国著名的海外交通史迹。鼓浪屿风景名胜区保留了郑成功历史遗迹和千余幢中外风格各异的建筑物，被誉为"万国建筑博物馆"。闽南的风景名胜是闽南社会和历史的产物，带有其特定时期的历史环境、技术生态、艺术思想和审美标准的印记。除了上述历史文化载体资源外，一些承载着闽南文化意义的现代建筑、网络媒体、文化产业、艺术文化作品等现代文化载体都是闽南文化的见证、表达、展现方式，都承载着闽南文化的历史意义与现代意义，都是闽南文化思想政治教育的载体资源。这些载体资源在后面的章节中还会结合闽南文化思想政治教育资源现代转化路径进一步或更为具体地阐明。

（三）精神资源

精神资源是闽南文化思想政治教育资源的核心价值指向。思想观念、情感意志、思维方式等精神能量都是闽南文化的精神资源。闽南文化的精神资源丰富而深广，这里主要考察一些具有总体性和标志性的精神资源，其更为具体的指向还要在后文闽南文化思想政治教育具体形态中进一步考察，而其逻辑结构也将在下面的部分加以阐释。

（1）大陆文化的坚持、守望、开垦、拓荒精神。从旧石器时代闽南原始先民对闽南的初次开启，到"七闽"部落对闽南新石器文化时代的创造，再到开漳圣王文化对闽南的文明拓荒，再到近现代的发展，都呈现闽南人对闽南陆地的坚守、守望、开拓精神。这是闽南文化的原创精神，即大陆文化精神，是闽南文化世界的开启、开创精神和永不离弃的存在精神，就是这种精神衍生和催化了闽南文化的海洋精神能量。

（2）开放性的海洋世界精神。闽南文化不仅具有大陆文化的坚持、守望、开垦、拓荒精神，还具有商业性、开拓性、冒险性、世界性等海洋世界精神，这种精神源于其海洋性文化特质。闽南人掌握了先进的造船和航海技术，开辟了海上贸易航线，宋元以来向台湾、海外大量移民，将中华文化传播到世界各地，又将阿拉伯、东南亚以及西方多种文化带回闽南，建构了独具特色的海洋生活和工作世界文化。

（3）技术创世、立世精神。无论是闽南大陆文化还是闽南海洋文化，都以一定的工作技术为支撑。从早期的旧石器技术和新石器技术，从采集技术到采集—狩猎技术再到农耕技术，从农耕技术到海洋技术，从古代手工技术到近现代的工业技术，从工业技术到后工业技术或以信息技术为核心的高技术，闽南文化世界的进展和运行无不呈现工作世界特别是工作技术的支撑作用。

（4）大陆文化与海洋文化并行的双重人文精神。人文精神就是人化精神，就是人造化世界的精神，而造化世界就不仅要造化大陆世界，还要造化海洋世界。闽南文化大陆条件与海洋境遇并存的生态，注定了其大陆文化与海洋文化并行的人文精神。闽南文化在坚守中华大陆文化核心价值的同时，又追寻闽南海洋文化价值观念，形成农耕文化与商业意识、安分守己与开拓进取、重礼尚义与务实逐利、崇文重教与冒险克难、传统守成

与开放兼容、爱国爱乡与走向海外异乡等相辅相成的双重人文精神。正是
这种双重精神的互构能量，使得闽南文化不断发展创新。

（5）以宗族为纽带的共同体精神。共同体精神就是共同创造、共同
享受文化成果的精神。历代中原汉人举家或举族南迁，采取聚族或聚乡而
居的形式，巩固发展自己占有的生存空间。闽南人向台湾、海外移民，也
采取这种家族性迁徙形式，从而形成家族、血缘性宗族、契约性宗族的文
化共同体形式，它是连接闽南人文化生态的牢固的纽带，使闽南本土与台
湾地区、世界各地保持着紧密的社会网络关系。这种共同体精神衍生了闽
南人爱乡爱国的共同体精神。家族的凝集力可以引发移居海外的族人对家
乡故土的眷念，与家乡保持比较密切的联系。旅居海外的华人华侨把资金
源源不断地寄回故乡；许多华人华侨和台湾同胞投资故里，在家乡办企
业、建学校，这些都体现了爱国爱乡的共同体精神。但家族共同体也有割
据、排外的局限，这一点在思想政治教育中应予以扬弃。

（6）道德信仰精神。信仰文化的实质是对道德精神实体的信仰和追
寻。闽南信仰文化发达，且独具特色，这是强烈的道德信仰精神的体现。
闽南有生育女神、冥厉瘟神、禅道神仙、水神、海神、财神、戏神、乐
神、医神等多种民间信仰，这些神祇是中原移民、其他区域主体与闽南地
和闽南人融合而成的道德信仰文化，它呈现闽南民间信仰的复杂性和多样
性。这些地方神祇随着闽南人的迁徙，扩散到世界各地，成为普遍世界文
化。而这些信仰都是在他们工作创造、工作创世中的信仰，一方面以工作
世界为支撑，另一方面为工作世界注入精神能量。

（7）冒险拼搏的进取精神。中国传统农业社会的一个基本特点是固
守家园，与土地结下不解之缘。闽南人故土难离观念相对不那么牢固，只
要有利于拓展生存空间，他们就可以远走他乡。闽南处于边陲地带，农业
环境相对恶劣，农耕文化生存空间有限，而面对大海的地理环境又为他
们提供了海洋生存空间，而海洋世界的生存环境显然要比陆地世界艰
险。这就养成了闽南人的冒险进取精神。特别是明清时期海上贸易的兴
盛，促使闽南沿海居民纷纷下海谋生，使这种冒险进取精神更加浓烈。
因为闽南人普遍具有这种冒险开拓精神，到了现代，闽南的华人华侨已
经遍布世界各地。据统计，分布于世界各地的中国移民至少有 2000 万

人，其中90％以上侨居在东南亚，而这些华人华侨，大多数来源于闽南地区。这种状况更加彰显了闽南人走向海洋、走向世界的冒险进取精神。

（8）抗争与和谐并行的精神。抗争与和谐是两个不可分割的精神共同体，要和谐必须敢于抗争，抗争的价值旨归是和平与发展。追求和谐、和平是闽南文化的主流精神。宋元以来，闽南人进行海上贸易和海外移民，既能以开放兼容的胸怀接受多元文化，又能够以和而不同的理念与异域文化和谐共处。闽南人开拓海上贸易而不掠夺，进行海外移民而不殖民，与当地民族和睦相处。闽南文化的和谐精神承接了中国大陆文化的宽容仁爱、和而不同的价值观，并与海洋文化的抗争精神相融合。直至明清时期，闽南仍然彰显着顽强的斗志和抗争精神。据地方志记载，漳州一带，"危樯高舰，出没驶风激浪中，脂腻所归，无所畏苦……凶悍喜斗，睚眦杀人"，"习于攻击，勇于赴斗"，"族人习学技击，教一为十，教十为百，少年矫健，相为羽翼"。泉州府的一些乡村，"多尚武节，劲悍绝人，居若处女，无屠狗掘冢之习，遇患难提戈赴斗，轻死如归，踵踵而是，古称燕赵之士慷慨赴死，亦出于仁义，斯其近之，抑亦习俗然焉"。这种斗志和抗争精神使闽南人既能冒险行进于波涛汹涌的大海，也敢于面对强敌，捍卫国家与民族的尊严。无论是守卫家园，还是开拓海洋世界空间，必然要遭遇各种阻碍、敌对势力以及自然环境的挑战，爱拼敢赢、爱拼会赢是闽南文化抗争精神的典型写照。

（9）艺术审美精神。审美追求是文化世界更为高级的追求，主要表现为艺术审美追求。闽南同一个方言区有众多个性鲜明、风格独特的艺术。以泉腔方言演唱的南音，堪称中国古代音乐绝响；精致优雅的梨园戏、市井气息浓厚的高甲戏、两岸共同哺育的歌仔戏等戏曲，其艺术风格各不相同；掌中木偶、提线木偶、铁枝木偶、皮影戏等种类丰富；闽南歌更是唱响闽南、唱响世界。这些文化艺术都是民间的创造、创作，融入了民间生活世界总体意义和工作世界价值取向以及真善美的道德精神内核。这表明了闽南文化艺术的大众审美情趣和精神向度。闽南文化的审美精神无疑具有重要的审美观教育价值，这一价值核心就是文化艺术的生活世界总体意义审美和工作世界核心价值审美。

二　闽南文化思想政治教育内容结构

闽南文化思想政治教育的内容结构是闽南文化思想政治教育的历史文化资源和精神资源的内在关联结构，是闽南文化思想政治教育总体资源结构的深层结构。闽南文化的思想政治教育资源丰富而深广，但并不都具有标志形态和精神结构的意义。这里所说的闽南文化思想政治教育的内容结构主要是闽南文化思想政治教育的历史文化标志形态结构和精神资源内在关系结构。

(一) 历史文化标志形态结构

闽南历史文化的形态并不都是标志形态，这里只探讨标志形态结构。闽南文化的标志形态是指既有闽南文化总体性意义又有闽南文化独立范式意蕴、既有闽南文化区域特质又有闽南文化普遍世界意义的有普遍公知性的闽南历史文化的具体或实体形态。这里的普遍公知性主要是指这种文化的影响力，即不仅为闽南区域所熟知，而且为普遍世界人们所熟知。这些标志形态的思想政治教育构成闽南文化思想政治教育具体形态的内在关系或关联结构。

闽南开漳圣王文化、海洋文化、妈祖文化、土楼文化、红色文化、闽南—台湾文化、哲学文化、诗文化思想政治教育都是基本的或标志性的闽南文化思想政治教育形态，亦是闽南文化思想政治教育结构的进一步展开，它们都处在闽南文化思想政治教育的基本框架中，与闽南文化思想政治教育总体意义共同构成一个关联体系。

如果说开漳圣王文化主要显现的是大陆文化，那么妈祖文化就是与之互动、互构和呼应的海洋文化。开漳圣王文化作为陆地文化显然不能完全照应生活在海洋世界中的闽南人，也正因如此，开漳圣王文化后来也走向海外、趋向海洋，如台湾地区和一些东南亚国家开漳圣王文化的历史遗存和现实延展，也就是说开漳圣王文化作为陆地文化，也兼具海洋文化品格，但它主要还是开漳建州的陆地文化，是闽南大陆文化的文明基点。而蒙昧和野蛮时期的闽南大陆文化则构成开漳圣王文明文化的起点和历史与逻辑前缘。如此，闽南海洋文化范式的生成与延展就有了大陆文化的根基以及逻辑和历史的必然性。闽南海洋文化是闽南文化的普遍范式，它最初作为依附范式依附在闽南原始氏族文化、部落文化以及开漳圣王文化等大陆文化中，宋代以后才成为相对独立的范式，这是闽南文化先大陆后海洋的文化运行逻辑和轨迹。闽南海洋文化意识形态独立范式应首推妈祖海神信仰文化，它几乎与闽南海洋文化实践形态独立范式（如宋代的泉州港文化）同时生成。而闽南文化——准确地说应该是闽南文明文化又必须从开漳圣王文化开始，即先从陆地开始造化陆地，再走向海洋造化海洋。如此，闽南海洋文化和妈祖文化就必然成为闽南文化总体的重要关联因子，闽南海洋文化和妈祖文化思想政治教育就必然成为闽南文化思想政治教育总体的重要关联因子，而且在与开漳圣王文化一体化的意义上更为直接地与总体关联。而闽南海洋文化和妈祖文化思想政治教育作为闽南文化思想政治教育的具体、基本和标志形态，又不只是源于这种关联性，更是源于闽南海洋文化和妈祖文化的区域特质和世域张力的双重价值意义。闽南海洋文化和妈祖文化思想政治教育是闽南区域文化思想政治教育，更是普遍的世域文化思想政治教育，其基本精神就是海洋境遇中的存在者循着生活世界总体和工作世界本质价值伦理，造化海洋世界，捕获海洋世界的文化生存意义和价值。

无论是行于大地还是漂泊于海洋，人都要有一个栖居的寓所，而这寓所的意义又并不只是它所占有的物质空间的意义，因为这寓所的筑造是在生活世界的总体中发生的，如此，任何一种寓所空间、建筑群体就都是一个人与人、自然和社会关系的总体，就都是一定主体所造化的人与世界的关系，就都是一个文化世界。土楼文化就是这样一种生活世界总体文化，更是工作世界创造文化，它所蕴含的生态伦理思想，它所展现的生态伦理观念，就是人与人、自然和社会的和谐发展关系，就是生态文化世界。土楼是闽南人（这里指地理意义上的闽南人，包括客家人）筑造和栖居的标志性寓所，土楼文化是闽南文化的标志性文化。这种标志性亦不只是源于它为耕耘大地的开漳圣王文化和造化海洋的妈祖文化提供一个筑造和栖居的寓所和存在之乡以及精神家园，更在于它不仅是闽南人的土楼，而且是世界人民的土楼，不仅是闽南土楼文化，而且是世界土楼文化。当络绎不绝的来自普遍世界的人们观看土楼、审视土楼、体验和理解土楼的时候，当他们把土楼的生态文化和工作创造精神带到世界各地的时候，土楼文化就脱离了闽南人的肉身而进入异域、异邦人的肉体和灵魂，就成为一种普遍的游走于世界各地的世域文化，并产生了潜移默化的精神隐性和建筑奇迹的物质显性的双重教育效应，而这种教育效应的根本是土楼文化的生态伦理、生活世界总体意义和工作创造精神，这种教育就是土楼文化载体自身所实现的土楼文化思想政治教育。

造化陆地、造化海洋、造化筑造和栖居的寓所或生命的故乡……闽南人一直在造化着闽南文化、造化着文化世界，这文化世界总是充斥着富有与穷困、权贵与平民、天使与撒旦、神性与人性、自然与社会的种种冲突与对抗。圣王、妈祖虽然总是竭尽神性和人性之所能，土楼的城堡虽然总是以自己的肉身庇护着生活着和工作创造着的人们，但广大民众总是无法摆脱自身穷困的境遇和不幸的生活。这就需要民众来自己拯救自己、解放自己。闽南红色文化主要是毛泽东主导的中国工农红军与闽南人民共同创造的革命、生活、生产工作文化。它是生活世界总体文化，更是工作世界本质文化，它追求人与人、自然和社会和谐发展的文化世界共同体，追求共创、共享社会财富和文明的工作世界共同体，追求公平、平等、自由、民主的社会世界，其核心精神是变革社会、改造世界的工作创造与创世精神，是广大民众共同体的文化生存精神，这是闽南红色文化思想政治教育的核心价值取向和现实魅力所在。闽南红色文化是闽南现代文化的标志文化、品牌文化，其精神结构和道德内蕴属于闽南地和闽南人，也属于中国地和中国人，也属于世界地和世界人民。它将与闽南文化的其他标志形态一道，跨域历史，在文化世界或工作世界的总体中延展，在工作世界的结构中潜行。而这种延展和潜行需要闽南红色文化思想政治教育的召唤、激发、感应、传承以及主体化的认知、理解、体验和建构。在闽南文化的研究、交流、言说和教育特别是思想政治教育中，切不可遗忘、悬置、遮蔽甚至排斥闽南红色文化。闽南红色文化已不只是一种社会意识形态文化或政治文化，更是一种文化符号，一种闽南文化总体中的标志性文化符号，它预示和展现的是社会文化世界的宏大叙述，更是日常生活世界和工作世界的普遍精神内蕴和价值内核。因此，它必构成闽南文化和闽南文化思想政治教育的一个具体的标志形态，必构成闽南文化思想政治教育学的一个与总体和其他文化形态互相关联和庇护的有机部分和因子。

无论是闽南历史文化还是现代文化，无论是造化海洋的闽南蓝色文化还是开拓大地的闽南黄土文化以及改造社会世界的闽南红色文化，这些文化的思想政治教育都要指向人这个主体，都是对人的教育，都依靠人并为了人。而人这个主体并不只是单个的肉身，更是群体、共同体。而闽南高校无疑是闽南文化思想政治教育的重要主体或标志性主体之一，因为高校承担着引领文化世界路向、开拓文化生存空间的工作职责和道德使命。除此之外，高校教育主体——包括教育者主体和受教育者主体，来自五湖四海，大多是"异乡人"，异乡人来到闽南地就不像原生的闽南人那样适应闽南文化风土——闽南人本身就是闽南文化风土，而闽南文化风土又是这些异乡人的异乡存在、生活境遇和文化空间，因此，闽南高校就成为闽南文化思想政治教育的具体、基本和标志性主体。因此，闽南高校视域下的闽南文化思想政治教育研究就是闽南文化思想政治教育学体系不可或缺的有机因子。这方面的研究虽然没有单列一个部分或一章，但渗透和包含在每个部分或章节的研究中。当然，闽南文化思想政治教育还指向其他标志性主体和非标志性主体，这些主体虽然没有作为一章单列，但都不同程度地散布在其他章节的教育对象、主体和教育路径的阐述中。此外，闽南文化思想政治教育是区域文化思想政治教育，又是普遍世界的思想政治教育，因此，它也适用于其他区域或普遍世界的教育主体。因为生活世界总体意义和工作世界本质结构是普遍世界或普遍人们的世界境界和核心价值取向，而这正是闽南文化及其思想政治教育的价值旨归和意义所在。

马克思说，哲学是时代精神的精华。黑格尔说，哲学是文化庙堂里的神像。闽南哲学文化思想政治教育是闽南文化思想政治教育的灵魂，但这种哲学文化灵魂的思想政治教育还是闽南文化思想政治教育的潜在标志形态。因为，一方面，这种灵魂在闽南文化中由于没有原创哲学文化而显得暗淡了；另一方面，闽南文化的感性特质所导致的对抽象理性的排斥，也使得哲学文化思想政治教育在闽南文化思想政治教育现实中在一定程度上被悬置、排斥和忽略。从哲学范式、体系和成气候的流派视角看，历史上，闽南文化从未有过发生于闽南自身的原创哲学文化或内生哲学文化，即闽南哲学文化在没有原创的意义上都是外生哲学文化。道学、儒学、理学的原创文化都不在闽南，所谓"朱子过化"亦是在漳州讲学，复述着他在别处创立的理学哲学，而即使在别处创立的"原创哲学"的原创性也似乎是一个悬疑，如"天理""理一分殊"这些朱子的核心哲学概念，怎么看都是柏拉图理念论和理念"分有"论的理学化翻版或汉语转换。诸如马克思主义哲学、西方哲学等闽南历史、现实和理论中的哲学文化都是发生于闽南之外的外生哲学文化。马克思、老子、孔子是大师、大家，但不等于谁研究大师、大家谁就是大师、大家。大师、大家和经典无论怎样研究都是研究别人，都是别人的思想，都没有自己，当然这种研究是必要的，有解释他人和经典以及传承文化的作用，但这不是唯一的研究范式，还有现实世界研究范式。只有研究现实世界才有可能成为大师、大家，马克思、老子、孔子就是这样成就自己和自己学说的，这就像普通的存在者都是靠造化现实世界才成为存在者一样。哲学文化不只是在解释和传承中存在，更是在改变、创造中前行，而后者才是哲学文化的真存，离开后者哲学文化就会停滞，而这种停滞就是创造力的停滞。只有研究现实的人和现实世界的闽南哲学文化才能成为闽南原生或内生哲学文化。闽南哲学文化的失落不仅在于缺失原生的闽南哲学文化，更在于闽南人过度的感性文化和逐利精神往往排斥抽象的、理性化的、似乎远离感性利益和存在的哲学文化。闽南文化的感性主义张扬和理性主义失落与缺陷使得闽南哲学文化思想政治教育成为潜在的闽南文化思想政治教育的基本和标志形态。这种潜能形态之所以为潜能形态，就在于它还不是现实中彰显的闽南文化思想政治教育形态，却是急需的不可或缺的甚至统摄闽南文化思想政治教育灵魂的形态，它是对闽南文化理性主义特别是内生哲学文化缺失的补充，是对闽南文化感性主义单面倾向的消解和变革。因此，本研究或闽南文化思想政治教育学研究的第一章就是基于文化世界观的文化哲学方法论研究，并将此作为各个部分主导性的研究方法和思维方式，融入闽南文化思想政治教育的总体、部分和全过程。第一章"文化哲学的观念与方法"及其渗透在各章节中的观念和方法以及由此而产生的各个章节中的闽南文化哲学，亦可视为闽南文化思想政治教育的标志形态之一，却占据灵魂导向的地位。但这种形态还只是一种正在尝试的潜能的未竟的事业。

　　闽南哲学文化思想政治教育与闽南哲学文化教育是两个不同的概念。前者主要是哲学中的世界观、价值观、人本观、道德观和方法论方面的教育，是哲学精华或精髓的教育，它往往直逼哲学的主题，不太顾及哲学的体系、框架、逻辑、结构、概念、原理以及历史过程等方面；后者则是哲学全部内容和意义的教育。因此，哲学本身仅仅是思想政治教育的一种资源，而不直接就是思想政治教育内容；哲学教育是教育的一个内容，但不直接就是思想政治教育。闽南哲学文化思想政治教育就是挖掘闽南哲学文化的思想政治教育资源并将其应用于思想政治教育的过程。当然，哲学文化的思想政治教育资源往往比历史文化、文学艺术文化的思想政治教育资源更显露、更直接地摆在那里，因为哲学在一定意义上就是世界观、人生观、价值观、道德观等观念文化。因此，可以说，如果其他文化的思想政治教育资源需要挖地三尺的话，那么哲学文化的思想政治教育资源挖地一尺就可以见到珍藏了。但这不等于说哲学文化思想政治教育比其他文化思想政治教育容易，而是恰恰相反，它是一种超越了感性趣味、物质功利、本能流溢的抽象审美教育，是无形无色的精神灵魂教育。也正是如此，它在一定程度上受到具有感性特质和形象生态的闽南文化的排斥，这在一定意义上造成闽南内生或原生哲学文化及其思想政治教育的缺失。但闽南历史上没有原生哲学文化，不等于现实中也没有，现实中没有不等于潜能中没有。闽南潜能的哲学文化思想政治教育形态就是与专门研究理论和经典文本以及解释和阐发他人哲学思想的理论哲学相对峙的现实世界哲学思想政治教育，它应是立足于现实生活世界特别是工作世界的由闽南人、闽南学者、闽南哲学学者与普遍世界哲学文化融合创立的发生于闽南人和闽南地的闽南原生、内生哲学文化，这种哲学文化的思想政治教育是闽南内生哲学文化思想政治教育。本书提出的闽南哲学文化思想政治教育不只是局限于第一章，第一章的文化世界观和方法论教育渗透和蕴含在每一章的具体内容中，渗透和蕴含在闽南文化哲学和闽南文化思想政治教育学的探究之中。

哲学与诗学、哲学文化与诗文化总是在历史、现实、潜能以及古典和现代中如影随形地存在和行进，背离了诗性精神的哲学文化沦为物化或低级化的哲学文化；失却了哲学灵魂的诗文化早已沦为无诗、无意义、无世界境界、无存在空间、无日常审美的多无文化。这里，闽南诗文化是闽南艺术文化的统称。闽南歌、闽南诗、闽南舞蹈、闽南提线木偶戏、闽南锦歌弹唱、闽南版画以及木石艺术……这些都是带有鲜明的闽南区域特色的闽南区域艺术，同时又是走向世界的普遍文化。这些都表明闽南艺术文化足以作为闽南文化的标志文化之一，它具备了作为区域标志文化的基本特质，它既是区域的又是世界的。而闽南艺术文化作为闽南文化的标志形态，还在于它是直接的艺术审美文化，是文化世界的高级精神生活和精神世界境界。如此，闽南诗文化思想政治教育就是闽南文化思想政治教育的高端行动以及爱与美的流溢与显现。而闽南诗文化或艺术文化思想政治教育价值旨归就是追寻生活世界总体意义和工作世界的创造本性、创造审美、创造之爱。这是一切艺术的终极价值。而诗歌文化是艺术文化的标志形态，这里，闽南诗文化思想政治教育研究以闽南诗歌为发端和主导，它构成闽南文化思想政治教育学的尾声，这种尾声应该是洋溢着诗韵、诗美、诗爱的诗文化的吟唱。在闽南诗文化思想政治教育的意义上，闽南诗文化思想政治教育依然循着先大陆后海洋的闽南文化运行逻辑行进，即从闽南大陆诗文化思想政治教育到闽南海洋诗文化思想政治教育。闽南文化先大陆后海洋的逻辑以及闽南海洋文化先大陆后海洋的逻辑，在闽南诗文化及其思想政治教育的空间行进上依旧有效、应验并彰显。

（二）精神资源内在关系结构

闽南文化思想政治教育的精神结构是前述闽南文化思想政治教育的精神资源的内在关系或关联体系，亦是闽南文化思想政治教育内容或标志形态的精神内蕴或深层结构。前述闽南文化思想政治教育的精神资源主要是列举式地展现了闽南文化思想政治教育的多重精神向度，那么，这些精神的内在关系或关联结构是什么呢？概括地说，就是以大陆精神为基本精神、以海洋精神为世界精神和普遍精神、以道德信仰精神为内核精神、以工作世界精神为根本精神、以生活世界精神为总体精神。闽南文化思想政治教育的精神资源结构主要展现的是闽南文化各种精神在闽南文化精神资源框架中的地位、作用、价值以及关联关系。

大陆精神就是大陆文化的开启、开垦、拓荒与拓展精神，它是先大陆后海洋的闽南文化的原初精神，也是闽南文化演进过程的过程精神。最初的也是最后的，大陆精神伴随闽南文化的始终，并成为以海洋文化为普遍范式或总体特质的闽南文化的基本精神。在闽南文化的结构框架上，大陆精神处于包括始点、过程和终点的全部存在领域。

海洋精神就是闽南海洋文化的海洋世界精神，是闽南文化的普遍精神，存在于闽南文化的各种形态特别是标志形态。它依附于大陆精神又超越大陆精神，与大陆精神共同构成闽南文化空间拓展的双重存在精神。闽南文化的海洋精神随着历史的不断发展越来越呈现主导闽南文化精神的趋向。

道德信仰精神就是闽南文化的信仰文化精神，神明信仰的实质是对道德精神实体的信仰和崇拜，道德精神是闽南文化的精神内核，每一种闽南文化及其精神向度都蕴含道德精神，如闽南开漳圣王文化、妈祖信仰文化、海洋文化、大陆文化等文化范式和形态都具有强烈的道德信仰精神。

道德精神又离不开工作创造精神，工作创造、工作创世才是最大的德、爱和美。因此，工作世界精神特别是工作创造精神是闽南文化精神体系的根本精神，也是道德的根本内核，没有工作创造、工作创世和工作救世，爱国爱乡、冒险进取、扶危济困、融合包容、抗争与和谐等精神就沦为空洞和贫乏。工作创造精神既存在于闽南文化的总体，又涵盖闽南文化的具体形态特别是那些标志形态。

生活世界精神就是闽南文化的生活世界总体精神，就是闽南文化对生活世界总体意义的追寻精神。文化世界是生活世界的总体，而不单是技术、物质、道德、资本、权力等单面存在。闽南大陆文化、海洋文化、信仰文化、民俗文化等每一种文化范式或形态都是生活世界总体文化，都展现了这种生活世界总体精神。

上述闽南文化的精神结构也是闽南文化的思想、观念结构。闽南文化的精神资源结构是闽南文化思想政治教育的精神结构，这些精神结构是闽南文化思想政治教育的价值旨归。

第二节　闽南文化思想政治教育的精神内核
——闽南文化德育资源现代转化

闽南文化德育资源是闽南文化思想政治教育资源的精神内核，闽南文化德育是闽南文化思想政治教育的精神内核。而这一精神内核的根本还是工作创造、工作创世精神。精神内核是总体的内核，总体不能没有内核。因此，在闽南文化思想政治教育精神内核的意义上，亦将闽南文化德育资源现代转化研究置于闽南文化思想政治教育结构论部分，使之处在结构性总论的框架上。

闽南文化德育资源是一个由爱国爱乡、神明信仰、异乡开创、工作创世、异质包容等道德精神构成的内在关联结构，而工作创造或工作共同体精神是其价值核心。这些闽南文化的道德内蕴对于丰富和拓展一般道德的内涵具有一定的价值。闽南文化德育资源现代转化路径是认知与研究转化、文化交流转化、学校教育转化、载体建设转化、实践教育转化等多重路径的总体，而实践教育转化更具有根本性意义。这些转化路径对于一般道德观教育亦具有一定的启示与借鉴意义。

任何人都生活在一定的区域之中，都受到区域文化的制约和影响，都要融入区域文化才能获得文化认同从而拥有区域文化存在，并在这种融合接续中开拓新的文化生存空间。闽南地区是区域文化风土相对浓厚的地方，这种融入就显得尤为重要，而融入就离不开闽南文化教育特别是闽南文化思想政治教育。闽南文化德育是闽南文化精神内核的教育，因此，闽南文化德育资源现代转化的教育实践及其研究，无论是对原生态的闽南人还是后生态的闽南人（即迁移或流动过来的闽南人）来说，特别是对来自五湖四海的高校学生来说，都具有拓宽自己区域文化生存空间、确认自己区域文化共同体身份的价值意义。而闽南文化的道德观念和道德精神，不仅可以使受教育者捕获闽南文化的道德风土、世俗民情，更可以使其超越区域，走向世界，获得普遍的存在意义和文化身份。另外，闽南文化德育亦具有普遍世界德育意义，不仅适用于闽南地和闽南人，也适用于普遍世界和普遍人们。

闽南文化德育是闽南文化思想政治教育的德育向度，即闽南文化思想政治教育中的道德观或道德精神教育。闽南文化思想政治教育概念的提出，是闽南文化教育实践的现实激发，更是闽南文化思想政治教育研究不足的诱致。因此，闽南文化思想政治教育概念提出的依据亦构成对闽南文化德育概念的支持。闽南文化德育就是闽南文化思想政治教育中的道德观和道德精神教育，或者说，闽南文化德育就是一定教育主体用闽南文化的德育资源对一定的受教育者主体进行教育的教育实践活动。

（一）闽南文化德育资源的意义结构

如前所述，闽南文化德育就是一定教育主体运用闽南文化德育资源对一定受教育者进行教育的教育实践活动，那么闽南文化德育资源的意蕴或意义结构是什么呢？闽南文明文化的发端是历代入闽的中原移民带来的中原文化与闽地土著的闽越文化融合而成的文化，闽南文化是生活世界总体文化，是物质文化（如文物古迹、建筑、服饰、饮食等）与精神文化、制度文化与技术文化的总体，是农耕文化和海洋文化、历史文化与现代文化、宗教文化和民俗文化、艺术文化和科学文化的总体，是人与人、自然和社会关系文化的总体。有关系的地方就有道德，人与人、自然和社会的关系都是循着一定的道德行进的。因此，这种关系的总体文化必蕴含和趋向道德文化。依据闽南文化思想政治教育资源的界说，闽南文化德育资源就是闽南文化中的道德精神及其载体资源。

可以说"一花一世界，一叶一天堂"，也可以说"一花一道德，一叶一伦理"，闽南文化道德具有不可穷尽的道德精神，这里仅能归结出几种既具有闽南区域特质又饱含普世意义的道德精神。而闽南文化道德精神又是一个内在关联的精神结构，其总体是生活世界总体道德精神，即人与人、自然和社会道德关系的总体道德精神，其本质是工作世界道德精神，而工作创造或工作共同体精神是其价值核心。

1. *爱国爱乡精神*

爱国是闽南文化的大德、大善、大爱。爱国离不开爱乡，爱乡是爱国之原初动力和最初情感，一个不爱家乡的人不可能真正爱国。爱国爱乡不是停留在口头上，而是要落实在为国家、为家乡、为人民建功立业的行动上。如开漳圣王文化中的陈氏父子率领众多府兵将士自中原南下，千里迢迢远征入闽，其家族在漳治州长达150年，经历了几代人的艰苦奋斗，至清末漳州已是全国比较富庶的地区之一。再如妈祖文化中的妈祖是扶危济困、保家卫国、爱民爱乡的道德化身，妈祖文化也是海外赤子敦睦亲情、寻根认祖、文化认同的具体象征，是联系海内外华人和海峡两岸华夏儿女的重要精神纽带。闽南人恋乡崇祖的祖根意识十分强烈，闽南人远渡重洋又将爱国爱乡精神带去迁居地，并且把对故土的热爱演化为恋乡崇祖的祖根意识。闽南人节庆重视祭祖，重视血缘纽带，认宗修谱建祠堂风气盛行。闽南人爱国恋乡，乐于回报桑梓；他们兴学重教、扶持同乡、捐资兴业。这种寻根认祖情怀，增进了同乡之间的乡土感情，增强了人际亲缘关系，对海内外炎黄子孙尤其是台湾同胞具有很强的凝聚力、向心力。这种凝聚力、向心力正是我们努力实现国家统一，共建强大国家的情感基础。

2. 神明信仰精神

神明信仰是一种道德精神，因为神明就是真善美道德的化身，信奉神明就是对真善美的敬仰和践行。如开漳圣王崇拜与妈祖崇拜，都是民众对历史上为国、为民做过贡献的人的敬仰，并奉其为神明。这些神明就是真善美的道德化身。因此，闽南民间信仰文化就是道德信仰文化，就是民众对大德大爱的精神实体的向往、追求、热爱和践行。神明信仰的本质不是信奉居住在天上或海里的实体的神，而是信奉神明所蕴含的生活和工作世界的意义，特别是道德精神意义。人们信仰神明就是认同神明代表的真善美价值观和道德观，并不断努力使自己的生活、工作和精神朝着这样的价值取向和道德要求进取和升华。

3. 异乡开创精神

"人活着就是在一定的时空中居住，这一定的时空就是人们称之为'乡'的东西。在这个意义上，人的存在就是'乡'的存在，存在的追寻就是对'乡'的追寻，而'乡'又有'故乡'和'异乡'之分。"[①] 异乡就是人的异域、异在，闽南文化的异乡开创精神就是背井离乡去异域筑造和栖居生活世界、开拓生存空间的精神。闽南人或闽南文化风土中的主体，爱国爱乡又不把自己封闭或束缚在家乡的原地，他们不断地走向海洋、走向世界、走向异域，探求新的生活路向，开拓新的生存疆域，筑造新的生活和工作世界，又把他们在异乡累积的财富和精神带回故乡，把他们在故乡凝练的生命献给异乡，真正抵达了"从故乡到异乡，从异乡到故乡，故乡与异乡都是我的乡、我的乡情"的穿越者存在境界。[②] 这就超

---

① 李晓元：《世界境界哲学——中国梦的世界境界及其实现》，社会科学文献出版社，2013，第63页。
② 李晓元：《世界境界哲学——中国梦的世界境界及其实现》，社会科学文献出版社，2013，第62～63页。

越了"月是故乡明""孝子不远游"的倚重故乡、贬抑异乡的传统中原文化和儒家文化，具有当今时代文化的宝贵意蕴和当代人存在的实有、实用价值。因为"现代人已无传统意义上的乡或故乡，而是以穿越为乡，这个乡是流动流变并充斥着各种矛盾冲突的存在之乡，而不是固守的僵化的乡，是主体化而不是客体化的乡，它需要主体去造化和追寻"。① 如开漳圣王文化中的开漳建州文化以及陈元光后裔向台湾和东南亚等地的移居，妈祖文化、海丝文化、漳州月港文化以及闽南海商文化走向世界的海洋精神，都诠释、印证和彰显了闽南文化的这种异乡开创精神。调查显示，在东南亚闽南籍移民数量已经超过了本地居民。"世界上凡有人群的地方，就有华人；凡有华人的地方，就有闽人。"异乡开创精神是一种对异乡和故乡的双重德性和爱戴，是一种具有超越性、冒险性、创造性的道德精神。

4. 工作创世精神

有德之人必是造福社会和民众的人，而要造福就要有创新力、开拓力、创造力，创造精神就是最大的德爱。而创造的本质就是工作创造，工作创造的本质是工作世界共同体的创造。以开漳圣王文化为例，在整个平乱和安疆守土过程中，陈元光家族先后有 6 人为此献身，其属下将士也有多人英勇献身。陈元光身为统领岭南军事总管兼漳州刺史，身先士卒，率领属下将士为安定边陲而戎马倥偬，鞠躬尽瘁，死而后已。封建历代帝王都在追思陈元光创立漳州的丰功伟绩，并加以封赠，敕赐祭祀。新中国成立后，政府同样没有忘记陈元光开漳的历史功勋，大力弘扬其工作创造、创业精神。爱国主义、神明信仰、异乡开创精神都离不开工作实践或工作创造。闽南海丝文化、海商文化、月港文化、妈祖文化等闽南文化的诸多文化范式或形式无不洋溢着这种工作创造、工作创世精神。

马克思在晚年的《人类学笔记》中把文化理解为人类创造生活的历史过程，而广大民众的生产劳动（即工作活动）是历史文化的基础，"物质生活的生产方式制约着整个社会生活、政治生活和精神生活的过程"。②

---

① 李晓元：《世界境界哲学——中国梦的世界境界及其实现》，社会科学文献出版社，2013，第 63 页。
② 《马克思恩格斯选集》第 2 卷，人民出版社，1995，第 32 页。

在文化世界中，生产活动或生产方式是一切文化现象、文化意义的源泉和根本动力。而生产活动或生产方式的主体化、现实化就是人们的工作活动或工作方式。这些论述都表明，文化的总体意蕴是生活世界，本质意义是工作世界，文化意义的源泉是工作创造。卡西尔的人类文化哲学认为，文化就是人的创造性活动，人就是文化，而工作世界处在文化世界的核心，"人的突出特征，人与众不同的标志，既不是他的形而上学本性也不是他的物理本性，而是人的劳作（work）。正是这种劳作，正是这种人类互动的体系，规定和划定了'人性'的圆周，语言、神话、宗教、艺术、科学、历史，都是这个圆的组成部分和各个扇面"。① 工作世界是文化世界的基础与核心，工作创造或工作创世精神是根本的道德精神。有德必须有爱，有爱必须有行动和奉献，否则道德就软弱无力，至少就不是大德大爱。工作创造世界，工作创造生活。"每个社会、国家和个人都要靠工作创造世界。'诺亚方舟'并不是一条资本救世的船，而是一条工作创世的船。它是载着牲畜、种子和工具航行于灭世的洪水，而不是载着资本和黄金。"② "宗教和神话最初是工作者的话语方式，自然会烙上工作者的深痕明迹，人们对神灵的崇拜即是对工作者造物工作行为与境界的敬仰。这虽是虚幻，但仍不失为一种工作文化的自觉。"③ 神明信仰的表层是道德信仰，道德信仰的实质是对工作创世的信仰。人们对神明的信仰，不只是对这个神明个人的信仰，而是对清明、稳定、能保障生活和激发工作创造的社会关系以及美好生活世界的敬仰——那是他们自己的存在关系和生活内涵，而工作世界、工作共同体是文化世界或生活世界意义的源泉和存在之根、历史绵延与接续之本，亦是闽南文化的根本精神向度和核心价值取向。闽南文化的爱国爱民、神明信仰、异乡开创等道德精神的实质是工作创造或工作创世精神。这种道德内涵也应是一般道德的内涵，即道德不只是抽象的善、爱、公平、正义精神和原则，其根本在于工作创造精神和工作共同体关系。

---

① 〔德〕恩斯特·卡西尔：《人论》，甘阳译，上海译文出版社，2003，第107页。
② 李晓元：《世界境界哲学——中国梦的世界境界及其实现》，社会科学文献出版社，2013，第241页。
③ 李晓元：《人学走进工作世界——主体化人学初探》，人民出版社，2012，第4页。

5. 异质包容精神

包容是一种德性，包容精神是一种互爱、互敬、共存、共荣的平等和仁爱精神，异质包容则是包容精神的更高境界。闽南文化的包容精神是存在大格局的包容精神，中原文化与闽粤土著文化、海洋文化与陆地文化、农耕文化与工业文化、儒家文化与道家文化、故乡文化与异乡文化、科技文化与信仰文化……这些文化在闽南多元异质并存、同质融合，构成一个海纳百川的文化包容结构。这种包容精神以宗教文化尤为突出，闽南地区是各种宗教多元异质并存的乐土。佛教、道教、伊斯兰教、基督教、天主教、印度教、摩尼教等十几种宗教在闽南地区并存。如泉州有"泉南佛国""世界宗教博物馆"的美称。泉州涂门街一带方圆几里的街区就分布着天后宫和关帝庙、伊斯兰教的清净寺、佛教的承天寺、儒教的文庙及道教的元妙观等；清源山、紫帽山、仙公山等同一座山上儒教、道教、佛教等多教并祀、多神共居；也有同一座庙宇多教共处、多神共享香火的局面。有容乃大，同质包容是一种大爱，异质包容是一种大德，这种大爱大德必有大的造化。而这种造化就是主体造化的生活世界和工作世界，就是以工作世界为价值核心的文化共同体。

闽南文化的道德精神资源不同于以理论形态存在于道德文化典籍当中的一般道德观，它总是蕴含于具体的感性的文化载体。闽南文化道德载体资源从文化形式上可分为多种类别。从文化范式上看，可分为开漳圣王文化、妈祖文化、闽南海商文化、关帝文化等历史文化形式；从文化风俗上看，可分为各种形式的民俗文化形式；从文化意识形态上看，可分为宗教文化、艺术文化等形式；从生活世界总体上看，可分为物质文化与精神文化，技术文化、制度文化与观念文化等形式。这些载体作为不同的文化形式学界已有诸多论说和研究成果，这里不再赘述。

（二）闽南文化德育资源现代转化路径

任何一种历史文化都有教育价值特别是思想政治教育价值，否则就不能在历史中积淀，就不能成为文化，更无法延续下去而被后人承接和发扬光大。而这种历史性和现代性的张力就在于其精神能量特别是道德精神力量。闽南文化的教育价值就在于其丰厚的道德精神资源，为此，如何把这些资源转化为现代思想政治教育的内容，自觉地运用它们来进行现代思想政治教育就是一个值得探讨的问题。依据闽南文化思想政治教育概念及转化界说，闽南文化思想政治教育的现代转化就是闽南文化风土中的教育者主体，以马克思主义为导向，把闽南文化的思想政治教育资源转化为现代教育的过程。据此，闽南文化德育资源的现代转化就是闽南文化风土中的教育主体，以马克思主义为主导，把闽南文化的德育资源转化为现代德育的过程。如此，它与闽南文化德育概念有所不同，它只是现代意义上的闽南文化德育，而后者包括历史上的和现代的闽南文化德育两个时空维度。转化就是主体化、现代化，就是现代的教育者与受教育者将客体的历史文化知识转化为自己现代的道德观和道德精神的过程，这不是原封不动地照搬历史文化，而是吸纳和扬弃的过程，这就需要有马克思主义导向。

闽南文化德育资源现代转化的基本路向是：以开漳圣王文化、妈祖文化、海洋文化、民俗文化等为主要形式的多道德文化内容教育，以政府、民间、学校、教师、学生为主体的多主体教育，以庙宇、雕塑、绘画、音乐、舞蹈、文本、历史遗迹等为道德载体的多载体教育，以同质与异质并存的多样化道德精神为结构的多道德精神教育，以人文科学、哲学社会科学、思想政治理论等课程以及闽南文化课程为闽南文化德育融入对象的多课程教育，以课堂、体验、实践、研究、建构为方法的多方法教育。下面结合这些基本路向突出阐述几种具体的转化路径。

1. 认知与研究转化

闽南文化德育资源的现代转化，首先是认知转化，即对闽南文化的意蕴和德育思想资源要有一个科学、完整和深层次的认知和确认。而认知转化又离不开学界研究的转化。首先，在对闽南文化意蕴的认知上，要进一步对其进行文化世界的生活世界总体性和工作世界本质的自觉和确认，要从单纯的信仰文化、寻根文化、祭祀文化等历史叙事转向文化世界总体性认知，进一步理解、透视和感悟闽南文化中的技术文化、制度文化以及人与人、自然和社会关系的总体意蕴。如此，才能更为全面地把握其大德大爱精神资源的真谛。其次，要从大德大爱的大德育思想层次去把握闽南文化的道德精神资源，而不仅仅是狭义的或较为抽象的仁爱与真善美原则和境界，特别是要把握其工作创造精神这一道德精神的核心价值。再次，从研究的视野看，要避免只偏重研究闽南文化杰出人物及其家族的历史文化的权贵化倾向，要重视对民众的生活世界和工作世界的意义的探究。闽南文化的原创者是广大的闽南民众，发扬光大者也是闽南民众，民众是闽南文化的价值主体和意义的建构者。在研究的价值取向上，要戒除单纯的文化搭台、经济唱戏的功利化和物化倾向，要确立文化研究的价值旨归是大众的生活世界和工作世界这一终极价值取向，即大众本位的价值取向，只有这样才能因为有大众的亲和感和利益诉求而得到大众的响应和承接，才能现实化为大众的精神力量。

2. 文化交流转化

具有内在性的道德精神依附于具有物质、行为和技术、技艺等外显形式的文化载体或文化交流互动。因此，要循着对闽南文化及其德育资源的确认和觉解，广泛开展闽南文化的交流活动，通过这种交流达到体验式和情境式的教育效果。如在漳州举办的闽南文化研讨会、开漳圣王文化节、海峡论坛等文化交流活动，都推动了以闽南文化为载体的两岸文化共同体特别是漳台、闽台文化共同体的建构，而这种文化共同体就是靠道德精神支撑的精神文化共同体。这些精神文化共同体的建构，彰显了文化交流活动所达到的教育效应，而这种教育是以民众为主体的政界、学界、商界、民间等多重主体的共为过程，是一种平等的主体间性的主体与主体在开漳圣王文化这一共同的情景中的共同教育、共同体验和感悟。今后，还要进一步拓展这种交流式的教育方式，如成立跨区域的闽南文化交流协会，广泛邀请和吸纳周边地区、台湾地区与东南亚国家民众参与，深入挖掘闽南文化的大德大爱精神，使闽南文化的道德精神成为两岸同胞和海外侨胞加强沟通联系，增强文化认同感和民族凝聚力的一大文化品牌。

3. 学校教育转化

学校教育转化主要是指学校在历史文化、地域文化教育特别是思想政治教育中进行有关闽南文化的道德精神教育。教育形式主要有课堂教育、讲座教育、实践教育等。课堂教育一种形式是开设独立的闽南文化教育课程，如前所述，这一形式在闽南区域学校特别是高校方兴未艾。一种是将闽南文化及其德育资源融入一定的课程内容进行教育，而在思想政治理论课中融入闽南文化教育是主渠道。世域文化只有融入一定地域的文化风土才能实现其价值和意义，否则就会受到排斥和悬置。闽南文化是闽南区域重要的文化风土，其爱国爱乡精神、道德信仰精神、异乡开创精神、工作创造精神、异质包容精神与社会主义核心价值观以及两岸共有的中华传统文化具有天然的契合性。这就为闽南文化与国家意识形态文化和台湾文化的世域内涵相融提供了可能，也会使作为世域文化的国家意识形态文化和台湾文化捕获闽南文化的风土民情从而进一步现实化和民众化。如此，就可以把嵌入了社会主义核心价值观、台湾现代文化意义的闽南文化精神提升为或转换成当今世域文化精神或两岸共同精神，以此推进两岸精神文化共同体的建构，进而使其融入两岸生活、工作共同体，为两岸关系发展注入共同体精神的文化实力或精神能量。讲座教育就是聘请一些专家学者在学校图书馆、文化馆、学术报告厅等场所以研究报告的形式进行教育。这里的实践教育即实践课形式的体验教育，如陈集镇举办的"弘扬根亲文化加强爱国主义"主题教育活动。陈集镇是陈元光的祖居地，据报道，2013年4月1日清明节即将来临之际，陈集镇的学校组织400多名中小学生在陈氏将军祠开展爱国主义主题教育活动。学生们穿着统一的服装，排着整齐的方队参观陈氏将军祠，瞻仰开漳圣王塑像，听取陈政、陈元光及魏敬夫人的事迹介绍，了解本地作为闽台祖地的历史渊源。在七星拱月墓园，同学们敬献花篮、默哀、宣誓，绕墓一周，表达对先贤们的无限崇敬和颂扬之情。整个活动庄严肃穆，井然有序，学子们认真倾听、仔细观看，陈政、陈元光父子入闽开创漳州的历史功勋和忠于国家的爱国精神，深深地触动着每一位学子的心灵。这种弘扬根亲文化的爱国主义教育活动，会让陈氏父子开漳的爱国精神在学生心中深深扎根，激发学生们的道德精神，激励学生们为建设更加繁荣、富强的祖国而学习。

除了上述形式外，闽南文化夏令营、研习营也是学校教育转化的一种重要而有效的形式。它集实践教育、讲座教育等形式于一体，教育形式灵活多样，是一种较为综合的教育转化形式。如闽南师范大学闽南文化研究院承办的2014年闽南文化研习营活动，研习营时间从7月10日至7月16日，来自台湾大学、成功大学、"中央"大学、明道大学、佛光大学等10所台湾高校的40多名师生，与该校60余名师生一同参与研习、互动和交流。在此期间，营员们在漳州以及厦门等地，开展专题讲座、小组讨论、交流座谈、实地考察以及文艺联欢会、篮球友谊赛等活动，其中听取闽南文化专题讲座 4 场，进行实地考察 7 处，共同感受闽南文化，加深两岸友情，促进了两岸高校学子之间的相互了解，并亲身体会台湾文化与漳州文化之间的差异，体验闽南文化的博大精深和人文魅力。

4. 载体建设转化

载体建设转化主要是一种社会自我教育，就是通过庙宇、图书、影视、绘画、雕塑以及历史遗存的保护开发等物质形态和文艺方式传布、展现闽南文化的精神内涵，产生身临其境的感染力和收到具体形象的审美教化效果。这会在很大程度上强化和拓展人们对开漳圣王文化的道德精神的确认和觉解、信念与追求，并丰富人们的精神文化生活，既能起到具体、形象和潜移默化的教育作用，又能推动经济、旅游和文化事业的发展。如陈元光建置漳州府的所在地云霄县先后投入两亿多元人民币修建将军山公园、开漳历史纪念馆、威惠庙、陈政墓园等，开漳史迹也得到修葺和保护。在云霄开机的大型历史电视连续剧《大唐儒将开漳圣王》已拍摄完成并上演。这些都达到了其他教育形式不能达到的效果。再如一些妈祖文化的影视剧用现在的影视表现形式传达妈祖文化所囊括的优秀中华美德，使人们进一步了解妈祖文化功在当代、惠及千秋，收到了很好的教育效果。此外，一些寺庙朝拜和祭祀活动、一些文化节活动、一些文化旅游项目，这些载体建设所教育的主体更为广泛，效果更为明显。

5. 实践教育转化

这里的实践教育转化主要是指一定社会主体通过社会实践将闽南文化的德育资源或道德精神转化为生活、工作世界的精神动力和能量。内敛的道德精神只有外化为生活世界特别是工作世界实践活动和生命存在才能固化、强化和现实化，才能显现精神的实践本性和存在能量，进而在现实中不断地升华自身并与其他精神文化融合壮大，进而推动文化共同体、经济社会共同体以及生活工作共同体的建构与发展。实践教育转化是闽南文化德育资源现代转化的根本方式和价值旨归。如此，要在闽南区域的经济社会建设、发展和民众的生活、工作中倡导、尊崇和践行以工作创造精神为根本的闽南文化道德精神，使这些精神不断注入和融于闽南经济社会实在和大众的现实生活，并形成政府、学界、商界、文化界和民间多主体的实践教育格局和路向，从而超越单纯的文化载体和文化交流活动教育的局限性。而其中，民间组织的实践教育转化更具有基础性的作用，可以说，一个民间组织就是一个相对的道德精神共同体，无数相对的民间精神共同体构成总体的绝对的闽南道德精神共同体。因此，构建经济社会间和政府间精神共同体就有了根基。另外，还要重视建设闽南文化产业园，建构以闽南文化为主题的文化产业基地，推进国际、海峡两岸闽南文化机构和文化产业的合作交流，打造具有闽南文化道德精神的文化创意产业和产品。因此，可以将闽南文化的道德精神注入人们的产业活动、产品创造和享受，加深对闽南文化道德精神的体验、感悟和理解，提升人们对闽南文化德性精神的自觉、自信。

第三节　闽南文化思想政治教育的发端——开漳圣王文化及其德育资源的现代转化

从摩尔根将文化分为蒙昧时代、野蛮时代和文明时代的意义上讲，开漳圣王文化是开漳建州的农耕文明的开端，是闽南文明文化的开端，是闽南文化形成的标志，标志闽南从蛮荒时代的野蛮文化时期进入文明文化时期。开漳圣王文化也是闽南教育特别是闽南思想政治教育的历史开端，陈元光时代兴儒学、办书院在很大意义上就是发展思想政治教育。历史从哪里开始，逻辑就从哪里开始。如此，当代闽南文化思想政治教育具体形态的研究和实践就以开漳圣王文化思想政治教育为开端、发端。发端即发生的开始。以开漳圣王文化为闽南文化思想政治教育的发端，是闽南文化思想政治教育具体文明形态意义上的发端，又是闽南文明文化思想政治教育意义上的发端，这并不等于说闽南文化思想政治教育以开漳圣王文化思想政治教育为发端或开端，闽南文化思想政治教育从文化哲学方法论开始，然后进入闽南文化的历史和内涵，进而引出闽南文化思想政治教育的意义结构和发端问题。因此，开漳圣王文化发端之前的闽南文化历史形态也都在闽南文化思想政治教育的范围之内，但它们不是标志形态，标志形态必须是闽南文明文化形成之后的有普遍世界影响力的闽南文化的实体形态。本节主要用文化哲学方法，以开漳圣王文化的意蕴、精神内蕴以及漳台精神共同体的构建为逻辑起点，在此基础上探究以工作创世为核心的开漳圣王文化德育资源及其现代转化路径。

文化就是人化，文化世界就是人化世界、就是主体化世界、就是生活世界的总体，其本质是工作世界。文化世界的意义是文化创作者、表演者、教育者、学习者、欣赏者等多重主体的共同自觉、体验、理解、造化和建构。历史文化不只是对象化、客体化的历史文化，更是研究者、教育者、学习应用者以及欣赏者等多重主体的主体化历史文化，是主体化生活世界的意义，其本质是主体化工作世界的意义。因此，任何历史文化都不只是也不可能是纯粹的历史叙事，都更是现实主体的现实自觉和建构文化。开漳圣王文化思想政治教育问题的提出，亦是针对历史文化研究和传播中只顾对文化进行历史叙事和原典解读以及经济搭台、文化唱戏式的把历史文化客体化、经济化、物化的状态。历史文化主体化或主体化历史文化是研究者、研究内容和文化应用者主体化的总和。研究者主体化就是要有研究者主体化的语言、思想、概念和存在诉求以及价值取向；研究内容主体化就是要揭示历史文化的主体存在意义、生活世界和工作世界意义及其精神结构；应用者主体化就是要展现和建构历史文化的经济与社会、自然与人、物质与精神的总体意义。

一　开漳圣王文化与漳台精神共同体构建——文化哲学的区域文化向度①

学界对开漳圣王文化的研究，主要局限于历史文化学的历史叙事方式，尚未展现其总体意义、本蕴以及内在的精神结构。开漳圣王文化具有文化世界的总体性，其本质是工作共同体文化。工作共同体以精神共同体为内蕴和纽带。开漳圣王文化语境中的漳台精神共同体就是以开漳圣王文化为载体的漳台共同的精神确认与觉解，共同的精神信念、追求与精神创造，其核心是民生精神。漳台精神共同体是漳台文化共同体的深层结构。要从漳台同胞的生活、工作以及教育等多重领域构建漳台精神共同体，从而超越单纯的文化载体和文化交流活动的局限性和狭隘性。

---

① 本节为国家社会科学基金项目"马克思主义哲学中国化的文化世界向度研究"（12BZX011）的阶段性成果，原载于《漳州师范学院学报》（哲学社会科学版）2012年第4期。

20 世纪 80 年代以来，大陆及港澳台学界对开漳圣王文化与漳台关系的研究日益深入，所取得的成果主要集中于对开漳圣王文化与漳台关系的历史考察和现实确认。学界普遍认为，开漳圣王文化是富有漳州特色的血缘祖根文化，内容涵盖陈氏父子和所率将士及其后裔开漳建州的历史，也包含从唐到今闽粤台和东南亚地区民众对陈元光的纪念、祭祀活动。这一概念界定还只是历史文化学的历史叙事方式，而非文化哲学的文化总体论表达。也有学者从开漳建州文化、寻根文化、信仰文化指出了开漳圣王文化的精神意蕴及其对漳台关系的精神纽带作用，但尚未探明这种精神意蕴或精神纽带的深层结构或总体格局。因此，立足于开漳圣王文化的历史确认和现实接续，探究开漳圣王文化的总体性和本蕴以及漳台精神共同体的内在结构与建构策略，就成为当下研究开漳圣王文化与漳台关系的一个新课题。而这种探究就是用文化哲学的方法研究地域文化的意义结构，是"地域文化哲学"研究。

（一）开漳圣王文化的总体性和本蕴

现实世界是一个日常生活世界，日常生活世界是一个常识世界，而"常识世界从一开始就是一个文化世界"，① 现象学社会学家许茨的生活世界文化哲学道出了文化的生活世界总体意蕴，并确立了工作世界对于文化世界或生活世界的核心地位。卡西尔的人类文化哲学认为，人就是文化，人的本质就是创造文化的工作活动，"人的突出特征，人与众不同的标志，既不是他的形而上学本性也不是他的物理本性，而是人的劳作（work）。正是这种劳作，正是这种人类互动的体系，规定和划定了'人性'的圆周，语言、神话、宗教、艺术、科学、历史，都是这个圆的组成部分和各个扇面"。② 马克思的实践文化哲学认为，"社会生活在本质上是实践的"，③ 实践就是人化自然、人化社会、人化世界的文化活动或文化世界。"物质生活的生产方式制约整个社会生活、政治生活和精神生活的过程。"④ 在文化世界中，生产活动或生产方式是一切文化现象、文化

---

① 〔美〕阿尔弗雷德·许茨：《社会实在问题》，霍桂桓译，华夏出版社，2001，第 388 页。
② 〔美〕恩斯特·卡西尔：《人论》，甘阳译，上海译文出版社，2003，第 107 页。
③ 《马克思恩格斯选集》第 1 卷，人民出版社，1995，第 60 页。
④ 《马克思恩格斯选集》第 2 卷，人民出版社，1995，第 32 页。

意义的源泉和根本动力，而生产活动或生产方式的主体化、现实化就是人们的工作活动或工作方式。因此，任何一种文化形态、文化形式，其本质不仅在于自身，更在于其与自然、社会和人的关系，更在于其生活世界总体性和工作世界本质。因此，我们对文化的认知和觉解要坚持文化哲学的文化总体性方法，把文化置于文化世界的总体性存在背景或境遇中进行考察、分析和确认，并解构其工作世界内蕴。

开漳圣王文化是经济文化与政治文化、技术文化与制度文化、物质文化与精神文化的总体，是人与人、自然和社会关系的总体。逻辑地看，开漳圣王文化首先应是经济文化，但历史地看，它首先是政治文化，即以陈政、陈元光父子平定"蛮獠啸乱"为起点。这似乎有悖于逻辑与历史相统一的逻辑，其实不然。平乱的政治是为了发展经济和创造安定、富庶、文明的生活，是为生活和工作创造稳定的政治条件，因此，平乱的政治逻辑上就有一个先在的经济存在或生活世界，而不是为平乱而平乱，这一点已为历史所确认。"在陈氏父子入闽前，远离中原政治经济中心的福建南部，仍处在封闭落后状态。地方割据势力此起彼伏，战乱频繁，社会秩序极为混乱，中央政权鞭长莫及。"① 唐高宗总章二年（669）开始，陈政奉朝廷之命入闽平定"蛮獠啸乱"。② 仪凤二年（677），陈政病逝，陈元光继任父职之后，视战争为手段，把经济社会发展当作平乱的最高目标。他在垂拱二年（686）向朝廷呈递《请建州县表》，建议于泉（今福州）潮间增置一州，"其本则在创州县，其要则在兴庠序"。朝廷昭准，封陈元光为首任刺史。陈元光政治上建立台所，保境安民，唯贤是举，安抚"蛮獠"，促进民族融合；经济上寓兵于农，积极屯田，广收游散，大力推行均田制，兴修水利，围垦造田，指导农耕，通商惠工；文化上兴办府学，致力于传播中原文化与生产技术，极力倡导文明，把兴儒教、办学堂视为"救时之急务"，"松洲书院"应运而生，出现了"化蛮獠之俗为冠带之伦"的景象。在陈元光及其部下将士和民众的不懈努力下，漳州经济得到较快的发展，社会安定，百姓安居乐业。这进一步巩固和升华了政

---

① 赵志群：《开漳圣王文化源流初探》，《福建论坛》（人文社会科学版）2008 年专刊。
② 《福建通志·名宦传》陈元光条。

治，陈元光被民众奉为"开漳圣王"。经济的先在性又是以技术和制度的先在性为基础和根本的。漳州未设治前，仍处于"刀耕火种"的游耕农业时代，人们以渔猎为生。陈元光及其部属从中原带去先进的生产技术和管理制度，使得这个蛮夷之地有了技术与制度的文化、文明，从而激发了在历史中尘封已久的生产力潜能特别是人的工作创造力，使得经济社会获得前所未有的发展。开漳建州、发展生产是人与人、自然和社会关系的创建行动，是开创性的生活、工作活动，是在陈元光主导下的漳州民众的共同活动、共同创造、共同享受过程。开漳圣王文化虽以开漳圣王命名，但这种文化的原创者并不就是开漳圣王，他只是一个主导者，而主体是广大的漳州民众，客体是漳州的自然生态和社会生存环境。从这个意义上讲，开漳圣王文化是主导者、主体、客体三重存在的共为、共生、共荣和共在。认识开漳圣王文化，必须把它放置在这种人与人、自然和社会关系的总体性（即生活世界总体性）中，以避免把开漳圣王文化权贵化、单向度化和抽象化的倾向。

生活世界根植于工作世界。开漳圣王文化的本质或核心是工作世界共同体文化。技术、制度、经济、政治、物质、精神，等等，所有这一切，都是漳州文化与中原文化、漳州人与中原人的融合共生。因此，漳州人的生活既是漳州人自己的生活，又是中华民族共同体的总体生活，这个生活共同体就是文化共同体，就是技术文化与制度文化、经济文化与政治文化、物质文化与精神文化等存在元素的共同体总体。而这个生活的共同体或文化共同体都是靠漳州民众的辛勤劳动和创造性的工作总体起来的。人的本质是工作，工作的本质是工作世界，工作世界的本质是工作世界总体性，工作世界总体性的本质是人性化的和谐工作世界。文化的本质是创造，创造的本质是工作创造，工作创造的本质是共同创造、共同占有和享受。因此，开漳圣王文化这种生活共同体或文化共同体，与任何一个共同体一样，是以工作世界或工作共同体为基础和核心价值取向的。而技术与制度、工作能力与工作关系是这个共同体的根本层次或基本结构，政治关系与精神文化关系则是这个共同体及其基本结构的反映、保障与政治和精神的建构。人们对开漳圣王的崇拜和敬仰，不只是对他个人的敬仰，更是对清明、稳定、能保障生活和激发工作创造力的政治或政治关系的敬仰，是对他们自己的美好生活和工作世界的敬仰。"上帝初现是以造万物的工作者姿态；救世的诺亚方舟是载着种子和牲畜航行于灭世的洪水，亦是生产工作救世。宗教和神话最初是工作者的话语方式，自然会烙上工作者的深痕明迹，人们对神灵的崇拜即是对工作者造物工作行为与境界的敬仰。这虽是虚幻，但仍不失为一种工作文化的自觉。"① 开漳圣王文化就是民众对文明和谐的工作世界的文化觉解。同样，人们对儒学、道学等文化的尊崇，亦是对能够唤醒他们文明存在与和谐共生的文化生活的尊崇。总之，这种工作世界、工作共同体及其内生结构是开漳圣王文化的经济、政治、精神文化意义的源泉，是开漳圣王文化的存在之根、历史绵延与接续之本，亦是弘扬开漳圣王文化、构建漳台精神共同体的根本精神向度和核心价值取向。对于开漳圣王文化的延展与传播，切不可停滞于所谓"寻根文化""血缘文化""信仰文化"的表层或"开漳建州文化"的历史叙事，要把这些表层意蕴与生活、生产特别是工作共同体结构本蕴融合起来，这才是完整的、有存在格局与民生意蕴的、有表层显意与深层内涵的、有地域规范又有世域时空的、有历史传承又有现实担当的开漳圣王文化。这样才能摆脱地域文化的狭隘性、局限性和浅显性，才能避免历史文化与现世文化的断层。

（二）开漳圣王文化的精神内涵与漳台精神共同体概念

开漳圣王文化精神是漳台同胞的共同精神，是漳台精神共同体。当下学界对文化共同体、两岸文化共同体的研究颇多，而对精神共同体、两岸精神共同体的研究颇少甚至处于失语状态。这或许源于精神共同体的遮蔽状态和文化共同体的显露情境。精神共同体是文化共同体的精神结构或深层意蕴，总是内含于或隐存于文化共同体显现的形式、状态或情境。文化共同体是文化载体、文化交流活动、物质与技术等文化的外在形式与共同的精神确认和觉解，共同的精神信念、追求和精神创造等内在精神意识形式的统一体，而后者是文化共同体的精神结构，即精神共同体，文化的思维方式、价值取向、精神理念也都内含在这个精神共同体中。这个内在的隐含的潜能精神共同体，由于自身的无形而常常被一些喜欢有形的人们遗

---

① 李晓元、蒋德勤等：《工作哲学引论》，知识产权出版社，2009，第81页。

忘或忽略了，但正是这种无形潜能的精神能量和精神指向使得文化获得了共同体的形态和有形的框架与样式。如果说文化共同体是一个充满活力的有机形体或实体，那么精神共同体就是它的经络和血脉，就是把文化共同体维系起来的强有力的无形纽带。因此，漳台精神共同体与漳台文化共同体的关联亦是这种经络、血脉与有机体总体的一体化关系，开漳圣王文化语境中的漳台精神共同体，就是以开漳圣王文化为载体的漳台共同的精神确认与觉解，共同的精神信念、追求与精神创造，其本质或核心是民生精神。

　　漳台精神共同体作为漳台共同的精神确认与觉解，主要包括漳台对开漳圣王文化共同的历史确认及其存在与本质的认知与解构。这种共同的精神确认和觉解，首先表现在漳台共同的精神信仰方面。陈元光殉职后，他的历史功绩铭刻在漳台同胞特别是开漳将士后裔的心中。他们多在聚居地立庙供奉自己祖先的领袖人物开漳圣王，尊陈元光为共同的神祇，如此，开漳圣王文化成为漳台共同的精神信念或信仰，这是共同信仰层面的精神确认和觉解。这种确认与觉解还表现在当今的文化交流活动中。如2010年7月第三届国际开漳圣王文化联谊大会在漳州隆重召开，来自海峡两岸及海外的开漳圣王及其部属的后裔、专家学者、宫庙代表600多人参加了大会。会间成功举办了开漳圣王文化国际学术研讨会，与会者还拜谒了陈元光陵园，参观了松洲书院等开漳圣王文化遗址，探寻陈元光及其部属开漳治州的历史足迹。这是一个漳台与海外人士共同觉解和确认开漳圣王文化的精神共同体行动，是一个共同体验、感知和认同开漳圣王文化的精神意识过程。开漳圣王文化国际学术研讨会作为一个文化共同体就是被这种精神共同体维系起来的。这种对开漳圣王文化共同的精神确认和觉解是当今构建漳台精神共同体乃至整个漳台文化共同体的逻辑前提。有了这种共同的精神确认与觉解，才会有共同的精神信念、追求和精神创造。但是，对开漳圣王文化的精神确认与觉解，不能停留在信仰文化的表层和历史文化的事实叙述、交流行为与经验感受，要以此为前提，深入文化的精神内蕴，这就是漳台共同的精神信念、精神追求与精神创造，而民生精神、开拓创新精神、包容精神及根文化精神是其基本的精神向度。

　　民生精神是开漳圣王文化中所展现的重视生产、创造新生活、消除动荡、实现社会安定的精神，以及兴办教育，提升民众文明和文化素质的精神，其本质就是漳台同胞生活、生产、工作的共同体精神。生产、生活与工作创造，这是漳台官方和民众共同的生存本质和存在意蕴，是他们共同的精神信念和精神追求。这种民生精神是漳台精神共同体的根本意蕴。历史上漳州人移民台湾本身就是一种开拓生存视野、追寻新的生活和工作创造意义的行动。漳州地区移民台湾主要从明代中期开始，南靖县《双峰丘氏族谱》载，明成化二年（1466），丘家有国旺、国时、国平三兄弟迁往台湾淡水定居。① 此后的两次较大规模的移民，发生在郑成功收复台湾和施琅结束台湾的郑氏割据状态期间。1926 年的调查显示，漳州人 90%以上在台湾宜兰县，漳州籍人占台湾全省汉族人口的 35.2%。② 据统计，现在台湾的陈元光庙宇有 300 余座，③ 每年二月十五日，即陈元光诞辰，演戏祝寿，"灯烛灿若日星，匝月不休"。④ "当最早远离故土的人们跨海来到台湾，面对荆棘丛生、瘴病横行的荒野和随时可能出现的外族或土著山民的骚扰时，他们所能依靠的，除了自身的力量之外，就只能祈求祖先神灵的保护，因此，几乎所有漳州移民，都携带家乡陈元光庙宇的香火作为护身符。"⑤ 可见，这种信仰文化的精神实质是民众对自己安定的生活、和平的生产和工作的祈祷、信念和追求，是漳州人或移民台湾的漳州人自己的民生精神和对开漳圣王文化民生精神的记忆、自觉与传带，而不单是对陈元光个人的崇拜。"唐初由陈政、陈元光父子率部入闽，并对漳潮地区进行大规模的开发，是一次影响深远的历史事件，它不仅直接影响这个地区，也间接地影响到后代对台湾省的开发。"⑥ 创造新的生活与工作世界的民生精神是开漳圣王文化和漳台精神共同体的核心精神或核心范式。

民生就是民众的生产、生活和工作生存，就是民众生生不息的生命活动和创造活动，民生精神必衍生出开拓创新精神。开漳圣王文化是开漳建

---

① 林嘉书：《南靖县向台湾移民的谱牒文献调查研究》，《台湾研究集刊》1988 年第 4 期。
② 《大清仁宗睿皇帝实录》第 229 卷。
③ 马跃华：《"开漳圣王"情牵海峡两岸》，《光明日报》2007 年 5 月 13 日第 3 版。
④ 《漳化县志·祀典志》。
⑤ 黄伟民：《陈元光信仰与祖先崇拜》，《漳州师范学院学报》（哲学社会科学版）2007 年第 4 期。
⑥ 汤漳平等：《论陈元光的历史地位和影响》，《福建论坛》（社科教育版）1983 年第 4 期。

州文化，实现了中原文化与漳州本土文化的融合创新、和谐创新。陈元光的后人移居台湾后，又把这种精神带到台湾，对开发建设台湾做出了贡献。因此，开拓创新精神是漳台共同的精神信念和追求。如今，漳州面临开发海西的机遇，台湾也面临经济社会发展的诸多问题和机遇，漳台共同面对两岸经济、政治、文化共同体建构责任的担当，开拓创新精神更是漳台共同的精神信念和追求，特别是漳台经济社会与民间的各种交流与合作，更需要漳台同胞共同的开拓创新精神和智慧。

民生、开拓创新精神的主体是民众，民众是一个包含了同质文化与异质文化、同化精神与并存精神、齐一价值观与多样价值观等各种存在格局和生活样式的包容总体。如此，以民众为主体的民生精神、开拓创新精神必然蕴含包容精神，丧失了包容精神就必然丧失民生的总体性和创造的源泉与动力。陈政、陈元光父子率家乡子弟兵在长达40年的平乱过程中，遵照唐高宗和武则天"教化为主"的大政方针，将中原先进的农耕文化逐渐传入闽越山区，随后又跨海传入台湾和东南亚地区，使处于"刀耕火种"状态的东南少数民族步入了先进的文明社会。陈元光是传播中原文化并使之与闽越文化融合、促进闽南文化形成与发展的奠基者，而他的后人开发台湾和迁徙海外，则是开漳圣王文化的延伸。而开漳圣王文化无论是作为陈元光时期的原创文化还是其后人的接续与绵延文化，都是漳州、台湾与海外民众的创造，从这个意义上讲，开漳圣王只是民本化的开漳圣王文化总体的一个具有初始意义的文化符号。中原文化与漳州本土文化的融合是跨文化的融合与包容，开漳圣王文化传播到东南亚和台湾，亦是跨文化的融合与包容。民生精神、开拓创新精神都离不开这种跨文化的包容精神。如今，两岸的和解、漳台关系的拓展更需要这种跨文化的包容精神。

人不能忘记自己的根本，人都要有存在论意义上的寻根精神，即找寻自己的存在之根、生存之本，而持有这种存在根本的人又要坚守住这个根本，寻找者与坚守者必在这根本之地、根本之意义上融为一个有共同根本的共同体。在历史上，漳州是"唐人过台湾，到海外"的重要出发点。据史料记载，漳州向台湾移民始于两宋，盛于明清，先后有98个姓氏移台。1953年台湾人口统计资料显示，当时台湾100个大姓中有63个姓氏的族谱记载先祖自中原光州固始迁入闽南，再由闽南迁入台湾，其中大部分人的开台始祖就是陈元光所率中原将士的后裔。台湾现有在 2300 万人口，其中祖籍漳州的人口占 35.8%，超过 800 万人。此外，在台湾现有人口 25% 的客家人中，也有相当部分的祖籍在漳州。近年来，诸多"唐人"的后裔，络绎不绝地回漳州寻根谒祖。台湾人到漳州寻根，寻的是生命之根、精神之根，这就使得漳台在开漳圣王文化的基础上，融为一个根文化的精神共同体。而这个根并不只是某个个人，而是根的生长和绵延之地，即具有原初存在意义和时空境域的故乡，即一个具有深厚民生意蕴和开拓创新精神与包容精神的存在之乡。如此，这寻根精神追寻的就是民生精神、开拓创新精神和包容精神。因此，异乡与故乡、异乡人与故乡人就在同质与异质存在精神中凝聚融合为一个有存在意蕴的精神共同体。

（三）构建漳台精神共同体的路径或策略

开漳圣王文化是漳台的共同文化和共同创造，其精神是漳台共同精神，这种共同精神（即精神共同体）构成漳台文化共同体乃至经济、生活共同体的精神纽带。精神共同体是文化共同体的内蕴和深层结构，文化载体、文化活动、经济关系等是表层文化。以往过度关注文化的物质层面、经济层面甚至政治层面，忽略了这种看不见的精神内核、内缘、内蕴。漳台共同精神即漳台的心缘，心缘无形而力量巨大，心缘使根缘、地缘、血缘、亲缘、文缘得以维系、延展。因此，构建漳台文化共同体、经济共同体和生活共同体都要以构建精神共同体为精神支撑。开漳圣王文化语境中的漳台精神共同体是历史的事实和现实的存在，这里所说的"构建"是在历史前提和现实基础上进一步整固、强化、升华和拓展这种精神共同体。其基本路径或策略如下。

其一，在拓展和深化漳台共同精神的确认和觉解中构建漳台精神共同体。从研究的时空视野上看，要把地域文化与世域文化融合起来，以避免单纯的地域文化和历史文化研究倾向。开漳圣王文化是中原文化与漳州地方风土民情的融合，体现了地域特质和世域意蕴。地域文化的一个普遍问题就是局限于地域，不能与世域文化融合、融通，这除了一些地域文化缺少开放性和包容性外，一个根本原因就是不能在共同体意蕴和结构本质上同世域文化融通起来。地域文化及其研究必须走出地域的限制，若走不出去，至多只能具有地域范围的意义，而随着时间的推移，它还会因为缺少世域的意义而丧失地域的意义，慢慢地归于沉寂。因此，要从地域与世域两个层面确认其精神向度，再把这种向度的共同精神升华为漳台共同体精神，挖掘精神共同体价值。从研究方法看，要从单纯的信仰文化、寻根文化、祭祀文化等历史叙事转向文化世界总体性研究，即要进一步重视开漳圣王文化中的技术文化、制度文化以及人与人、自然和社会关系的研究。从研究主体对象上看，要避免只研究陈元光及其家族的历史文化的权贵化倾向，要重视民文化的研究，开拓对民众的生活世界和生产实践的研究视野。开漳建州的主体是广大的漳州民众，民众是历史的创造者，是开漳圣王文化的价值主体和意义的建构者。在研究的价值取向上，要戒除单纯的文化搭台、经济唱戏的功利化和物化倾向，也要戒除文化研究只为政府决策做参考的单面倾向，文化研究也要为民间提供精神支撑和生活动力。从研究的内容上看，要避免片面的个人信仰文化和血缘寻根文化的狭隘认知和确认倾向，要增强对民生精神、开拓创新精神、包容精神等共同体精神的文化觉解，要把对个人或家族的信仰文化拓展到对共同体精神的深层精神信念和精神追寻，要把对个人或家族的寻根文化转换成民众对存在之根、生活之本的回溯与惦念、持有与建构、传承与弘扬精神。

其二，通过漳台文化交流活动和载体建设构建漳台精神共同体。如前所述，具有内在性的精神共同体依附于具有物质、行为和技术、技艺等外显形式的文化载体或文化交流互动。如此，要循着漳台精神共同体的确认和觉解方式、路径与价值取向，广泛开展漳台开漳圣王文化的交流活动，把构建漳台精神共同体同构建漳台文化共同体统一起来，使其互为依托、互为动能与支持。漳台开漳圣王文化交流已经累积了诸多精神共同体的历史。如在漳州举办的闽南文化研讨会、开漳圣王文化节、海峡论坛等文化交流活动，都推动了以开漳圣王文化为载体的漳台精神共同体的建设。在海西建设和漳台关系发展的新形势下，还要进一步拓展交流的主体、内容和形式，如成立跨区域的开漳圣王文化研究会，广泛联合海内外信仰开漳圣王团体的力量，整理开漳圣王宫庙活动习俗和庙会表现形式等。在有形遗产保护和开发方面，重视对漳浦威惠庙、芗城陈元光墓地以及陈元光重要部将庙宇墓地进行修缮，对松洲书院、陈元光入闽屯兵处等重要遗迹加快开发步伐。

其三，在漳台共同精神的践行中构建漳台精神共同体。文化载体或文化交流活动主要停留在学界、文艺界和文化人士的层面，还不具有社会化、大众化的广泛意蕴和效应。精神共同体作为内在的精神结构，只有外化为实践或现实的存在才能固化和强化，才能显现出精神的实践本性和存在能量，进而在现实中不断地升华自身并与其他精神文化融合壮大，进而推动文化共同体、经济社会共同体以及生活工作共同体的建构与发展。因此，要在漳台经济社会建设和发展中，在漳台民众的生活、工作以及漳台商贸、旅游、经济交往中倡导、尊崇和践行以民生精神为根本的漳台共同体精神，使这些精神不断注入和融于漳台的经济社会实在和大众的现实生活，并形成政府、学界、商界、文化界和民间多主体的践行格局和路向，从而超越单纯的文化载体和文化交流活动的局限性和狭隘性。而其中，构建和养成漳台民间精神共同体更具有基础性的作用，可以说，一个民间组织就是一个相对的漳台精神共同体，无数相对的民间精神共同体构成总体的绝对的漳台精神共同体。如此，构建漳台经济社会间和政府间精神共同体就有了基础。

其四，在漳台文艺、教育和文化建设中构建漳台精神共同体。要在漳台以图书、影视、绘画、雕塑等文艺方式传布和展现开漳圣王文化的精神内涵，在历史文化、地域文化以至思想政治教育中进行有关开漳圣王文化的精神教育。世域文化只有融入一定地域的文化风土才能实现其价值和意义，否则就会受到排斥和悬置。"开漳圣王已升华为一种民俗适德文化，凝聚着中华民族祖先开疆拓土、勤劳勇敢和不屈不挠的创业精神。陈元光从功臣到神祇的演化，融入了漳州人民深厚的民族感情；其庙祀落籍海外，更融入漳籍华人对祖国对故乡的绵绵思念和拳拳爱心。"① 开漳圣王文化是漳台重要的文化风土，其民生精神、包容精神、开拓创新精神与社会主义核心价值体系和台湾社会的现代文化以及两岸共有的中华传统文化具有天然的契合性。这就为开漳圣王文化与大陆文化和台湾文化的世域内涵相融提供了可能，也会使作为世域文化的大陆文化和台湾文化融入开漳

---

① 赵志群：《开漳圣王文化源流初探》，《福建论坛》（人文社会科学版）2008 年专刊。

圣王文化的风土民情从而进一步现实化和民众化。如此，就可以把嵌入了社会主义核心价值体系、台湾现代文化意义的开漳圣王文化精神提升为或转换成当今的漳州文化精神或漳台共同精神，以此推进漳台精神共同体的建构，进而使其融入漳台生活、工作共同体，为漳台关系发展注入共同体精神的文化实力或精神能量。

二　开漳圣王文化德育资源现代转化路径

学界对开漳圣王文化的研究已取得诸多成果，但尚缺失思想政治教育学的德育资源及其现代转化视野，更没有归结出其道德精神的内核，即工作创造精神。因此，本研究立足于开漳圣王文化的历史确认和现实接续，探究开漳圣王文化的德育资源及其现代转化路径，这对于把开漳圣王文化的价值进一步拓展到教育深层以及充实闽南文化思想政治教育实践，应具一定的理论价值和现实意义。

开漳圣王文化是生活世界总体文化，更是工作世界本质文化。其德育资源丰富且具有现代性，主要包括爱国主义、道德信仰、开拓创新、工作创造等文化精神。开漳圣王文化德育资源现代转化是指一定教育者主体运用开漳圣王文化的德育资源，对受教育者主体进行思想政治教育的教育实践活动。而认知与研究转化、文化交流转化、学校教育转化、载体建设转化构成其转化的主要路径。

（一）开漳圣王文化的德育资源

文化即生活世界。[①] "人的突出特征，人与众不同的标志，既不是他的形而上学本性也不是他的物理本性，而是人的劳作（work）。正是这种劳作，正是这种人类互动的体系，规定和划定了'人性'的圆周，语言、神话、宗教、艺术、科学、历史，都是这个圆的组成部分和各个扇面。"[②] 文化的总体意蕴是生活世界，本质意义是工作世界，文化意义的源泉是工作创造。如此，我们对任何一种文化形态的认知和觉解都要把文化置于文化世界的生活世界总体内蕴中考察、分析和确认，并探究其工作世界本质和

---

① 〔美〕阿尔弗雷德·许茨：《社会实在问题》，霍桂桓译，华夏出版社，2001，第388页。
② 〔德〕恩斯特·卡西尔：《人论》，甘阳译，上海译文出版社，2003，第107页。

价值意义。开漳圣王文化是生活世界总体文化，而生活世界就是人与人、自然和社会关系的总体，这些生活关系或文化关系必然要循着一定的道德伦理才能发生，即人与世界的任何一种关系都蕴含着道德伦理关系。因此，作为生活世界总体文化的开漳圣王文化必然内含丰富的道德文化资源，这些道德文化资源就是道德教育，即德育资源。

1. 开漳圣王文化是爱国主义文化

爱国爱乡是开漳圣王文化的大德、大善、大爱。陈元光自幼受到良好的教育，秉承了儒家文化"忠君、爱国、惠民"的精髓。陈元光在上奏朝廷的《请建州县表》中说："窃惟兵革徒威于外，礼让乃格其心。……其本则在创州县，其要则在兴庠序，盖伦理讲，则风俗自尔渐孚治法彰，则民心自知畏服。"这是他以民为本、追求国家安定和谐的爱国主义思想的写照。开发漳州的历史，就是陈元光率领河洛子弟垦荒拓土的爱国开发史。爱国离不开爱乡，爱乡是爱国之原初动力和最初情感，一个不爱家乡的人不可能真正爱国。开漳圣王文化作为一种寻根文化或根祖文化，强烈体现了这种爱国与爱乡的统一。在历史变迁中，漳州成为"唐人过台湾，到海外"的重要出发点。改革开放以来，诸多"唐人"的后裔，满怀对祖国、对故乡、对祖先的赤诚之心，络绎不绝地回漳州寻根谒祖。如"台湾开漳圣王庙团联谊会""中华两岸事务交流协会"等民间社团多次组织成员到云霄寻根谒祖，并为两地的民俗文化交流牵针引线。据统计，1998 年以来，云霄共接待前来探亲访祖、寻根旅游、朝拜进香的台胞约 4 万人次。

2. 开漳圣王文化是道德信仰文化

爱国爱乡就是大德大爱。开漳圣王崇拜与妈祖崇拜一样，都是民众对历史上为国、为民做过贡献的人的敬仰，并奉其为"神明"。这些神明就是真善美的道德化身。因此，开漳圣王文化作为一种民间信仰文化就是道德信仰文化，就是民众对大德大爱的精神实体的向往、追求、热爱和践行。陈元光领导漳州的年代，正值"贞观遗风"和"永徽之治"时期，唐朝国力强盛，百姓安居乐业。陈元光深受儒家思想的熏陶，进一步推出"恩威并重、剿抚结合"等一系列赢得民心的"仁爱"新政，又以"善政在于善民，善民在于宽赋"的思想治理漳州，开创了一个社会相对稳定、治安形势较好、生产发展、生活水平提高、人口大增、百姓安居乐业的新局面。因此,民众设庙膜拜。陈元光由人变神,原因是陈元光及其家族为"开漳建州"做过极大的贡献。开漳圣王文化的道德精神就是爱国、爱乡、爱民的奉献精神。

3. 开漳圣王文化是开拓创新文化

道德文化必然导致开拓创新文化。开拓创新也是一种道德,是生命的奉献和牺牲美德,开拓创新精神也是一种道德精神。开拓创新就要有勇敢的美德和牺牲、奉献精神以及造福民众的业绩和功德。"天行健,君子以自强不息;地势坤,君子以厚德载物",自强不息的创造创新精神总是同厚德载物德性连在一起,有德之人必是造福社会和民众的人;而要造福就要有创新力、开拓力、创造力,创造精神就是最大的德,古代被奉为有德明君的帝王也都是同其造福民众的业绩分不开的。在整个平乱和安疆守土过程中,陈元光家族先后有6人为此献身。"当官一任,造福一方",陈元光以他一生的作为诠释了这句话的意蕴。封建历代帝王都在追思陈元光创立漳州的丰功伟绩,并加以封赠,敕赐祭祀。新中国成立后,政府同样没有忘记陈元光开漳建州的历史功勋,大力弘扬其创业精神。

4. 开漳圣王文化是工作创世文化

爱国主义、道德信仰、开拓创新都离不开工作实践或工作创造。工作世界是文化世界的基础与核心。开拓创新就是工作创造的过程。工作创世文化也是一种道德文化资源,且是根本的道德文化资源。信仰文化的表层是道德信仰,道德信仰的实质是对工作创世的信仰。有德必须有爱,有爱必须有行动和奉献,否则道德就软弱无力,至少不是大德大爱。基督教对上帝的信仰和崇拜就是源于上帝的创世,因此,人们对上帝的敬仰也是对这种创造、创世精神的敬仰,而对这种创造、创世精神的敬仰实际是人们对自己工作创世、工作生存精神的敬仰,上帝不过是一个文化符号,这个符号所蕴含的意义都是现实世界的意义。人们对开漳圣王的信仰,实质是对清明、稳定、能保障生活和激发工作创造的政治关系以及美好生活世界的敬仰——那是他们自己的存在关系和生活内涵,而工作世界、工作共同体是开漳圣王文化的生活世界意义的源泉,是开漳圣王文化的存在之根、历史绵延与接续之本,亦是弘扬开漳圣王文化的根本精神向度和核心价值取向。开漳圣王文化以开漳圣王命名，名字只是一个文化符号，其意义远不只是一个人的名字的意义，而是代表或指示、指向一种文化的总体意义和本蕴，即生活世界总体性和工作世界本蕴。工作创造世界，工作创造生活。可以说，开漳圣王文化的开漳建州历史就是一种工作创世文化。

（二）开漳圣王文化德育资源的现代转化路径

任何一种历史文化都有教育价值特别是思想政治教育价值，否则就不能在历史中积淀，就不能成为文化，更无法延续下去而被后人承接和发扬光大。而这种历史性和现代性的张力就在于其精神能量特别是其道德精神力量。开漳圣王文化的教育价值就在于其丰厚的德育资源，为此，如何把这些德育资源转化为现代思想政治教育的内容，自觉地运用它们来进行现代思想政治教育就是一个值得探讨的问题。这里所说的开漳圣王文化德育资源现代转化主要是指闽南文化风土中的教育主体运用开漳圣王文化的德育资源，对受教育者进行思想政治教育的教育实践活动，其主要路径如下。

1. 认知与研究转化

开漳圣王文化德育资源的现代转化，首先是认知转化，即对开漳圣王文化的内蕴和德育资源要有一个科学、完整和深层次的认知和确认。而认知转化又离不开学界研究的转化。其一，在对开漳圣王文化内蕴的认知上，首先要进一步对其进行文化世界的生活世界总体性和工作世界本质的自觉和确认，进一步理解、透视和感悟开漳圣王文化中的技术文化、制度文化以及人与人、自然和社会关系的总体意蕴。如此，才能更为全面地把握其大德大爱德育资源的真谛。其次，要对开漳圣王文化的德育资源从大德大爱的大德育层次去把握，而不仅仅是狭义的或较为抽象的仁爱与真善美原则和境界。其二，从研究的视野看，除了研究陈元光及其家族的历史文化外，更要重视对民众的生活世界和工作世界的意义的探究。开漳建州的主体是广大的漳州民众，民众是开漳圣王文化的价值主体和意义的建构者。其三，在研究的价值取向上，要戒除单纯的文化搭台、经济唱戏的功利化和物化倾向，要确立文化研究的价值旨归是大众的生活世界和工作世界这一终极价值取向，即大众本位的价值取向，只有这样才能因为有大众的亲和感和利益诉求而得到大众的响应和承接，才能现实化为大众的精神力量。

2. 文化交流转化

具有内在性的道德精神依附于具有物质、行为和技术、技艺等外显形式的文化载体或文化交流互动。因此，要循着对开漳圣王文化及其德育资源的确认和觉解，广泛开展开漳圣王文化的交流活动，通过这种交流达到体验式和情境式的教育效果。如在漳州举办的闽南文化研讨会、开漳圣王文化节、海峡论坛等文化交流活动，都推动了以开漳圣王文化为载体的文化共同体特别是漳台、闽台文化共同体的建构，而这种文化共同体就是靠道德精神支撑的精神文化共同体。这些精神文化共同体的建构，彰显了文化交流活动所达到的教育效应，而这种教育是以民众为主体的政界、学界、商界、民间等多重主体的共为过程，是一种平等的主体间性的主体与主体在开漳圣王文化这一共同的情景中的共同教育、共同体验和感悟。

3. 学校教育转化

学校在历史文化、地域文化教育以及思想政治教育中进行有关开漳圣王文化的道德精神教育。教育形式可多种多样，如课堂教育、讲座教育、实践教育等。课堂教育主要是将开漳圣王文化及其德育资源融入一定的课程内容进行教育，讲座教育就是聘请一些专家学者在学校图书馆、文化馆、学术报告厅等场所以研究报告的形式进行教育。这里的实践教育即实践课形式的实践教育，如陈集镇举办的"弘扬根亲文化加强爱国主义"主题教育活动。陈集镇是陈元光的祖居地，据报道，2013 年 4 月 1 日，清明节即将来临之际，陈集镇的学校组织 400 多名中小学生在陈氏将军祠开展爱国主义主题教育活动。学生们穿着统一的服装，排着整齐的方队参观陈氏将军祠，瞻仰开漳圣王塑像，听取陈政、陈元光及魏敬夫人的事迹介绍。在七星拱月墓园，同学们敬献花篮、默哀、宣誓，绕墓一周，表达对先贤们的无限崇敬和颂扬之情。陈政、陈元光父子入闽开创漳州的历史功勋和忠于国家的爱国精神，深深地触动着每一位学子的心灵。这种弘扬根亲文化的爱国主义教育活动，会让陈元光开漳建州的爱国精神在学生心中深深扎根，激发学生们的道德精神，激励学生们为建设更加繁荣、富强的祖国而学习。

4. 载体建设转化

载体建设转化就是通过开漳圣王文化的载体建设弘扬开漳圣王文化，达到道德教育效果。这会在很大程度上强化和拓展人们对开漳圣王文化的道德精神的确认和觉解、信念与追求，并丰富人们的精神文化生活，既能收到具体、形象和潜移默化的教育效果，又能推动经济、旅游和文化事业的发展。如陈元光建置漳州府的所在地云霄县先后投入两亿多元人民币修建将军山公园、开漳历史纪念馆，威惠庙、陈政墓园等开漳史迹也得到修葺和保护。在云霄开机的大型历史电视连续剧《大唐儒将开漳圣王》已拍摄完成并上演。这些都收到了其他教育形式不能收到的效果。

第四章 闽南文化思想政治教育的普遍范式——闽南海洋文化思想政治教育

闽南文化思想政治教育的结构揭示了闽南文化思想政治教育的内容结构和具体标志形态，那么，这些具体形态的普遍性或普遍范式又是什么？那就是闽南文化的海洋性或海洋文化范式，它注定了闽南文化思想政治教育的普遍范式亦是闽南海洋文化思想政治教育。

不可把闽南文化的最初就看成海洋文化，这不符合闽南文化先大陆后海洋的历史逻辑；亦不可把闽南海洋文化只理解为某种独立的具体文化形态，那样就贬斥了其在闽南文化中存在的普遍意义，就分割或压缩了其文化空间，就消解了其结构性的深层意义和普遍价值。我们可以说闽南海商文化、漳州月港文化这些具体的文化形态或文化实体是闽南海洋文化，甚至也可以把它们作为闽南海洋文化的标志，但闽南海洋文化不只是某一种或某几种具体的文化形态。且闽南海商文化、漳州月港文化也不只是海洋文化，而是生活世界总体文化，是海洋文化与大陆文化的总体，是海洋性与大陆性的综合体。

第一节 闽南海洋文化是闽南文化的普遍范式

闽南海洋文化范式不只是一个独立的实体范式或具体形态，更是根植于或蕴含于闽南文化的诸多具体形态或实体形态，是闽南文化具体形态的普遍范式，因此，它也构成闽南文化的普遍特质或深层结构。闽南文化最初是孕育着海洋文化的大陆文化而不是海洋文化，闽南海洋文化的依附范式是"七闽"部落文化、闽越融合部落文化、闽越与中原移民融合文化以及开漳圣王文化等形态，而后者（即开漳圣王文化形态）又是闽南海洋文明文化的依附和形成范式。闽南海洋文化的独立范式形成于宋朝，标志是妈祖海神信仰文化、港口文化和海商文化等形态。闽南海洋文化不仅是闽南历史文化的普遍范式，更是闽南现代文化的普遍范式。

一　闽南文化的最初是大陆文化：闽南海洋文化的孕育与依附范式

闽南海洋文化是闽南海洋生存境遇所催生，更是闽南历史文化的构造。它发轫于远古的蒙昧时代，经过野蛮时代和文明时代，形成于宋元时期，标志就是妈祖信仰文化与港口文化和海商文化等闽南海洋文化独立范式的形成，这就超越了依附范式的闽南海洋文化。宋朝之前的闽南海洋文化只是闽南海洋文化的孕育和成长过程，还不具有海洋文化的世界性，特别是技术、制度、观念文化的总体性，只是具一定意义的海洋性依附于闽南大陆文化。妈祖信仰文化催生了闽南海洋文化，同时，闽南海洋文化孕育与成长的历史也衍生了妈祖信仰文化。闽南海洋文化形成于宋朝，旺盛于明清，繁荣于现当代。闽南大陆文明文化形成于唐代的开漳圣王文化，闽南海洋文化形成于宋朝的妈祖信仰文化、港口文化和海商文化，这恰好反映了闽南文化乃至整个文化世界先行大陆文化再向海洋文化拓展、先行大陆内部交融再向世界交往绵延的文化运行逻辑。这里说闽南海洋文化是闽南文化的普遍范式并不具有绝对的意义，它是相对于闽南文化总体或基本形态而言，并不是说每一种闽南文化形态或形式都具有海洋文化范式，海洋文化成为闽南文化的普遍范式是一个历史文化的演进过程。而那种认为生成于海洋地理环境中的文化就是海洋文化的观点，则显得幼稚和武断。海洋环境当然会比大陆或内陆环境更容易催生海洋文化，但海洋文化的根本支撑是工作技术、工作关系和社会关系的进步与创新。闽南文化最初并不是海洋文化，也不具有海洋文化范式，而是基于采集和狩猎的大陆文化，进而过渡到农耕文化，再从农耕文化演进到海洋文化。而在这个进程中，海洋文化始终存在，只是依附于各种文化形态并使其具有一定的海洋性。

1990 年发现的漳州莲花池山遗址存有不同时期的旧石器时代遗物，石器类型主要是刮削器、石核、石片、尖状器等，当时古人使用石器主要用于撬贝壳、切树皮、割兽皮。下层文化出土的石器距今约 40 万年。根据摩尔根的《古代社会》的史前文化分期理论和恩格斯在《家庭、私有制和国家的起源》中对摩尔根研究资料和成果的研究，笔者认为，莲花池山旧石器年代应处在原始社会蒙昧阶段的低、中级阶段，即以采集为主的蒙昧低级阶段和采集—狩猎并行的蒙昧中级阶段。这两个阶段在工作技术上都使用未加磨制的粗陋石器，中级阶段由于学会了制造人工火，可以烧烤动物吃熟食，狩猎发展起来，但这两个阶段都没有制造出蒙昧高级阶段的弓箭和陶器。因此可以说，闽南文化的最初亦是采集和采集—狩猎文化，并不具有海洋生活或海洋工作的性质，亦是大陆文化生态。蒙昧的人们，只会制作和使用打制石器的人们，虽然生活在海边，虽有贝类生活资料，但至多也是一点点采集意义上的海洋生活资料，至多是海潮把贝类冲到沙滩上，他们在退潮以后把贝类采集到手中。而且可以说，他们采集海产品的能力远远弱于采集江河水产品或在江河捕鱼的能力，因为大海不像江河那样有诸多的浅滩和水汊，不像江河水汊那样容易征服。如此，那些蒙昧的人宁可在江河里捕鱼，也不愿在大海里喂鱼。因此，漳州、闽南的蒙昧史与摩尔根和恩格斯考证和描述的普遍世界的蒙昧史没有什么太大异样，都是进行着采集和狩猎的工作和生活，而不是进行着海洋生活和工作，切不可以为蒙昧的人们生活在海边就有了文化世界的海洋性或海洋性的文化世界。人类文化行进的逻辑是先陆地后海洋，因为陆地生活易于海洋生活。但是生活在海边毕竟为以后的海洋文化或文化的海洋性提供了条件、经验和便利。有学者认为远古的闽南文化就具有海洋性，这或许就是"望海生义"吧，至少闽南远古文化的蒙昧时期还不具有海洋文化性质或范式，至多在捡拾海洋贝类的意义上有一点点海洋性。

闽南文化最初是蒙昧低级阶段的采集文化和蒙昧中级阶段的采集—狩猎并行文化，没有海洋性质或海洋文化范式这一点，不仅与普遍人类文化相通，而且恰好与同自己毗连的甚至难以同自己分割的台湾古文化相通，这会更进一步佐证远古的闽南文化不具有海洋文化性质。漳州莲花池山旧石器年代比台湾的长滨文化早，但与台湾"长滨文化"有整体相似性和通约性。1968 年，台湾大学人类学系宋文熏教授和地质学系林朝棨教授率领的考古队在台东县长滨乡的八仙洞，发现了台湾第一个旧石器时代文化，随后由考古学家李济博士以长滨乡之地名将此旧石器代文化命名为"长滨文化"。考古资料表明，长滨文化是迄今在台湾所发现的最古老的文化，出现在台湾尚与大陆相连时，是一个以狩猎、渔猎和采集为生的群落社会，人口不多，主要居住在海边的洞穴及岩荫，不知农耕、畜牧，不会制陶，但已知用火，以敲（打）击的方式制作石器。其石制品以硅质砂岩、橄榄岩、石英岩、石英和玉髓等砾石为原料，以石片石器为主，石核石器较少，有刮削器、尖状器和砍斫器。刮削器和尖状器多用较小的石英石片制成；砍斫器是将砾石从一面或两面加工而成，比较粗糙，有修整和使用痕迹。骨角器较丰富，共 100 多件。据考证，其石器制作方式与漳州莲花池山遗址和当时中国东南地区史前石器文物相似。长滨文化距今约 1.5 万年，最早可以推到距今 5 万年以上，一直到 5000 多年前才逐渐消失，为旧石器时代晚期。与大陆旧石器时代晚期文化比较，证明长滨文化源自中国南方，表明台湾和大陆原始文化的联系可追溯到 1.5 万年以前。台湾长滨文化的石器工作技术和以采集、狩猎为主的工作生活方式，亦证明台湾文化的最初世界不具有海洋文化性质，而是陆地或大陆文化范式，至多在生活资料上有一点海产品的味道，这或许就是台湾文化最初的一点点海洋性。这就进一步佐证了与其同源、同宗、同类的闽南文化的最初世界亦不是海洋文化范式，亦不具有海洋文化性质。

　　漳州莲花池山文化遗址证明了闽南文化最初是以采集、狩猎为主的大陆文化，闽南海洋文化范式不是旧石器时代的文化范式，但同时也表征了闽南海洋文化是从旧石器时代就开始了，作为一种文化范式，还需要历史的长期积淀和工作世界的造就以及在生活世界的不断渗透和空间绵延。从根本上讲，只有具备了海洋世界的工作技术、工作能力以及工作关系或社会关系的时候，海洋文化范式或文化世界的海洋性质才能生成并得到文化的确认，即仅仅是石器和骨器是无法从陆地走向海洋的，哪怕是就住在海边洞穴里的人们，他们也只能望洋兴叹。人类天生并不具有海洋文化的丽质，并不具有蓝色文明的浩瀚、深邃以及悲壮的音韵、伤情的涛声和震撼的回响。这样，哲学家黑格尔对人类文化类型的一种道说就显得非常缺少历史感和考古学的依据了，而一些学者将黑格尔的这种类型说复制到闽南文化的海洋性主张上就更显得有些幼稚和缺乏独立探究精神了。

黑格尔在《历史哲学》的"历史的地理基础"一节中，把能引起"思想本质上的差别"的"地理上的差别"划分为三种类型：干燥的高地、草原和平原、巨川大江灌溉的平原流域和与海相连的海岸地区。据此，他把文化世界划分为三种类型。第一种类型以生活在高地上的游牧民族为代表。他们漂泊地放牧，生活变动不居，好客与劫掠两个极端并存，不守法律和规则，野蛮性十足。第二种类型以生活在平原上的农耕民族为代表，如中国和印度。他们依靠江河灌溉的土地发展农业，土地所有权和各种法律关系牢固。[①] 他们也有航海等海洋活动，但以海作为陆地的极限，闭关自守，不具有海洋文化的性质。[②] 第三种类型以生活在海边或海岛上的海洋民族为代表。他们能从大海的无限感到自己的无限，以宽广的胸怀、智慧、勇敢超越土地的限制，走向大海，掠夺其他区域的民族，追逐商业利润。[③] 这里且不说黑格尔抬高海洋文化、贬斥游牧文化和农耕文化的问题，只说他以地理环境来划分文化世界类型的局限。在他看来，生活在海边或海洋环境中的人和民族，其文化世界范式就是海洋文化，生活在平原和内陆的人就是农耕文化或游牧文化。这既不符合人类文化世界的历史事实，也不具有文化世界从大陆文化逐步向海洋文化演进、递进的逻辑。海洋环境中的文化世界最初亦是采集和狩猎文化，并进而过渡到农耕文化，最后才进入海洋文化。

但黑格尔的理论似乎是矛盾的，他一方面讲海洋地理环境造成海洋文化，另一方面在讲到中国和印度的时候又认为"有海洋活动不一定就是海洋文化"，这一矛盾除了有意贬低中国文化、抬高西方文化的原因外，还在于他的精神自由本体论。在他看来，中国、印度等大陆文化是专制文化，不具有自由精神，所以虽有海洋活动，但不是海洋文化，而西方海洋

---

① 〔德〕黑格尔：《历史哲学》，王造时译，三联书店，1956，第133~134页。
② 〔德〕黑格尔：《历史哲学》，王造时译，三联书店，1956，第146页。
③ 〔德〕黑格尔：《历史哲学》，王造时译，三联书店，1956，第134页。

文化却是自由精神的体现，即大陆文化与海洋文化的根本分野不是地理因素，而是是否具有自由精神。黑格尔说："禽兽没有思想，只有人类才有思想，所以，只有人类——而且就是因为它是一个有思想的动物——才有'自由'。"① "人是自在自为地自由的。"② 在黑格尔看来，人的自由本质由绝对精神决定，绝对精神的自由本质规定了人的自由本质，人的自由归根结底是绝对精神的自由，绝对精神的自由通过人的自由表现出来从而实现自己的存在。因此，"解释历史，就是要描绘在世界舞台上出现的人类的精神、天才和活力"。③ 即历史就是人类自由精神的历史，研究、解释历史就是要研究、解释人类自由精神的历史，而对那些没有自由精神的历史则应予以弃绝，因为它没有人的存在意义。基于这种自由本体论，在黑格尔看来，海洋文化、海洋精神的本质都直接表现为和取决于人的自由精神，临海的自然地理环境对海洋文化的影响虽然重要，但不是本体论的，在黑格尔哲学里，任何自然界都是自由精神的派生。也正因如此，黑格尔认为，临海的民族、国家即使有海洋地理环境，其至还有一些海洋活动，但并不一定就是海洋文化，比如中国和印度。他指出："农业在事实上本来就是指一种流浪生活的终止。农业要求对于将来有先见和远虑。……中国、印度、巴比伦都已经进展到了这种耕地的地位。但是占有这些耕地的人民既然闭关自守，并没有分享海洋所赋予的文明（无论如何，在他们的文明刚在成长变化的时期内），既然他们的航海——不管这种航海发展到怎样的程度——（海洋仍然）没有影响于他们的文化。"④ 总之，当黑格尔说地理环境导致文化类型的差异时，他是个地理环境决定论者；当他以自由精神作为海洋文化与大陆文化的划分标准的时候，他是一个唯心主义的自由理性主义者。这是两个文化世界的价值坐标，至于以哪个坐标为基准，则在很大程度上取决于他的西方中心主义文化倾向。如他讲东方文化的时候就贬斥大陆文化，而说到拿破仑的时候却称之为"马背上的世界精神"，即大陆上的自由精神或世界精神。当然，黑格尔对古代东方大

---

① 〔德〕黑格尔：《历史哲学》，王造时译，三联书店，1956，第111页。
② 〔德〕黑格尔：《法哲学原理》，范杨、张启泰译，商务印书馆，1982，第36页。
③ 〔德〕黑格尔：《历史哲学》，王造时译，三联书店，1956，第51页。
④ 〔德〕黑格尔：《历史哲学》，王造时译，三联书店，1956，第146页。

陆文化的专制、封闭和保守性的描述在一定程度上是符合历史事实的。但是，古代中国大陆文化的封闭性不等于古代中国所有大陆文化的存在生态，更不等于古代中国海洋文化的存在生态，黑格尔把古代中国的海洋文化生态遗漏了，更没有注意到闽南海洋文化的存在生态。

黑格尔文化世界理论的问题还不只在于这种西方中心主义文化倾向，更在于它的抽象理性主义，它过度夸大了理性精神、自由精神对文化的根本性和决定性，忽视了技术、制度、社会关系等工作世界意义对文化世界的生成性与主导作用。"航海业是一种技艺"；① 指南针打开了世界市场并建立了殖民地。② 无论是游牧文化、大陆文化还是海洋文化，都取决于一定的技术、制度和精神能量，都取决于工作世界的总体，而不只是地理环境或自由精神。海洋地理环境和自由精神充其量是海洋文化的较为外显的两个重要因子而已。但黑格尔特别关注到这两个海洋文化的重要因子，就这种关注本身来讲是值得肯定的，即认识海洋文化必须持有海洋地理环境和自由精神两个分析向度。

有学者仅依据黑格尔的地理环境分类法，提出闽南文化的海洋性道说，即海边的文化或海洋环境中的文化天生就是海洋文化，这显然没有顾及和探求文化世界的历史事实及运行逻辑。我们可以一般地说闽南文化的海洋性，但同时必须自觉和确认这种海洋性是一个生成过程，是闽南文化运行到一定历史阶段才具有了海洋性质，闽南文化一开始并不是海洋文化，也并不始终是海洋文化。

海洋文化作为一种依附大陆文化的文化范式孕育于、萌芽于闽南蒙昧时代的原始氏族文化，成长于"七闽"部落文化、闽越融合部落文化、闽越部落与中原移民融合文化以及开漳圣王文化等历史文化形态当中，而作为一种相对独立的文化范式则形成于宋代以后的妈祖信仰文化、海商文化和港口文化。这些都表明海洋文化是闽南文化的普遍范式，闽南文化的海洋性或海洋特质并不仅指某种具体的闽南文化形态，同时也表明，闽南海洋文化范式、性质、特质的形成与进展，一方面离不开海洋地理环境的

---

① 《马克思恩格斯全集》第 47 卷，人民出版社，1979，第 320 页。
② 《马克思恩格斯全集》第 47 卷，人民出版社，1979，第 427 页。

自然催生，另一方面也是最重要的方面，是靠工作生产技术和社会关系发展更新的支撑。

漳州和泉州地区新石器时代贝丘遗址的发现，为闽南地区新石器时代的海洋文化因子提供了直接的证据。贝丘是古代人类居住遗址的一种，以包含大量古代人类食剩抛弃的贝壳为特征，大都属于新石器时代，有的则延续到青铜时代或稍晚。贝丘遗址多位于海、湖泊和河流的沿岸，在世界各地有广泛的分布。漳州和泉州地区贝丘遗址距今5000~3000年，与新石器和青铜器时代并存。这表明闽南文化新石器时代的古人类一开始大量捕获和食用海洋贝类，海洋工作生存和生活方式已成为其重要文化范式，但还只是作为依附范式存在于闽南大陆文化中。这个时期就是史书记载的闽文化或"七闽"部落文化时期，即"七闽"部落文化已具有了海洋文化范式，是采集、狩猎、农耕形式的大陆文化范式与海洋文化范式的并存时期。再如，福建新石器早期的闽侯溪头遗存，仅有的发现就是丰富的蚬和蛤等贝类化石，还有野猪、赤鹿等野生动物的骨骼化石，这表明福建境内早期的劳作以捕捞和狩猎为主。新石器时代晚期的文化遗存中除了发现大量的贝壳和石器外，也有釜类的陶器和家猪的遗骸，这表明原始农业和畜牧业已经起步，采集—狩猎文化向农耕文化过渡，而不是向海洋文化过渡。

与"七闽"关系较密切的是浙江的于越族。越为楚所灭，于越贵族和平民向福建迁移。于越首领无诸统一"七闽"，自称闽越王，"七闽"和于越族融合而形成闽越族。他们带进江浙先进的生产工具，普遍使用青铜器，开始使用铁器，但铁器不多；粮食生产自给有余；手工业已能制造麻、丝、帛等纺织品，造船业较为发达，善于水战和用舟，他们聚居在沿海、沿江地方，习惯于水上生活，善于驾舟在江河、海水中捕捞水产品。原先比较落后的"七闽"迅速发展成为百越诸族中最强大的一支。闽越融合部落文化时期，工作生产技术的进步和部落联盟社会关系的融合发展，使得海洋生存技术和生活水平都有了较大的提高，海洋文化范式与大陆文化范式进一步融合互构。之后，又经历了闽越部落文化与中原移民的融合时期，这个文化时期始终存在大陆农耕文化与海洋文化两种文化范式的冲突与融合两种趋向。

据史书记载，闽越族"以船为车，以楫为马，往若飘风，去则难从"，① 这只是对闽越族生活和工作的海洋性记载和道说，没有反映出闽越文化的农耕文化和海洋文化的总体性，没有反映出闽越融合部落海洋文化依附于农耕文化的文化生态。而有学者仅据此就认为闽越族"是著名的海洋民族"，② 是"我国古代海洋文化的缔造者"。③ 这种观点无疑缺乏历史根据和海洋文化进展逻辑。如果是闽南海洋文化发端意义上的缔造者，那就应该从旧石器时代开始并经过新石器时代的"七闽"部落文化；如果是闽南海洋文明文化意义上的缔造者，那就是开漳圣王文化；如果是闽南海洋文化独立范式意义上的缔造者，那就是宋朝以来的妈祖文化和港口贸易文化。闽越部落联盟文化只不过是闽南海洋文化依附范式的一个阶段，甚至还不具有向独立范式过渡时期的意义，只是比闽南原始氏族文化和"七闽"部落文化时期多了一些海洋生活或海洋性而已，其工作世界和生活世界总体上还是以农耕文化为范式的大陆文化。

再用一个材料进一步说明早期海洋文化范式对大陆文化的依附性。有学者考证认为，台湾岛 6500～6000 年前的原住民也是百越族的一支，④ 但这些居民在历史长河中向内陆平原和山区发展，追寻采集和狩猎的生活方式，最后丧失了原先的海洋性。这种情况从明万历三十年（1602）明朝军队进入台湾清剿侨寇时随军的学者陈第的发现似乎可以得到证明。据沈有容《闽海赠言》所述，陈第发现了一个很奇特的现象，就是当地原住民"不能舟，酷畏海，捕鱼则于溪涧，故老死不与他夷相往来"。这虽然不能说明所有的闽越族都失去了海洋性，但至少可以佐证闽越族时期的工作技术、工作能力以及自然环境和社会关系不足以支撑他们过独立的海洋生活，如此便转向大陆文化生活，因为采集和狩猎更容易生存，在河流与溪水里捕鱼比在海里捕鱼更容易。也就是说，他们的海洋文化范式只有依附于采集—狩猎和农耕文化范式才能存在，甚至还有被大陆文化消解和

---

① 袁康、吴平：《越绝书》卷八外传《纪地传》第十，岳麓书社，1996，第 123 页。
② 陈思：《从历史角度比较闽台海洋文化的发展》，《福建论坛》（人文社会科学版）2012 年第 3 期。
③ 陈国强、郑梦星：《闽台古代海洋文化的主人》，《台湾源流》2000 年第 17 期。
④ 郭志超、吴春明：《台湾原住民"南来论"辨析——兼论"南岛语族"起源》，《厦门大学学报》（哲学社会科学版）2002 年第 2 期。

埋没的风险和可能。闽南闽越融合时期农耕文化的发展亦证实了这一点。再退一步讲，即使台湾岛 6500～6000 年前的原住民不是闽越族的一支，明朝陈第发现的当地原住民也不是 6500～6000 年前的原住民，也不是闽越族的后裔，但他们海洋性的退化和大陆文化的进化依然可以说明古代特别是远古时代包括闽南闽越族在内的海洋环境中的居民离不开大陆文化世界，因为大陆文化世界比海洋文化世界更容易存活，海洋生活是比大陆生活更有难度的生活，人类必须先大陆后海洋，或者先大陆与海洋文化并行，待有了工作世界特别是工作技术的支撑再向海洋文化进发，这是整个人类文化、区域文化运行的普遍轨迹，也是海洋居民、海洋群落、海洋民族的文化生存轨迹。

二　闽南海洋文明文化范式的形成与独立

如前所述，开漳建州之前的"七闽"部落文化和闽越融合文化主要处在新石器时代或含有青铜器的新石器时代，闽越融合时代以及闽越与唐朝之前的中原移民文化融合时代，虽然也有铁器，但极少，总体上都未形成文明时代的技术、制度和教育以及精神意识形态等文化，总体上仍处于"刀耕火种"的游耕农业时代，是"蛮荒之地"，海洋文化范式虽然形成了，但还是蕴含在或依附于大陆文化中的一种依附性文化范式。开漳建州使得闽南有了以铁器为标志的技术、制度、观念、教育和思想意识形态的文明文化时代，同时也使闽南海洋文化进入文明文化时代，开漳圣王文化亦构成闽南海洋文明文化的逻辑起点和闽南海洋野蛮文化时代的逻辑终点，标志闽南海洋文明文化范式的形成，但这时的闽南海洋文化范式还只是闽南大陆文化的依附范式，没有独立性。在此之前的闽南海洋文化可视为闽南海洋文化的前史，包括闽南原始蒙昧阶段或旧石器时代的氏族海洋文化、闽南原始野蛮阶段或新石器时代的"七闽"部落和闽越部落联盟海洋文化以及闽越部落与唐朝之前的中原移民融合文化中的海洋文化。开漳圣王文化中铁器的工作技术以及法制、教育、思想意识形态的文明文化，为闽南文化向海洋文化演进、为闽南人开拓海洋生存空间提供了根本的支撑和规制的保障以及精神文明的能量。开漳圣王文化中的海洋文化生态，一方面表现为用中原的新技术发展农耕和渔业以及造船等与海洋生存有关的手工业，使海洋生存与农耕生存进一步融合；另一方面表现为闽南人特别是陈元光及其部属的后裔不断向台湾和东南亚移民，拓展海洋生存空间，并进行海上贸易。可见，开漳圣王文化的海洋文化范式也是从大陆农耕文化开始的，这进一步证明了文化世界先大陆后海洋以及二者融合互动的进展格局。而自宋朝以来，随着妈祖信仰文化、海商文化、漳州月港文化的形成与兴盛，闽南海洋文化范式才作为各种不同的形式逐步从农耕文化中相对独立出来。这方面的历史一般都有明确的记载，研究成果也颇丰，其海洋文化性质也比较明显，几乎不存在什么争议，故这里先不作具体的阐述。这里主要表明的是闽南海洋文化是闽南文化的一个普遍的范式以及它的孕育、生成和依附过程。

闽南海洋文明文化始于开漳圣王文化，陈元光及其部属的后裔走向台湾、东南亚等地，使得闽南海洋文化有了世界意义的神韵，虽然是一些海岛上的世界意义。仅仅渔业生活还不是真正意义上的海洋文化。开漳圣王文化的海洋文化还不是一个独立的范式，它还依附在这个文化总体，闽越文化也不是独立的海洋文化范式，海洋性也是依附在闽越文化的总体中，宋以后才成为相对独立范式，并在闽南文化世界总体中占据越来越重要的地位，而妈祖文化、港口贸易文化、海商文化、海外移民文化等构成其相对独立范式的关联结构。近代厦门通商口岸的设置、现代厦门经济特区与海西开发区的设立及其海外和海内的各种合作、贸易、交往，都彰显着独立和依附并行的闽南海洋文化范式，特别是改革开放以来，闽南海洋文化范式的各种形式、形态更是层出不穷，并越来越具有海洋文化的世界意义内蕴。本研究暂不过多地涉猎闽南海洋文化的现代范式，因为这些方面对于我们来说是一个比较熟知的现实场域，我们都可以在亲历的境遇中感受到它的意义、价值，并接纳它对我们从身体到灵魂的普遍照耀。但是现代的成就和辉煌来自现代，也来自历史，它不能代替历史，历史上的闽南海洋文化依旧风姿绰约，并在现实中闪耀，其宝贵的资源等待着我们去挖掘、传承、创新。我们也必须通过历史来理解现实，又通过现实去召唤历史，历史和现实本来就是一个融合体。从很大的意义上讲，现代文化就是在造化历史文化。

海洋文化与大陆文化一直是一个互相照应、互相依存的过程。海洋贸易需要陆地生产商品，海洋的航行技术需要陆地发明创造，海洋的精神、信仰需要陆地提供文化。海洋文化一开始与陆地文化或农耕文化依附在一起是符合逻辑的，只是到了技术能力和交往关系有了足够的发展才成为相对独立的文化范式。人类一开始是不可能漂洋过海去开辟新世界的，也没那个需要和动力。人类甚至一开始都是排斥海洋的，海洋充满陌生感，就连捕鱼也不像陆地河流那么容易。闽南文化也是这样，闽南海洋文化与中原文化一直处在融合和对抗的双重生态中，这个矛盾既促进又阻挠和破坏了海洋文化的发展。用陆地文化思维统治海洋文化或用海洋文化的独特性对抗大陆文化都是不明智的。历史已为此提供了教训。因此，要认识海洋文化，理解海洋文化，尊重海洋文化，使其与大陆文化处在一个共存共荣的文化生存格局中。从闽南海洋文化在大陆文化的格局与框架中演进的历史过程看，一个重要的文化生存经验就是：要尊重海洋文化的浩瀚个性，也要确认大陆文化的深厚品质，不能用大陆文化同化海洋文化，也不能用海洋文化去对抗大陆文化。同化会导致对抗，对抗会导致两败俱伤。海洋文化与大陆文化要互构、互动、互相支撑，既合一又分立。

第二节　闽南海洋文化的范式结构

闽南海洋文化是闽南文化的普遍范式，这种普遍范式既存在于闽南文化诸多具体形态，伴随闽南文化的全部历史进程，又在一定历史阶段形成自己相对独立的范式形态，因此，其基本范式是依附范式和相对独立范式。

闽南海洋文化的依附范式是指依附于闽南文化诸多历史形态或具体形态的闽南海洋文化，如前述闽南原始氏族文化、"七闽"部落文化、闽越融合部落文化、闽越与中原移民融合文化以及开漳圣王文化中的海洋文化因子或海洋文化范式。闽南海洋文化的独立范式是指从闽南农耕文化形态中独立出来的具有海洋文化性质的闽南文化具体形态或实体形态，妈祖信仰文化、漳州月港文化、闽南海商文化与移民文化、华侨文化等构成基本结构。作为依附文化的闽南海洋文化范式，蒙昧和野蛮文化时期主要是海贝捡拾、海产品捕捞、舟船制造与航行以及海产品的消费和海岸洞穴居住等文化活动，这些文化活动还不足以支撑生活世界，需与采集、狩猎和农耕文化一起才能构成闽南文化生存世界，如此，它也是一种寄居型的海洋文化，其工作世界的技术基础是旧石器技术、新石器技术和青铜技术以及少量的铁器技术，其工作关系或社会关系基础主要是原始氏族工作关系、原始部落工作关系和原始部落联盟工作关系。而开漳圣王文化及其以后的海洋文化依附范式，其工作世界的技术基础主要是铁器技术，工作关系或社会关系基础主要是封建社会关系和工作关系，这种依附范式虽然已经具备了独立的技术基础，但受到封建农耕文化制度和观念的压制和贬斥，这就使依附范式在铁器技术甚至在海洋指南针技术时代依旧作为依附范式存在于总体的或具体的农耕文化范式之中；而独立范式则是封建社会对海洋文化的各种压制制度暂时松弛、失效或解禁的结果，更是闽南海洋人、海洋主体在海洋技术的支撑和海洋自然的滋养下抗争与奋斗的结果。关于闽南海洋文化独立范式的意义结构，这里主要阐释漳州月港文化、闽南海商文化和移民文化等几种闽南海洋文化历史上的标志性的独立范式结构，以此预示闽南海洋文化范式在独立范式中的意义指向。妈祖信仰文化是闽南海洋文化独立范式在信仰文化上的一个起点，这里只从逻辑上提及一下，即妈祖信仰文化与物质的或实体的闽南海洋文化处在一个互动、互构的文化生态中，而其意义将在第五章具体阐释。

一　港口文化：漳州月港文化

港口文化是海洋文化的基础和出口，它不只是一个船舶、码头、货物、航道等方面的物质空间，更是一个生活世界总体，其本质和基础还是工作世界。如果说在精神空间上闽南海洋文化独立范式始于妈祖信仰文化，那么在物质空间上就起于港口文化，港口文化是闽南海洋文化独立范式在物质空间上的起点、出发点。而泉州港、漳州月港和厦门港则是闽南港口文化的标志形态。这里，港口文化与港口是两个不同的概念，后者仅指示港口的物质、技术实体，前者除了港口的物质、技术实体外，还包括工作关系、社会关系以及关于港口的精神文化形式，是由港口衍生、延伸出来的生活世界总体。因此，港口文化的研究就不同于港口的研究，泉州港文化、漳州月港文化、厦门港文化的研究就不同于泉州港、漳州月港和厦门港的研究。而闽南文化研究中学者们对港口的研究实际上在很大程度上也是对港口文化的研究，只不过没有明确提出和阐释诸如港口文化、漳州月港文化之类的概念。正是由于没有这些港口文化的概念，学界对闽南港口文化的探究往往缺少一些生活世界总体意义和工作世界结构的分析，往往流于历史学的历史叙事方式。这里因为是主要探讨闽南海洋文化独立范式的港口文化表现形态问题，无须对闽南港口文化进行全面系统的梳理与解构，仅对漳州月港文化形态做一重点阐释，其他都略述。

宋末元初，泉州刺桐港成为中国第一大港，它与埃及的亚历山大港并称为"世界最大的贸易港"，同世界上约百个国家和地区进行贸易往来。西方旅行家马可·波罗在其游记中称泉州"是世界上最大的港口之一，大批商人云集这里，货物堆积如山，的确难以想象"。① 泉州成为闻名世界的"海上丝绸之路"起点城市之一，航海技术领先于世界。宋代，泉州、漳州成为造船业的重要基地，闽南人掌握了水密隔舱技术，这是世界造船技术的一次大革命。船是海商出海贸易和移民的技术工具。据史料记载，明朝福建船厂生产的福船"能容百人。底尖上阔，昂首尾高，舵楼三重，帆桅二……中为四层"，"耐风涛，且御火"。② 明代"太监郑和自福建航海通西南夷，造巨舰于长乐"。③ 这些也都折射出闽南造船业的发展程度。明代泉州港淤塞，漳州月港兴盛起来。漳州月港文化是闽南文化与外来文化的融合过程，开辟了月港—马尼拉—美洲—欧洲的世界性贸易航线。明末清初，泉州的安海港取代月港。安海港是郑芝龙、郑成功父子的军事、贸易基地。明末郑芝龙击败荷兰人，清初郑成功收复台湾，从荷兰人手中夺回海上贸易权。这个时期，以郑氏集团为首的闽南海商掌控着中国东海、南海的海上贸易权。1683 年清廷收复台湾，取消海禁，在厦门设立海关，厦门港崛起。1842 年，《南京条约》签订，厦门成为"五口通商口岸"之一，1903 年厦门鼓浪屿沦为"公共租界"，开始接触西方现代文化艺术，华侨名人、华侨商业、华侨建筑、华侨教育等华侨文化成为

---

① 〔意〕马可·波罗：《马可·波罗游记》第 2 卷第 82 章，福建人民出版社，1981，第 192 页。

② （清）张廷玉等编《明史》第 92 卷，中华书局，1974。

③ 陈寿祺等：《福建通志》第 271 卷，台北华文书局股份有限公司，1968。

闽南现代文化的重要因子。随着海外贸易活动和郑成功主导的台湾开发的开展，闽南人向东南亚和台湾大量移民，将闽南文化传播到世界各地，也将异域文化带回闽南，为闽南增添了外来文化因子。下面再重点阐释一下漳州月港文化。

当今学界只有漳州月港而无漳州月港文化概念，这是两个不同的概念。前者指港口，如我们可以说漳州月港衰落了，但不能简单说漳州月港文化衰落了，月港衰落是指它的物质、经济、产业等衰落了，而月港文化特别是月港精神并没有衰落，它已在历史中沉淀下来，成为人们的回忆、体验、理解和精神的传承。

漳州月港指福建省九龙江下游入海处，即今福建省龙海市（原为龙海县，隶属漳州市）海澄镇的港口沿南港顺流往东，直至海门岛外的一段港道。它"外通海潮，内接山涧，溪水萦萦如月"，故名月泉港，简称月港。15 世纪末期至 17 世纪中期，随着我国东南沿海对外贸易的发展，月港一度成了"海舶鳞集，商贾咸聚"的外贸商港，与汉唐时期的福州甘棠港，宋元时期的泉州后渚港和清代的厦门港并称为福建的"四大商港"，成为闽南一大都会，有"月港小苏杭"之称。月港还是 16 世纪至 17 世纪中叶所开辟的由中国东南沿海经马尼拉到美洲阿尔卡普尔科的海上"丝绸之路"的起航港，是国际知名的港口。明末清初，郑成功、郑经父子与清军在闽南沿海对峙拉锯，争战近 40 年，战火殃及月港。清廷为扼制郑氏，在沿海实行"迁界"。海澄沿海 30 里地带划为"弃土"，繁华的月港航运商贸一时萧条。到了清代，由厦门港起而代之。

漳州月港的海洋生态由兴盛与衰落两个阶段构成。明代中期，随着农业和手工业生产的发展，商品经济有所发展，出现了资本主义萌芽，闭关锁国的"海禁"政策的弊病日益显露，加之"以海为田"的沿海人民对"海禁"政策的反抗，到明穆宗时政府准许福建巡抚涂泽民奏请，有限制地取消"海禁"，月港开放"洋市"，准贩东西洋货。明政府在月港设置了督饷官吏，负责税收。刚开禁时，月港的舶税仅 3000 多两，而万历四年（1576），增至万两，十一年（1583）再增至 2 万多两。舶税的增多，也在一定程度上反映了开设洋市后月港海外贸易的迅速发展。月港的兴盛，除了"解海"政策的推动外，最重要的原因是明代闽南社会经济发展为月港的兴起提供了物质基础，而月港的兴盛，又促进了闽南社会经济的进一步发展。从手工业看，闽南地区的造船业和航运业相当发达。早在宋代，漳州与泉州、福州、兴化并称为福建四大造船地点。明代漳州是著名战舰"福船"的制造地之一。漳州的纺织业也十分发达。盛产各类绫罗绸缎以及草、蕉、麻、葛、棉等多种布料，以纱、绢、绸缎最为精美，享誉海内外。明代福建的商船多经漳州出海，漳州是明代被称为"漳绒"的起绒织物的主要产地，此地出海的商船必定经常携带这类物品。与此同时，随着海外贸易的发展，产生了以进口产品为原料的手工业品，如牙雕。此外，当地甘蔗、柑橘、荔枝等也是主要的经济作物，均为主要的外贸产品。随着海外交通的发展，蔗糖、柑橘、荔枝成了主要的外贸商品。这些经济作物的种植与加工，比起其他农产品，可赚取数倍的利润。据史料记载，当时的月港农村出现了"处处园栽橘，家家蔗煮糖"的景象。

但是，这些好景、美景被殖民统治者打断了。从万历三十二年（1604）开始，荷兰殖民者以"打开对中国的贸易之门"为名，不断骚扰我国东南沿海，先后侵占了我国领土澎湖、台湾。荷兰侵占澎湖后，封锁九龙江口，横行于台湾海峡，劫掠我国大小船舶，切断我国与菲律宾群岛的贸易。据史料记载，仅 1622 年 10 月 18 日一天就烧毁我国大小商船六七十艘，在 1622 年 10 月至 1623 年 5 月的半年时间里，被荷兰殖民者绑架到澎湖，准备运往巴达维亚贩卖的我沿海居民达 1400 多人。据史料记载，沿海居民由于害怕，"内不敢出，外不敢归"，于是，"洋贩不通，海运梗塞"。这致使生气勃勃的月港日趋萧条。另外，清初，月港是郑成功抗清力量与清朝争夺之地，战事不断。为平定台湾，清政府厉行"海禁"和"迁海"，把沿海居民迁入内地，这给月港的海外交通带来极大的破坏。从地理区位看，月港是内河港口，须经厦门港出海，因此，随着贸易的发展和社会环境的改变，月港势必为天然良港厦门港所取代。

当年的港市遗址，今仍依稀可见。江岸 1 里多的古港口，还能见到 7个古码头。港口的东端，有始建于明万历八年（1580）的六角柱形四层古军事建筑——晏海楼。据《海澄县志》记载，月港极盛之时，倭寇常来偷袭。民族英雄戚继光曾率兵在月港抗击倭寇。为加强海防，海澄县城筑起石城墙，驻兵防守，并建晏海楼、镇远楼。

月港早已不在，只剩下遗址，已被历史尘封。而即使月港不在了，即使连遗址都荡然无存，并不等于月港文化不在了，只要有历史在，月港就会存在于精神文化的记忆、追溯、理解、确认、体验和建构之中。月港可以消逝，但月港文化永不消逝。而月港本身也会在文化的记忆中将自己的存在精神注入新的"月港"和新的世界，从而在现实的文化世界中复活并创生自己新的物质肉身与精神灵魂。自 20 世纪 80 年代以来，两岸学者从历史学、经济学和社会学等不同视域，对漳州月港的历史兴衰及其成因和历史地位等问题进行了诸多有价值的研究，但尚未提出并充分阐明漳州月港文化的概念、内涵及其价值实现问题。而闽南诗文化则叙说和展现了漳州月港文化的历史辉煌与现实接续、历史覆灭与现实再造，使漳州月港文化不仅呈现为精神文化中的记忆，而且延展为现实世界的繁华、绵延、生机与生命的冲动。月港的这种文化生态从处女座的诗歌《漳州月港》可见一斑。

> 二月的雨飘落温馨
> 刚刚打湿月港的码头
> 错过一日的行船
> 你以伞为帆缓缓航行
> 江水流过是海水
> 繁华落尽更繁华
> 对岸的厦门湾、台湾
> 是漳州月港的今世
>
> 这是一次现实版的穿越
> 从明朝到今朝
> 600 年的距离美在咫尺
> 你似乎并不急于抵达
> 丝路悠悠，这些闽南的青花
> 喜欢被月泉灌溉、烧制
> 然后乘海船出走

在冒险中走失自己

月泉与月亮从月港升起

江水与海水从月港升起

灯火遍布，惊魂一刻

分不清江岸与海岸

分不清厦、漳、台

你以雨为弦弹奏闽歌

织女、窑工、海商的船队

从月港出发又止于月港①

——处女座《漳州月港》

　　穿越者从月港的遗迹码头开始行走，而这个码头也许是一个新港、现代港的码头，即诗歌一开头就将月港置于历史与现代的融合中，让人分不清这个码头到底是历史遗迹还是现实的筑造，而这恰好就是艺术的感受力、创造力或语言张力所在。接着又将船与身体、帆与伞、雨与河海融为一体，使它们成为一个既是原初又是原创还是今生的总体化存在世界，这就为存在者的穿越铺垫了没有时空障碍的自由行途。而这自由的行船、行路与穿越又是基于一种生生不息的改变与创生，而不是固化在历史的原点或起点——那些温馨的抑或颓废的码头。"一切皆流，无物常住"，赫拉克利特把存在的消亡与颓败视为旧的流水的流逝和新的流水的涌动过程。柏拉图视现实存在或有形物质、身体、事物的过程是一个颓败、腐败的过程，并在精神理念中寻求爱意存在的永恒。这些哲学家都是在消亡中看到诞生、在颓败中看到繁华、在流变中看到永恒，只不过看的视角，追寻的路径、方式不同。《漳州月港》钟情的也是这种穿越文化，体验到"江水流过是海水/繁华落尽更繁华"的毁灭与创生、流逝与涌现的存在之水的生态。穿越者没有为江水流过而悲戚，而是看到了前景化的海水；没有为繁华落尽而失落，而是体验到了更繁华的新世界，那就是月港历史的现实

---

①　处女座：《穿越者之诗——从故乡到异乡》，知识产权出版社，2013，第203页。

接续与延展，即厦门、台湾乃至整个闽南世界或普遍世界。

　　穿越者是在陆上的雨中穿越，是从码头到海上的穿越，是海洋上的穿越，这里，雨水、河水、海水都构成存在者的海洋精神和海洋生态的质料，凸显出漳州月港文化的海洋文化质地和神韵。这种海洋文化养生的海洋精神就是流变、改变、创生、冒险的超越背景的前景化精神以及接纳江河与大海、链接历史与现实、弥合厦漳台于一体的异质包容和同质融合精神。

　　"你以雨为弦弹奏闽歌／织女、窑工、海商的船队／从月港出发又止于月港"。这种海洋文化涌现的海洋生态就是"雨弦"与"闽歌"（即诗性文化）引领的海洋生活与工作世界共同体，是织女、窑工、海商互为主体的共创、共生、共享文化世界。《漳州月港》呈现了一种主动地融入、穿越和走向海洋的自由海洋精神和海洋文化生态。但是，还有一种被劫持的海洋生态，这里与闽南文化或漳州月港文化的海洋精神及海洋生态做一个比照。通过这个比照，我们会更进一步理解《漳州月港》中的漳州月港文化的价值取向和审美境界，也对那种"被劫持的海洋生态"做一个背景化的摆置和实际存在的确认，以激发、激励人们趋向前景化的自由海洋生态。处女座的诗歌《青花劫》叙写了一种"被劫持的海洋生态"。

先是绵绵雪

后是绵绵雨

后又是绵绵雪

一定是海盗来过

房间的茶几、杯子被移动

晓照、抽屉和我都被翻开

他乘无影船，穿隐形衣

先到客厅喝中国茶

然后进卧室赏青花

读关于加勒比海盗的诗集

他是索马里海盗

与加勒比海盗是孪生兄弟

> 我看见一双蓝眼睛
>
> 感觉到海呼吸
>
> 索马里蓝海
>
> 漫过我的青花和瓷体
>
> 我被异域的海水烧制
>
> 慢慢地烧制
>
> 青花的蓝
>
> 然后被塞进船舱运走
>
> 不知去向
>
> 亚丁湾，商船与战船云集
>
> 失窃的我不知去向①
>
> ——处女座《青花劫》

　　中国是"世界工厂"，我们每个个体也是一个"世界工厂"，这世界生态即海洋生态，它一方面给我们带来了劳动力就业、资金、技术和人才的利益价值，另一方面又使我们慢慢丧失资源存在、环境清洁、人伦快乐和诗性文化精神特别是工作创造力。这种获得在一定意义上归功于"劫持者"，这种丧失更在一定意义上归罪于"劫持者"。而劫掠者无影无形，"乘无影船"，"穿隐形衣"，这既符合现代朋友的品格，也对应现代敌人的特质。他们进客厅"喝中国茶"，"进卧室赏青花"，甚至"读关于加勒比海盗的诗集"，这优雅、高贵的劫掠者似乎已不同于往昔的以枪炮开路的强盗，但注意一下他们读的诗集的内容，就会知道他们的旨趣还是与强盗无异，"读关于加勒比海盗的诗集"，实际的加勒比海盗并不比别的海盗不食人间烟火，也不比别的强盗清心寡欲，蓝海盗与黑海盗同出一道，海盗与强盗同出一道。这种强盗逻辑恰好被历史解构了，这时，索马里海盗的登场恰好为这种逻辑与历史的一致做了实有历史的解蔽、解构。"他是索马里海盗/与加勒比海盗是孪生兄弟"。《青花劫》对这种强盗逻辑的感受力以及这种逻辑与历史一致的穿透力不可谓不强大！……而被烧制的

---

① 处女座：《穿越者之诗——从故乡到异乡》，知识产权出版社，2013，第129页。

过程又是那样充满梦幻般的快感，直到肉体和灵魂都出现"青花的蓝"。传统的青花固然美丽，但无法征服和抵御海的欲望的美丽，这现代的海域烧制的"青花"有着被异域征服的美，才能征服异域，这是一个丧失与获得、光荣与屈辱、意识与无意识的流动过程，是一个被"幸福地"烧制和劫持的存在过程，是一种被动地融入世界、被抛到海洋的过程，而最后"不知去向"。她被异域的海烧制，必有了海魂、海的血液，她半推半就地被劫持，必是被异域的海征服，也必将去征服异域的海，就凭凝聚着海体与海魂的"青花的蓝"！而海盗，无论是加勒比还是索马里，不过是海、异域的海的影子或幽灵，真正的劫持者为海，由此，"青花"幸福地被劫持也就具有了海的意义，具有了海的深邃和疆域意义，这样"青花"被劫持的方向也就在海的意义中明晰和明亮起来了。"亚丁湾，商船与战船云集/失窃的我不知去向"，青花并不在商业与战争中，并不在明摆的荣光与荣耀中，而在海中，与海为一，海与大地和世界为一，或许这一点是得益于索马里海盗的神出鬼没，这里只是借索马里海盗的实有、实在之尸还了索马里蓝海与加勒比蓝海以及总体化大海的海魂和海体，是索马里海盗的出场使这场劫持具有了"被劫持的幸福"的存在者存在的意义，具有了海洋生态意义，但这种海洋生态是被劫持的海洋生态，尽管最后"青花"摆脱了海盗的文化外壳而融入实体的海。而为什么会被劫持？为什么非要舍弃旧有的空间，以海为美、为爱？这里不想在这些意义上继续延展，这里只是一个在比照意义上的相对解读。

　　上面是从诗学或诗文化哲学的视角解构了《漳州月港》及其与《青花劫》比照的海洋生态意义。下面再从文化哲学方法视角对漳州月港文化意义进行一个更具逻辑性的归结。

　　（1）就漳州月港的兴衰、繁华与颓败原因来看，地理环境、海商精神、闽南文化、政府解海与禁海令、战乱、赋税、"迁海"政策以及国外殖民者的暴力封锁等方面固然都是漳州月港兴衰的原因，但其根源是生产技术特别是丝织技术、制陶技术和造船技术的兴衰。特别是手工技术生产不能向机器技术产业转换，使原有产业无法支撑已规模化的贸易体系，不断奢靡化的生活方式以及不断高利贷化的资本市场和高税收、落后的管理和经营体制，导致其衰落。而新的"月港"，或者说注入了漳州月港文化海洋精神的现代闽南港口文化的兴盛，则是产业技术和产业制度以及产业文化的现代化支撑的。

（2）就漳州月港文化的概念内蕴来说，漳州月港文化是自然地理条件与社会环境、普通商人与权贵商人、商人与平民、商业与制造业、农业与手工业、城市与乡村以及技术、制度、精神观念的文化总体，是生活世界总体文化，而不只是港口文化或海商文化。其本质是民生文化，即民众的生活、生存、生产文化。这种民生文化的基础和核心是漳州民众的工作世界文化，是以手工技术生产为支撑、以商品交换关系为基础、以民众为主体的工作共同体文化。

（3）从文化结构上看，漳州月港文化的基本结构是技术生产结构，其精神结构具有多重性，而海商精神或海洋精神是其精神内核。学界将漳州海商精神主要归结为商人的开拓进取、冒险、逐利精神，这比较抽象和空泛、笼统，没有反映海商精神的特质，如开漳圣王文化也是开拓创新与冒险精神，这就把海商精神只看作少数商人的商业精神。海商精神不是抽象而空泛的开拓进取、冒险、逐利精神，更不是少数商人的商业精神，而是贸易商、制造商以及大众商品生产主体的商品市场精神和工作创造、技术创新精神，其本质是漳州或闽南民众的海洋精神或世界精神，这种海洋精神是超越了故乡、地域、国域的异乡精神、世界精神，是海洋化或世界化大视野的民生精神，即开拓海内和海外、故乡和异乡两个生存空间的大众化的生活世界和工作世界精神。这种精神是海洋生存的现实与海外资本主义贸易体系养成与催生的。

（4）从价值上看，漳州月港文化对于当今漳州城市化具有启示价值，即要以产业技术现代化推进漳州城市化和厦漳同城化，其根本价值取向是推进传统乡村化生活和工作世界向现代城市化生活和工作世界提升。漳州月港文化有助于推进以漳州月港文化为载体的多重文化共同体特别是漳台文化共同体的构建，还具有海商精神传承与教育价值、海洋生存激励与借鉴价值、旅游开发价值，还可为大众工作者提供以技术创新为根本，以共同体关系为基础，以海商、海洋精神为内蕴的工作生存方式、理念和精神。特别是漳州人、闽南人要有"立足漳州或闽南、胸怀中国、放眼世界"的志气与胸怀，要有"拥抱世界、走出世界、贡献世界"的气节与抱负。漳州人、闽南人要善用其海洋文化发展优势，结合海内外闽南人的海洋文化资源，尤其在台湾、香港地区和新加坡等地的资源，以拓展航空、航海、金融、外汇、保险、科技、环保、观光旅游等现代化的各行各业。其重点乃在于发展高科技产业以及服务业。这些都是漳州经济社会发展的走向，也是漳州或闽南区域产业升级的正确途径。"织女、窑工、海商的船队／从月港出发又止于月港"，这种从月港出发，又把月港文化普遍世界化的海洋存在生态和海洋存在精神，靠的是大众工作世界的技术创造、工作创造，这里，织女、窑工、海商、船队，都是诗文化所标识的大众技术创造和工作共同体的文化符号。

二　闽南海商文化与移民文化

海商文化是通过海外贸易、外向型生产或在海外从事生产经营活动等方式开拓海外生存空间的文化。海商在海外定居使自己成为移民，海商本身的迁移又会带动亲友、乡邻和其他人群的迁移，因此，海商文化与海外移民文化是一个不可分割的关联结构，二者共同构成海洋文化的主体结构和事业实体。海洋信仰文化、港口文化、海洋技术与制度文化，都指向海洋性的工作、生产、交往和贸易，而即使是大众的生活交往一开始也是由海商引发和主导的。因此，闽南海商文化是闽南海洋文化的核心部分和价值旨归，但海商文化并不就是经济行为和商贸活动，而是一种生活世界总体和工作世界核心文化，它所创造、追寻的是总体的存在空间或世界境界。有学者将闽南海商文化理解为"由生活在闽南地区及由于经商而移居到海外的讲闽南话的商人共同创造并世代传承的商业文化"，① 这显然失落了闽南海商文化的生活世界总体意义和工作世界空间创造本性，显然是过多关注和强调闽南海商文化的利润价值取向和资本中心逻辑，尽管这种商业文化被注入了诸如儒文化的道德规范与审美。可以说，任何一种以商业、资本或利润为坐标和轴心的海商文化的道说，不管这种道说如何具有道德感甚至审美向度，只要它没有顾及生活世界总体意义和工作世界价

---

① 陈思：《从历史角度比较闽台海洋文化的发展》，《福建论坛》（人文社会科学版）2012年第 3 期。

值核心，那它就是没有解蔽和展现海商文化的全景和真意，它就是一种单面的物化或资本化的海商文化。当然，历史现实中的海商文化还充满了劫掠、欺诈、诱拐和邪恶——如殖民者的海外侵略与战争，但这不是海商文化的真意和内蕴，是海商文化的异化，是强盗文化、流氓文化、侵略文化。对于一个强盗和殖民者来说，除了他自许是一个"海商"外，还有谁会拿一个强盗或流氓当海商呢?!

闽南海商文化的前身是在闽南区域内进行的与海洋文化产品相关的贸易文化以及闽南的海产品同内地的农耕产品的交换活动，从闽越文化的融合到闽越文化与中原移民文化的融合都伴随着这种交换。两汉魏晋时期，大批中原汉民迁入闽南地区，区域之间文化的融合必然伴随着不同文化产品的交换。晋唐时期，闽南商文化进一步发展。宋元时期海外贸易开始兴旺，海外贸易才使这些最初的海内贸易文化具有海商文化的本意。泉州、漳州等港口文化的繁荣就是闽南海外贸易的繁荣，港口文化为海商文化提供了技术条件、物质基础和精神能量。明清时期海上活动和贸易已经成为漳州、泉州等闽南地区的重要生活方式和经济支柱。海商文化使世界文化融入闽南文化，如阿拉伯人与波斯人到泉州经商，带来了伊斯兰文化，欧洲商人和传教士带来了西方文化。同时海商文化也把闽南文化带到世界各地并发扬光大。这些伴随着贸易文化而生成和绵延的海洋精神文化、道德文化特别是工作创造文化，使得海商文化不断捕获生活世界的总体意义，而不单是利润的追逐和资本的累积与创造。海商们漂洋过海、背井离乡，绝不是仅仅出于利润的冲动或诱惑，而是循着存在的召唤去开辟一个新的工作世界和生活世界空间，这是一种生命的承担和对存在总体的世界境界的造化。

但是，就具体的海商主体来看，海商文化是一个多元的有阶级、阶层差异的文化世界，这个文化世界是一个充斥着对抗、压制和盘剥的利益不同体。下面从漳州月港海外贸易看海商的主体具体结构。①官商。封建统治阶级中的豪门巨室是月港海舶的最大拥有者，他们除使用自己的商船出海贸易外，还把多余的船舶租借给散商，以获取租金;而租金又往往从租借商船的散商手里以抽取海外贸易利润的方式收取。这些豪门巨室是积极从事海外贸易的家庭，但身居官位者绝不会冒随时被风浪吞没的危险，而是由他们的族人或所雇用的"恩养"之人（高级仆役）去直接从事海外贸易活动。他们为了自身的经济利益而反对统治集团的"海禁"政策的斗争，在一定程度上促进了统治集团取消"海禁"政策，开设"洋市"，从而促进了月港的繁盛。另一方面，他们对广大海商所实行的封建剥削和封建统治，压抑了广大海商的海外贸易活动，特别是压抑了"自由商人"的成长和发展。②市民阶层的富商。他们受官商的压制，又攀附权力，盘剥散商。③普通散商。海商中人数最多的是散商。有史料记载，"一船，商以数百计，皆四方萍聚雾散之宾"，故曰"散商"。每一舶，推一名豪富者为商主（又叫"商首"），搭乘的散商按不同的行业租借船舱，故散商又曰"舱商"。散商中，有许多属于"富家子"，船员也往往携带货物贩卖，兼有散商身份。但人数最多的是来自市民阶层中的"小子号"，即小商小贩、小手工业者和"田亩之夫"。这些人资本微薄，更谈不上拥有商船。其资金多为向豪富者借贷而来，他们是海外贸易商人结构中的最底层，但也是最广泛的一层。他们除受到官衙、高利贷者的压迫和剥削外，出海时还要"听命于商主，受压于船主"。

　　人是文化的主体或主导，任何一个文化世界都是民众主体的造化与修为，文化的总体性是民众的主体化结果，即民众主体造化的生活世界和工作世界。闽南海商文化的主体不只是孤零零的海商主体，更不只是那些富商或官商主体，而是广大民众主体。海商文化推动了闽南人向海外移民的大潮，许多人漂洋过海前往海外经商并在当地定居下来。"漳人以彼为市，父兄久住"，① 为了对抗明清时期的"海禁"政策和为海商活动保驾护航，闽南人还建立了海上武装集团，进行海外贸易等活动。明朝末期，福建大旱引发饥荒，福建巡抚接受武装海商集团领袖郑芝龙的提议，"乃招饥民数万人……用海舶载至台湾，令其变舍开垦荒土为田"。② 这个时期在台湾经营海上贸易的商人主要是以郑氏海商集团为首的福建大商人。清顺治十八年（1661），郑成功率军驱逐了荷兰殖民者，随之组织福建军民大举迁入台湾。郑氏武装海商集团统治台湾期间，将当地建设成为反抗

---

① （明）陈子龙等编《皇明经世文编》第 400 卷，上海古籍出版社，1995。
② （清）黄宗羲：《赐姓始末》，台湾省文献委员会（南投）编，1995。

清廷、经营海上贸易的重要基地。"在郑氏占据台湾的时代，控制中国对外贸易的依然是福建商人。"① 这一时期的台湾海洋文化由福建海商集团控制和主导，闽南海商亦是这一集团的重要构成因子，而这一集团的主体——无论是抗拒荷兰侵略者的主体还是贸易活动的主体，都无疑是包括广大闽南移民在内的福建民众，这一集团的活动实质上是民众的海洋工作世界活动。

康熙二十二年（1683）郑氏势力归降清廷，前往台湾的大陆移民更加踊跃。史料表明，嘉庆十六年（1811），台湾汉人数量增加到 190 万人以上，相比荷兰占据时代的 4.5 万～5.7 万人，② 在不到两百年间增加约 40 倍，其中十之七八是漳州、泉州籍移民。大陆福建移民特别是闽南移民在台湾人口中占据了优势地位。"随着移民大量迁入台湾，不仅促进了岛内社会生产力的发展，而且在很大程度上改变了台湾原有的以先住民为主的文化生态环境，闽南地区的民间文化很快就成为岛内的主流文化。"③ 以广大移民为主体的广大民众与原住居民的工作生产构成了台湾的生产力，创造了台湾主流文化与非主流文化。这时，闽南地区的信仰文化，如妈祖信仰、关帝信仰被移民带到台湾，成为台湾的重要信仰文化。

鸦片战争后首批开放的通商口岸包括厦门和福州，闽南海商文化与移民文化依然并行发展。19 世纪末 20 世纪初，日本驻福建领事馆在其报告中声称福建泉州、漳州、兴化等地"出海谋生风气盛行，民众富于冒险精神"，④ 福建"移民之业颇为兴盛，并对当地之通商贸易影响甚巨"。⑤ 有资料表明，闽南移民的汇款是闽南地区的重要经济支柱和生活来源。开放、海外谋生、移民、冒险、汇款……就是这些民众的工作世界构成闽南海商文化的价值核心，就是这些民众的生活世界构成闽南海商文化的总体意义，它饱含了诸多我们未知的艰辛和屈辱，也展现了诸多我们难以理解

---

① 徐晓望：《妈祖的子民：闽台海洋文化研究》，学林出版社，1999，第 315 页。
② 陈孔立：《清代台湾移民社会研究》，九州出版社，2003，第 133 页。
③ 杨彦杰：《闽南移民与闽台区域文化》，《福建论坛》（人文社会科学版）2003 年第 1 期。
④ 《福建省事情》，第 62 页，转引自〔日〕松浦章《明清时代东亚海域的文化交流》，郑洁西等译，江苏人民出版社，2009，第 337 页。
⑤ 《通商汇纂》，明治 39 年第 34、35 号，转引自〔日〕松浦章《明清时代东亚海域的文化交流》，郑洁西等译，江苏人民出版社，2009，第 325 页。

和企及的自由、快乐与悲怆。这是海洋人、海洋生活、海洋工作的快乐与悲怆。这是一种伤情的爱与美，它似乎总是以闽南歌的韵律涌现着海洋的波音，在我们心灵深处回响。

海商、移民就这样成为华侨，或者最后就成了华侨，这或许是他们理想的存在境界。可是当我们赞美和关注那些光鲜的华侨文化和华侨业绩的时刻，是否也能瞥一下那些有幸和不幸的偷渡者，他们无疑也是闽南移民文化的构成因子，无疑也创造了移民文化。下面仅以一首网上流传的偷渡者之歌来叙说和感受偷渡移民文化的悲怆。

一个偷渡者的悲惨遭遇

就在一个漆黑的夜晚

我终于偷偷地上了一艘船

载着我的发财美梦

船儿它驶向了大洋彼岸

听说那里的人们真自在

那边的社会里没有穷光蛋

一心想要去赚个几百万

一上岸却被警察抓了起来

我要回家，回家

求求你们放了我吧

家里还有我的老妈

还有我那吃奶的娃娃

我想回家，回家

现在明白自己太傻

结果换来一顿毒打

他们说你的眼泪

不能代替对你的惩罚

后来我终于被保释在了外

每天要干得死去活来

晚上躺着眼望天花板

想起了故乡我泪流满腮

我要回家，回家

我在异乡苦苦地挣扎

最后等到我背驼眼花

用青春血泪做代价

终于回家回到家

老妈为我把眼睛哭瞎

孩子虽然已经长大

可是我，我的老婆早已跟着别人跑了

可是我，我的老婆早已跟着别人跑了

这里，偷渡者与海外、警察、发财、自由处在一个分裂的空间格局，他们不具有那些海商的光鲜与辉煌，只具有偷渡者的不幸、泪水和悔恨以及违反现代规制所受到的惩罚。而那些成功的偷渡者也有可能成为华侨和海商。这里不讨论偷渡者的命运，也不提倡偷渡文化，也不追问偷渡者都来自哪里，又去往何方，也不提供解决偷渡问题的方略。这里只把偷渡者作为闽南海洋文化、海商文化、移民文化的一个符号，一个普通民众的移民文化符号。它映射着普通人日常生活世界的碎裂和日常工作世界的挣扎，它表征着闽南海洋文化不仅充斥着历史上的侵略、侵占与冒险和失败的冲突与不幸，还饱含着现代生活的无奈、抗争、失落、违法与失败。闽南海洋文化除了彰显拓展生存空间的业绩和辉煌外，还流露着历史的悲怆与现实的伤情。这就是偷渡者之歌在这里作为闽南海洋文化的一个符号所具有的意义，即这里的偷渡者已不是偷渡者，而是一种海洋的波音，亦处在闽南海洋文化的框架中。

第三节　闽南海洋文化的内蕴

闽南海洋文化历史进展的范式结构预示了闽南海洋文化意义的多重内涵。从以上考察的闽南海洋文化的历史生成过程可知，闽南海洋文化并不是闽南文化的历史原点，而是基于闽南大陆文化原点的后生文化范式，并伴随着大陆文化的进步而一步步从依附范式走向独立范式、从落后于中原大陆文化的范式走向大陆文化的前沿，并最终走向世界，抵达另一个世界的大陆文化。闽南海洋文化与闽南大陆文化以及中原大陆文化和世界大陆文化处在异质相争与姻缘相合的互动、互构过程中。闽南海洋文化是闽南区域文化，也是普遍世界文化，是生活世界总体意义文化，也是工作世界本质意义文化。

一　先大陆后海洋的闽南文化运行逻辑

上述研究表明，闽南文化的原点或原初文化是以采集和狩猎为主的大陆文化，并在捡拾和食用贝类的意义上带有一点工作世界和生活世界的海洋性意味。这是由于海洋生存需要比大陆更强的生活和工作能力。因此，闽南早期人类特别是旧石器时代的原发人类即便栖息在海边，面对资源丰富的大海，也只能望洋兴叹，主要靠采集植物、狩猎和捕捞江河里的鱼类维持生计。闽南原始氏族时期的生活就是这样一种生活，工作就是这样一种工作，而他们或许并不觉得贫乏，因为人的需要和生命冲动是由其生活能力特别是工作能力决定的，那个时候他们的需求、欲求都很简单，就是食物和性，满足了这两样，他们就会觉得无比幸福和快乐。再加上人类初生时的人口匮乏和大地的辽阔，陆地的资源足以养活他们，他们完全没有必要去挑战海洋或跨越海洋去开辟另一个新大陆，即那时他们没有海洋文化的冲动、动力，也没有那方面的动能。能够支撑他们生活的工作技术是打制石器、骨器和制作棍棒，这些工具或武器可以使他们捕获陆地的野兽和食物，却不足以支持人们去同海里的风浪和生物抗争。正是这样一种悠闲、资源较为充足、没有太多欲望和冲动的日子，才能过上几十万年甚至上百万年。早期人类进化缓慢的原因或许就在于此。闽南原始氏族的生活世界或文化世界，就这样几十万年甚至上百万年没有海洋文化性质，没有海洋文化范式，只有一点点采食海潮退去之后的贝类的海洋性，只有被海风吹拂了几十万年的海腥味的肉身与灵魂，或许还会有一些用藤蔓将原木连在一起的"木船"，而除了骸骨，这些易朽的肉身和木制品是很难留下痕迹的，只有那些石器和贝类的遗骸还能向我们展示其大陆文化性质和海洋生活因子。但这已经足够了，历史的证据不是唯一的证据，历史有时是有错误的，历史有时并不是历史。思维和逻辑的力量有时比历史更强大、比历史更接近历史。整个中华文化、中原文化也是循着先大陆后海洋的历史和逻辑向前推进的，整个人类文化总体上也是先大陆后海洋。从闽南文化作为中华文化、中原文化的一部分来看，它是处在先大陆后海洋的文化大格局和框架中；从闽南文化自身来看，它亦是演绎着先大陆后海洋的文化世界运行逻辑。

　　新石器时代的闽南文化亦不是海洋文化，但海洋文化已形成一个范式依附在闽南大陆文化中。漳州和泉州的贝丘遗址预示着新石器时代的"七闽"部落文化的海洋性或海洋文化范式，但不能证明这个时期的闽南文化是海洋性质的文化，有海洋性不等于就是海洋文化。在没有证据证明闽南新石器时代的"七闽"部落的食物或生活是以海洋食物或生活为主的情况下，我们就认定或假设他们确实吃着这些海洋的食物、过着这种海洋生活，这就能证明他们的文化是海洋文化吗？显然不能！无论是假设还是真实情况都不能证明这一点。因为他们的这一点或这些海洋性与大陆性实质上是同性的，即都是陆地上的文化活动，海边的文化活动是陆地文化活动的一部分，这种生活和工作与陆地上或大陆文化的采集植物、捕猎动物和江河里捕捞鱼类并没有实质性的区别，只不过后者是在内地的土地、江河和山岭生活和工作，前者是在海边生活和工作，前者是采集或捡拾贝类，后者是采集植物和动物，二者的共同之处是都没有离开陆地，都是陆地性质的生活、工作和文化活动。而海洋文化的特质或精神是走向海洋、走向世界，而不是留在陆地或海边，而这还仅仅是海洋文化和大陆文化在空间边界上的区别。总之，无论是以海洋食物为主还是以陆地食物为主，无论是假设还是真实情况，闽南新石器时代的氏族部落文化不是海洋性质的文化，而是大陆性质的文化，是蕴含着海洋文化的大陆文化。而就其海洋性或海洋文化本身来讲，是依附于大陆文化的海洋性或海洋文化，虽然在系统性、常态性、稳定性、总体性等方面已构成一个依附于大陆文化的海洋文化范式，超越了闽南旧石器时代氏族文化比较随机的、零散的、不确定的次生海洋文化状态，但本质上还不具有海洋文化的意义。它是随着大陆文化的不断演进，才成为一个独立范式与大陆文化互相构造。

　　前面已经考察了闽南文化先大陆后海洋的过程史，并阐释了它何时作为孕育依附形式、何时形成海洋文化依附范式以及何时形成海洋文化独立范式的问题。这里不再赘述，只是进一步做一个总结。

（1）闽南文化的最初或原点不是海洋文化而是大陆文化，其运行逻辑是先大陆后海洋。旧石器时代的闽南氏族文化在采食海产品的意义上有一点海洋性，但还不是海洋文化，其海洋性本身也不具有海洋文化范式的意义，而是作为依附的次生文化存在于闽南大陆文化总体。新石器时代的"七闽"部落文化的贝丘遗址表明闽南文化海洋性的进一步增强并已形成一个海洋文化范式依附于闽南文化总体。闽越族或闽越国部落文化以及闽越部落与中原移民融合文化时期，闽南文化的海洋性进一步增强，但海洋文化依然是一个依附范式存在于闽越文化世界的总体。开漳圣王文化是闽南文明文化也是闽南海洋文明文化形成的标志，但闽南海洋文化范式依然是一个依附范式，存在于开漳圣王文化或闽南文化的总体，但由于获得了闽南文明文化的技术、制度和精神能量，从此闽南海洋文化步入快速发展的轨道，并成为闽南文化的前沿文化或主导文化。宋代以来，闽南海洋文化成为一个独立范式并与闽南大陆文化或闽南文化总体互动、互构。

有学者仅依据一些贝丘遗址就认为，包括闽南在内的新石器时代的史前沿海居民，凭借居处的海洋环境，以海洋资源开采为主，即以海洋经济为支柱，辅以山地的采集和狩猎，这是不符合文化世界先大陆后海洋的历史和逻辑的。临近海岸沙滩、沙丘的贝丘遗址，当然只能反映海洋生业状态，但海洋生业状态不是原始群族的全部生业状态，只是他们采食贝类产品时的生业状态，他们不可能只靠吃海洋里的贝类产品活着，贝丘遗址也可能是这些族群在吃够了或吃腻了从大陆获取的主食的情况下改换一下口味的消费遗址或野营遗址，那不是他们完整的生活和工作世界。这就像今天生活在漳州市的人吃着作为主食的米面以及肉类还要经常去东山岛海边吃吃海鲜一样。而那些距海稍远的遗址恰好表明这些群族是以采集和狩猎为主，海产品消费只是辅助形式，即使这些遗址分布着众多的有贝壳堆积的小规模的遗址群，这些贝类遗址依然是以采集和狩猎或农耕为主业的遗址的辅助部分。再看这些族群的工作技术或生产工具。出土的新石器时代的工具有石锛、石凿，这些工具主要用于竹木作业，居所的搭建、舟船的制作、滩涂海产品的捕捞都离不开竹木材料。凹石器是沿海地区所特有的工具，有学者认为这是敲螺贝的专项工具。用海生牡蛎壳制作的穿孔贝铲和贝刀亦有沿海工具文化特色。这些颇具海洋文化意味的工具都能反映和折射新石器时代闽南文化的海洋性以及海洋工作技术意义上的海洋文化范式，但它们不能证明闽南文化是以海洋技术、海洋工作、海洋生活、海洋经济为主，因为这些有海洋区域特色的工具或技术只是出土的新石器时代工具或技术的一小部分而已，而且这些工具也不至于就是用来敲海螺的，贝铲、贝刀也只是大陆文化普遍使用的石铲、石刀、石斧的辅助工具，而且也不只是海洋文化的专利，大陆文化也可使用和制作。总之，这些工具不但不能证明闽南新石器时代是以海洋文化为主，反而恰好证明了海洋文化是新石器时代以大陆文化为主的闽南文化的依附范式。

（2）从闽南文化的历时性看，大陆文化是初级文化，海洋文化是更高一级的晋级文化，是在大陆文化背景中生长起来的前景文化；从闽南文化的共时性看，大陆文化和海洋文化处在同一层级和水平上，它们互为背景和前景。海洋文化往往需要比大陆文化更高的工作技术、更高的生存智慧、更坚定的信仰与信念、更坚强的生命意志、更规范的制度和更严明的律法、更牢固更亲和的共同体关系以及更勇敢、更不安分的一颗心。如海里的捕鱼技术就高于江河湖泊的捕鱼技术，海上的行船交通技术就高于江河湖泊的行船和陆地上的行走交通技术，海上的战争技术就高于陆地上的战争技术。

（3）从闽南文化历史总体看，大陆文化有先行优势，海洋文化有后发能量；而从某个历史阶段看，海洋文化也有先行优势，如中国的对外开放就是先沿海后内地，福建总体的发展也是先厦门特区、沿海开放城市、海西开发区等海洋性城市和区域。

（4）闽南海洋文化与大陆文化互相构造。闽南海洋文化是晋级文化，但海洋文化的技术、制度、信仰、智慧又往往都是大陆文化创造的，如指南针、铁器、用于海战的火药、枪械、现代的信息技术。没有"迁海""解海""禁海"的律令，没有造船的那些铁制工具和农耕文明中积累的财力，没有大陆创造的瓷器、丝织品、农产品，就不会有漳州月港文化和海商文化。这一点与普遍世界的海洋文化与大陆文化的关联是相通的。没有指南针、没有大陆的商品市场经济所产生的开辟新市场的冲动，没有对自由、平等的新世界的信仰与信念，就不会有西方开辟美洲新大陆的海洋文化。而他们开辟新大陆的终点又回到了美洲大陆文化的起点，又是在创造大陆文化，并用大陆创造的农产品、工业品和技术武器甚至鸦片继续海上贸易，再回归海洋文化。大陆文化与海洋文化自始至终就是这么一个互相依附和推动的文化互构体。而二者的原点或最初是谁，除了在旧石器时代或新石器时代的贝类食物残留和贝丘遗存中能找到一点蛛丝马迹外，从大陆文化与海洋文化、从闽越部落的融合那时起，就很难分清谁是谁的源头，谁是谁的前缘与后世，谁是谁的归人与过客了。而信息技术和全球化的进展，则更是弥合了二者的裂痕，抹去了那些仅存的界限。现代海洋文化与大陆文化越来越趋向一个文化共同体，二者的区别只剩下一些十分有限的领域和范围。现代海洋文化都具有大陆文化的意义，大陆文化都具有海洋文化的意蕴。连西藏那样一个远离大海的区域也具有无限大海的意义，那些乘船和飞机跨过海洋来观光的旅人，带来了多少律动和深远的海洋性，又摄取了多少西藏神性、自然与人性的意义，并将其带到大洋彼岸或海岛之中，与他们的海洋生存融为一体！而西藏多少万年前本身就是一个海洋的世界，那些山水自然和神灵又留有多少往昔海洋时代的海洋性！大陆文化和海洋文化就是这样一个在历史和现实中流变、转换的此起彼伏的进程。连海洋人的那颗不安分的心也是大陆有限和贫瘠的驱动，没有与中原相隔的高山峻岭，或许就不会有开辟海洋空间的生命冲动。

（5）闽南海洋文化的起点是大陆文化，终点也是大陆文化，海洋贸易、海商活动、船舶技术、海神信仰、海洋经济和外向型经济、海洋生产和外向型生产，等等，最终都是为了在大陆上或陆地的海岛上生活，并都要依靠大陆文化的支撑和养成，除了捕捞、航海、游泳以及那些海天盛筵的娱乐，人类直到现在还不可能到海面上去生活。大陆是人类永恒的家园和创世的基地。

上述五点也是闽南文化先大陆后海洋运行逻辑的五个要义。这些逻辑和要义对我们的当代价值或给我们的当代启示如下。①闽南文化先大陆后海洋的运行历史和逻辑表明，大陆文化是闽南海洋文化的前提、基础和养生环境，发展海洋文化不能离开大陆文化的技术、制度和精神能量，海洋文化不可能离开大陆文化的根基绝对独立、独行，海洋文化的兴盛与衰败、辉煌与沉寂，都与大陆文化息息相关，二者共存亡、共荣辱、共进退。而这种互动是闽南海洋文化与闽南大陆文化以及普遍世界大陆文化的双向互动过程。②海洋文化有不同于大陆文化的特质，是开拓海外生存空间的更加进取创新的文化，大陆文化要尊重海洋文化的个性、特性，不能用齐一化的思维要求和同化海洋文化；同样，大陆文化也有不同于海洋文化的特质和个性，海洋文化要尊重大陆文化的个性，不能用海洋文化的思维去思考大陆文化，二者要同质互动、异质并存。③从历史文化的运行过程看，海洋文化是大陆文化衍生出来的更高一级的晋级文化，它超越了大陆文化中大陆空间的限制，走向海洋、走向世界，开辟比大陆文化更广阔的文化生存空间，特别是当代世界，海洋文化更具有文化世界的前沿性甚至主导性，因此，要大力弘扬和发展海洋文化，提升海洋文化的技术、制度、人才的层次以及海洋生活世界和工作世界的品位和质量。同时还要重视夯实大陆文化基础，没有大陆文化的基础、制度、技术和精神能量，海洋文化就会沦为无源之水，甚至会沦为旧中国具殖民色彩的通商口岸文化。④在历时性上，海洋文化有后发能量；在共时性上，海洋文化也有先行优势。因此，先大陆后海洋的文化世界运行逻辑在一定历史阶段还要转换成先海洋后大陆的文化运行方式，从而以海洋文化激活、带动、引领大陆文化的运行。

二　闽南海洋文化的概念内蕴

先大陆后海洋的闽南文化运行逻辑主要展现的是闽南海洋文化的历史内涵，这些历史内涵已经预示了闽南海洋文化的总体与本质意义。那么，从总体和本质上看，什么是闽南海洋文化呢？这里，先从海洋文化的一般概念说起，其用意并不在于想用一般概念推导出具体概念，而是意在达到一个互相印证的效果。闽南海洋文化概念的意义已经蕴含在其历史演进的过程和逻辑里了，没有一般概念其意义亦可明晰，因此，海洋文化的一般概念在很大程度上依赖闽南海洋文化的概念逻辑。先阐述一般海洋文化概念还有一个用意，就是试图纠正学界对海洋文化概念界定的缺陷。学界对闽南海洋文化的研究主要集中在闽南文化的海洋性以及其精神意蕴等方面，尚缺失对闽南海洋文化概念的科学界定，只有一般的海洋文化概念，并以此推导出闽南海洋文化的概念，这也是导致对闽南海洋文化内涵认知存在缺陷的一个重要原因，这也为先弄清什么是海洋文化一般概念提供了必要前提。

（一）什么是海洋文化

学界对海洋文化的基本界定为：海洋文化就是和海洋有关的文化；就是缘于海洋而生成的文化；就是人类对海洋本身的认识、利用和由海洋而创造出来的精神的、行为的、社会的和物质的文明化生活内涵；海洋文化的本质就是人类与海洋的互动关系及其产物。

如有学者认为，"人类源于海洋而生成的精神的、行为的、社会的和物质的文明化生活内涵"分指"有关海洋的文化"的四个层面：一是心理和意识形态层面；二是言语与行为样式层面；三是人居群落与组织结构以及社会制度层面；四是物质经济生活模式，包括资源利用以及发明创造层面。[①] 这些心理、意识形态、语言与行为、组织、制度、经济生活模式以及发明创造，实际上已经远远超出四个层面了，但不管是四个层面还是八个层面，从这些层面的规定性看，一点也看不出是在讲海洋文化的内涵或概念，好像什么文化都可以这样讲、这样界定。当然，该学者在具体阐释的时候讲的是海洋文化，但那些已经不是概念了，作为海洋文化的概念就要在概念的界定上凸显海洋文化的规定性，而不是表白一般文化的规定性或文化的一般规定性。有学者认为，就海洋文化的价值取向而言，它具有商业性和慕利性；就海洋文化的社会机制而言，它具有社会组织的行业性和政治形态的民主性，相应的也就具有法制性。又有学者认为，海洋文化的冒险性是海洋文化表现在心态文化层中不顾危险地进行某种活动的价值观念的特征。明清推行"海禁"政策时福建泉州人敢于冒险下海，20世纪80年代又率先与台湾进行贸易，是海洋文化具有冒险性特征的正例。而海洋文化的崇商性则是海洋文化中从物质到精神所表现出来的重商主义价值取向的特征。广西北海早在汉代便是我国古代"海上丝绸之路"的起点之一就是一例。这些关于商业性、慕利性、组织性、政治性、冒险性、崇商性的海洋文化特质、特性和精神的叠加式界说，亦看不出是海洋

---

① 金良：《海洋文化与社会》，中国海洋大学出版社，2003，第26页。

文化的核心价值取向、本质规定和根本精神。还有学者认为，海洋文化具有文化的核心属性，海洋文化特征的梳理与归纳需要在文化社会学的框架下展开，海洋文化并不具有慕利性、商业性、民主性、法制性等特征，海洋文化的基本特征是社会性、涉海性、习得性、地域性、整合性和共享性。① 这一观点除了"涉海性"能看出是在讲海洋文化特征外，其他都看不出是海洋文化特征，因为别的文化也都具有诸如社会性、共享性之类的特征。总之，上述这些对海洋文化的概念界定都显得笼统、空泛，缺乏实质性的规定，更缺少历史底蕴和逻辑结构与核心意义指涉，一个普遍的问题就是讲海洋文化的概念看不出是讲海洋文化。时下还有一种颇为通行的概念就是"海洋文化就是与海洋有关的文化"，这等于什么都没说，或者等于说"海洋文化就是海洋文化"。

那么，到底什么是海洋文化呢？其一，海洋文化的核心要义就是以海洋为通道的具有世界意义的文化，这里的世界意义是指地理空间意义上的国际世界意义。海洋文化的这一要义恰好应对了海洋的空间存在本性，即海洋连接世界各国、各地，海洋性就是世界性，海洋文化的海洋性就是世界性，海洋文化的海洋意义就是世界意义。这一点恰好与大陆文化的空间性不同，大陆总是分割成一个个属地、国家、社会的空间，其边界往往是一个地域、区域、国家、民族的属地边界，这是大陆文化在空间生活、工作、存在边界上与海洋文化的明显分野。如果海洋文化也有国家、领地的边界，那恐怕就不是海洋文化了，就失却了海洋文化的本意。区域海洋文化（如闽南海洋文化）虽然冠以区域的词语，但其核心要义恰好不是区域文化意义，而是其海洋性意义，即世界意义。也就是说，闽南海洋文化、中国海洋文化、美国海洋文化、欧洲海洋文化，这些海洋文化的核心要义或本质不在于闽南、中国、美国和欧洲，而在于它们的普遍世界意义或国际世界意义。这是海洋文化与大陆文化的一个根本不同点。其二，海洋文化世界意义的总体是生活世界总体意义，是海洋生活世界总体的意义，是以海洋为通道的具国际视野的生活世界总体意义，即海洋技术、制度、组织、精神、交往、行为的总体意义，是人与人、海洋自然和社会关

---

① 陈涛：《海洋文化及其特征的识别与考辨》，《社会学评论》2013 年第 5 期。

系的总体意义，是海洋经济生活、政治生活、精神生活、日常生活和社会生活的总体意义，而不仅仅是经济、政治、信仰等某个单面的生活向度。其三，海洋文化的本质是工作世界文化，是海洋工作世界文化，是具国际视野的工作世界文化，是工作世界总体文化，而不单是商业、贸易、崇商重商等单面的工作活动，而工作技术、工作关系对其具有根本的支撑意义，其核心价值是共创共享的工作世界共同体。其四，海洋文化是内生文化与外生文化的互构文化，而不单是某个区域或某个国家的文化，这亦是其世界意义使然。其五，海洋文化是一个充满矛盾的动态过程，并趋向以工作世界为支撑的海洋文化共同体境界。其六，前述文化世界先大陆后海洋的运行历史和逻辑表明，从旧石器时代到新石器时代的海洋文化是以采集、采集—狩猎文化为主，不具有世界性。正是因为它不具有世界意义，所以不是本质意义上的海洋文化，只是海洋文化的孕育和成长过程，并依附于大陆文化·海洋文化是与大陆文化互动的，在一定历史阶段上才形成独立范式。下面对上述海洋文化的概念内蕴进行论证，但不是一对一的论证，论证的核心是其世界意义和工作世界本质。

　　马克思、恩格斯阐述了海洋文化的世界意义及其生活世界总体意蕴和工作世界本质意义。恩格斯在1849年发表于《新莱茵报》的文章《民主的泛斯拉夫主义》中指出太平洋沿岸海洋生活的世界意义："如果精力充沛的美国佬迅速地开发那里的金砂矿床，增加流通手段，在短时间内在太平洋沿岸最适宜的地方集中稠密的人口，开展广泛的贸易，建立许多大城市，开辟轮船交通，铺设从纽约到旧金山的铁路，第一次使太平洋真正接触现代文明，在历史上第三次为世界贸易开辟新的方向，那有什么不好呢？"① 众所周知，美国开发新大陆文化是典型的海洋文化形态，欧洲殖民者跨过海洋开发美洲新大陆，将现代文明从欧洲带到美洲，这是一种具有世界意义的工作、生活。18～19世纪的美国发展历程就是在太平洋海岸线上开发矿产，扩大贸易、建立城市、开通海洋航线，这种海洋文化是开矿、贸易、经济、修建铁路、航海、生活、工作等活动的总体，是海洋技术、资本主义殖民制度和意识形态文化的总体，是以海洋为通道开辟新

---

　　① 《马克思恩格斯全集》第6卷，人民出版社，1961，第326页。

的生活世界空间。而这种开辟、开拓活动就是典型的工作创造活动、工作创世行为，也是欧洲现代文明对美洲土著文化的同化和融合过程。这种海洋文化受商业利润的驱动，但并不只是商业贸易，而是生活世界总体存在；也不只是技术、自然生态，而是技术、自然、社会制度的总体造化，而现代技术文明是其根本支撑。

马克思和恩格斯在 1850 年的《国际述评》一文中，对海洋文化的世界意义做了更加详细的阐述："在 330 年当中，所有欧洲与太平洋的贸易一直是以惊人的长期耐性绕道好望角或合恩角来进行的。所有打通巴拿马地峡的建议都由于进行贸易的国家的无谓的争吵而失败了。从发现加利福尼亚金矿到现在，仅过了 18 个月，而美国佬就已经着手建设铁路，修建大公路，开凿以墨西哥湾为起点的运河；从纽约到查理斯，从巴拿马到旧金山已经有轮船定期航行；太平洋的贸易已经集中在巴拿马。"① 欧洲早期的海洋贸易，由于造船技术和航海技术较低级，航海和贸易线路一直绕道好望角和合恩角，这就抑制了向海洋世界和新大陆的拓展。"在纬度 30 度上的漫长海岸是世界上最美丽最富饶的地区之一，以前它几乎是荒无人迹的地方，而现在它在我们眼前正变成一个富足的文明区域，聚集着一切种族和民族的代表：从美国佬到中国人，从黑人到印第安人和马来亚人，从克里奥洛和美司代佐到欧洲人。加利福尼亚的黄金源源流入美洲和亚洲的太平洋沿岸地区，甚至把最倔强的野蛮民族也拖进了世界贸易——文明世界。世界贸易第二次获得了新的方向。世界贸易中心在古代是泰尔，迦太甚和亚历山大，在中世纪是热那亚和威尼斯，在现代，到目前为止是伦敦和利物浦，而现在的世界贸易中心将是纽约和旧金山，尼加拉瓜的圣胡安和利奥，查理斯和巴拿马。世界交通枢纽在中世纪是意大利，在现代是英国，而目前将是北美半岛南半部。"② 这个太平洋区域的生活世界和工作世界是由世界各国人民共同开辟的，是一个经典的海洋文化世界共同体，彰显了海洋文化的国际世界意义，而共同的工作创造、工作世界构成这个文化世界的基础。而这种海洋文化的基本通道就是海洋通道，"太平

---

① 《马克思恩格斯全集》第 7 卷，人民出版社，1959，第 262 页。
② 《马克思恩格斯全集》第 7 卷，人民出版社，1959，第 263 页。

洋两岸很快就会象现在从波士顿到新奥尔良的海岸地区那样人口密集、贸易方便、工业发达。这样，太平洋就会象大西洋在现代，地中海在古代和中世纪一样，起着伟大的世界交通航线的作用"。① 海洋交通（即海洋通道）是海洋文化的基本标志，也是海洋文化世界意义的基本标志。

与黑格尔把中国文化单向度地贬斥为封闭、保守、专制的大陆文化不同，马克思和恩格斯还关注到中国的海洋文化，认为中国的海洋文化是中国与世界的世界性文化融合，指出了中国海洋文化的世界意义，"再过几年，在我们面前将会出现一条固定航线，从英国通往查理斯，从查理斯和旧金山通往悉尼、广州和新加坡"。② "虽然中国的社会主义跟欧洲的社会主义象中国哲学跟黑格尔哲学一样具有共同之点，但是，有一点仍然是令人欣慰的，即世界上最古老最巩固的帝国 8 年来在英国资产者的大批印花布的影响之下已经处于社会变革的前夕，而这次变革必将给这个国家的文明带来极其重要的结果。如果我们欧洲的反动分子不久的将来会逃奔亚洲，最后到达万里长城，到达最反动最保守的堡垒的大门，那末他们说不定就会看见这样的字样：中华共和国，自由，平等，博爱。"③ 当然，这里的"自由，平等，博爱"，是对资本主义殖民侵略的讥讽，实际上是揭露了资本主义海洋文化的殖民主义性质，但它客观上会使中国进入与现代文明融合的开放的海洋文化时代，而这种进入亦是通过海洋通道实现的。这个过程和结果都被马克思和恩格斯言中，从旧中国的"五口通商"到新中国的改革开放，中国已从封闭的大陆走向海洋、走向世界，并与世界人民一道，创造了中国与世界相融合的海洋文化的辉煌业绩。而海洋文化、文明取决于海洋工作技术。马克思和恩格斯肯定了科技生产力或科技工作力的巨大作用。他们指出："自然力的征服，机器的采用，化学在工业和农业中的应用，轮船的行驶，铁路的通行，电报的使用，整个整个大陆的开垦，河川的通航，仿佛用法术从地下呼唤出来的大量人口，——过去哪一个世纪料想到在社会劳动里蕴藏有这样的生产力呢？"④ 这里，马

① 《马克思恩格斯全集》第 7 卷，人民出版社，1959，第 263 页。
② 《马克思恩格斯全集》第 7 卷，人民出版社，1959，第 263 页。
③ 《马克思恩格斯全集》第 7 卷，人民出版社，1959，第 265 页。
④ 《马克思恩格斯选集》第 1 卷，人民出版社，1995，第 277 页。

克思指出了机器工作技术是海洋文化、海洋生活世界和工作世界的根本支撑。

从西方海洋文化形成的历史看，海洋文化的本质在于其世界意义。从旧石器时代到新石器时代再到中世纪，虽然海洋捕捞、海神祭祀以及海洋精神等海洋文化都有很大发展，但一直十分缓慢。中世纪末期哥伦布大航海时代不但促进了海洋经济的发展，也促进了海洋生活和工作世界总体意义的进展。如玉米、马铃薯和番茄由美洲引进到欧洲，而欧洲人则把花生带到了南亚和西非。海洋经济的发展导致人口向沿海地区集聚，使海洋文化更加呈现生活世界的总体意义和工作世界基础，更加彰显出这种世界意义的国际性。我们都说"海上丝绸之路"是海洋文化，这恰好也在于它以海洋为通道的世界意义。当然，世界意义不只是海洋通道意义上的世界意义，陆地上的"丝绸之路"也具有世界意义。因此，在世界意义的规定性上，大陆文化与海洋文化是相通的，即条块分割的大陆文化也可以在向世界开放、与世界交往的意义上实现其世界意义。中国的两条"丝绸之路"就是海洋文化与大陆文化这两种文化世界意义的展现。一条是肇始于西汉的陆上"丝绸之路"，从当时的首都长安出发，经河西走廊，沿楼兰古城，过阿拉山口，出中亚、西亚抵安息、大秦等地，这是"丝绸之路"最主要的一条通道。另一条是发端于唐代中后期的"海上丝绸之路"，这是中世纪中外交往的海上通道。"海上丝绸之路"的起点在中国的东南沿海，沿东海、南海经印度洋、阿拉伯海到非洲的东海岸或经红海、地中海到埃及等地，或从东南沿海直通日本和朝鲜。中国将丝绸和陶瓷奉献世界实现的亦是生活世界和工作世界总体的世界意义，即海洋生活世界和海洋工作世界的国际世界意义。

海洋交往无疑也是海洋文化的重要方面，而海洋交往主要也是世界交往。越南、缅甸、老挝、泰国、马来西亚、新加坡、柬埔寨、菲律宾、印度尼西亚等东南亚各国，与中国的往来始于秦汉时期，中国的汉字、儒学、书画、佛教，中国的学制、典章、建筑工艺、制瓷技术以及民风民俗等，都对这些国家产生了全面的影响。南亚的印度、斯里兰卡等国以及其他阿拉伯国家，在汉代就与中国进行丝绸和陶瓷贸易，这些国家中的佛教、艺术、天文、医药文化等沿着"海上丝绸之路"传入中国，尤其是佛教对中国产生了重要影响；与此同时，中国的造纸、养蚕缫丝、制瓷技术以及民风民俗等也相继传播世界各国。到了明代，郑和"七下西洋"，他被誉为"十五世纪世界最伟大的航海家"。由此可见，海洋文化就是通过海洋通道不断实现生活与工作世界的国际世界意义的过程，就是世界性的交往过程，这一过程是技术、制度和精神文化的总体，其中海洋工作世界技术是其根本的支撑。

海洋是地球上最大的自然物，在漫长的历史进程中，人类发明了船只和其他各种海洋技术工具，逐渐走进海洋。随着航海和造船技术的进步以及指南针在航海上的应用，欧洲探险家发现了新大陆、新航线。地理大发现后，世界进入海洋生活和海洋工作时代，海洋文化的国际世界意义日益彰显，走向海洋、走向世界就是海洋文化的本意和真意，这个世界的总体就是以海洋为通道的生活世界的总体，其本质是海洋工作世界。

（二）什么是闽南海洋文化

闽南海洋文化的概念内蕴主要是从闽南海洋文化的历史进展过程归结出来的，它与一般海洋文化的概念不是互相推导的关系，而是互相印证的关系。

（1）闽南海洋文化是中国海洋文化乃至世界海洋文化的一部分，蕴含着闽南海洋文化的特殊意义，又承载着中国或世界海洋文化的一般意义。中国是海洋大国，海洋文化历史悠久，意义丰厚。那种认为西方文明是海洋文明——蓝色文明，东方文明尤其是中国文明是大陆文明、黄土文明的观点，是不顾历史和现实的片面观点。考古学家发现的大量新石器时代的贝丘，以及古人类的渔业生活方式和航海活动都表明中国海洋文化在远古的孕育和成长生态。在辽东半岛、环渤海湾、山东半岛、长江三角洲、福建、两广，还有长山岛、台湾岛、海南岛等以及这些大岛周边的诸多群岛上，自古就有中华民族的祖先生活，这些沿海和海岛地区都是中华民族海洋文化的发源地。中国文化、文明史之所以在世界文化、文明史上占据着重要地位，在很大意义上是与中国东部沿海的海洋文化互构的结果。闽南海洋文化是中国沿海海洋文化的重要构成因子，亦是中国海洋文化和整个中国文化的重要组成部分。闽南海洋文化与世界海洋文化密不可分，是世界海洋文化的一个组成部分，它具有世界海洋文化的一般属性，是世界海洋文化的区域化和具体化。闽南海洋文化既是中国海洋文化的有机组成部分，也是世界海洋文化的组成部分，既是中国文化的展开和具体化，也是世界海洋文化的展开和具体化。在世界海洋文化总体框架中，一方面，相对其他海洋文化形态，闽南海洋文化具有自己的特殊意义；另一方面，作为世界海洋文化和中国海洋文化的有机构成部分，又具有普遍世界海洋文化和普遍中国海洋文化的普遍意义或一般意义。如妈祖信仰文化、开漳圣王文化的海洋性就具有闽南海洋文化的特殊性，而爱国爱乡精神、冒险精神、包容精神、工作创造精神等精神文化则是闽南海洋文化与普遍世界海洋文化的共有意义。因此，研究、认知、理解、建构闽南海洋文化，要顾及其区域存在与世界空间的双重意义。

（2）同闽南文化一样，闽南海洋文化是内生与外生文化互构而成的文化，是闽南人和闽南地的区域文化，也是普遍世界或普遍人们的文化。从闽南海洋文化的历史演进看，整个过程都是闽南文化与其他区域文化和中原文化乃至世界文化的互动、互构过程，没有纯粹的、完全的闽南海洋文化。如闽越海洋文化就是"七闽"部落文化与来自浙江的于越族融合互动的文化，开漳圣王文化的海洋文化范式亦是中原人与闽南人的共同造化。而宋朝以后的闽南海洋文化，除了大陆内部的互构关系外，还融入了诸多世界文化的因子，如漳州月港文化的贸易文化和海商文化，泉州港文化的多元信仰文化，以及近代以来的通商口岸文化和现代的特区文化、开放文化等，都是闽南区域与其他区域和中国总体以及世界文化的共同造化与建构。

（3）闽南海洋文化的历史运行轨迹是先大陆后海洋、先依附后独立。闽南旧石器时代的原始氏族文化的性质是大陆文化，是闽南海洋文化的孕育依附形式，"七闽"部落文化和闽越文化以及开漳圣王文化是闽南海洋文化依附范式的依附形态，宋朝以后的妈祖信仰文化、港口文化和海商文化等是闽南海洋文化范式的独立形态。闽南海洋文化与闽南大陆文化和中原大陆文化互相构造、互相推动，并在一定的历史发展阶段跃升为闽南文化的前沿、主导和晋级范式。闽南海洋文化与大陆文化的互动是在互相冲突和矛盾的关系中进行和实现的。闽南海洋文化的动态运行模式是冲突—融合—冲突—融合……

（4）闽南海洋文化的核心内涵或本质是以海洋为介质和通道所实现的世界意义，而世界意义是国际世界视野中的世界意义，这种世界意义的总体是生活世界总体意义，是国际化的交往、贸易、生产、意识形态、技术、制度以及自然生态的总体，是渔业、海洋开发利用、海产品生产和消费、海洋贸易和交往的总体，是海洋物质生活与精神生活的总体，是海岸、海岛以及国际世界的海洋生存总体，是历史海洋文化和现代海洋文化的总体。闽南海洋文化的本质和基础是国际化的海洋工作世界，而海洋生存能力特别是海洋工作技术与海洋生存关系及其互构关系是其本质结构，而海洋工作技术具有根本的支撑意义。海洋介质或海洋通道是闽南海洋文化世界意义不同于大陆文化世界意义的标志。

第四节　闽南海洋文化的思想政治
教育资源及其现代转化

大陆生存空间有限，先大陆后海洋的文化世界总体运行逻辑，使得大陆空间开发、开拓、开启越来越充分，甚至一些资源、能源已近枯竭，而海洋面积占地球表面积的71%，还是一个开发不充分的存在领域。这就需要人类向海洋世界进军，这不仅是总体的国家、社会的存在趋向，也是每个个体存在者的生活、工作选择路向。中国是海洋大国，拥有约300万平方公里的"蓝色国土"。中国人口众多，更增加了大陆空间的拥挤度，这就更需要存在主体走向海洋，从大陆存在空间向海洋存在空间拓展。而海洋文化并不只是开发海洋地理空间本身的文化，其要旨是走向海洋、走向世界，其要义是以海洋为通道的国际世界意义，是走向或融入国际空间世界。因此，中国相对世界发达国家的落后状态，客观上更需要存在主体超越本大陆存在域，去学习、追寻海外的技术与文明，并主动地将中华文明融入世界、影响世界。另外，海洋环境受到的污染、破坏越来越严重，一些海洋资源开发过度，难以维持生态平衡，这将影响海洋世界的可持续发展。所以，在开发和利用海洋的同时，还需建设生态海洋世界。这些开拓、开创、建构海洋文化世界的行动和选择，都离不开海洋文化教育，更离不开海洋文化思想政治教育。因此，要发挥政府、民间、学校、团体、企事业单位等多重教育主体的作用，释放海洋文化思想政治教育的精神能量，以此推动海洋文化世界的建构行动。

海洋文化教育与海洋文化思想政治教育是两个不同的概念。有学者认为，"海洋教育是增进人的海洋文化知识，增强人的海洋意识，影响人的海洋道德，改良人的海洋行为的活动"。① 这一海洋教育概念把海洋教育理解为海洋意识、道德、行为教育，缺少生活世界总体性和工作世界本质意义教育内涵，没有把海洋教育理解为世界空间教育。海洋文化的实质是世界生存空间意义，即生活和工作世界的国际世界境界教育，而不只是开发、保护、爱护海洋的意识和行为教育。总之，学界关于海洋文化教育的概念过多强调了海洋世界的知识、意识、技能、行为、道德以及海洋自然生态教育，忽略了海洋文化生活世界总体意义特别是工作世界本质意义的教育，即忽略了海洋文化思想政治教育的总体意义。学界尚未形成海洋文化思想政治教育以及闽南海洋文化思想政治教育的概念。

海洋文化思想政治教育是海洋文化的总体性教育，即海洋文化世界观、价值观、人本观、道德观和生存方法论教育，是海洋文化教育的思想主导、精神能量和灵魂依附。或者说，海洋文化思想政治教育就是一定教育者将海洋文化的思想政治教育资源转化为现代思想政治教育内容的教育实践活动。海洋文化的思想政治教育资源主要是海洋文化的世界观、价值观、人本观、道德观以及海洋生存方法论。海洋文化思想政治教育是普遍世界的普遍人们的教育，更是沿海地区的教育，这是沿海地区丰富的海洋文化资源和现实的海洋文化生存境遇的双重需要。闽南海洋文化思想政治教育。其总体是海洋生活世界意义教育，其本质是海洋工作世界意义教育，其根本要义是海洋生存的世界意义教育。闽南海洋文化思想政治教育资源主要是蕴含在闽南海洋文化中的世界观、价值观、人本观、道德观、生存方法论等思想观念，这些思想观念又构成一个关联的结构，这个结构就是闽南海洋文化的精神结构。而这些思想观念或精神结构都蕴含于闽南海洋文化的历史过程，如此，闽南海洋文化的历史文化资源亦是闽南海洋文化的思想政治教育资源。但这些作为思想政治教育资源的历史文化资源

---

① 刘邦凡：《论我国高校海洋教育发展及其研究》，《教学研究》2013 年第 3 期。

不同于历史文化本身，它是从丰富、具体、原逻辑的历史文化中抽象、选择、归结出来的历史文化。因此，闽南海洋文化思想政治教育中的海洋历史文化资源的教育亦不同于历史学的历史文化原生态教育。而历史文化又离不开自然生态资源，因此，闽南海洋自然生态亦是闽南海洋文化的思想政治教育资源。思想观念又离不开文化载体和人物、事件，因此，闽南海洋文化思想政治教育资源也包括闽南海洋文化的各种载体以及人物、事件等资源。

一　闽南海洋文化的思想政治教育资源

闽南海洋文化思想政治教育资源主要包括闽南海洋文化的自然生态资源、历史文化、历史事件和人物、思想观念或精神结构、载体资源等方面。而思想观念或精神内涵构成闽南海洋文化的精神内核或精神结构，亦构成闽南海洋文化思想政治教育内容的精神内核或精神结构。这里，把闽南海洋文化的精神结构资源称为内在资源，把其他资源称为外显资源。

（一）闽南海洋文化的外显资源

闽南海洋文化的外显资源是指有一定的物质形体、行为、历史形态、人物和事件以及各种文化艺术形式的资源，包括自然生态资源、历史文化、历史事件和人物、载体资源等方面。

（1）海洋自然生态教育资源。"地理环境作为一种长期稳定的客观因素，是人们赖以生存和发展的基本物质条件，在很大程度上支配了人们的生活和社会经济结构。"福建三面环山，东面临海。闽南地区位于福建的东南角，位于东南丘陵区，山势连绵，海域开阔。闽南陆地总面积约 2.5 万平方公里。西北多山，东南濒海，地势从西北向东南倾斜，地形多样，山地、丘陵、平原、河流俱全。在晋江、九龙江中下游，形成了福建两大著名的三角洲平原——泉州平原和漳州平原，有着比较良好的农业生产环境，不适宜种植粮食却适合种植亚热带经济作物。较高的丘陵山势，造成了闽南陆域封闭，但闽南地区起伏的山地使这一区域的海岸落差较大，形成许多水深数十米的良港，可以停靠大船。多山造成闽南陆域环境的相对独立，也促成了闽南沿海环境的优越。闽南海域面积约 3 万平方公里，海岸线总长度约 1400 公里。沿海岛屿星罗棋布，拥有大小港湾数十个，主要有湄洲湾、大港湾、泉州湾、深沪湾、围头湾、安海湾、厦门湾、旧镇湾、东山湾、诏安湾等。厦门、漳州、泉州地缘相近，形成三角洲的地形，加之各自拥有优良的不冻港，近海拥有诸多岛屿，相互依靠、扶持。自古以来，沿海闽南人采取"以海为田"的生产生活方式。闽南地区"三面环山、两江入海"，东面向大海完全敞开。这种海洋自然地理环境养成了闽南文化的海洋性品格。正如黑格尔所说："大海邀请人类从事征服、从事掠夺，但是同时也鼓励人类追求利润，从事商业。平凡的土地，平凡的平原流域把人类束缚在土壤上，把他卷入无穷的依赖性里面，但是大海却挟着人类超越了那些思想和行动的有限的圈子。"① 濒海的闽南人在海洋境遇的激励下，将智慧与勇气结合，创造了开放而又自持、进取而又和善、独立而又包容、崇信而又务实的海洋文化。

闽南海洋环境自然生态风景优美，有鼓浪屿、东山岛、火山岛等著名旅游风景区。大海、岛屿、渔船、白鹭、沙滩、贝壳、海水、游人，组成了一幅优美的图画和亮丽的风景。这里是闽南人生活的家园，也是精神的栖居之所，也适合学校开展实践教育，设置综合性学习的实践基地，陶冶学生海洋情怀。人都有自然属性，自然养生人性。大海宽广、渊博、深沉、热情、开放的自然属性养生人的海洋品性。在海洋环境的生养下，闽南人养成了自信、自强、自立、不甘落后、积极向上的海洋精神。海洋与人相通的自然品性正是思想政治教育所需要的。通过这种海洋实践教育让学生摄取海洋的自然品格，体验海洋文化的人文情怀和生存精神。

（2）历史文化资源。闽南文化的思想政治教育资源蕴含在闽南历史文化的资源中，它是闽南文化思想政治教育的前提和策源地。闽南海洋文化思想政治教育不是抽象的海洋世界观、价值观、道德观等思想观念的教育，而是融合闽南海洋文化的历史文化资源进行的教育。闽南海洋文化有丰厚的历史文化资源，而这些资源又不是历史学意义上的复述、复制历史，而是被选择、被解构的适合思想政治教育的资源。如前述关于闽南海洋文化演进的范式结构的分析，就是这种历史文化资源的重要内容。如作为依附范式的闽越文化、开漳圣王文化中的海洋文化因子，作为独立范式

---

① 〔德〕黑格尔：《历史哲学》，上海书店出版社，2001，第96页。

的妈祖信仰文化，泉州港、漳州月港等港口文化、移民文化、海商文化，等等。

（3）历史事件与历史人物资源。历史文化是由事件和人物构成的。历史上能激发思想政治观念正效应的事件和人物都可作为思想政治教育的资源。如漳州月港文化中西班牙侵略者对月港经济社会的破坏事件，可以激发人们对侵略者的痛恨以及自强、自立的爱国情怀。还有一些爱国爱乡的海商、华侨捐资祖国，重要的海洋技术的发明，制度、精神文化的创造与改变事件等都适合作为思想政治教育资源。人民群众是历史的创造者，要特别重视普通大众的海洋文化生活与工作生态所蕴含的思想政治教育资源。

（4）载体资源。闽南海洋文化的载体资源主要是指承载闽南海洋文化意义和内涵的物质形态和精神形式。前者主要包括物质文化遗存、遗址以及一些文化产业、文化事业，如贝丘遗址、漳州月港遗址、妈祖庙遗存等都属于物质形态载体，一些能展现闽南海洋文化的旅游产业，如厦门的鼓浪屿旅游、漳州的火山岛和东山岛旅游也属于物质载体资源。后者主要包括收藏和展示闽南海洋文化的图书馆、博物馆以及以闽南海洋文化为题材创作的影视、文艺作品。

（二）闽南海洋文化的内在资源

闽南海洋文化的内在资源是指蕴含在闽南海洋文化中的思想观念或精神结构资源。历史文化、历史事件、历史人物、载体都是闽南海洋文化的外显资源，思想观念或精神结构是其内在资源和精神内核。闽南海洋文化的思想观念或精神结构如下。

（1）包容与开放意识并行。有容乃大，千条江河归大海，这是海洋文化的包容和开放意识的双重体现。要开放必须包容，否则就不能开放，甚至可以说开放就是包容；要包容必须开放，否则就无所包容，甚至可以说包容就是开放。相对于内陆文化，闽南海洋文化更具有包容与开放的意识。从"七闽"部落文化的"七闽"部落并存与交流开始到闽越融合文化再到闽越与中原移民的不断融合文化，再到与海外文化的交流与融合，闽南海洋文化无论是作为依附范式还是独立范式，都呈现这种包容与开放的意识。如泉州有众多民族，各民族和睦相处，并被誉为"世界宗教博物馆"，道、儒、释、伊斯兰教、基督教、印度教和平共处，体现了泉州人包容的气度和开放的胸怀。自古以来，闽南人就呈现"漂洋过海，过蕃谋生"的生态。厦门、漳州、泉州都是著名的侨乡。在闽南地区，古今中外的雅俗文化不仅得到理解和接纳，而且还被转化和创新。闽南海洋文化是闽南文化与中原文化、中国其他区域文化以及西方文化等多种文化的融合创生过程和结果。海洋文化世界更有利于人们吸收、模仿、学习外来物质文明和精神文明成果，滋生强烈的开放与包容意识，也有利于闽南海洋文化在中外文化交流中得到发扬光大和有效的传播。

（2）和谐与冲突精神并行。人和社会的本质关系是和谐关系，但和谐关系不是天上掉下来的，而是争取、奋斗和创造出来的。闽南海洋文化是一个内生文化与外生文化不断融合的过程，这种融合是一个总体趋向和谐、分段饱含冲突的过程。历史上闽越族的抗争精神、移民斗争精神、迁离祖居地的背井离乡精神、海外经商的铤而走险精神，这些精神都较为直接地显现和流露着冲突精神，它与中原文化中儒、道文化过度强调和谐甚至贬斥冲突的文化倾向形成明显的反差。这些冲突精神与历史文化融合过程中凸显的和谐精神一道，共同构成闽南海洋文化的精神能量，助推闽南海洋文化世界的进展。

（3）崇商与重道精神共生。海洋文化境遇中的闽南人有灵敏的商业头脑和强烈的竞争意识。走向海洋、走向世界必须要重视商品交换与贸易，这是海洋文化世界的经济纽带，否则，海洋文化就失去了经济支撑。而海外贸易和经商都要遵循商业之道，而商业之道有强盗之道和君子之道。西方殖民主义者入侵、劫掠他国是强盗之道。闽南海商文化总体上遵循和谐、和平、博爱之道。闽南海商奔走、遍布世界各地，却不像西方"海商"那样留下侵略的劣迹，他们对自己的故乡更是倍加爱护，取得成就后回馈桑梓成了他们普遍的做法。如被誉为"华侨旗帜、民族光辉"的陈嘉庚和许多闽南籍侨商倾家捐钱捐物回馈家乡就是典型的例子。此外，扶持同乡也成为闽南海商的美德。闽南海商在海外格外注重相互帮扶，发达了的商人会把自己的同乡带出去，不仅教他们经商之道，还出资相助。

（4）故乡与异乡精神并存。故乡精神就是爱国爱乡精神。爱国爱乡不是固守原地，不是画地为牢，更不是坐吃山空。爱国爱乡就要承担与奉献，就要开拓进取，超越有限土地的限制，走向海洋、走向世界，去开拓世界生存空间，就要有背井离乡的异乡精神，正如《泉南歌》所写的："州南有海浩无穷，每岁造舟通异域"。去异国他乡谋求发展，开创新的生命空间，这是一种勇气，是一种冒险的行动，是一种爱亲人、爱相邻、爱祖国的勇于担当的选择和举动，这种故乡与异乡并存的精神与中原文化的"月是故乡明""孝子不远游"的单向度的故土难离的故乡情结形成较为明显的反差，是对那种过度的故乡情结的超越。从故乡到异乡，从异乡到故乡，从异乡到新的异乡，这就是闽南海洋文化的存在之乡和空间生存轨迹。

（5）爱国爱乡与世界精神互构。故乡与异乡精神主要还是闽南海洋文化的生命空间存在意义，而空间存在是一个总体的生活世界，其本质是工作世界。闽南海洋文化的核心意蕴是存在总体的世界意义或世界境界，而不单是物质空间的捕获和穿行，也不只是谋利的商业行为或物化趋向。这就注定了闽南海洋文化的根本精神是存在总体的世界精神，即走向海洋、走向世界、融入世界、摄取生活世界总体意义的文化生存精神，即海洋生活世界总体精神。而这一切的意义、价值、存在都要靠工作创造，因此，闽南海洋文化的本质或根本精神是海洋工作世界精神，即以海洋为介质或通道追求国际化或全球化的生活世界总体意义的工作创造和工作生存精神。

二　闽南海洋文化思想政治教育资源现代转化路径

闽南海洋文化思想政治教育资源的现代转化路径，在教育主体上要体现学校、社会、民间多重主体的转化向度；在课程体系上，要体现专业课、思想政治理论课多重课程转化方式；在教育内容上，核心是围绕如何走向海洋、走向世界的世界精神进行教育。

（1）校园文化转化。海洋文化进校园可以丰富校园文化。闽南海洋文化是闽南区域文化，也是普遍世界文化，闽南海洋文化思想政治教育是闽南区域文化思想政治教育，也是普遍世界文化思想政治教育。闽南文化风土中的教育主体、大陆文化教育主体和其他文化风土中的教育主体都可利用闽南海洋文化进行思想政治教育。而作为闽南文化风土中的学校教育主体则更应重视闽南海洋文化的校园文化建设。学校可在建筑设计、设施布置、组织活动等方面，注入闽南海洋文化内蕴，以丰富学校的物质文化和精神文化，创建海洋校园文化教育特色，弘扬海洋文化精神。如绿化点的布置、教室和走廊等墙面和空间布置、学校及其各部门组织的活动都可体现海洋文化思想政治教育的特征；一些文学社或文学社团可牵头组织举办师生海洋文化原创文学作品展览；建设"海洋文化展览室"，将文艺作品与海洋常识、海洋科技等融合展览。这些校园文化建设可让老师和学生共同参与创意和设计，从中认知、理解、体验和建构闽南海洋文化和海洋精神。校园文化的海洋文化建设内容，不必局限于闽南海洋文化，还可融入一般海洋文化和其他海洋文化，进行综合海洋文化教育，这一点会更适用于普遍世界的教育主体。因为闽南文化世界之外的其他文化世界的教育主体，不必也不可能都以闽南海洋文化为海洋文化的主要教育内容，但至少可以融合闽南海洋文化，在与一般海洋文化或本区域海洋文化的比照中进行教育。

（2）课程转化。海洋自然和人文资源是学生学习、成长的宝贵财富。因此，开发海洋文化思想政治教育课程对于学校海洋文化思想政治教育而言就非常必要。"闽南海洋文化思想政治教育研究"就是为学校主体进行海洋文化思想政治教育而进行课程开发的一个尝试。但它还具有一定的区域性，更适合闽南学校主体的课程开发与教育。其他文化风土中的教育主体可将一般海洋文化资源、闽南海洋文化资源和其他海洋文化资源融合起来，开发能体现本地域特色的课程，对学生进行海洋文化生存教育。学校重视海洋文化思想政治教育，可以增强学校教育特色，提高办学水平。如位于漳州市的闽南师范大学的闽南文化教育是该校办学的一个特色，那闽南文化教育的特色又是什么？这方面的提炼还有些欠缺。海洋文化思想政治教育就应该是该校的一个特色，只是还没有创作出闽南文化思想政治教育理论，没有把闽南海洋文化作为闽南文化教育的核心范式，还缺失这方面的课程建设和实践教育。21世纪是海洋世纪，海洋文化的自然知识、价值观念、思维方式、习俗语言、道德情操、审美情趣等意蕴，有别于其他诸多文化，既具有鲜明的个性，又具有当今世界的普遍生存意义。

（3）实践课程转化。学校可以组织各种与海洋文化相连接的实践探索活动，如探海岛走渔村、上渔船访渔民，组织海洋田野调查活动，去华侨聚居地探访华侨，组织学生渔家采风、海景写生、海滩游戏等活动，让学生们在亲身调查、访问中产生对大海、渔港、华侨、渔民的亲和力以及理解海洋生活与工作的艰辛与创造业绩，然后把对这些海洋文化的理解、体验和感受写成书面调查报告或学术论文并编辑成册，为学习者和研究者提供实践资料和参考。

（4）精神教育转化。闽南海洋文化思想政治教育的核心内容是海洋文化精神教育，即将闽南海洋文化的精神意蕴或精神结构转化为现代思想政治教育内容。海洋精神教育是一个多层次、全方位的理念体系，其核心层次是海洋世界生存精神，这种生存精神的核心就是上述海洋文化的精神结构，其中海洋生活世界总体意义和工作世界价值是核心的核心。除此之外，还包括海洋国土主权意识、海洋战略意识、海洋通道安全意识、海洋资源意识、海洋生态意识等方面的教育。合理开发海洋世界，科学地利用海洋资源，反对一切破坏海洋生态的行为，是每个公民的权利和义务。因此，加强海洋意识教育必不可少。

另外，海洋精神教育还要进行海洋大世界意识教育，即走向海洋、走向世界，戒除狭隘心理的海洋意识教育。如利用《庄子·秋水》中的河伯望洋兴叹传说进行教育。河伯是传说中的河神。有一年秋天，洪水特别大，千百条小河的水都灌入黄河，黄河中的水涨得满满的，河面变得十分宽阔，隔岸遥望对岸田野里的牲畜，分不清哪个是牛、哪个是马。河伯看到水势如此凶猛，心中非常欢喜，以为自己非常伟大，身系天下的兴旺繁荣。他高高兴兴地顺着黄河向东奔去，一直奔到海边。他放眼向东边眺望，怎么也看不到大海的边际，大海波涛汹涌，浩瀚无穷，比起陆地上的那些江河不知要大多少倍。河伯感慨万分，转过身来仰望着天空的太阳，深深地叹了一口气，对海神说："常言说：见识愈少的人，愈自以为高明。我就是这样的人啊。从前虽然听人说海水如何洪波万里、浩瀚无穷，总不相信，今天到了海神的大门，才知道自己的眼光狭窄，要被人取笑了。"海神见河伯态度诚恳，就进一步地开导说："如果你告诉井里的鱼说大海无风也会卷起百尺巨浪，它是不肯信的，这是因为它居住在井中的缘故；如果你对夏天的虫子说冬天里水会结成坚冰，它也是不会相信的，这是因为它到了秋天就死了。今天你走出河岸来到大海之中，看到大海的无穷无尽及小河的狭窄，说明认识上已提高了很多。"

在这个传说中，河伯一直生活在陆地的河流之中，不可能产生对于海洋的认识；终日在井水中游来游去的鱼儿，也不会相信大海无风也会卷起百尺巨浪；只在夏天生长的虫子没有冬天的经历，它也不可能知道何者为冰。因此，一旦它们突破了这些条件的限制，看到了更大的世界，则只能望洋兴叹了。那么，这个传说对人的教育启示意义是什么呢？就是要超越陆地、内地的狭隘眼界，走向大海、走向世界，体验大海的深邃和广博，摄取和捕获世界生存意义，就是要有海洋世界意识。这个传说甚至可视为以海洋文化升华大陆文化的先声，也是封闭的大陆文化面对开放的海洋文化时的第一次觉醒、惭愧和顿悟。

（5）经济转化。经济转化是闽南海洋文化的工作世界特别是工作创造精神现代转化的重要方式。闽南区域要全面加强与"海上丝绸之路"沿线国家和地区的经贸往来，进一步扩大双向投资规模。要建好港口、铁路等重大基础设施，构筑沿海地区连接中西部地区的快速运输大通道。要大力发展海洋经济，提高海洋经济质量效益。要用好多边、双边等多种合作机制，促进各领域务实合作。要进一步发挥优势，为深化两岸合作做出新贡献。要建设重大合作平台，深化两岸交流合作综合配套改革试验。要加强产业深度对接，积极推动重点合作项目和政策的实施。要加强文化、教育、卫生、科技等领域交流交融，促进人员、货物往来便利化，不断增进两岸人民福祉。这些举措都是闽南海洋文化的工作世界核心价值取向和工作创造精神在经济生活中的践行和社会转化方式。

第五章　闽南文化思想政治教育的标志形态

闽南文化思想政治教育具有诸多标志形态。这些标志形态是闽南文化思想政治教育的具体、基本和实体形态，既具有闽南区域思想政治教育意义，也具有普遍世界思想政治教育价值。开漳圣王文化思想政治教育作为闽南文化思想政治教育的文明发端和标志形态，已在第三章集中阐述。闽南海洋文化思想政治教育作为闽南文化思想政治教育的普遍范式和标志形态，已在第四章系统阐述。本章主要阐述妈祖文化、土楼文化、红色文化、闽南—台湾文化等闽南文化思想政治教育的标志形态。这些标志形态亦是闽南文化思想政治教育内容结构的具体化和进一步展开。另外，闽南哲学文化、诗文化思想政治教育亦可视为闽南文化思想政治教育的标志形态，前者已在文化哲学方法论的意义上在第一章阐述并渗透于各个章节的内容，后者将在第六章阐述。

第一节　妈祖文化思想政治教育

闽南文化先大陆后海洋的历史行进逻辑表明，闽南海洋文化经历了从闽南大陆文化的依附范式到相对闽南大陆文化的独立范式的过程，而宋代的妈祖文化、港口文化、海商文化、移民文化是其独立范式的起始形态。妈祖文化与港口文化或海商文化在精神信仰文化和物质创造文化的双向互构意义上逻辑性地构成闽南海洋文化的历史结构和运行逻辑。妈祖文化是闽南海洋文化乃至整个闽南文化的第一个信仰文化的独立范式。而妈祖文化作为闽南海洋文化的独立范式又迟滞于其港口文化或海商文化，这恰好又迎合了先物质后精神的人类历史文化行进逻辑。

妈祖文化作为闽南海洋文化的独立范式起始于宋代莆田圣墩妈祖文化的大陆文化生态，成就于明清时期移民化和普遍世界化的妈祖文化存在。妈祖文化是海洋生活世界总体文化，其本质是海洋工作世界文化；妈祖文化不只是信仰文化，更是持有妈祖信仰的生活世界和工作世界文化。妈祖文化思想政治教育主要是妈祖文化的历史逻辑、意蕴和精神结构的教育，它与妈祖文化教育是两个不同而相关的概念。

本节所讨论的妈祖文化的边界主要是闽南妈祖文化，或者说，妈祖文化主要是闽南妈祖文化及其影响和扩展生态。本节所说的妈祖文化概念是民系或人文风情与地理空间双重意义上的闽南文化概念。莆田妈祖文化是地理空间意义上的闽南文化，在一定程度上也是人文意义上的闽南文化。

一　从陆神到海神：妈祖文化的工作世界源流与嬗变

如前所述，闽南文化总是在工作世界的源流与跃升中循着先大陆后海洋的历史逻辑行进。闽南海洋文化一开始作为依附范式存在于与大陆文化的互构过程之中，到了宋代，伴随着妈祖文化和港口文化的生成，才形成相对独立范式，而就闽南海洋文化的具体、基本和标志形态看，其运行轨迹也是先大陆后海洋，也是以大陆文化为始基或出发点，逐渐走向海洋世界的深广之处。对于妈祖文化来说，这一轨迹更是清晰可辨。妈祖作为一个神明，并不是一开始就是海神，而是经历了一个从陆神到海神的变迁过程；妈祖文化作为海洋文化的独立范式，并不是一开始就是海洋文化，而是循着先大陆后海洋的历史逻辑行进。而妈祖神明从陆神到海神的变迁和妈祖文化从大陆文化到海洋文化的嬗变都是在一定工作世界的源流中实现的。这里需要先作一个说明。这里所说的妈祖陆神，是大陆文化世界意义上的陆神，也包括日常所理解的妈祖海神（即海上的神灵）的身份；这里所说的妈祖海神，是海洋文化世界意义上的海神，也包括日常所理解的妈祖陆神（即陆地上的神灵）的身份。也就是说，妈祖一开始作为陆神，是就妈祖神明的大陆文化世界总体性质而言，并没有否定妈祖一开始就兼具海神身份的神明生态；而说妈祖是海神，是就妈祖神明海洋文化世界总体性质而言，并没有否定妈祖兼具陆神身份的神明生态。妈祖文化要走向海洋、走向世界，必须先夯实大陆文化根基。大陆存在根基越坚实、越广博，海洋世界空间就越辽阔、越深广。

妈祖作为一个神明，首先是一个兼具海神身份的大陆神灵，即陆神，妈祖文化的始基和生成形态是圣墩妈祖文化，其本性是兼具海洋文化因子的大陆文化。下面通过对文献记载的分析和逻辑解构证实这一点。

据史籍记载，妈祖原名林默娘，于宋太祖建隆元年（960）农历三月二十三，生长于莆田湄洲湾口的湄洲岛。出生后1个多月，从来没有啼哭过，人们都称她为"默娘"，学名林默。8岁从塾师读书，能解书中大意。稍长，好诵经礼佛，以巫为业，常为人治病。她性情和顺，热心助人，教人防疫避灾，她通过留心观察和学习能掌握一些海上气象变化的预兆，为出海作业的人提前预测航行吉凶；又苦练海上游泳的技能，经常亲自涉波履险抢救遭遇海难的人和船只，受到人们的尊敬和爱戴。卒于宋太宗雍熙四年（987）农历九月初九，一生短暂，未嫁。刘克庄《白湖庙》记载："灵妃一女子，瓣香起湄洲。"[1] 李丑父《灵惠妃庙记》记载："妃林氏，生于莆之海上湄洲，洲之土皆紫色，或曰：必出异人。"[2] 湄洲岛是个四面环海的小岛，即"海上湄洲"或"岛在海中"，是妈祖祖庙的所在地。但作为妈祖成神标志性的妈祖庙不在湄洲岛上，而是在陆地上一个叫圣墩的地方。确认圣墩这一妈祖成神地点，可见廖鹏飞的《圣墩祖庙重建顺济庙记》记载：

郡城东宁海之旁，山川环秀，为一方胜景，而圣墩祠在焉。墩上之神，有尊而严者曰王，有皙而少者曰郎，不知始自何代；独为女神人壮者尤灵，世传通天神女也。性林氏，湄洲屿人。初，以巫祝为事，能预知人祸福；既殁，众为立庙于本屿。圣墩去屿几百里，元，丙寅岁，……（妈祖托梦圣墩父老）"我湄洲神女，其枯槎实所凭，宜馆我于墩上"，父老异之，因为立庙，号曰圣墩。岁水旱则祷之，

---

[1]　（宋）刘克庄：《白湖庙》，载《后村先生大全集》第96卷。

[2]　（宋）李丑父：《灵惠妃庙记》，载《至顺镇江志》第8卷。

病疫祟降则祷之，海寇盘桓则祷之，其应如响。

故商舶尤借以指南，得吉卜而济，虽怒涛汹涌，舟亦无恙。宁江人洪伯通，尝泛舟以行，中途遇风，舟几覆没，伯通号呼祝之，言未脱而风息。既还其家，高大其像，则筑一灵于旧庙西以妥之。宣和壬寅岁也。

越明年癸卯，给事中路公允迪使高丽，道东海，值风浪震荡，舳舻相冲者八，而覆溺者七，独公所乘舟，有女神登樯竿为旋舞状，俄获安济。因诘于众，时同事者保义郎李振，素奉圣墩之神，具道其详，还奏诸朝，招以"顺济"为庙额。[①]

这篇保存于《白塘李氏族谱》中的《圣墩祖庙重建顺济庙记》作于南宋绍兴二十年（1150），是已知有关妈祖记载的最早一篇文献，距离传说中妈祖升化的北宋雍熙四年（987）仅 163 年，从时间上看应该说非常贴近历史。妈祖升化于 987 年，圣墩立妈祖庙在公元 1086 年。妈祖从升化到成神花了近百年。从《圣墩祖庙重建顺济庙记》的第一段看，妈祖升化时即有岛上民众感怀其功德为其在海岛上立庙，即第一座妈祖庙——妈祖祖庙是在妈祖升化后有民众自发在湄洲岛上建立的。丁伯桂《顺济圣妃庙记》对此亦有记载："神莆阳湄洲林氏女，少能言人祸福，殁，庙祀之，号通贤神女。"[②]

这个记载还表明，妈祖升化即被奉为"通灵神女"。但妈祖似乎不满足，非要到陆地上立庙并如愿以偿。妈祖托梦圣墩父老说"我湄洲神女，其枯槎实所凭，宜馆我于墩上"，父老异之，因为立庙，号曰圣墩。"宜馆我于墩上"，即相对岛上的庙宇，妈祖认为圣墩的陆地更适宜。"宜"可作"更适宜"解；"馆"即灵魂的栖居之所，即建设庙宇。妈祖这个托梦请求，从根本上讲，并不是不知足的那种不满足，更不是就想扩大自己的地盘，而是为了拓展自己扶危济困、拯救众生的工作世界空间，是为了信众或民众的生存利益。她深感湄洲岛这个小岛的空间有限以及向海洋进

---

① （宋）廖鹏飞：《圣墩祖庙重建顺济庙记》，载《白塘李氏族谱》，转引自蒋维锬《妈祖文献资料》，福建人民出版社，1990。

② （宋）丁伯桂：《顺济圣妃庙记》，载《咸淳临安志》第 73 卷。

一步拓展的根基薄弱，所以要先夯实大陆存在空间，再向海洋进发，即妈祖文化要走向海洋世界，必先走向大陆。这里所记载的妈祖托梦，实际上并不是妈祖托梦，而是妈祖的功德和事迹传播到那些"父老"百姓的心灵中，形成对妈祖的信仰，于是真的梦见了妈祖给他们托梦在圣墩建立妈祖庙。

《圣墩祖庙重建顺济庙记》记载的圣墩距湄洲岛几百里，妈祖看好那个地方是因为那里有更多的民众主体和更适宜的工作世界空间和基础，更易于开展自己灵魂的工作和传播自己的信仰。当然，这里所说的"妈祖看好"也是个托词或符号，它实际上是历史运行的逻辑，是"历史看好"。湄洲岛是个小岛，生活其上的人大多数是渔人，贫瘠的土地和海岛常有的风沙使得耕种艰辛，甚至无法维持生计；渔民们经受来自海洋的风浪特别是台风也比陆地沿岸更大、更多，生存也较为艰难。这种海岛生态也使得岛上居民缺少进一步向更广阔的海洋世界开拓的冲动、冒险意识以及海洋工作技术和实力。因此，妈祖信仰的主体场域和存在空间都受到一定的限制。而从历史积淀看，圣墩立庙以前，妈祖的事迹、妈祖信仰已在当地渔民中流传了近百年，已经有了向大陆空间传播的文化风土。据蒋维锬先生的考证，圣墩祖庙在木兰溪出兴化湾河口段北岸的镇前村，宋代属于宁海镇，是一个较湄洲岛更安生的陆地环境。圣墩地处木兰溪畔，而且在木兰溪出海口的一段，面临兴化湾，大海仍然近在咫尺。作为兴化平原对外的贸易通道，木兰溪和兴化湾的三江口是关键的出海口，兴化平原的出海货物自古都从这里集散。于是妈祖托梦给信众去陆地圣墩立庙。从《圣墩祖庙重建顺济庙记》记载看，妈祖在湄洲岛的工作世界事业主要是"以巫祝为事"，工作空间十分有限，而圣墩立庙后的工作世界则更加开阔，"岁水旱则祷之，病疫祟降则祷之，海寇盘桓则祷之，其应如响"。洪迈《林夫人庙》亦记载："兴化军境内地名海口，旧有林夫人庙，莫知何年所立，室宇不甚大而灵异素者。凡贾客入海，必致祷祠下，求杯，祈阴护，乃敢行。"[1] 妈祖在圣墩的工作事业拓展到降雨、治病、驱除海盗以及保护商船、官船、民船等领域。于是，信众不断增多，庙宇不断被修

---

[1]　（宋）洪迈：《林夫人庙》，载《夷坚志·支景》第9卷。

缮，并获得官方的"顺济"庙额，有了正式的名分，她也从湄洲岛狭小空间和有限主体的巫女小神身份跃升为信众广泛的神明，成为一方大庙的主神。

上述文献记载和历史事实表明，妈祖成神和妈祖文化生成的地点在圣墩、在大陆，这还只是妈祖文化最初作为大陆文化的地理空间证明。那么，从文化内蕴上看，圣墩时期的妈祖是陆神还是海神？这时的妈祖文化是大陆文化还是海洋文化？如前所述，大陆文化以农耕文化或农业文明为标志，是一种原地不动的较为封闭的文化；海洋文化以走向海洋、走向世界的世界意义为根本或标志。从这一大陆文化和海洋文化的内蕴和外显意义上看，圣墩初期的妈祖是带有海神因子的陆神，本性上不是海神，或者说她是一个海神，但更是一个陆神；这时的妈祖文化是带有海洋文化因子的大陆文化，本性上不是海洋文化，庇护和拯救海上的生灵只是她的一项工作业务。原因有以下五个方面。

其一，从妈祖的工作世界空间看，特别是在立庙的初期，主要是造化风调雨顺的自然环境，以此庇护圣墩的农耕工作世界，距湄洲岛百里以上的圣墩有平原环境，适合农耕文化生长，居民不会放弃这种农耕的优势，而去单一地追寻飘忽不定的海洋生存空间。因此，他们所需要的神灵自然是能降雨、庇护农耕以及会治病和拯救生命，这就注定了妈祖文化的大陆文化或农耕文化功能和性质。而圣墩距湄洲岛又很近，这里的农耕必然总是带着海洋特质，这里的居民还有一定程度的海洋生活空间，所以他们所需要的陆神必然就是带有海神特质，这样他们就选择了妈祖。而妈祖被圣墩"父老"选择为保护神，看似出于一个偶然的"托梦"机会，实则不然，这是妈祖一生的修为所致，是妈祖一生的工作创造功德和业绩所致，即妈祖的美德、功德已经深入他们的灵魂，这导致他们必然选择妈祖为保护神，于是借"托梦"与妈祖沟通并为之立庙，以此显示妈祖神灵的灵验。源于农耕文化的这些父老或民间的工作世界构成圣墩初期妈祖文化的最深刻和牢固的基础以及妈祖神明的主要工作空间。妈祖本来就是一个民间的神，她作为一个人，生活、工作在民间，升化后第一个为之修庙的是民众，她托梦的人是民众，妈祖去圣墩发展也是为了这些以农耕生活为主的民众。"也就是说，在民间力量的推动下，发展到一定的规模，它才会具有被政治力量扶持的价值，这也是在民间信仰发展过程中，民间力量和政治力量的交替作用。"①《圣墩祖庙重建顺济庙记》展示了权力和资本对妈祖文化信仰的助推作用。"保义郎"李振（宋代官制中的九品小吏）上奏使得圣墩妈祖庙获得一块"顺济"庙额。商人获得庇护后又进一步修缮庙宇。圣墩祠的影响大大超过了湄洲岛上渔民兴建的小庙。但从根本上讲，这不是权力和资本带来的速度和影响力，而是民间力量的推动使然。而民间力量是包括渔业在内的农耕文化的力量，是农耕工作世界的力量。

其二，随着在妈祖神灵的庇护下农耕文化的发展，圣墩的手工业、商贸业也发展起来，于是有了海洋贸易和交往活动。与此相应，妈祖的工作世界空间也从农耕工作世界拓展到海洋工作世界，开始庇护商业、商人以及政府官员。但这并没有改变她是一个陆神以及妈祖文化是大陆文化的根本性质，而只是为陆神和大陆文化增添了更多的海洋性。因为这些海商和官员的海外或世界贸易和交往活动，还只局限于商品贸易层面的海洋化和世界化，他们所持的妈祖信仰还只是他们自己的信仰，或者说，他们还没有来得及或者说还没有实力将妈祖文化推向海外和世界，他们还只能使妈祖信仰成为自己的信仰、自己的意义，还不能使其成为世界的信仰、世界的意义。他们只是带着妈祖信仰去了海外和世界贸易和交流，然后就回来了，没有在海洋世界留下妈祖文化的痕迹，他们能做的主要的事情就是从海上回到圣墩后继续修缮甚至翻新妈祖庙，继续讲述妈祖庇护海上众生的故事，继续在陆地、原地传播妈祖文化。总之，圣墩时期的妈祖庇护商船、保佑去海外的官员使者以及驱除海盗等海洋工作行动，并没有使妈祖文化获得影响世界的意义，但这不是妈祖的能力不济，而是受那些官员和海商工作世界实力的局限。走向海洋并不就是海洋文化，若去了一趟或几趟海洋就回来了，就像去维也纳金色大厅演出的那些演员，只是自己唱给自己、自己演给自己，没有在海洋世界留下影响力或痕迹，这就不可能是海洋文化。而海洋贸易是海洋文化，因为它将大陆的茶叶、瓷器等手工产品通过海洋通道带到海外和世界，使它们成为世界文化。这里又说到

---

① 郑衡泌：《妈祖信仰、传播和分布的历史地理过程分析》，福建师范大学硕士学位论文，2006。

"海洋通道"这个词，是在表明海洋文化的世界意义是以海洋为通道或介质的世界意义，离开海洋通道和介质的世界意义不是海洋文化，如儒家、道家文化也都走向世界了，但不能说它们是海洋文化。

其三，圣墩时期的妈祖肯定还守护和庇护着渔业，渔业文化应该属于广义的农业文化，而不是海洋文化。如前所述，在海里捕鱼或在海滩养鱼同在内河或水库、水坑里捕鱼、养鱼都是一个文化性质，千万不要以为在海里捕鱼就是海洋文化，在河流捕鱼就是大陆文化，只有走向世界、具有世界意义的渔文化才是海洋文化。圣墩时期圣墩渔人对妈祖的信仰依然是大陆文化。

其四，具有大陆文化性质的圣墩妈祖文化是妈祖文化生成的起点，并不是妈祖文化的起点，妈祖文化的起点当然是生养妈祖或成就妈祖修为的湄洲岛的妈祖文化。这个时期妈祖的工作更为单纯，主要是从事巫女的事业，包括预测渔民的祸福和拯救生命。从文化性质上看，这亦是带有海洋特质的大陆文化，妈祖亦是带有海洋性的大陆神灵，其影响范围主要是湄洲岛，妈祖、妈祖文化都没有走出湄洲岛，故这个时期是妈祖文化的孕育期，还不能作为妈祖成神和妈祖文化生成的起点和标志。第一座妈祖庙是在湄洲岛建的，但这是妈祖神明和妈祖文化孕育期的第一座妈祖庙，尽管在岛上立庙时妈祖就被岛上民众奉为神明；而圣墩妈祖庙是妈祖神明和妈祖文化生成、形成时期的第一座妈祖庙。

其五，从妈祖庙的分布看，"整个宋代发展的结果，在空间上形成三个区域：处于发源地的湄洲岛及其周边、由圣墩发展而来的以木兰溪为主轴的莆田平原和宋代莆田北部山区处于经济文化重心的新县和白沙"。①从宋代闽南这个总体的妈祖文化布局看，这三个区域总体上都是以大陆农耕文化为根基，这就注定了妈祖文化是带有海洋文化因子的大陆文化。宋代港口和海上贸易这些独立的海洋文化范式，是闽南文化的进展或前沿范式，为妈祖文化奠定了直接的工作世界基础，但它们还不可能从总体上取代闽南文化的大陆文化地位并改变其性质。泉州位于莆田西南100公里左

---

① 郑衡泌：《妈祖信仰、传播和分布的历史地理过程分析》，福建师范大学硕士学位论文，2006。

右，原是莆田所属州府所在地。宋代莆田、仙游从泉州分出。南宋时代泉州港并没有为妈祖这个民间女神带来与之相称的地位，因为泉州当时官方的海神是一个来自山区的海神，叫通远王，但泉州港的繁荣将妈祖神明广泛传播到民众特别是航海者的心灵之中。

妈祖正式成为神灵的第一座妈祖庙或妈祖文化生成的地点不在湄洲岛上，而是在陆地上一个叫圣墩的地方。有学者、研究者对此大惑不解，似乎觉得妈祖是海神，妈祖文化是海洋文化，妈祖神明生成的第一座妈祖庙应该在湄洲岛上，即应该"在海中"。其实，这恰好是妈祖从陆地神明到海洋神明、妈祖文化从大陆文化到海洋文化的历史运行逻辑，也恰好迎合了闽南文化和闽南海洋文化都是先大陆后海洋的历史运行逻辑。即使是作为闽南海洋文化初始独立范式的妈祖文化也不例外。有学者、研究者把妈祖庙落户陆地的原因归结为陆地上的经济实力和政治势力，这种归结显然既没有触及妈祖文化先大陆后海洋的历史运行逻辑，也未能解释"先陆地"的真正原因，这种归结不外乎是说，妈祖庙、妈祖文化是缘起于资本或有钱人的砸钱修庙以及政府官员的鼎力推介。再引申一下这种归结或说法就是：一种文化，只要肯砸钱"修庙"，只要肯砸钱上项目、做工程、立课题，只要政府肯与资本联手大力推介，只要官方将其推介到诸如"维也纳金色大厅"之类的庙里，这种文化就可以流行、盛行甚至走向世界了。可那些靠资本砸钱和政府推介到"金色大厅"表演的人都是去演完了就回来了，或唱完了就回来了，没有留下任何印记，都符合从自导自演到自消自灭的运行逻辑。圣墩妈祖庙受到陆地上的资本和权力的支持、资助，而承载着扶危济困、拯救生灵等妈祖工作业绩的湄洲岛，却因缺少资本和权力的资助没有建成第一座妈祖神明形成的妈祖庙，这也恰好表明妈祖文化之初大陆文化风土的深厚，恰好进一步表明妈祖文化先大陆后海洋的合理性、合法性。妈祖文化一开始是带着海洋因子的大陆文化，这不是悖理，而是正理、合理；不是无法性、偶然性，而是合法性、合规性、必然性。大陆、陆地，是闽南文化、闽南海洋文化、闽南港口文化、妈祖文化等诸多闽南文化基本、标志形态的起点、始基，闽南文化乃至整个人类文化都循着先大陆后海洋的历史逻辑运行。妈祖文化只有先走向大陆、夯实大陆根基，才能走向海洋世界，成为具有世界意义的海洋文化。

　　两宋时期妈祖庙已经扩展到全国沿海，商人特别是海商以及官方对妈祖庙的兴建给予了资金和政策的支持。如莆田境内莆田平原上的大多数妈祖庙以及香港、广州、泉州、南澳等都有明确记载其与商人、商业或商舶的直接联系。其他区域，如杭州、上海、宁波和镇江等地妈祖庙分布特点与海商的活动区域亦相吻合。有学者、研究者据此过度渲染商人与官方或资本与权力对妈祖文化传播的关键甚至决定性作用，这就悖逆了妈祖文化的工作世界源流与基础。妈祖庙分布在沿海或与海商活动区域吻合，或可表明海商对修庙尽了力，却不能证明海商对妈祖文化广播的关键推动作用，因为妈祖文化的传播主要靠心灵，而不是庙宇，有些人造神灵虽有富丽堂皇的庙宇，但信者寥寥，有些庙宇虽有神像，但无人光顾。所有的信仰、所有的宗教信仰都是心灵的事业，都靠大众的心灵维系。正所谓神无定所，神在心中，有人遇而不遇、逢而不逢；有人未遇而遇、未逢而逢。所以，研究宗教、研究妈祖文化不能过度地依赖庙宇、神像等物质载体，更不能过度夸大商人与官员或资本与权力的作用，而要以大众的心灵为依托，以升起心灵的生活世界特别是工作世界为基础与核心价值取向。

　　上述宋代圣墩时期的妈祖文化是大陆性质的文化，是妈祖文化的起点、基点。宋代，妈祖女神走出家乡的海岛，走向海滨圣墩，在夯实大陆文化基础后，开始沿着海岸不断拓展新的工作世界空间，所到之处有确切记载的地点包括仙游、泉州、惠安、龙宫山以及宁波、杭州、江阴、镇江、上海、广州、香港等地，这些地方都是工作创造力强、工作关系紧密、人口稠密的生存空间，这些空间对于妈祖文化影响力的不断扩大起着根基的作用。那么，妈祖文化何时成为具有海洋文化性质的文化范式呢？随着工作世界进展特别是明清以来海外移民对海外工作世界的拓展，妈祖文化的大陆文化性质逐渐转变为海洋文化性质。确切地说，明清时期妈祖文化成为具有海洋世界意义的海洋文化范式，妈祖的神明性质由陆神变为海神，主要理由如下。

　　其一，元代是妈祖文化进一步传播以及从大陆性质的文化向海洋性质的文化过渡的时期。元代妈祖被官方称为"海神"，这并不妨碍妈祖在元代的陆神性质，行海神之事或既是海神更是陆神是妈祖作为陆神的神明生态。元代政府出于海上漕运的需要，对妈祖信仰大力推崇。妈祖所获朝廷封号在宋代为夫人、妃，元代为天妃，清代为天后、天上圣母。从1278年到1329年，元朝政府先后6次加封妈祖为各种名号的护国、护民特别是护漕运的"天妃"，称妈祖为"泉州海神"，[①]并定期和不定期地祭祀妈祖，大力修缮和扩建妈祖庙宇。元代国家的妈祖信仰从册封、祭祀到建庙几乎都围绕着海上漕运。国家大力支持妈祖信仰，扩大了妈祖信仰传播范围，使东部沿海的妈祖庙顺着漕运的路线不断增加。妈祖文化在元代的进展源于以海上漕运为主的海洋工作世界的拓展，但妈祖信仰主要还是在漕运人群中传播，依然缺少其世界意义生态，依然没有改变其大陆文化的性质。

其二，国内传播区域前所未有，这是妈祖文化海洋意义大众化和普遍世界化的重要标志。直至元代，妈祖信仰还是主要在沿海地区传播。明清以来，随着商人和移民的增多，妈祖信仰传播到了许多远离海岸的内陆地区，如北部的辽河流域、长白山南麓以及云南、江西、四川、广东等地。在广东，妈祖不仅作为海神受到崇拜，还在农田基塘、河涌闸口等地被作为土地神崇拜；妈祖不仅是保佑航海贩运安全的海神，而且保佑生产和贸易的兴旺发达以及农业丰收和基塘的安全，同时也是区域性组织的联系纽带，连举子赶考也要拜妈祖，妈祖几乎是有求必应。这表明妈祖信众主体的广泛性。据史料记载，妈祖的故乡莆田或湄洲岛，明代时造船技术先进，造船业发达，湄洲岛造的船"工料皆廉"、技术"精娴"，人们认为湄洲船带有妈祖海神的神气，常常"欲重金购买不得"。湄洲岛的造船技术和造船业推动了商业、港口和海上贸易的发展，进而推动了妈祖文化的传播。到了清代，莆田新建于海边的庙宇达47座。

其三，海外传播初具规模，这是妈祖文化成为海洋性文化、具有海洋世界意义的根本体现。随着东南沿海人口不断向台湾地区和东南亚移民，妈祖信仰也被带到台湾和东南亚等地，并建立诸多妈祖庙，使妈祖信仰拥有了大量的海外信众，成为有世界意义和影响力的信仰文化。特别是台湾，随着清政府统一台湾，汉人大量涌入，妈祖庙大量兴建，妈祖信仰迅速在台湾全岛盛行。据统计，明郑时期，台湾有10座妈祖庙，从康熙二

---

① 《天妃显圣录·历朝褒封致祭诏诰》。

年（1663）到清末，台湾有 222 座妈祖庙。当然，宋代和元代都有移民特别是福建移民将妈祖信仰带到海外，但影响甚微，明清以来的海外移民潮才成就了妈祖文化在海外、在世界的传布和影响力。

其四，相对区域海神，妈祖成为天下第一海神，这是妈祖文化海洋世界意义的统一性和张力所在。国内各个区域一般都有自己的海神，但都未成为普遍世界的海神。经过数百年的发展，到了明清时代，妈祖才获得普遍世界的信仰空间，并与其他民间的区域性海神处在融合发展的海神信仰框架中。

总之，妈祖文化总体上是海洋文化范式，但其起点、生成点或形成点是兼有海洋文化质地的大陆文化，即宋朝的圣墩妈祖文化，明清以来才成为具有海洋性质的海洋文化；同样，妈祖神明的起点、基点是兼有海神职业性质和功能的陆神，随着妈祖文化成为海洋文化，妈祖陆神亦成为海神。但妈祖文化作为海洋文化或妈祖神明作为海神，从来都没有失却大陆文化的根基，就像妈祖陆神从来都与海神并行、妈祖大陆文化从来都与妈祖海洋文化互构一样。而这些并行和互构都源于工作世界的并行与互构，都源于工作世界基础。闽南海洋文化先走向世界的是宋代的海商文化范式，而后才是明清以来的妈祖信仰文化范式，这亦符合先物质后精神、先物质工作世界后精神工作世界的文化历史运行逻辑。

二　妈祖文化的意蕴及闽南文化的跃升与标志性

妈祖信仰的本质是对妈祖文化符号所标识的生活世界和工作世界意义的信仰，妈祖文化不只是信仰文化，也不只是精神文化，它更是持有妈祖信仰的生活世界和工作世界文化，其根本意蕴是工作创造、工作创世、工作拯救文化。妈祖文化是闽南文化的独立、普遍和最具影响力的文化范式，是闽南文化的跃升和标志形态。

（一）妈祖文化新界说

从妈祖由陆神到海神、妈祖文化由大陆文化向海洋文化的演化历史过程看，妈祖文化是先大陆后海洋的信仰文化生态，妈祖文化的基点是兼具海洋文化质地的大陆文化，宋代圣墩妈祖文化是其生成的标志，湄洲岛妈祖文化是其孕育阶段；伴随着宋代港口和元代漕运工作世界的进展，妈祖文化的大陆文化生态进一步兴旺；明清以来，随着海内和海外移民工作世界的大众化和海洋世界化进展，妈祖文化的性质从大陆文化转变为海洋文化。从总体和本质上看，妈祖文化是走向海洋、走向世界的海洋文化范式；其总体是海洋生活世界文化，是以海洋为介质的人与人、自然和社会关系的总体，是海洋物质世界与精神世界、生活世界与工作世界的总体，是海洋经济、政治、道德文化的总体，是海洋日常生活与社会生活的总体；其本质是海洋工作世界文化，是海洋工作能力与海洋工作关系的互动关系，是海洋工作世界与精神世界的互动关系，是民众的海洋工作创造文化与妈祖的海洋工作创造文化的总体，是海洋工作世界共同体文化；其特质是妈祖神明信仰文化，是兼具妈祖陆神信仰文化的妈祖海神信仰文化；妈祖文化不只是妈祖信仰文化，还是持有妈祖信仰的生活世界和工作世界文化。

　　妈祖是一个文化符号，其意义在于其蕴含和标识的生活世界和工作世界意义，而其直接的总体的标识就是海洋生活和工作世界，人们对妈祖的信仰，是对妈祖道德精神和工作创造精神的敬仰，更是对自己的生活世界和工作世界的信仰，是人们开拓自己的海洋生存空间的理性化的信念、信仰、理想、冥想、梦想以及非理性化的冲动与激情。庙宇、塑像、遗迹、博物馆以及影视、绘画、文学、舞蹈、纪念日、诞生地和狂欢的节日，等等，都不过是承载和涌现这些精神特别是工作创造与工作拯救精神的载体或媒介。我们崇尚妈祖文化、信仰妈祖神明，就是崇尚、信仰和追寻这些生活世界和工作世界的意义，此外，再无别的意义。而这些生活和工作世界的意义，又是闽南人民、闽台人民乃至普遍世界人们的共同追寻与造化。这种共同造化就是以妈祖文化为介质的生活共同体和工作共同体，就是妈祖文化共同体。妈祖作为一个人，作为一个地理意义上的闽南区域的湄洲岛上的一个被称作默娘的普通民女，无疑是妈祖文化和这些存在意义的原创者或初创者；而作为一个穿越于故乡与异乡、大陆与海洋、庙宇与空地、海岸与江畔的神明，作为一个行进于哲学与诗学、舞蹈与音乐、爱情与美善等心灵旷野和海域的女神，则是标识妈祖文化普遍造化与创造者的文化符号，是妈祖文化共同体符号；而作为一个普通民女的原创者身份，同时亦是造化着普遍生活世界和工作世界意义的普通民众的身份标识。从内生与外生文化的关系看，妈祖文化是闽南内生与外生文化的融合文化，是闽南区域文化，更是普遍世界文化。从精神向度看，妈祖文化是和平与抗争、包容与和谐、同质与异质、美善与创造、拯救与逍遥、故乡与异乡等精神观念的总体，而工作创造、工作创世、工作救世等工作世界精神是其根本精神。从文化的外显形式看，妈祖文化是妈祖庙宇、妈祖信仰仪式和规制、妈祖文化交流活动、妈祖文化节、妈祖文化艺术等形式的总体。

学界已有诸多关于妈祖文化概念的解释和界说，这里只列举几种。有学者认为，从内涵看，妈祖文化是海洋文化、寻根文化、和平文化、爱国文化、美德文化、兼容文化；从外延看，包括有关妈祖的建筑艺术、雕塑、绘画、书法、诗文、楹联、文物、民俗、神话故事、民间传说、宗教信仰等；热爱祖国、热爱和平、除暴安良、见义勇为、助人为乐、扶危济困、无私无畏、爱劳动爱人民、和谐包容、开拓进取是妈祖文化的基本精神，而道德精神是其核心价值取向。有学者认为，妈祖信仰实质是建立在世界范围内华人的众多信仰基础上的全球华人认同符号，是建立在大陆与台湾都有广泛信仰基础之上的海峡两岸民族认同符号。学界普遍认为妈祖文化是信仰文化，这抓住和触及了妈祖文化的内涵表层，但没有从妈祖文化演进的历史过程视角将妈祖文化规定为以海神信仰为总体和根本的海神与陆神信仰并行的信仰文化，也没有抓住妈祖文化的生活世界总体意义和工作世界价值核心。妈祖文化不只是妈祖信仰文化，还是持有妈祖信仰的生活世界和工作世界文化。有学者将妈祖文化归结为扶危济困、爱国爱乡、和谐包容、开拓创新等精神或特质的叠加文化，这就把妈祖文化的内涵简单化、抽象化了。妈祖文化不只是精神信仰文化，还是持有妈祖信仰的生活世界和工作世界文化。有学者过度关注妈祖文化的庙宇、仪式、节日以及旅游经济等外显和物化形式，这就有些把妈祖文化物化、经济化了，悖逆了妈祖文化的心灵实体本蕴，更远离了其生活世界和工作世界创生意义。

（二）妈祖文化是闽南文化的跃升与标志形态

妈祖文化是闽南文化的跃升形态。从人类历史文化的行进看，信仰文化，如宗教信仰文化范式是人类文化从野蛮时代跃升到文明时代的标志之一。妈祖文化范式的生成亦是闽南文化的跃升形态。如前所述，唐代的开漳圣王文化才结束了闽南刀耕火种的野蛮时代，但开漳圣王文化作为当时的一种信仰文化范式，更多的是依附于开漳建州的现实世界文化，至少在当时还没有演化为信仰文化的跃升形态，开漳圣王成为一个神明并支撑起一个独立的信仰文化范式，在很大程度上应该是唐代以后的事了。而开漳圣王文化总体上的大陆文化性质又在一定程度上抑制了它向信仰文化范式的跃升进度，因为从宋代开始，闽南文化的热点和前沿开始走向沿海的海洋文化境遇，而其他一些诸如巫术、图腾崇拜的信仰文化虽然在闽南远古时代就存在了，但都没有成为独立的文明文化范式。正因如此，具有海洋文化质地的妈祖文化作为信仰文化的独立范式就生成了。信仰文化是人类对原始本能活动或原文化的文明升华和精神跃迁，是建立在文明工作世界进展基础上的精神生活和精神追寻，是人类生活世界空间从本能的物质活动向精神空间的拓展。妈祖文化作为闽南信仰文化的独立范式，进一步丰富、丰盈、升华了闽南文化的世界空间，可以说妈祖文化是闽南文化第一个独立的普遍的信仰文化范式，更是第一个独立的普遍的海洋文化信仰范式。这种信仰文化生成于闽南文化的总体框架，又构成闽南文化前行的精神能量、理想信念和梦想。

妈祖文化作为闽南文化的跃升形态，还表现它对儒道文化的承接、融合与超越。从闽越部落融合文化开始，闽南就承接和融入了中原的儒道文化，特别是唐代开漳建州文化的儒道教化，使得儒道文化成为闽南的主流文化。可以说，中国传统儒道文化都讲究天地人神合一，但是，儒家把人合于道德关系，道家把人合于自然万物，都缺少工作创造、工作创世和工作拯救精神。妈祖文化的道德仁爱精神与修仙得道意识承袭了儒道文化的精髓，但并不囿于这些道德与自然文化，而是立足于大陆文化世界开创、开启、开辟海洋生活和工作世界，它将道德精神和自然精神融入工作创造、工作创世和工作拯救精神和行动，将生存空间从大陆世界拓展到海洋世界，这就在精神与物质、信仰与行动、生活与工作、道德与创造、自然与人性等双重价值意义上超越了儒道文化的单向度价值取向特别是较为封闭的大陆文化意识和存在生态。可以说，妈祖从升化之前作为一个巫女开始，就已经实现了这种超越。巫女地位在那个时代的崇高，就在于她代表一种天地人神合一的精神，高于与天地分离的孤立的个人意识；她又是治病救人和消灾驱祸的工作创造者和拯救者，超越了道家天人合一的自得其乐和儒家仁爱诚信的抽象精神生态。就是妈祖文化的这种工作创造、工作创世和工作拯救精神，激励着海商、窑工、织女、船队构成海洋工作世界共同体，不断地走向海洋、走向世界。

妈祖作为一个神明，不是痴迷于道家去世外成仙，也不是沉湎于儒家在精神世界里修德筑爱和治人治国，而是飘落人世间和苍茫大海，以"显灵"的工作生态去拯救生灵，所谓"灵验"就是她对生灵的拯救和对工作世界意义的创造功德和效应。妈祖文化不只是精神信仰文化，还是持有妈祖信仰的生活世界和工作世界文化。

妈祖文化是闽南文化的标志形态之一。其一，妈祖文化是闽南文化的独立范式。作为标志形态，必须是独立范式。妈祖文化的生成即意味着它是一个具体的实体的文化范式，其标志就是有了精神指向、物质的居所或朝圣的殿堂（即庙宇）以及信众和祭祀、朝拜的仪式。而其独立性的最主要标志是它可以在信仰世界独行，并不断地开拓信仰世界的空间。它与其他闽南文化范式共存共荣，但不随其他闽南文化范式的消亡而消亡、衰落而衰落。其二，妈祖文化是闽南文化的普遍范式之一。作为标志形态的文化，必须具有普遍世界意义。妈祖文化是独立文化范式，这种独立是相对的独立，它还存在于其他闽南文化范式之中。如闽台文化、闽南—台湾文化、闽南商贸文化或港口文化、闽南土楼文化、闽南红色文化等，都蕴含着妈祖文化，或都有妈祖文化的空间，都与妈祖文化互动、互构，都与妈祖文化融合发展。其三，妈祖文化是闽南文化最具影响力的文化范式之一。妈祖文化的根本意义在于其海洋世界意义或普遍世界意义。妈祖文化不仅在中国大陆和台湾具有普遍世界性，而且在国际世界具有持久的影响力和广泛的存在空间。泉州港文化、漳州月港文化及其所创造的物质的繁华早已进入历史，只能以其残缺的历史或破败的遗存向今人述说着往日的风光与辉煌，短暂、脆弱、易碎的客体只能成为历史。而精神的创造文化、精神的信仰文化特别是妈祖文化却可以跨越历史，穿越千年的时空，进入现代和今人的灵魂，依旧以其丰盈的存在和鲜活的生命展现着自己的工作创造活力与青春的魅力，这或许就是所谓"显灵"和"灵验"的真谛；而那些源于巫女与女神、陆神与海神、天妃与天后、显灵与灵验、本尊与分灵的节日的狂欢，更使得这种精神文化、精神创造在融入今人的生命和灵魂的同时抵达爱与创造之美的终极。当今世界，妈祖信仰遍布世界各地，在五大洲华人集聚的地方都有妈祖庙，据统计，有一定规模的妈祖庙在 1500 座以上，妈祖信众已达到 2 亿人。而作为一种对这种文化的精神信仰、创造力的膜拜、爱与美的渴望以及拯救技艺与逍遥生活的梦想，其"信众"又何必止于 2 亿人，又有多少亿静默的生灵?!

三　妈祖文化思想政治教育路径

学界关于妈祖文化的形成、内涵、精神向度、价值意义和发展路向的研究已取得丰富成果，也有学者探讨了如何利用妈祖文化进行道德教育和思想政治教育问题，但学界尚未触及妈祖文化思想政治教育总体概念，也没有揭示妈祖文化思想政治教育的生活世界总体意义和工作世界本质教育问题。从妈祖文化的历史演进看，历朝历代都借用妈祖文化进行思想政治教育，妈祖文化具有丰富的思想政治教育资源、价值，但需要从马克思主义思想政治教育学的视角予以挖掘和转化。

（一）妈祖文化思想政治教育概念

这里所说的妈祖文化思想政治教育是指一定的教育主体（包括教育者和受教育者）将妈祖文化的思想政治教育资源转化为现代思想政治教育内容的教育实践活动。其总体是生活世界意义教育，其本质是工作世界核心价值教育。妈祖文化思想政治教育资源主要是指蕴含在妈祖文化中的世界观、价值观、人生观、道德观等思想观念和精神结构，也包括妈祖文化的历史文化及其载体。妈祖文化思想政治教育现代转化就是以马克思主义为导向，将妈祖文化思想政治教育资源转变为现代思想政治教育内容。

妈祖文化思想政治教育与妈祖文化教育是两个不同的相关概念。逻辑地看，妈祖文化教育是一个总体，是妈祖文化历史、宗教、文艺、哲学、政治、思想观念和精神教育的总和，应该包括妈祖文化思想政治教育；但现实地看，妈祖文化教育主要是妈祖文化的历史叙事教育，忽略了其精神结构的现代转化教育，忽略了妈祖文化思想政治教育。如莆田学院是妈祖文化研究和教育的重要单位,设立了妈祖文化教育选修课和专题知识讲座。据对该校的一份关于妈祖文化的问卷调查,在校大学生对妈祖文化的认知过于片面,大多只知道"妈祖文化是中国传统文化的重要组成部分"和"妈祖文化是大陆与台湾相联系的精神纽带",而不知道妈祖文化的立德、行善、仁爱、和平等道德精神。① 这表明妈祖文化教育中缺失以世界观、价值观、人生观和道德观为核心的思想政治教育,更缺失工作创造和工作救世核心价值与精神教育。因此,这里相对妈祖文化思想政治教育概念,将妈祖文化教育界定为妈祖文化的历史叙事教育和信仰教育。它是妈祖文化思想政治教育的历史前提或铺垫,其价值旨归是妈祖文化思想政治教育。重视妈祖文化教育不等于重视妈祖文化思想政治教育。妈祖文化思想政治教育的主导是马克思主义思想政治教育学。可以说,妈祖文化的内核与马克思主义文化、社会主义核心价值观以及优秀传统文化具有内在的契合性,但它又有诸如封建迷信之类的局限性,这需要予以马克思主义的转化。妈祖文化是闽南区域文化,更是普遍世界文化,是闽南文化的标志形态。妈祖文化思想政治教育是闽南区域文化思想政治教育,也是普遍世界文化思想政治教育,是闽南文化思想政治教育的标志形态。

(二) 妈祖文化的思想政治教育资源

妈祖文化的思想政治教育资源包括其历史文化资源、载体资源和精神结构资源。其历史文化资源主要是前面已阐明的历史演进逻辑,而不是面面俱到的历史叙事。载体资源是承载其历史文化的物质和精神形式以及交流交往行为,这一点将结合其转化路径加以叙说,这里重点阐释其精神结构。妈祖文化思想政治教育资源的精神结构就是妈祖文化的精神结构,前述妈祖文化的历史运行逻辑和概念内涵已经预示了这一精神结构。

学界已有诸多关于妈祖文化的精神意蕴的研究,有研究者将妈祖文化的精神资源归结为立德、行善、仁爱等道德精神资源,征服自然的自然意识、以人为本的生命意识、坚不可摧的爱国意识、兼收并蓄的包容意识等

---

① 李倩:《妈祖文化的思想政治教育资源及其现代转化研究》,闽南师范大学硕士学位论文,2014。

人生价值资源以及政治上的维和、市场经济中的维信和政治情感等政治资源。[①] 学界对妈祖文化精神的基本归结是：妈祖文化精神是和平、仁爱、厚德、无私奉献、忘我利他、开拓进取、爱国爱乡、扶危济困、兼收并蓄等精神的总体，而道德精神是其核心价值取向。上述妈祖文化精神的研究在具体精神指向的层面上已经比较丰富和充分，这里不再赘述，主要从妈祖文化精神的总体框架和格局视角以及文化哲学方法论的意义上阐述妈祖文化较为独特的精神结构。

1. 思想政治教育精神

教育特别是思想政治教育是文化的价值旨归，人们创造、享受、消费文化的过程，就是对这种文化的建构、理解、体验和追寻的过程，就是接受、传播这种文化的教育过程，就是人的文化生存、生活过程。一种文化如果失却了教育特别是思想政治教育价值，就不可能生成与发展，更不可能在历史中延续下来。思想政治教育是生活世界总体特别是工作世界本质意义教育，而不只是政治和意识形态教育。妈祖文化有着强烈的思想政治教育精神，甚至可以说妈祖文化就是思想政治教育文化。妈祖文化的思想政治教育精神值得现代思想政治教育者学习、传承和借鉴。它主要表现为三个方面。①神明思想政治教育与身体力行和工作奉献相结合的精神。妈祖文化赋予妈祖巫女与神灵的身份就是赋予其思想政治教育者的身份。古代没有专门的思想政治教育学科、专业和机构，所以巫女、巫师较多，他们在很大程度上承担着思想政治教育的功能。妈祖作为一个巫女是一个医生、预言者，也是一个心理咨询师、精神医生和教师，既治病拯救肉体，也通过传道授业解惑来治心、教化灵魂；而作为一个神明则本身就是一个道德教化的精神实体。妈祖一边从事思想教育工作，一边扶危济困、帮人解难，这是一种思想政治教育与身体力行和工作奉献相结合的精神，达到了理想的教育效果，以至于被奉为道德神明。②国民思想政治教育精神。这主要体现在国家和政府通过封号、祭祀活动和修造庙宇等形式向全体国民推介、宣传、传播妈祖文化特别是其道德精神和工作拯救精神，从而使

---

① 李倩：《妈祖文化的思想政治教育资源及其现代转化研究》，闽南师范大学硕士学位论文，2014。

得国民受到教育。这是一种国家重视层面的思想政治教育精神，也是政治意识形态层面的思想政治教育意识，但不只是政治意识形态教育，而是内含了政治意识形态的生活世界总体性教育。至于有"台独"人士认为利用妈祖文化进行思想政治教育就会使妈祖成为"奸神"，且一看到妈祖为国家或政治保驾护航就说妈祖是"奸神"，①则是不懂文化的思想政治教育意蕴的表现。我们不能因为妈祖一有了政治意识形态色彩就贬斥甚至玷污妈祖，关键要看这种政治是什么政治，是民众政治还是权贵政治，是大众民主政治还是暴力专制政治，是生活世界中心政治还是权力至上政治，是先进的世界政治还是落后腐朽的、狭隘的地域政治。③民间自我思想政治教育精神。信众信仰妈祖就是把妈祖作为道德精神实体来信仰、追寻和践行，这是民众的自我思想政治教育。

2. 工作创造、工作救世精神

关于海神的记载较早可追溯到春秋战国时期。如《山海经》之《海外北经》《大荒东经》《大荒南经》《大荒北经》等记录的海神是"人面鸟身"。汉代司马迁《史记·秦始皇本纪》记载："始皇梦与海神战，若人状。问占梦，博士曰：'水神不可见，以大鱼蛟龙为候。今上祷祠备谨，而有此恶神，当除去，而善神可至。'"这里的海神为海中之大鱼。在唐天宝年间又出现了"四海龙王"以及"龙母"、"龙后"。那么，为什么那些更具有海洋性或海洋特质的水生水长的"人面鸟身""四海龙王""海中大鱼"没有成为人们信仰的海神，而妈祖作为一个岛生岛长的陆客却成为人们顶礼膜拜的海神？就在于她升化之前作为一个人、作为一个民女时为他人、为渔民、为父老乡亲、为民众所做的奉献，就在于她以巫女的工作活动、工作创造拯救了众多生命的肉体和灵魂。人们只愿意为那个虔诚的真实地爱过他们的人立庙，并在内心里缅怀、呼唤和膜拜那个爱他们的人，并希望那个人在天之灵继续护佑他们，并在这种膜拜和希望中继续与神灵交谈、交往，不断地追寻着那个神灵的足迹，践行着那个神灵的精神，培养着那个神灵的工作创造力与美善的德性，最终与神灵融为一体。而人们对那些远离他们生活世界和工作世界的"海中大鱼""四

①　韩槐准：《天后圣母与华侨南进》，载《南洋学报》第2卷第2辑。

海龙王"之类却总是充满陌生和恐惧感，总是将其拒于心灵信仰的大门之外，至多将其作为一种编造的神话在自己都不相信的讲述中讲述着它们的故事和传说。因此，只有人才能真正成为人们心灵信仰的永恒的神灵，但这个人必须是有工作创造力和功德的人，而功德靠创造，创造必有功德。创造与功德从根本上讲就是对生命与灵魂的创造与功德。妈祖诞生地紧临宋代"海上丝绸之路"的重要出海口泉州。宋初，随着中国造船业的发达与指南针等远航技术的完善，泉州成为当时"海上丝绸之路"最重要的国际港口之一，外销的货物除了丝绸还有瓷器、茶叶等，故"海上丝绸之路"又被称为"香瓷之路"。宋哲宗元祐二年（1087），泉州设立市舶司，专责处理海上贸易事务，成为东方第一大港。南宋庆元二年（1196），在泉州的市舶司相邻之地盖了天后宫。因此，海洋工作世界的发展需要有海洋工作世界的信仰文化，这就注定了妈祖文化的海洋工作世界意蕴特别是工作创造和工作拯救精神。妈祖传说和事迹主要都发生在海洋工作世界，大多是她救助渔民、船员、水手生命的海上故事，都体现出妈祖文化的工作创造、工作救世精神，而不是资本创世或资本救世。妈祖不是用黄金和铜钱去拯救那些贫困和受灾难的人，而是用自己的技艺、神力为他们创造一个工作世界，是用工作创造去拯救工作创造，是工作者拯救工作者，是民众工作者的互相拯救和造化。工作世界、工作创造、工作共同体是妈祖文化的核心价值取向。

3. 日常生活的主体间性精神

"显灵""灵验"是宗教信仰文化与妈祖文化中两个重要的文化符号，它标识日常生活世界的主体间性关系。"任何神话都是用想象和借助想象以征服自然力，支配自然力，把自然力加以形象化；因而，随着这些自然力实际上被支配，神话也就消失了。在印刷所广场旁边，法玛还成什么？希腊艺术的前提是希腊神话，也就是已经通过人民的幻想用一种不自觉的艺术方式加工过的自然和社会形式本身。"① 神话主要体现的是人与自然的关系，主要是人借助神去改变和造化自然，所以随着科学技术的发展人就不需要想象的不切实际的神话了，科学技术就成为最好的神话，科学技

————————

① 《马克思恩格斯选集》第2卷，人民出版社，1995，第29页。

术就代替了神话。从想象到科学技术这是神话的运行路径。而宗教则不同，它除了对人与自然关系的想象外，更多的是对人与人的关系的信仰和情感，它甚至无须想象就对人与神的关系直接相信，如神灵对自己的拯救或自己对神灵的呵护，而这种人与神的关系实际是人与人的关系，如妈祖神灵对人的拯救实际是妈祖作为人对他人的帮助和造化，台湾人送妈祖"回娘家"这种人与神的关系实际是台湾人与大陆人的关系，实际是自己在回娘家。而妈祖海上"显灵"救人则是对妈祖扶危济困的人与人关系的信念、愿望、感怀、崇尚和追寻。"显灵"实则是一种人对人的信念、愿望、感情、崇尚和造化。因此，信仰、"显灵"这些人与神的关系实则是人与人的关系，它无须随着科学技术的发展而消隐，也就是说，无论科学技术怎样发展，这些人与人或人与神的信念、情感和造化关系都始终存在。只要信念、愿望和感情需要，宗教信仰宁愿将承载着万物的世界看作一片空无，宁愿将行走的人类看作头足倒置的怪物。妈祖信仰就是人与妈祖神明之间的相互感念、爱护、祈愿与造化关系，这种关系用一个流行于当代文化世界的概念表述就是人与人之间的主体间性关系。而这种主体间性关系就发生在日常生活世界特别是工作世界的交往和行动之中。信仰和"显灵"是人与人的主体间性关系，那么"灵验"就是这种主体间性关系的发生和造化生态，即有了信仰和"显灵"，就有了"灵验"。

4. 人神互佑的感恩、感念精神

"回娘家"是妈祖文化中又一个重要的带有审美色彩并蕴含丰富文化风情的文化符号，也是作为女性海神信仰的妈祖文化的一个特质。妈祖作为一个独身的尚未婚配的女子在异乡是肯定要想家的，而作为一个神灵虽已贵为天妃、天后，也会想家，"回娘家"也是一个必然的选项。"回娘家"是中国已婚女子带着荣光对自己亲人的探视以及对生养自己的故乡的回归，已婚女子"回娘家"似乎总是比在夫家更幸福、更兴奋和更美好的事情，"回娘家"似乎是她们的节日，是她们节日的狂欢。每一次回归似乎都能使她们获得一次重生，然后又带着喜悦离开娘家、离开故乡走向异乡。她们"回娘家"不仅带着喜悦，还带着丰厚的礼物。她们"回娘家"不只是回归旧梦，还带着新的梦想……凭妈祖的神力，自己就能"回娘家"，但那样会孤独寂寞，妈祖保佑漂泊者、移民、海商、偷渡客去异乡、海外，妈祖想家，妈祖恋家，妈祖要"回娘家"……我们不可让她一个人孤零零地走，那样她会寂寞、孤单，我们要护佑她"回娘家"。这是以人佑神，这是人与神的主体间性的互佑，我们不能只让神灵庇护我们，我们也要庇护神灵。神在亲情方面有时也是脆弱的，需要人的庇护和陪伴。凭妈祖的神力，自己就能"回娘家"，自己无须借助渡轮、船只、飞行器，采一枚苇叶即可渡海，但那样她会觉得孤独、会寂寞……她愿意在人的陪护下与人一起乘坐渡轮回娘家。而那些信众特别是台湾的信众总是那么善解人意、善解神意，总是有求必应和不厌其烦地护送妈祖"回娘家"。笔者曾经看见，在从湄洲岛回来的有些拥挤着几个旅游团的渡轮上，一个台湾来的进香团，有几人怀里紧紧抱着一个小妈祖像。他们不是请妈祖回去，他们早已请过了，而是送妈祖"回娘家"，他们每年都送妈祖"回娘家"，已经回过四五次了。他们说"妈祖也会想家"。在这些台湾人的眼里妈祖太有人情味了，像个普通的人间女子；在妈祖的心里，这些台湾人也太有人情味了，每个信徒都是一个普通的神灵。而这一年一度的"回娘家"又仅仅是妈祖的心愿吗？又仅仅是妈祖在"回娘家"吗？或许，人类有时需要借助神的愿望来实现自己的愿望、用神的心迹表白自己的心迹。这种人与神的感恩、感念关系就是人与人的感恩、感念关系。人感神之德，神念人之恩，如此互相感念、祈愿和造化。

5. 走向海洋、走向世界的海洋世界精神

妈祖所庇护的主体是普遍世界的大众，包括渔民、农民、官员、商人、海外移民等，庇护的空间是普遍世界空间，包括陆地、海岛、海洋、天空，彰显了走向海洋、走向世界的海洋世界精神。宋代以来海洋工作世界的发展注定了妈祖文化的海洋工作世界精神。这是一种国内与国际双重意义上的世界精神，是农业文明与海洋文明、古典文化与现代文化、同质文化与异质文化多重文化意义上的世界精神，是技术、制度、观念总体意义上的世界精神，是以海洋为通道或介质的人与人、自然和社会关系的总体精神。而所有这些精神和世界都基于海洋工作世界和精神。总之，世界意义、世界精神是妈祖文化的总体意义和精神，工作世界意义、工作世界精神是妈祖文化的核心意义和精神。神无常形，神无常所，妈祖属于任何一个地域，又不属于任何一个地域，妈祖是闽南区域、台湾区域的妈祖，更是普遍世界的妈祖。有"台独"人士认为"台湾的妈祖是'本土化'的妈祖，更是台独先知的妈祖";① 这就把"台湾妈祖"封闭、禁锢在一个狭小的空间区域了，这就切割了妈祖的普遍世界空间，这会使妈祖丧失独立、自由、自主的神明本性，而一个神明一旦失却了神明的普遍世界本性，在其所属的那个狭小的区域也就不再有"显灵"和"灵验"的经验与效用。因此，必须将妈祖从一些"本土化""区域化"的禁锢中解救、解放出来，使其回归普遍世界的自由、独立本性与精神。让妈祖在普遍世界巡回，让妈祖走在"回娘家"的普遍世界的途中，让妈祖穿越于故乡与异乡的普遍乡情之中。这就是本尊的妈祖，本尊就是分灵，就是无数个分灵；分灵就是本尊，就是合一的本尊。本尊为一，分灵为多。本尊为"理一"，分灵为"分殊"。本尊与分灵都处在普遍世界的存在框架与生活和工作世界空间，都处在生活妈祖与工作妈祖、心灵妈祖与万物妈祖的行进格局之中。而本尊和分灵的最初，都在圣墩、在湄洲岛。

（三）妈祖文化思想政治教育资源现代转化路径

妈祖文化思想政治教育资源现代转化的基本路径是：政府、民间、学校等多主体转化，庙宇、雕塑、绘画、文学等多载体转化；精神、观念、历史文化、现实文化、旅游文化等多内容融合转化，体验式、实践式、课堂式、情境式、互动式等多形式转化。下面将这些路径融合在一起，主要谈三个具体转化路径。

其一，学校课程转化。学校承担着妈祖文化思想政治教育理论化、系统化的角色。随着宗教信仰文化在社会和民间兴盛，学校学生特别是大学生也受到宗教文化的影响，因此，宗教信仰文化思想政治教育是学校思想政治教育不可回避的一个话题。妈祖文化思想政治教育的课程转化主要有三种方式。①在思想政治理论课中将妈祖文化思想政治教育融入宗教文化思想政治教育，进行妈祖文化意蕴、本质和精神结构的教育，特别是其生活世界总体意义和工作世界核心价值取向的教育。②开设"文化哲学方法与闽南文化思想政治教育"选修课，将妈祖文化思想政治教育作为该课程的一部分内容，供全校学生特别是大学的思想政治教育专业学生选

---

① 《湄洲妈祖，建国党比作统战之神》，（台湾）《民众日报》1997 年 1 月 24 日。

修。③在具有妈祖文化风土的区域开设妈祖文化实践课，考察妈祖庙、妈祖文化遗存以及妈祖文化节，在对妈祖文化的现场体验中加深对妈祖文化精神结构的理解、认知和确认。

其二，载体资源转化。妈祖文化载体包括各种妈祖文化节、妈祖祭祀活动、妈祖庙、妈祖像以及妈祖文化交流活动等，都承载着丰厚的妈祖文化道德精神资源。这些妈祖文化载体无形中对人们产生强烈而持久的吸引力，使人们在享受文化"盛宴"的同时，不知不觉地将妈祖文化精神内化为自己的心灵感应和存在精神。这种教育是在各种妈祖文化载体活动的影响中潜移默化地对人们进行感染和陶冶，既能满足人们精神生活的各种需求，又能达到妈祖文化思想政治教育的目的。每年的妈祖文化节、妈祖文化活动周、妈祖文化赴台交流等活动，都会达到对参与这些活动的人们的教育效果，使人们在活动现场理解、体验、确认妈祖文化及其精神内涵。通过两岸妈祖文化交流，将妈祖文化转化为连接两岸亲缘、神缘、情缘的纽带，从而建立妈祖文化精神共同体。影视是载体教育转化的重要形式，具有直观性、形象性、生动性，直接影响人们的精神生活。如2012年上映的神话励志剧《妈祖》，用现代的影视表现形式重新演绎了妈祖精神和高尚情操，使人们进一步理解了妈祖文化的精神和价值，产生了大众化教育效应。传说与事迹亦是妈祖文化的重要载体，要重视传说与事迹的教育转化。妈祖文化有很多关于妈祖生平、升化和事迹的传说，这些都是妈祖文化思想政治教育的重要资源，要善于从中挖掘有价值和意义的内容与精神。用传说和事迹进行教育更具有形象性、生动性和感染力。这种转化该注意的一点就是要将迷信转化为科学和人文知识。比如对"显灵""灵验""升仙"的传说，要转化出这些传说的生活世界意义和工作世界价值取向以及道德精神指向，而不是就历史讲历史、就传说讲传说、就故事讲故事。妈祖的事迹大多是日常工作创造、工作拯救事迹，不是那种开天辟地或上帝创世的宏大叙事，正是这种日常生活和工作世界精神才更贴近普通大众，这是传说和事迹转化的一个重要精神向度。

其三，诗文化转化。诗文化亦是妈祖文化的载体转化形式。信仰文化是诗性文化，以诗性文化进行教育转化更能彰显妈祖文化的诗性魅力，更能增强其感染力、亲和力和空间张力。宗教文化（如基督教）很重视诗文化教育，一些圣歌、圣诗教育都达到了信仰审美教育效果。诗文化是诗性文化的总称，这里主要指诗歌文化。从妈祖诗词来说，宋代以来，自平民百姓到文人、名人一直到帝王将相均有吟诵。如黄公度的"传闻利泽至今在，已死犹能效国功"，陈宓的"但见舳舻来复去，密俾造化不言功"，元代张翥的"普天均雨露，大海静波涛"，明成祖的"扶危济弱俾屯亨，呼之即应祷即聆"。还有楹联，如林则徐的"八百里寰海昭灵，溯湄屿飞升，九牧宗风荣庙祀；四万顷具区分派，喜娄江新浚，三吴水利沐神庥"，梁启超的"向四海显神通，千秋不朽；历数朝受封典，万古流芳"。下面是当今闽南诗人处女座创作的《妈祖行记》，彰显了妈祖文化的海洋世界精神，是一种妈祖文化思想政治教育资源现代转化的当代诗文化转化形式。

此时，你驾着红色的祥云

出行于芗江

芗江，大海的入口

游江的人、行船的人、出海的人

为你焚香，向你叩拜

请求你的庇护

此时，众神门庭冷落

海妖的殿堂开始倾斜

你是民间的女神

大海的女儿

没有谁比你更懂得大海

在江边、在海上、在庙宇、在心灵

你已无所不在

海水无所不在

拯救和逍遥亦无所不在

海神的封号必属于你

海王的宝座必属于你

你的法力与众神不同

道术、儒术，东学、西学

你知众神所知

知众神所不知

海辖两岸

你包容众神也为众神包容

柔指轻弹，平息一场风暴

红颜一怒，喝退一场劫掠

诗语低吟，春情涌现

台湾、香港、澳门、大陆

所有的海岛必归于陆地

所有的陆地必归于海水

所有的海水必归于你的爱情①

——处女座《妈祖行记》

　　"芗江"即闽南漳州的九龙江，这里，妈祖以标识大陆文化的符号九龙江为基点，走向海洋、走向世界。"驾着红色的祥云出行于芗江"，就是闽南海洋文化与大陆文化、蓝色文化与红色文化的融合生态。此时，海洋世界的众生纷纷焚香叩拜，以至于"海妖"恐惧、众神受到冷落。这是一个"民间女神"的力量，而民间女神的力量来自"大海的女儿"的力量，而这依旧是海洋世界众生的力量。"海水无所不在"，"最懂得大海"的人已"无所不在"，这无所不在源于她的工作创造、工作创世、工作拯救，源于那朵飘向海洋、开创海洋工作世界的"红色的祥云"，那是海神妈祖的一种"显灵"的化身。这工作创世的拯救必然导致"显灵"的"灵验"，而"灵验"使她感到惬意和逍遥，成为一朵漫游于海陆、穿越于江海的"逍遥"的云。云，在七彩的世界里，始终闪着红色的灵光。除了这个民间的女神、大海的女儿，"海神的封号""海王的宝座"还能属于谁呢?! 道术、儒术，东学、西学……她的法力，这工作创造、创世

---

　　①　处女座:《穿越者之诗——从故乡到异乡》，知识产权出版社，2013，第196～197页。

与救世的法力，在大海之上、在学说之上。她是大海的精灵、众神的合一，她将"风暴"与"劫掠"幻化成"诗语"和"春情"，让所有的海岛归于陆地，又让所有的陆地归于"海水"，再让所有的海水归于这"诗语"和"春情"涌现的爱情——对普遍世界与普遍人们的爱，爱是海峡两岸以及大陆与海洋的真正的统治者，爱是这个世界真正的主人。这是生命与海洋的真谛，这是海洋世界意义的真理，这是妈祖信仰、妈祖文化的终极！

第二节　土楼文化思想政治教育

土楼文化是相对完整的生活世界总体意义文化，也是较为经典的工作世界空间文化，还是富有代表性的工作创造和工作世界共同体文化。开漳圣王文化、闽南海洋文化、妈祖文化，所有的人和他所创造的文化都要有一个筑造和栖居之所，土楼文化就成为闽南筑造与栖居文化的标志形态。闽南文化总是在大陆文化和海洋文化的互动、互构中前行。宋代以来海洋文化成为独立文化范式，并不意味着对以农耕文化为标志的大陆文化的放弃，而是在海洋文化的拓展中也拓展着大陆文化。土楼文化就是闽南文化这种双向价值行进的一个重要指向。这里所说的土楼文化，主要是指地理和人文双重意义上的闽南区域的土楼文化，地理意义上的闽南包括闽西或闽西南特别是龙岩市。从闽南土楼文化日益增强的区域和世界影响力来看，它当之无愧的是闽南文化的标志形态，如此，注定了土楼文化思想政治教育是闽南文化思想政治教育的标志形态。

一　以工作世界为基础的土楼文化的生成

土楼主要分布在福建西南部的玳瑁山和博平岭之间，即黄潭河与船场溪之间。这是一个重峦叠嶂、溪谷纵横的山地和丘陵地带，其西部属汀江流域，是客家人的天地；东部属九龙江流域，是福佬人[①]的世界。博平岭

---

　　① 民系名称，含闽南人、潮汕人以及从闽南、潮汕迁移到台湾和东南亚的讲闽南方言的族群。

以西主要是龙岩市的辖区，主要居民是客家人，但龙岩市辖属的新罗区和漳平市，属闽南方言区，大部分居民属福佬人；博平岭以东主要是漳州市辖区，大部分居民是福佬人，但其中南靖县、平和县、云霄县、诏安县的西部乡镇，如南靖县的梅林、书洋，平和县的长乐、九峰、大溪，云霄县的马铺、下河，诏安县的太平、秀篆等乡镇，客家居民占很大比重。

有学者考证，有族谱记载龙岩永定县的土楼始建于宋元时期。又有学者考证，永定迟至明中叶才建县，此前其地只设上杭县的一个湖雷堡，人烟稀少，百业萧条，满目荒凉；而闽南土楼匾额上所刻建造纪年表明，漳浦等漳州沿海一带的土楼最早可追溯到明中叶；永定有文献记载或碑刻纪年的土楼，最早只能追溯到明末，那就是号称"土楼之王"、被视为最早的圆楼之承启楼，建于明末崇祯年间，其他绝大多数的永定土楼是清代以后所建。①

这里不追究永定土楼和漳州沿海土楼谁先谁后的问题，而是把它们置于一个土楼文化体系或框架中探讨土楼文化的意义结构，因此，只需明确土楼建筑的时间就可以了；同时，也把客家人和福佬人摆在同属地理空间和精神空间双重意义上的闽南人的主体格局内。因此，本节所使用的"闽南人"概念有两重含义：一是指同处于闽南和闽西南地理空间意义上的广义的闽南人；二是指民系意义上的狭义的闽南人。而广义和狭义的摄取，即什么时候用的是广义、什么时候用的是狭义，要根据语境的不同来选择。一般情况是，当相对客家人或民系区域讲闽南人时就是狭义的闽南人；当不做土楼文化内部民系区分，只顾及土楼文化一般意义或普遍意义时提到的闽南人，就是指广义的闽南人。

嘉靖中叶以来，正是倭寇、海盗蹂躏漳州最惨烈的年代，据史志记载，"闽中之乱未有如嘉靖末年之甚，而在漳尤甚"，"民死过半"。可见，土楼有突出的防卫功能，如又高又厚、坚不可摧的土墙，防火设施，底层不开窗、上层开小窗的安排，土楼四角的瞭望台……明嘉靖中叶，土楼的发源地虽然在漳州沿海地区，但日后土楼最兴盛、数量最多、形式最丰富的地区在漳州的山区县份南靖、平和、诏安、龙岩（龙岩在明清时期属

① 谢重光：《闽粤土楼的起源与发展》，《中国历史文物》2007年第1期。

漳州府）的西部，以及汀州的永定县东南部，即前面提到的博平岭与玳瑁山之间。这反映出生存空间从沿海向内陆拓展的格局以及闽南大陆文化的进一步延展。

闽南客家土楼与闽南人或闽南福佬人土楼的居民都是中原汉族移民。客家民系南迁的轮廓是：晋朝从中原到长江中下游南岸、唐末由江南抵赣南至闽西、宋元自闽西至粤东再往周边以及更远的地方，并且移居方式多是举族而行。而宋末元初应是其大规模迁徙的时期。正如徐旭曾所言："元兵残暴，所过成墟，粤之土人，亦争向海滨各县逃避，其闽、赣、湘、粤边境，毗连千数百里之地，常有数十里无人烟者，于是遂相率迁居该地焉。西起大庆，东至闽汀，纵横蜿蜒，山之南，山之北，皆属之。……所居既定，各就其地，各治其事，披荆斩棘，筑室垦田，种之植之，耕之获之，兴利除害，休养生息，曾几何时，遂别成一种风气矣。"这表明客家人集中迁徙闽地要在闽南民系之后。闽南民系南迁的形态大致为：先是春秋战国时的浙江一带的于越族嵌入并与"七闽"部落融为闽越族，然后秦、汉、晋朝中原移民入闽与闽越族继续融合，唐后经陈政父子和王潮兄弟率中原军民入闽经营，基本确立了其民系雏形。客家人和闽南人南迁后的生存空间有明显的差异，前者地处山区，后者面临大海。正因如此，彼此文化就有了一定的差别，在各自的土楼中都有不同程度的反映。由此可见，闽南民系应该早于客家民系进入闽南，有道是"先入为主"，先入者必然先占据有利地形，那就是闽南沿海地区。而后来者客家民系则主要聚居在闽西南的山区，虽然在地理划分上都属于闽南区域，但分属两个不同的民系。也应该是在这个意义上，闽南人被称作"福佬人"，这个名称就有"坐地户"的意思。客家人的客家名称应该有三层意思：第一层意思是对闽南原住、原地居民来说是客人、客家、客居者；第二层意思是对也是来自外地但早于自己入住的客人福佬人来说也是客人；第三层意思是以客自谓，表示谦逊。客家人这种三重客居、客人身份，一方面使之在区位上处于偏僻山地，另一方面使之在文化上处于次生文化地位。但这些区位和文化上的差异，也造就了客家人富有个性化的生活、工作和文化世界，并在与主流的闽南文化的融合中彰显出来，成为闽南区域文化的一个重要组成部分。闽南区域的土楼文化的创生与演进就是客家人与作为福佬人意义上的闽南人互构的过程，即闽南土楼文化是客家土楼文化与闽南人或福佬人的土楼文化的总体。

有学者认为，闽南文化中最有代表性、最有特色、比重很大的海洋文化在闽南土楼中并不明显，而客家土楼却基本体现客家文化的主要方面，甚至可说是客家文化的集中代表，这种观点是对闽南文化的误读。闽南文化有海洋文化范式或特质，也有大陆文化范式，虽然循着先大陆后海洋的文化运行逻辑演进，但一刻也没有抛弃大陆文化范式，并且在海洋文化范式相对兴盛的时候用海洋文化支撑大陆文化，使得大陆文化根基更加牢固和深广，明中叶向闽西南山区农耕文化的拓展并创生土楼文化就是很好的例证。因此，不能因为土楼文化是以农耕文化为标志的大陆文化就得出客家土楼文化是土楼文化标志的观点。恰恰相反，闽南人的土楼文化和海洋文化拓展了土楼文化的空间，赋予其海洋文化特征，使其亦呈现先大陆后海洋的文化运行轨迹。泉州土楼文化、南靖土楼文化以至后来的客家土楼文化都具有了海洋文化范式和特征。甚至包括今日的土楼旅游文化，如果不同闽南海洋文化融合，如果不同闽南沿海的旅游项目融合就会大为逊色，至少来旅游的人会大幅减少，许多看土楼的旅游者都是将土楼旅游同到厦门、鼓浪屿、泉州、漳州的一些景点结合在一起的，如果就是一个孤零零的土楼文化的单线旅游，来者会大幅减少。所以不能说闽南海洋文化没有在土楼文化中彰显，也不能得出客家就是土楼文化的主导或代表的结论和观点，更不能说土楼文化或客家土楼的这种演进完全是客家人特有的历史命运所致。客家人为躲避战乱南迁、特别重视和珍惜种族的延续，以及山区的生存境遇，这些都是构成土楼文化不可或缺的因子，但不是唯一的因子，也不是主导性或根本性的因子。土楼文化、客家土楼文化、闽南人的土楼文化，其生成和演进都是基于工作世界。

闽南人、客家人的土楼为什么建在闽西南的山地之中？因为那里有一片可开垦的荒山和荒地，有一个属于他们的工作世界，他们在那里筑造、栖居，不可能是为了去抵御盗匪抑或剿匪，也不可能是为了去享受自然风光，其目的直接、明白又简单，就是去开拓生存空间，而支撑这个生存空间的就是以农耕文化为主的工作世界，这就是土楼生成最初的意义、目的和动机。那被重重山峦、条条沟壑切割而成的无数小块田地和山坡，正适宜一家一族开发经营。汉唐以前，这里的原住居民是"蛮夷""蛮獠""山都木客"，他们仍过着洞居和刀耕火种的原始生活，《元一统志》曰："汀之为群，山重复而险阻……舟车不通，商旅罕至，惟耕凿为业，故无甚贫困之家。蚕业不宜，丝绵罕得，惟从麻桑为业。西邻赣，南接海眉，山深林密，四境椎埋顽狠之徒，党与相聚，声势相持，负固保险，动以千百计，号为畲民。"在这种险恶山居环境下，中原移民都不得不利用家族血缘的内聚力聚族而居、聚族抗争，共同开拓这个农耕文化世界。于是，一种与当地自然环境协调，对外封闭，防卫功能突出的大型民居土楼建立起来了。至于抵御盗匪和享受自然生态或与自然融为一体，那都是后来的或次生的意义和存在因子。即使是闽南人从沿海向西南山地开拓并较早建造了土楼，也是出于这样一种工作创造、工作生存的冲动。而无论是闽南人还是客家人建造土楼都应该是一个过程，他们不可能一到那里就建造出那些至今还举世闻名的土楼，他们初立足时，应该先适应当地的住宅工艺，同时家族工作力还较弱，又受财力限制，只能借鉴中原故土的建筑工艺，多姓合族共建一般的住宅。如史料记载的土城、土堡、土围等，在经过长期的探索和族人繁衍兴盛并财力有所保障之后，特别是从开漳圣王文化的漳州大开发到宋元以来的中原文化与闽南文化的不断融合，他们不断地获取中原文化的技术、制度和观念的支持，到了明中叶，他们有技术、有资源、有财力和人力建造真正意义的土楼了，这又是一个工作世界的进展创生土楼文化的过程。那么，他们为什么设计了土楼的样式、结构，而不是别的什么样式和结构？这就存在自然、家族制度、盗匪等方面的原因了。

从自然环境看，土楼建筑结构是为了避"煞气"。闽西南是四周被大山包围的丘陵山地，是一个对外相对封闭的自然环境。境内山多田少，素有"八山一水一分田"之称；属亚热带海洋性季风气候，常年气候温和，夏长无酷暑，冬短不严寒；雨量充沛且相对集中，干湿季节明显，冬季的寒潮和夏、秋季的台风对这里都有明显影响。闽西古时森林茂密，气象多变，幽深狭长的山谷都是阴湿地带；春夏之间高温多雨，林中植物的枯枝败叶、动物的腐尸烂骨产生的瘴气带有各种致病细菌，尤其山谷中飘忽不定的气流夹带着病菌，最有可能侵入楼内侵害人的健康。因此，建造土楼以避"煞"。据流体力学的原理，圆形的弧面比方形的平面更能分解流体的冲击力，圆土楼的外墙能够让来自不同方向的"煞"从其外部表面滑过，即便一部分从门窗进入楼内，也会在楼内形成回旋的气流而涌向天空，且回旋的气流还可以搅动、带走楼内浑浊的空气，使楼内的空气变得清新。土楼在选址上的风水讲究、用料上就地取材的方式和楼层房间的布局等方面独到的设计，都充分展示了人与自然的和谐生态关系。土楼是用最平常的土料筑成高大的楼堡，以生土为主要材料，就地取材，所用木材需 300～500 立方米，土墙厚度为 1～2 米，楼高 3～5 层，可容纳几百人，具有防盗、防震、防兽、防火、防潮等防卫功能。大多数土楼只有一个大门供出入，大门内部还配有专门的灭火设施，大门的上方设有用铁皮制成的水槽，防止敌人在外面以火攻楼。土楼除具有防卫御敌、防震的奇特作用外，由于土墙厚，还具有隔热保温功能，冬暖夏凉、通风、采光好。这种聚族而居的生活方式是中原移民特别是客家民系在漫长的南迁过程中适应自然环境和聚集家族力量抵御外族入侵的现实需要。适应自然环境就是对人与自然和谐关系的追寻和工作造化。这种对自然关系的造化又离不开人的关系，即聚族而居、聚族而作的家族共同体关系。

从社会环境看，土楼建筑结构与防盗匪有关。闽西南地处偏远山区，山高林密，重峦叠嶂，河谷盆地较狭窄，且地形险峻，匪寇侵扰事件经常发生，所以，集体防卫的要求特别高，要求消除火力死角，于是客家圆土楼诞生了。漳州沿海闽南人的土楼也有防盗匪的功能。顾炎武在《天下郡国利病书》中引万历元年（1573）编撰的《漳州府志·兵防考》关于漳州的相关记载道："漳州土堡，旧时尚少，惟巡检司及人烟辏集去处设有土城。嘉靖四十年以来，各处盗贼生发，民间团筑土围、土楼日众，沿海地方尤多。"顾炎武记述的情况发生在嘉靖中叶以后，而保存至今的漳浦土楼也始于嘉靖三十七年（1558），此后日益增多，这是漳州土楼与防寇有关的记载。土楼文化的发展与经济社会发展有重要关系。宋元时期客家人大量集中入闽，带来了中原文化。明末清初是客家土楼文化全面繁荣时期，明万历年以后，闽西广种烟草，所产"条丝烟"因质地精良而销路日广，以至于被称为"烟魁"而做入朝贡品，每年有数以万箱"条丝烟"销往大江南北和南洋各国。及至清代，长江以南几乎所有大中城市都有客家人开设的烟行，给客家人带来了滚滚财源。大批烟商大发其财，普通烟农也有受益，居民收入普遍增长。随着闽西"条丝烟"的发展，士大夫日益增多，大兴土木，福建土楼建筑进入了鼎盛时期。特别是商贾富户、达官显贵，出于防卫、聚族而居、追求高贵豪华气派，建造庞大甚至富丽堂皇的土楼，将原来"一字形"的土楼扩大规模，改造成豪华的"五凤楼"式的大型高层建筑群体，并冠以"大夫第""中书第""太史第"等嵌着官衔的称号。

土楼文化与家族制度有关。闽南是移民社会，这些来自中原或其他区域的移民，人地生疏，特别是作为后来者的客家人聚居在远离故土的南方，需要一种有利于维护血缘关系的家族制，需要一种凝聚族人同心同德共御外侮的归属感，一座土楼就是一个村落、一座城、一个相对的小社会共同体。宗族制度的核心轴是父子，单系共同祖先有自己的家谱、族谱；有公共财产，有田地、池塘、学堂等；有统一的居住方式；有宗族的祠堂、大厅——同族的人共同祭祀祖先。同宗同族同住一楼一村，正是强烈的宗法制度传统观念在土楼中的折射。永定客家人是超大规模的大家族聚居，聚居规模可达近百户数百人；土楼每个家庭分配的居室基本上均等，客家人平等地聚居，无所谓贵贱、等级。

土楼文化的生成基础或根本是农耕文化。明朝之前的闽西南是蛮荒之地，原住居民居无定所，工作世界以采集和狩猎为主，不可能有土楼文化，他们既无物质建筑技术和经济实力，也无家族社会关系。家族血缘关系表面是靠血缘关系维系，实际是靠工作关系维系，即一个家族就是一个工作世界空间，就是一个共创、共享工作成果的工作世界共同体，他们互相支持、帮助、赡养。赡养关系靠工作创造。血缘关系是维系家族工作关系的纽带，工作关系、工作世界是支撑家族血缘关系的根基。如一个不工作、不赡养老人的人就可以被解除家庭血缘关系。当工作世界或工作关系不需要或冲破了这种血缘关系的时候，家族社会就不复存在了，土楼建筑就转换成现代建筑样式。土楼时代以农耕为主的工作世界，必须靠家族血缘关系维系。这一点客家人的土楼建筑结构和文化结构体现得尤为明显。

二　土楼文化的生活世界总体与工作世界本质

土楼是土楼空间文化世界的总体。学界对土楼的研究已取得丰硕的成果，但对土楼文化的概念界定上过度关注土楼的物质空间结构、防御或军事空间结构以及家族关系和一些社会关系结构，忽略了其工作世界空间结构，从而失却了其生活世界总体意义结构。如有学者认为，"福建土楼是特指分布于闽西和闽南山区那种适应大家族聚居，具有突出防卫功能，并且采用夯土墙和木梁柱共同承重的多层的巨型居住建筑"。① 又有学者认为，土楼是物质结构与特殊的历史、文化、艺术的综合，并将土楼的文化内涵归结为儒家文化的向心性、道家文化的天人合一生态美学思想以及风俗文化和建筑艺术等方面。从总体来看，学界对土楼文化的概念界定主要还是采取一种历史叙事和要素堆积方式，缺失文化哲学方法论的生活世界总体意义和工作世界本质向度。

（一）土楼文化的生活世界总体意义

土楼文化具有生活世界总体的意义，是以土楼物质建筑为介质的人与人、自然和社会关系的总体，是技术、制度、观念的总和，是物质文化与精神文化、生活文化与工作文化、日常生活文化与社会生活文化的合一。其本质是以土楼建筑为介质的生活世界或文化世界共同体，而工作世界共同体是其基础和价值核心。

土楼以满足人的生活需要而建造，是一个生活共同体。明末以后至民国初期建造的土楼，由于家族人口的急剧膨胀，绝大多数规模都较大。小者一二十开间、高三四层，大者数十开间、高四五层，生活设施一应俱全，楼内有卧室、厨房、仓库、厅堂、浴室、水井等。土楼是有血缘关系的人们的群体住宅，其内部空间的分布有其独特的群居性和平等性。一座土楼就是一部家族社会史，家族社会史就是这个家族的生活世界的历史，生活世界的历史就是人与人、自然和社会关系的总体存在意义历史。一个家族生活在同一屋檐下，人与人、个人与群体之间和谐交往，平等生活。这种平等群居模式蕴藏在土楼居民日常生活细节中。一些客家土楼各家各

---

① 黄权民：《倾听"福建土楼"的呼唤》，《建筑创作》2006 年第 9 期。

户都是面朝内院，每座圆楼的中心是祖堂，祖堂就是中轴，南北朝向，一切都围绕着祖堂这个中轴运转。随着人口的增长，环楼内外可再建环楼，在内外扩展的同时还能保持布局的完整性和可持续的群居状态。以永定客家土楼的"承启楼"为例，拥有 384 个房间，最多时曾住过 800 多人。楼内公共空间的分布遵循外闭内敞、中轴对称原则，门厅、天井、祖堂环绕中轴线形成完整统一的空间序列。所有房间环绕祖堂这一中心位置，形成圆中圆、楼中楼，在突出祖堂的中心地位的同时又体现了各房间的平等性和强烈的向心性。楼内各房间平等连续，按纵向分配使用，层次分明，每户每层占一两个房间，一楼为厨房，二楼为谷仓或储藏间，三楼及以上为卧室。楼内居民同祖同宗，血脉相通，同甘共苦，和睦温馨，其乐融融，几百年来过着共门户、共厅堂、共楼梯、共庭院、共水井的共同体生活。正如其堂联写道："一本所生，亲疏无多，何必太分你我？共居一楼，出入相见，最宜重法人伦。"

土楼建筑特别讲究人与自然的和谐关系，具有浓厚的生态生活意义。土楼选址和建造都依时间、空间、山、水、田、林、路进行，以此追求人身的小宇宙之"气"与周围环境的大自然宇宙之"气"的协调一致。土楼具有良好的调节气候功能，最显著的特点是冬暖夏凉。土楼以生土夯筑而成，有完整的通风、采光系统。其外墙、隔墙高大厚实，具有极佳的与外界气温绝缘的性能，所以冬天关上大门、侧门和窗户，凛冽的寒风被挡在楼外，楼内比楼外暖和许多；而夏季，土楼墙体升温慢，楼内的空间宽敞，夏季山谷的风吹来，非常凉爽。土楼大多依山傍水，周围青山环绕；土楼与土楼之间高低错落，而且相距数十米，空间宽敞；楼内所有的建筑布局规整、疏密有序，前后之间都以天井相隔。

人与人的和谐生活关系主要发生在家族内部和家族之间，土楼生活还面临着同盗匪的冲突和对抗关系，因此，安全生活亦构成土楼生活世界总体意义的一部分。土楼的设计、建筑把防御功能摆在与居住功能同等重要的地位。土楼厚实的墙体和坚固的门楼能够有效抵抗当地土匪、强盗的攻击；土楼内部的廊道四通八达，可以方便、有效、快捷地调集人员采取应急措施。

土楼生活是审美生活。如南靖县长教古村落山环水绕、环境清幽，已有 600 多年历史。40 多座土楼星罗棋布，漫步山水间，土楼胜景、百年老榕、田园风光尽收眼底。和德楼的笔架山峰，峰尖位于东方，日出时，峰尖的倒影映在楼前大池塘里，可谓塘为墨汁，峰尖为笔，情趣盎然。被人们戏称为"四菜一汤"的田螺坑土楼群由 1 座方楼、3 座圆楼和 1 座椭圆形楼组成。在南区的观景台俯瞰，土楼群在群山的环抱中就像一朵盛开的梅花点缀着大地，5 座土楼展现出一种质朴的自然美，依山就势，高低错落，形成疏密有致的有序变化，层层土墙与层层梯田遥相呼应，借自然之景、自然之势，建筑空间与自然空间相互渗透，不仅在外观上奇异秀丽，而且在气势上适应天地山川，呈现天地人和的创造之美。

综上，土楼文化是生活世界的总体意义文化，而不只是某些精神思想、家族制度以及物质结构和风俗、民俗等方面，也不是这些意义的叠加，而是以人与人、自然和社会关系特别是生活共同体关系为基本结构的生活世界总体或体系。

（二）土楼文化的工作世界本质

土楼文化亦可界定为土楼空间文化，土楼空间的总体是以土楼建筑为介质的人与人、自然和社会关系结构，是物质建筑结构与精神观念结构、生活世界结构与工作世界结构的总体，而工作世界空间或工作世界结构是其本质、核心和基础。土楼的工作世界空间是外生工作世界和内生工作世界空间的总体，内生工作世界空间是指土楼建筑内部的工作世界空间，主要包括人口和劳动力的生产结构、工作空间布局结构（如祠堂、私塾、作坊、日常手工作业的布局结构）；外生工作世界空间是指土楼建筑外部的工作世界空间，主要包括农耕生产空间、手工业生产空间、商贸空间、养殖空间等。而人口和劳动力的生产结构以及占有、分配、交往等工作关系结构是普遍的工作空间结构，既发生于土楼建筑的外部，也发生于土楼建筑的内部，后者如土楼内上下房间大小一律均等，无论贫富贵贱皆均等分配，就是土楼建筑内部的工作成果占有和分配关系的内生工作关系空间格局的体现。

土楼建筑内部的工作空间设计首先表现为人口和劳动力生产结构，从一定意义上讲，土楼的卧室布局就是一个人口和劳动力生产结构的布局。

甚至有日本学者把整个土楼都比作孕育和生产生命的子宫，也是从这个意义上，有国内研究者认为，"子孙万代、千秋家业就是在这样的'宫'中孕育出来的。正是这种天人合一的精神，人类将自己从生活的束缚中解放出并释放出个体的全部能量，一个人就是一个小宇宙"。① 但这不是靠"天地阴阳的沟通"或"天人合一"的抽象精神，也不是靠学者们隐喻的那些方形或圆形的"子宫"，而是工作力、工作关系、工作精神所汇聚成的工作世界的总体创造。而这种"生命的生产"或"种的繁衍"被马克思和恩格斯称为"人类首要的生产活动"之一。而工作活动就是生产活动的主体化、现实化、实体化。因此，在生命生产的意义上，土楼建筑结构本身就是生产生命的工作世界空间结构。以永定洪坑村土楼为例，土楼建筑的规模、占地面积适应人口和经济实力的要求，人口、户数越多，土楼的占地面积和建筑规模就越大。土楼建筑既要满足当时人口的需求，又要考虑未来楼内人口膨胀问题。建筑在可能的情况下要预先保留出一定的空间，好让后代人扩建或者在附近另建房屋。而这一生命生产工作空间的布局，又是由工作世界的物质生产空间决定的。工作力越发达，经济实力就越强，就越有可能建造大面积、大规模的土楼。《黄帝宅经》写道："宅者，人之本"；"人因宅而立，宅因人得存"；"人宅相扶，感通天地"。② 正是在生产生命的工作世界空间意义上，宅为"人之本"、"人因宅而立"以及人宅互立。

土楼建筑尽量选择风水好的地方。风水的选择是生活总体空间的考虑，但主要还是土楼外生空间特别是外生工作世界空间的选择，其核心价值取向是有利于工作世界，即除了考虑宜居、有利健康、便于生活外，更主要的是考虑选址地点是否有利于工作活动、工作创造和发财致富。如华安人称"土楼之王"的"二宜楼"，楼前视野开阔，近有龟山作案，远有九峰作屏，山明水秀，藏风聚气，四周一片良田，构成一个以农耕为核心的栖居之地、筑造之所。客家人有着强烈的土地崇拜情结，客家先民历来有着住宅不择耕地的习俗，宁愿将土楼建在山坡上，也不愿将可耕的小块

---

① 李晓菁：《福建土楼文化地方课程资源的开发与利用》，福建师范大学硕士学位论文，2009。

② 张述仁：《黄帝宅经》，九州出版社，2001。

平地用来建土楼，将在平整的耕地上建土楼视为罪过。土楼大多坐高向低，靠近山坡，有效地保护了耕地资源，体现了工作世界空间核心价值取向。再如永定洪坑土楼建筑，洪坑人十分注重民居的风水，在他们看来风水好坏直接关系宜居与否，关系到家族的兴衰，关系到未来的福祸。楼主在选择楼址时，重点考虑生活和工作的便利，如是否有充足的水源、可开垦的荒地、畅通的小道以及土楼背后是否有山林资源，等等。至于有风水先生说有溪水朝门口的方向流过就会财源广进，溪水向远离门口的方向奔流而去则是代表财富容易流失，则是以迷信的方式展现了工作世界空间中水资源的重要性。总之，要选择一块风水宝地才能开始建造土楼，这个风水宝地从根本上讲就是一个适合工作创造和发财致富的工作空间宝地。要是楼主实在没有合适的选择，也要用人为的方式来制造风水，比如种上竹、木等，使土楼建筑与周边的自然环境协调起来。这些人工风水亦是工作世界繁荣、财富丰盈的文化符号。

　　土楼的防御空间结构也是源于工作世界空间意义。历史只是记载了土楼有防范盗匪的功能，但没有任何记载和证据证明从建造第一个土楼的那天起就是为了防范盗匪。据此，我们只能说土楼可以防范盗匪，但并不是为了防范盗匪而建造，至少不只是为了防范盗匪而建造，或者说防范盗匪至多是土楼建造的一个次生或后生原因。一味强调防盗匪原因就遮蔽了土楼文化的工作世界特别是生产工作活动的本质和空间，把人类的居住文化简单化为争斗和战争行为，悖逆了基于工作世界的人类居住文化的生成逻辑和价值旨归。如果这样，在土楼的物质建筑结构上也会过度探求其防御和战争结构，而忽略了其工作世界或生产结构，包括土楼自身或内生的工作世界结构以及土楼之外的生产工作空间与土楼的关联结构。如土楼建筑内部适合从事哪些工作？建筑布局结构与土楼内的工作结构有什么关联？土楼内居住者之间的工作能力和关系结构是什么？土楼所在地都有哪些工作世界、工作事业、工作方式、工作技术、工作关系？这些工作世界与土楼有什么相关性？它们如何支撑土楼文化的进展？土楼又如何驱动这些工作世界？这些问题应该是存在的，如土楼内办私塾就是教育工作世界，既然能办教育，那它还有没有织布、制茶、晒茶、制衣、磨米磨面等手工技术工作？这些连现代一个普通家庭住宅都经常从事的工作，土楼这样一个大家族的聚居地、居住地，怎能没有这些工作世界呢？土楼的建筑结构怎能不考虑、不匹配、不适应这些工作世界或工作行动呢？怎么只能去考虑防范盗匪呢？怎能只为防范盗匪而造呢？可以说，它的外观、外墙结构有防范盗匪的结构因子，而内室结构除了宜居、舒适、便于生活结构外，还有更重要的工作世界结构。而它的建筑地以及内室结构又肯定与其之外的工作世界结构关联。比如尽可能建在离农耕作业较近的地方，后兴起的以商业工作世界为支撑的家族和土楼，很可能就尽量建在交通方便或离集镇较近的地方。茶商、烟商、果农、粮农土楼建筑的外在结构和内在结构或外在空间与内在空间也会有所不同，这一点从现在小门小户的农民的建筑结构尚可见一斑。正房都大同小异，但偏房或下屋就大不相同了，体现不同的工作世界结构。当然，一些不适合室内的工作要在土楼之外进行，比如打麦、养猪、养牛等。因此，土楼的工作世界场域可划分为五块。一是土楼之外用于农耕的田野。二是土楼之内的一些手工工作空间，如私塾、祠堂、作坊、书房、厨房等，卧室也具有休息和工作的双重空间意义，如在卧室缝制衣服等。三是土楼外围的工作世界，如打麦场、牛棚、猪圈等，这距土楼相对较近，相当于现在的农户大院里的工作场所。四是土楼外围的商贸工作世界，有较近的集镇，也有较远的外地的集镇，还有远隔重洋的世界贸易场所。如南宋以后汀江航道开通促进了永定商品经济发展，汀属各县的杉木、毛竹、纸张、蓝靛等产品源源不断地经汀江、永定河、韩江运往潮汕地区，还有一部分销往海外；而潮汕地区的工业品、盐、糖等通过汀江航道输入汀州各地。货船数以千计，商贸不断繁荣。商贸的发展，使永定县许多人尤其是永定河、汀江沿岸的部分土楼客家人积累了可观的财富。五是土楼外围的手工业工作世界空间。如永定县的手工业空间除了兴旺的烟草业，还有一批手工艺人外出打工。"铁工执业于漳码厦者颇众，漳城旧龙岩营街几全为永定人之列肆。"除了打铁之外，永定人有做裁缝的、做木工的，也有油漆、绘画、编竹的，还有专门建造土楼的。上述这五个工作世界空间注定了土楼、土楼文化本质上是一个工作世界，是一个工作世界总体或工作世界共同体空间。

三　土楼文化思想政治教育路径

学界已有土楼文化教育的概念，也有土楼文化历史、地理、文学艺术教育的概念以及土楼文化的道德、生态思想和精神观念的教育概念，但尚无土楼文化思想政治教育的总体概念。在土楼文化教育的内容上，尚缺失生活世界总体意义特别是工作世界核心价值取向的教育理念。土楼文化思想政治教育是指一定的教育者将土楼文化的思想政治教育资源转化为现代思想政治教育内容的教育实践。土楼文化思想政治教育与土楼文化教育是两个不同的概念。如土楼文化的建筑技术、具体的生成与发展历史，其本身并不是思想政治教育，而是建筑技术和历史知识教育，但它构成思想政治教育的历史铺垫和技术语境。土楼文化的思想政治教育资源主要是指蕴含在土楼文化中的世界观、价值观、人生观、道德观等思想观念和精神指向，而这些精神资源又总是同土楼文化的历史形式、本质内涵以及载体融合在一起，因此，土楼文化的思想政治教育资源或内容主要包括土楼文化的历史生成与发展过程、土楼文化的意义与本质内涵、土楼文化的精神结构以及承载土楼历史文化的物质和精神载体等方面。而土楼文化的精神结构特别是工作创造精神和工作共同体精神是土楼文化思想政治教育资源的核心价值指向。土楼文化的历史形式与概念内涵已在前面阐明，下面首先主要阐释土楼文化思想政治教育的精神资源，即土楼文化的精神结构，再探寻其现代转化路径。

土楼文化是生活世界总体存在，这就注定了土楼文化的总体精神是生活世界总体精神。土楼文化生活世界总体精神就是追求人与人、自然和社会关系的全面发展精神，就是追求物质生活与精神生活、社会生活与日常生活融合并行的总体存在精神，这就戒除了资本至上、权力中心以及物化、客体化甚至异化的存在倾向。而生活世界靠工作世界创造，生活世界总体精神的核心是工作创造、创业精神。土楼文化是闽南福佬人、客家人在异乡自主创造的生存空间文化。有了土楼，他们就有了筑造和栖居之所，就有了故乡。土楼建筑文化迄今已有千年以上的历史，而且经久不衰，堪称创新、创业、创造文化的典范，是开启、开发、开创、开拓文化的经典。各个时期的土楼在建筑艺术、建筑风格和总体的文化内涵上都呈现独特的模式和内涵。这些数以万计的土楼构成了一部完整的中国生土民居建筑艺术史和创业史。有创造力的文化才是有生命力的文化。就是这种工作创造、创业、创新精神使得土楼文化具有强大的生命力和凝聚力。工作创造是共同体的创造。土楼文化特别是客家人的宗族文化充分体现了这种工作创造的共同体关系。土楼文化就是土楼关系文化，就是工作共同体文化。占有、交往、分配关系都体现了这种共创共享的工作世界共同体文化精神。它既不同于原始共同体，也不同于封建等级制度。工作创造、工作共同体离不开工作技能、技艺。土楼文化继承了古代传统的生土建筑艺术，又在诸多方面有所创新和发展，开创了生土民居建筑艺术的新形式，成为体现中国传统审美思想和审美情趣的民居建筑艺术的典范。这是一种技能的创造，这是一种技艺的创新。可以说，没有土楼建筑的工作技艺和技能，没有农耕文化的工作技艺和技能，没有商贸文化和手工业文化的工作技艺和技能，就没有土楼文化。工作技艺、技能精神和工作共同体精神是土楼文化工作创造精神的根本向度。工作创造是审美创造、生态创造。因此，审美创造精神、生态创造精神亦构成土楼文化工作创造精神的重要内涵。

土楼文化的精神结构还有很多更为具体的精神向度。如爱国、敬祖睦宗的乡土观念，刻苦耐劳与勤俭节约精神，崇文重教与耕读传家的观念，平等聚居与团结互助的意识，与人为善与以客自谓的精神，豁达兼容与融合发展的精神，崇尚自然、乐山乐水的情怀，等等。这些方面研究成果甚多，不再赘述。下面再特别说明一下土楼文化的海洋精神。

如前所述，土楼文化亦是循着先大陆后海洋的逻辑运行。土楼文化首先是以农耕文化为基础的大陆文化，宋明以来，随着闽南海洋文化的发展，土楼文化不断被注入海洋文化的因子，呈现一定的海洋文化特质。土楼文化是闽南文化空间和地理空间双重意义上的闽南文化的一个重要组成部分，从它诞生的那天起就处在与闽南文化总体的互构、互动的框架之中，它不可能离开闽南文化总体孤独前行。特别是宋明以来闽南海洋文化的兴盛，促进了闽南农耕文化、手工业文化、商贸文化的发展，这使得土楼文化不再囿于单一的自给自足的农耕文化，明朝以来永定土楼文化中的烟草业和手工业在商贸业促进下走向海洋、走向世界的事实，就是土楼文化走向海洋文化的一个典型例证，而很多土楼里的客家人移民台湾地区和东南亚等地的行动更彰显了土楼大陆文化向海洋文化的拓展。明代万历年间，烟草种植技术从吕宋（今菲律宾）传入漳州。后来进入永定，并在永定得到了很大的发展。永定的烟草驰名长江南北，到处都有永定烟铺，烟草从永定境内输往全国各地，还远销海外，永定大多数人因此致富。《永定县志》记载，"春夏烟草千连，各乡工厂林立，运销全国，远及南洋"。永定县是福建省的重点侨乡之一。清初以后，不断有永定客家人移居港澳台地区和国外。移居海外的永定人事业有成之后不忘故土，回家乡建造了不少大型土楼。受到西洋文化的影响，华侨建的土楼一般装饰比较讲究。这些土楼在装饰上汲取了中国古代园林艺术与西洋艺术的精华，两种文化相结合，呈现中西文化的特色。如民国时期的南靖土楼的壁画中间就有国外摩登女郎的画，有的壁画上还写着英文。虽然土楼位于山区，但仍然出现了当时流行于世俗的西洋文化。土楼文化的海洋精神还表现在土楼人对妈祖海神的信仰。在闽南地区，妈祖信仰十分普遍。这些都表明土楼文化与闽南文化特别是闽南海洋文化的互动、互构过程。海洋文化作为闽南文化的一个普遍范式，也存在于闽南土楼文化中。而土楼文化的形成与发展，也推动和丰富了闽南文化特别是闽南海洋文化。当今土楼文化已成为世界文化遗产，越来越走向海洋、走向世界，其海洋文化意味越来越广博与浓厚。

以工作创造和工作共同体精神为根本的土楼文化精神具有重要的当代价值，特别是面对资源型经济和文化过度盛行、创造性经济和文化不足的存在生态，如何把土楼文化的思想政治教育资源特别是精神资源转化为现代思想政治教育的内容就显得尤为重要。下面仅从宏观框架上阐释土楼文化思想政治教育资源的现代转化路径。

（1）学校课程转化是土楼文化思想政治教育系统化、理论化的主要方式。其一，将土楼文化思想政治教育融入中学的思想政治课和高校的思想政治理论课。在教育内容上，主要结合土楼的经典建筑和人文生态进行土楼文化的世界观、价值观、人生观、道德观特别是工作创造精神教育。在授课方式上，可采取专题式、讨论式、情景体验式等方式。这样，既可以使学生增长知识，也可以增强思想政治理论课的感染力和有效性。思想政治教育专业的本科生和研究生可设置"文化哲学方法与闽南文化思想政治教育"选修课，将土楼文化思想政治教育融入这一课程之中，在闽南文化的总体框架中进行土楼文化思想政治教育。在这些课程设置和教育教学方式中，都可播放与土楼相关的影视作品配合教学活动。如 2008 年南靖县与中央电视台七套《乡土》栏目联合拍摄的《土楼探奇》《土楼里的婚礼》《土楼满月酒》《南靖有个长寿村》等系列专题片，中央电视台《探索·发现》栏目在永定县所拍摄的纪录片《客家土楼》。土楼文化思想政治教育可让学生们饱览土楼独特的民俗文化传统，增强学生们对土楼文化的兴趣、理解和体验，特别是加深对闽南人和客家人创新创业和工作创造精神的感悟，并将其付诸自己的创新创业行动。其二，历史、地理、艺术等课程，都可借助土楼的历史、地理、艺术进行感性化、案例化的思想政治教育。如高中历史新课程标准指出："我国是历史悠久的文明古国，全国各地都有数量可观的历史遗迹、遗址、博物馆、纪念馆、档案馆、爱国主义教育基地，以及蕴涵丰富历史内容的人文景观和自然景观，这些资源也应当因地制宜地加以利用。"其他学科的课程一般也都有结合地方文化资源进行教育特别是思想政治教育的规定。各学科都可结合土楼文化中与本学科相应、相关的文化因子进行教育教学活动。如地理学科的旅游地理学可结合土楼文化旅游、美术学科的雕饰与彩绘美学分析可结合土楼文化的雕琢装饰文化进行教育教学。其三，设置土楼文化实践课。通过实地考察土楼文化，引导学生联系生活实际和社会现象考察文化问题，进行分析和解释，提出自己的见解，通过口头、文字、图表、图片等多种形式展示考察成果，培养学生的探究意识和探究能力，让学生体验探究的过程，学习探究的方法。通过实践考察，师生共同理解、确认、体验和建构土楼文化精神内蕴。如 2014 年 7 月来自台湾政治大学、辅仁大学等 32所台湾高校的 100 多名学生参加的夏令营活动，考察、参观福建历史文化名胜田螺坑土楼，感受闽南文化，并与大陆学子联谊交流。晚上住宿塔下村，该村为"八闽行"的高校师生们准备了联欢晚会，邀请被称为"土楼绝艺王"的民间奇人李福渊表演乐器，一曲《土楼之歌》嗨翻全场；土楼木偶团表演传承千年的民间木偶戏，手把手教台湾学生如何表演木偶，学生们纷纷跃跃欲试。本次夏令营活动由福建省教育厅主办，海峡两岸职业教育交流合作中心、台湾木铎学社和福建省多所高校承办，以"八闽祖地文化之旅"为主题，与福建师范大学、闽南师范大学、福建中医药大学等多所高校交流，并从北往南沿途参观福建相关旅游景点，了解风土民情，增进两岸学子感情。这种夏令营的实践方式无疑会加深两岸师生对土楼文化及其精神内涵的确认、理解和体验。

（2）交流转化是土楼文化思想政治教育的又一重要方式。2012年在第四届海峡论坛上永定客家土楼文化园被设立为"海峡两岸交流基地"。南靖土楼塔下村张氏祖庙德远堂为首批涉台文物，2006年被列入第六批全国重点文物保护单位。在台湾台南县也有一座同样的家庙德远堂，它与塔下村德远堂不仅同名同宗，而且建筑风格也一模一样。据有关记载，张氏后裔曾多次回乡祭祖认亲，并多次捐款。改革开放以来，塔下村张氏宗亲常去台南、花莲探亲，两地宗亲书信往来频繁。据报道，在2011年举办的海峡两岸客家高峰论坛"幸福客家"专题论坛上，多位国内外专家与两岸学者做了主旨发言。两岸研究客家文化的专家、学者共300余人对客家先民在建造土楼方面所取得的成就表示高度赞赏与肯定，并重点围绕客家文化的传承和繁荣展开热烈而深入的讨论。当前两岸关系和平发展，土楼所在地南靖、华安、诏安、永定与台湾的交流也日益广泛，土楼所在地永定县已被评选为"全球华人最向往的根亲文化圣地"。2013年中央电视台中秋晚会在"振成楼"中庭向海内外华人华侨展示了客家土楼人合家团圆、诗礼传家的习俗，引起两岸客家民众强烈的情感共鸣，唤起对在外游子家乡的眷恋和思念。土楼文化交流与传承对于增进两岸文化认同和中华民族的凝聚力具有深远意义。当前，要进一步重视以土楼为媒介的两岸青年交流活动，如上述两岸青年学生联手体验土楼文化的夏令营活动，这些交流活动都达到了极好的土楼文化思想政治教育效应。

（3）艺术转化是土楼文化思想政治教育资源现代转化的审美转化方式。如2011年第一部原生态客家风情歌舞集《土楼神韵》登陆国家大剧院，先后在福州、厦门和台湾演出，特别是赴台湾演出反响强烈，一票难求，媒体争相报道。对于有着500万客家乡亲的台湾来说，神奇的土楼、原生态的土楼山歌、淳朴的民俗风情以及客家土楼人奋发拼搏的历史场景，使众多台湾客属乡亲倍感亲切、激动不已。中国国民党主席马英九发来贺电，表示透过《土楼神韵》的精彩表演，可以进一步了解土楼的人文历史和民俗风情，并促进两岸的文艺交流，共创中华文化新貌；中国国民党荣誉主席吴伯雄亲临现场观看演出并题词"土楼魅力，神韵无穷"。2013年文化部和中央电视台走进世界文化遗产南靖和贵楼、怀远楼、云水谣等地取景，对省级非物质文化遗产田螺坑客家山歌以及极具土楼民俗风情的舞蹈《土楼风情》《神话土楼》等给予了高度评价，认为土楼原生态文化的保护做得很好，只有在福建南靖土楼唱着这支山歌、表演这个舞蹈才有文化的这个味道。影视、歌舞、专题片，这些艺术形式都能使人获得对土楼文化的审美感受，而这种审美感不只是土楼建筑的物质空间的审美，更是对土楼文化生活世界空间特别是工作世界空间和精神内蕴的审美和崇尚。

（4）旅游开发转化是土楼文化思想政治教育资源现代转化的大众化形式。土楼文化旅游是大众主体的自主、自觉教育，更具有普遍世界或普遍人们的教育意义。从本质上说，旅游不是只观看景物或名胜的物化旅游，而是穿越历史和存在的精神旅游，是深入景物内部的以灵魂探寻灵魂、以灵魂建造灵魂的存在生态。这些穿越、探寻、理解、体验和建造行动，都是旅游者的自我教育和自愿教育。2004年12月至2005年1月，厦门旅游局和龙岩市旅游产业发展委员会共同主办了福建土楼文化旅游节，将"海上花园"和"土楼奇观"旅游融合成一条黄金旅游线路，叙写了土楼大陆文化旅游与闽南海洋文化旅游相融合的新篇章。2008年7月，福建土楼申报世界文化遗产获得成功。土楼文化旅游越来越呈现兴旺繁荣的态势。当前，永定、南靖等土楼较为集中的县份，还在为保护和开发土楼文化资源作进一步的努力。土楼文化思想政治教育的旅游开发转化路径还要同土楼文化的保护方法结合起来。随着福建土楼的开发与利用，土楼的保护必然也提到议事日程上来。目前仍然居住在土楼内的人家为数不多，依然保留着聚居生活状态的是那些没有被作为文物保护建筑的土楼和已破败的土楼。其聚居者大部分是老年人，他们还在种田耕地；而那些外出打工的年轻人的价值观已经改变，传统的家族制已受到冲击。土楼里的人有了钱，就在楼外建自己的房子，于是出现有些土楼仍然掩映在青山绿水间，黑屋顶、黄土墙与蓝天、绿树和谐相对，另一边是与土楼隔溪相望的用钢筋水泥建造的小楼，长此以往，土楼特有人文景观及其文化意蕴必将不复存在。如何在开发中加以有效保护，是各级地方政府必须认真对待的问题。《福建省"福建土楼"文化遗产保护管理办法》已提出了初步的保护原则与措施。总的精神是土楼的开发利用要在保护土楼资源的前提下进行，做到两者兼顾，并努力使两者相互促进，达到良性循环。

学校课程转化、交流转化、艺术转化、旅游开发转化，等等，不管是什么转化都源于人与人、自然和社会共同造化的土楼这个文化世界或生活世界空间，而这个空间的实质是工作世界空间。各种转化的实质亦是工作世界空间的转化。"在永定，我见过一些虽被人们荒废多时但仍不失高大和体面的颓屋残墙，我怀着崇敬的心情走进它们，触摸着土墙斑驳的外表，似乎还能感受到当年的人们夯土时，那劳动的号子和挥动的草锤带给人们内心的欣慰和振奋人心的喜悦。它们历经数百年的沧桑，见证着历史的变迁和客家人的奋起。"① 无论是残垣断壁还是完美无缺，只要能在千年的历史上留下痕迹和遗存，都会向我们昭示同样的工作创造之美与力量，并会在一种相对无语的交流中流溢到那个或那些会感动的感动者的心怀，并羽化成今日的工作之力、创造之美和共同体之爱。

第三节　闽南红色文化思想政治教育

土楼文化可以改变土楼里家族的命运，可以建构土楼里的家族共同体，却无法改变普遍的家族、家庭的命运，也无法建构普遍的家族、家庭共同体，甚至在封建专制社会以及半殖民地半封建的中国，也无法真正建构起自己的命运共同体。但其工作创造精神和共同体的价值观为闽南红色文化提供了文化风土。闽南红色文化的共同体世界是国家、民族意义上的宏大共同体世界，也是家庭、家族、个人意义上的日常生活共同体。

闽南即指福建的南部，从地理上可以说厦门、泉州、漳州、莆田、龙岩 5 个地区均可称为闽南，但我们通常所说的"闽南"是依据语言、文

---

① 李晓菁：《福建土楼文化地方课程资源的开发与利用》，福建师范大学硕士学位论文，2009。

化、风俗等来划分的，并不包含莆田以及龙岩地区除新罗区与漳平市以外的各客家县。莆田通行语言是莆田话，有别于闽南话，而龙岩除新罗区与漳平市以外，通行语言是客家话。两地均不属闽南语系，因此狭义上所指的"闽南"仅指厦门、泉州、漳州3个地区。本研究在闽南区域空间范围上持有地理、人文或文化的双重意义，即闽南红色文化的地理空间包括莆田和龙岩（龙岩在明清时期属漳州府）两个区域，而闽西龙岩的红色文化是地理空间意义上的闽南红色文化的重要组成部分。在此基础上，将闽南红色文化的地理空间延展到整个福建，因为福建其他区域的红色文化总是带有闽南因素，或者是地域因素，或者是人物因素，或者二者兼而有之。另外，闽南红色文化还辐射到全国，如一些闽南人在闽南之外的区域创造的红色文化，也应属于闽南红色文化的一部分。但这里主要在地理空间和文化系别的双重区域意义上探讨闽南红色文化。而实际上，福建的红色文化主要也是发生在这种双重意义上的闽南区域。再退一步讲，即便闽南区域不包括地理空间意义上的闽南，从闽南红色文化思想政治教育是闽南内生红色文化和外生红色文化思想政治教育总体的意义上看，整个福建的红色文化也都在本节探讨的逻辑空间之内。

本研究主要在历史文化的意义上适用红色文化这一概念，并视社会主义或中国特色社会主义文化世界为红色文化的接续、潜入或嵌入形态。

一　先大陆后海洋的闽南红色文化的生成逻辑和历史形态

在大陆与海洋的空间文化视野上，闽南红色文化与闽南文化、闽南海洋文化、闽南—台湾文化的历史运行轨迹一样，也是循着先大陆后海洋的历史逻辑前行；从内生与外生文化融合生成闽南文化的文化生成论视角看，闽南红色文化亦是闽南内生红色文化与外生红色文化融合而成的过程和结果。闽南红色文化丰厚而广博，这里只能扼要地归结出几个历史形态。

（一）先大陆后海洋的闽南红色文化的生成逻辑

从自然地理条件看，闽南背山面海，由于山海的阻隔，旧中国的封建军阀和国民党军队不易到达，这就有利于红色文化的生成与生存。闽南距江西井冈山根据地较近，这就有利于井冈山红色文化向闽南转移和扩展。

从社会环境看，1840 年鸦片战争以来，闽南开放厦门为通商口岸，沦为半殖民地半封建社会，广大的穷困民众受到封建势力、帝国主义势力和官僚资本的三重压迫，他们为了自由和解放而斗争，向往和追寻红色文化。

从文化风土看，闽南文化的精神信仰文化、日常民俗文化、艺术审美文化以及封建家族式占有关系下的大陆文化和农耕文明支撑的海洋文化，都没有改变社会关系特别是生产占有关系或工作占有关系的诉求、思想、观念和精神，无论是靠神明的庇护还是闽越族的"善水斗""行若飘风"的剽悍，都无法或不足以改变受压迫、受奴役的工作境况和生活命运，只有改变土地等生产资料占有关系、改变社会制度从而改变世界的红色文化，才能使他们获得生命的自由和工作活动的解放。因此，闽南广大民众包括一些开明绅士以及爱祖国、爱人民、爱家乡的陆商和海商，就选择、追寻红色文化。而抗争精神、包容精神、爱国爱乡精神、工作创造精神等闽南文化所蕴含的精神能量，则构成了对闽南红色文化的进一步支持、支撑。

从海洋文化的失落看，宋朝以来，闽南海洋文化范式成为相对于大陆文化的独立范式，海洋生活世界和海洋工作世界成为闽南人的重要生存空间。但是近代以来，西方列强海上不断扩张霸权特别是对包括闽南在内的中国大陆和沿海的控制，挤压、限制甚至撕裂了闽南人走向海洋、走向世界的海洋文化的生存空间，闽南人无法在海上与西方列强抗衡，一些海商和权贵沦为西方列强的买办，一些海商特别是广大民众则陷入被奴役、被盘剥的境地和命运。这一方面更加激发了闽南广大民众的反抗精神；另一方面也是更重要的一方面，迫使他们不得不回归或重视大陆文化的大陆生存空间，即追寻以改变土地等生产资料占有关系为根本的红色文化，追寻红色文化的生活世界和工作世界。而红色文化一开始还没有向海洋扩展的实力，也只能是以变革土地等生产资料占有关系或工作世界占有关系为价值核心的大陆文化。从这个意义上讲，红色文化也是循着先大陆后海洋的普遍文化世界运行轨迹行进。它必须先占据、开辟大陆文化的生存空间，待夯实大陆文化的基础后再走向海洋、走向世界。改革开放以来，厦门经济特区、海西经济开发区、厦漳泉同城化的建设和发展，已经迎合和印证了红色文化先大陆后海洋的历史运行逻辑。

从内生与外生动力看，闽南红色文化亦是闽南内生红色文化与外生红色文化的总体。如新泉整训、古田会议等红色文化，从空间上看，都是闽南区域的红色文化风土、自然条件同闽南之外区域的红色文化融合而成；从意义上看，都具有闽南区域意义，又具有普遍世界意义。闽南红色文化同其他闽南文化形态一样，亦不是纯粹的闽南区域文化，而是区域与区域、区域与普遍世界的共同造化。

最后，从理论上看，毛泽东关于工农武装割据和农村包围城市的理论，催生了闽南红色文化。闽南红色文化主要发生在闽南农村，新泉整训、古田会议、闽南红色苏区等闽南红色文化的主要形态也都发生在闽南农村，这在一定程度上得益于毛泽东红色理论的指向。

（二）闽南红色文化的历史形态

那么，闽南历史上都有哪些红色文化呢？这里做一个扼要的归结，称之为闽南红色文化的历史形态。闽南红色文化的接续、潜入或嵌入形态——闽南社会主义文化世界，这里只是适当地论及。

1. 毛泽东与新泉整训

红色文化是改变旧世界、创造新世界的文化，这种改变不是靠上天的恩赐，也不是靠土地、海洋、资本和权力的自然衍生，而是靠人的工作创造行动，如此，工作能力（即工作力）以及激发、保障、催生这种工作力的工作关系就成为这种创造性工作世界的力量源泉和关系基础。没有先进、强势、技术化和共同体化的革命和建设的工作力与工作关系，就不会有红色政权、红色根据地、红色文化世界。具有实践哲学家素养和革命家、政治家、军事家等多重工作身份的毛泽东，最看重工作力和工作关系在红色文化世界特别是工作世界中的支撑意义和基础作用。可以说，新泉整训的实质就是激发和提升以战斗力为标志的军队工作力，以及改变和优化以纪律和领导关系以及兵民关系为标志的工作关系。这里，"战斗力"是闽南文化文化中标识工作力特别是工作创造力的重要文化符号。官民关系、兵民关系以及党和军队的关系是闽南红色文化中标识工作关系的重要文化符号。这种工作力和工作关系构成闽南红色文化意义和运行的内在结构以及核心价值取向。

新泉是闽西重镇与交通要隘，北通连城、长汀和江西瑞金，南通上杭、永定和广东潮汕，东通龙岩、漳州和厦门，地理形势十分险要，历来为兵家必争之地。毛泽东对此并不陌生，整训前他曾几次带兵驻扎过新泉。1929 年 5 月中旬，毛泽东、朱德等人率红四军抵达该地，有力地推动了当地的武装斗争。同年 6 月中旬，毛泽东再次带领部队回到新泉，在他直接领导下建立了连城第一个红色政权——连南区革命委员会，并在此组建了红四军第四纵队，将连南农民武装改编为第四纵队第十九大队。1929 年有三次新泉之行，其中有两次整训。新泉第一次整训兼顾了军事斗争和群众工作两方面任务。一方面是部队军事方面的准备，特别是指战员们战斗力的恢复、训练和提高；另一方面则是做群众工作，也就是宣传、组织和武装群众，帮助群众建设革命政权。新泉第二次整训亦包括政治和军事两方面，但更重视战斗力特别是战斗技术的训练和提高以及纪律建设，其中包括举办训练班，对基层军事干部进行专门的训练，还在全军开展军事技术和战术训练；还在朱德主持下制定红军的各种条例、条令等法规。政治方面则不是侧重于第一次整训时的群众工作，而是纠正党内的错误思想，加紧解决红军的教育问题，为提升战斗力注入精神能量。新泉的两次整训和古田会议精神基本一致，都是中国共产党领导的红军建设史上值得一提的大事，直接为古田会议的召开作了准备。

2. 古田会议

古田会议文化是重要的建党建军文化。古田会议承接了新泉整训的问题和精神，主要是围绕党和军队的工作关系、官与兵的工作关系以及兵与民、党与民的工作关系召开会议，讨论和制定决议。人民群众是生产实践的主体，是生产力和工作创造力的主体，人的解放最根本的是工作世界特别是工作创造力和工作关系的解放，而军队是实现这种解放的军事斗争力量，无产阶级军队根本目的就是实现这种解放。随着红四军向赣南、闽西进军的胜利，红军队伍中的非无产阶级思想在部队盛行起来。主要原因在于部队官兵的构成成分发生了重大变化，一些新提拔上来的青年干部在政治上不够成熟，实际经验缺乏，素质不高，这在很大程度上影响到部队的战斗力和兵民关系。从部队成分来看，红四军以农民和其他小资产阶级为主，经受过正规军事训练和教育的人较少，这是不正确思想存在和发展的重要原因。此外，偏重军事斗争、忽视思想政治教育的倾向也比较严重，这进一步助长了党内非无产阶级思想的滋生。针对红四军存在的问题，1929年12月，红四军第九次党的代表大会在福建龙岩上杭古田举行，大会一致通过毛泽东起草的《中国共产党红军第四军第九次代表大会决议案》，也就是《古田会议决议》。《古田会议决议》系统总结了两年来红四军建党、建军的经验，就如何清除党内各种非无产阶级思想，如何从政治上、思想上、组织上把红军建设成为一支新型的人民军队等一系列建党建军的重大问题做了详细而全面的阐述，在思想政治教育方面提出了许多宝贵的经验、理论和方法，为今后中国共产党和人民军队的建设发展以及思想政治教育奠定了理论基础。

《古田会议决议》确立了红军建设的根本原则。一是规定了红军的性质和任务。决议指出，"我们所建立的军队，必须是中国共产党领导的，服务于人民革命斗争和根据地建设的工具"；指出"红军是一个执行革命的政治任务的武装集团"。又指出，"红军绝不是单纯地打仗的，它除了打仗消灭敌人军事力量之外，还要负担宣传群众、组织群众、武装群众、帮助群众建立革命政权以至于建立共产党的组织等项重大的任务"。这就划清了红军与国民党及其他旧式武装的界限，同时还强调了红军和人民群众的联系，反对单纯军事观点和流寇思想。二是规定了党对红军实行绝对领导的原则。会议规定在红军中要建立党的领导中枢，健全党的各级组织，实行集体领导的原则，反对把红军政治工作机关隶属于军事工作机关，指出军事高于政治的做法的下场便是"走到脱离群众、以军队控制政权、离开无产阶级领导的危险，如像国民党军队所走的军阀主义的道路一样"。三是规定了红军处理内外关系的原则和对敌军的政策。一方面，官兵之间只有职务的分别，没有阶级的分别，长官爱护士兵，士兵尊重长官，官兵之间形成团结友爱的战友关系。另一方面，军民关系要融洽，部队严格执行三大纪律、六项注意（后来演化为三大纪律、八项注意），维护群众利益，尊重地方政府。在对敌军的工作上，实行瓦解和优待俘虏的政策。

3. 红色苏区

红色苏区是一个红色生活世界和工作世界的总体，是红色文化的总体意义所在，它承载着对经济、政治、文化以及技术、制度、精神、思想的总体的改变与创造任务，红色苏区的样态就是红色文化的现实生活世界总体意义和工作世界价值核心所在。龙岩苏区是毛泽东思想的重要发祥地，《古田会议决议》、《星星之火，可以燎原》、《调查工作》（后改为《反对本本主义》）、《关心群众生活，注意工作方法》、《才溪乡调查》等一系列重要著作都是在这里创作。龙岩是红军的创建地、将军的故乡，古田会议所确立的建党、建军纲领是中国人民解放军军魂所在，使龙岩成为红色圣地。这里也是二万五千里长征的出发点之一，三年游击战争的主要活动区域。中央苏区是党在土地革命战争时期开创的全国最大的革命根据地，而龙岩苏区是继海陆丰、井冈山根据地之后较早实行土地革命的区域。龙岩苏区分布于上杭、永定、漳平、长汀、武平、连城、宁化、清流、明溪等县区，拥有4个县苏维埃政府，50多个区苏维埃政权，400多个乡苏维埃政权。苏区军民在党和苏维埃政府领导下，开展土地革命，进行经济、政权、文化建设，发展教育，为巩固和发展红色区域浴血奋战。1934年10月，中央苏区第五次反"围剿"失败，主力红军开始长征，红色苏区转入长达3年的游击战争。

4. 红色人物

红色历史是由红色人物创造的。红色人物包括将帅、普通士兵和广大民众。龙岩是红军的创建地、将军的故乡、将帅的摇篮。毛泽东、朱德、周恩来、彭德怀、陈毅、方志敏、叶飞、肖劲光、陈王显、张鼎丞、杨成武等老一辈革命家在这里留下了深深的红色印记。据统计，新中国成立后授衔的10位元帅中的9位、10位大将中的8位、57位上将中的33位、177位中将中的113位以及众多少将都曾在这里进行过革命实践与战斗，福建全省83位开国将领中，龙岩籍的就有68位。1934年10月中央红军的一部约4万人分别集结于闽南龙岩的长汀、宁化，开始了二万五千里长征。在8万多名主力红军中，包括闽南人在内的福建人占1/3，达3万人左右。广大民众是红色文化的主体。闽南人民为土地革命战争、抗日战争、解放战争做了巨大的牺牲和贡献。当时苏区人民为了前线和红军长征，倾其所有，献出白米、粮草、布匹、草鞋、斗篷、军衣和后勤人员。他们来自福建30余县，其中龙岩苏区最多。在参军热潮中，出现了兄弟同入伍、夫妻争报名、父子齐参军的动人场景。3 万多名福建籍红军加入长征队伍，90% 在长征途中英勇献身，到达陕北仅存 2000 人。福建人民尤其是龙岩苏区人民为新中国建立做出了巨大的牺牲和贡献，仅龙岩市在册的革命烈士就达 2.36 万人之多，占福建省烈士人数的一半以上。福建人民这种甘于奉献的牺牲精神，正是伟大民族精神的体现，它是革命事业的力量源泉。

5. 红色战争

闽南红色战争包括国内革命战争、游击战争、抗日战争和解放战争。战争的力量是红色文化工作创造力的一种主要形态，生产、军事、政治、教育、文化等工作力构成红色文化总体的工作实力。"枪杆子里面出政权"，枪杆子里面也出解放、出自由、出生活世界总体意义和工作世界共同体。在革命战争年代，战斗力是最重要的工作创造力之一。因此，红色战争是最重要的红色文化之一。在国内革命战争期间，闽西是较早进行土地革命的地区，有革命就有战争。中央主力红军长征后，留在福建及周边省份的 6 支红军和游击队，面对反动势力的疯狂反扑和重兵"围剿"，在当地党组织的领导下，紧紧依靠人民群众，开展艰苦卓绝的游击战争，独立地坚持了长达 3 年之久。福建是三年游击战争的主要活动地区，这支红军和游击队活跃于龙岩、上杭、永定、平和、连城、漳平、漳浦、云霄、诏安、南靖、莆田、福清、仙游、永泰、闽侯等地。这 6 支红军和游击队人数占当时南方 8 省 14 支红军和游击队人数的近一半，他们的坚持和斗争对牵制敌人，掩护主力红军转移，巩固和发展土地革命成果，坚定人民革命胜利信心发挥了重要作用。抗日战争爆发后，福建的 6 支红军和游击队与南方 14 支红军和游击队改编为新四军，开赴华中抗日前线。解放战争时期，闽南还发生了与退居台湾的国民党军队的战争。

闽南红色文化除了上诉历史形态外，还有红色教育、红色宣传、红色文艺、红色歌谣等形式，这里不再赘述。

二 闽南红色文化与闽南文化的互构

哲学家黑格尔在地理文化的意义上提出了草原文化的绿色文化、大陆文化的黄土文化或黄色文化、海洋文化的蓝色文化三种文化世界范式或三种颜色文化范式，却没有提到红色文化范式。这是他漠视或不懂社会文化世界对地理文化的主导意义所为，他至多顾及了神性化的绝对自由精神对文化世界的生成意义。马克思主义的红色文化以地理空间为文化活动的场域或物质载体，却不以之为文化的根本和颜色的生成者。红色文化的颜色不是生成于草原、大陆的黄土、海洋的海水，也不是生成于绝对的理性和自由精神，而是由改变自然界、社会世界、精神世界等生活世界总体意义的工作世界所造化，这是一个凝聚着、流溢着、澎湃着血与泪、喜与悲、爱与恨、真与假、美与丑、善与恶的生命肉体与灵魂的过程，是一个血与火的燃烧、熄灭与再燃烧的过程。"世界是一团火"，"生命是火"，"灵魂是最高的火"，赫拉克利特如是说。大地的黄土、海洋的石骸、海水的苍茫以至普罗米修斯为黑暗中的人类盗用的光明之火和上帝治下的淫乱的索多玛城的硫黄大火……存在都是被火焚烧过的，都燃烧着或潜藏着红色的火焰！这世界本体上是一个红色世界，绿色、蓝色、紫色、黄色……都不过是红色的多样生态和潜藏时态，红色的爱与美就是光明、智慧、青春、生活、工作、毁灭、创造，红色是一个生活世界总体意义和工作世界本质的文化符号。这世界怎能没有红色文化世界范式?! 兼具大陆火与海洋火双重火焰的闽南，怎能没有闽南红色文化范式?! 那么，什么是闽南红色文化？

国外学者对红色文化的研究，在历史事件和人物、思想理论等红色文化的某些领域已有诸多论说。但西方学者的总体观点是否定、贬抑红色文化价值，甚至视之为专制、反人性文化。这也更表明大力研究红色文化有矫正国外视听的必要。国内红色文化作为一个概念研究始于 2000 年初，现已形成一个重要的文化研究范式，但研究视域或者囿于马列社科、党建、新闻学与传播学等某个学科，或者局限于红色文化资源开发利用、教育传播、区域红色文化以及红色文化与党建、文化软实力、社会主义核心价值观的关系等专门领域，尚缺少从以哲学为主导的多学科视角对红色文化总体的研究特别是对红色文化的工作世界价值的研究。现实中人们对红色文化还存在认知误区。①红色文化本体论，即把红色文化简单化、抽象化为一个本体，这个本体或者是革命、阶级斗争、战争，或者是打土豪分田地、没收私人财产，或者是权力斗争、政治意识形态宣传。②红色文化要素论，即罗列红色文化的要素，把红色文化看成红色资源、典籍、思想、政治、人物、历史等要素的堆积。③红色文化精神论，即不顾红色文化的生活世界、工作世界总体性和丰富性，只归结为几种精神，把红色文化简单化、抽象化。红色文化是文化世界总体，是一个时代、历史，是一个存在世界、生活世界和工作世界。红色文化的最大意义就在于其生活世界的总体价值和工作创造与工作共同体精神。随着红色旅游与红色资源开发、红色精神的弘扬与践行，红色文化价值意义与日俱增，发展前景更加看好。本研究重点解决的理论问题是红色文化的生活世界总体意义和工作世界核心价值取向问题，以避免单纯的本体化、要素化、精神抽象化的研究和理解倾向。

学界对红色文化的概念多有界定，但尚无闽南红色文化概念。闽南文化研究界更是忽略了闽南红色文化的历史存在和现实场域，或者出于过度的古典情结和政治偏见有意无意地将闽南红色文化拒斥在闽南文化研究框架之外。但无论是谁，无论是什么界别，都一点也不能将闽南红色文化的历史存在和现实场域排斥在闽南文化的历史存在和现实场域之外。闽南红色文化的概念、意义结构不是由学界来规定的，而是由历史和现实赋予的，是人与人、自然和社会共同造化出来的，概念界定不过是对这种意义结构的呼应、认知、理解、选择、抽象和建构。

关于红色文化的概念，学界一种有代表性的观点认为，广义的红色文化包括全世界共产主义运动过程中形成的无产阶级政治理论、道德观念和价值准则及承载这些精神产物的历史的总和；狭义的红色文化是中国共产党领导的人民解放斗争和社会主义建设伟大实践中所形成的崇高精神及其物质载体的总称。这一概念实际上就是把红色文化等同于共产主义文化，是共产主义文化的同义语反复，特别是没有揭示红色文化的生活世界总体意义和工作世界共同体价值核心。同时，这一概念也缺少历史或时间的维度，没有把革命战争时代的红色文化同社会主义文化建设时期的社会主义文化区别开。因此，无法从红色文化的一般概念推导出闽南红色文化概念。闽南红色文化的概念只能借助于闽南红色文化的历史和现实进行描述，在这种描述中，还可纠正一般红色文化概念的偏差。

从时间边界上看，闽南红色文化是闽南新民主主义革命时期的社会革命文化，闽南社会主义革命和建设时期的社会主义文化是闽南红色文化的接续、潜入或嵌入形态，但它由于生活世界总体意义和工作世界本质与闽南红色文化相比都发生了根本性变化，所以不再叫闽南红色文化，而叫闽南社会主义文化。闽南红色文化也包括闽南红色文化的一些历史遗存或载体（如红色旅游、影视等），这些遗存和载体作为闽南红色文化的历史承载存在于闽南社会主义文化的总体框架中。如此，可得出红色文化的一般概念：中国红色文化就是新民主主义革命时期的社会革命文化，中国社会主义革命和建设时期的社会主义文化是中国红色文化的继承和发展形态，并与红色文化有重要的区别。总体的世界红色文化就是资本主义向社会主义转变时期的社会革命文化或共产主义文化，它与社会主义建设时期的社会主义文化或共产主义文化是两个不同的概念。

从空间范围看，闽南红色文化是发生在闽南地理空间和文化空间双重闽南空间意义上的红色文化，厦门、漳州、泉州以及龙岩、莆田等区域都是闽南红色文化的直接发生地和福建红色文化的主要发生地。也就是说，闽西的红色文化属于闽南红色文化范畴。而福建其他区域的红色文化也包含闽南红色文化的因子，也属于闽南红色文化空间范围的一个指向；全国乃至世界的红色文化在人物、地理环境和历史过程等方面也包含诸多闽南红色文化的因子，也是闽南红色文化范围的一个指向。

空间与时间意义还只是闽南红色文化的表层规定，从闽南红色文化的内涵看，其规定性主要有三个方面。①闽南红色文化是生活世界总体意义上的文化，革命文化是生活世界总体意义上的文化，而不只是分田分地、打仗等单向度的行动。这一点在闽南红色苏区文化中体现得尤为明显。红色苏区就是一个生活世界的总体，是人与人、自然和社会关系的总体，是经济生活、政治生活、精神文化生活以及军事生活的总体，是吃穿住行等日常生活世界的总体，也是爱恨情仇、苦辣酸甜的情感体验等生活世界的总体。这个生活世界总体的本质是生活世界共同体，是共同创造、占有、享受和消费物质财富和精神财富的生活共同体。这个共同体与历史上等级制、奴役制和特权制的虚假、对抗和平均主义的生活共同体有本质的区别，是一个以广大民众的生活福祉为根本的相对公平、平等的共同体。这个共同体是红色文化的价值旨归，革命战士和人民群众流血牺牲都是为了建构和保卫这个生活世界共同体。②闽南红色文化的本质是工作世界创造文化。生活世界共同体的意义靠工作世界创造。生产工作、政治工作、军事工作、领导工作和被领导工作以及改造自然和变革社会的工作，所有的工作构成一个工作世界的总体，造化着红色苏区的文化生存或生活世界意义。而这个工作世界的本质是以工作技术为支撑的共创共享权力成果、军事成果以及物质与精神成果的工作世界共同体。毛泽东与新泉整训、古田会议等闽南红色文化的历史形态都表征了这一点。特别是这些红色文化对以战斗力为标志的兵民工作力的重视和提升以及对军民关系、官兵关系以及党和军队关系的规定和建构，都是在工作世界结构的意义上造化红色文化的工作世界基础和生活世界总体意义。红色文化这一工作世界本质的核心价值取向，这种工作创世行动与精神，与靠神灵庇护、权贵慈悲、资本拉动来改变穷困命运的迷信文化、权力中心文化以及资本至上文化形成明显的反差。在那个半殖民地半封建的社会，儒家的和谐、道家的天人合一以及买办的资本和权贵的权力都无法改变广大民众的受压迫、受苦难的境遇和命运。③闽南红色文化是闽南内生与外生红色文化融合而成的文化，既具有闽南区域红色文化意义，又彰显普遍世界红色文化价值。新泉整训、古田会议、红色苏区、红色人物、红色教育等闽南红色文化的历史形态都表明了这一点。④闽南红色文化是革命斗争文化与和谐包容文化的统一。改变旧世界、创造新世界，靠斗争、抗争文化；建构生活、工作世界共同体靠和谐包容文化，这种和谐与冲突并进的文化构成闽南红色文化乃至整个红色文化的矛盾动力结构和文化世界生存方法论。这与一些只讲和谐、不讲冲突的过度和谐文化形成巨大反差。上述闽南红色文化的基本内蕴亦是整个红色文化或普遍红色文化世界的内蕴、意义与结构。

闽南红色文化与闽南文化的互动、互构关系亦是闽南红色文化的内蕴或意义所在，也是进一步理解闽南文化的内蕴或意义所在。其一，闽南红色文化是闽南现代文化的主导和标志形态。五四运动后，无产阶级和广大人民群众在中国共产党的领导下登上历史舞台，开始了反帝反封建、改变旧世界和创造新世界的新民主主义革命。历史已经证明，资本主义文化、儒家的和谐文化、道家的天人合一文化、神灵信仰文化、民俗文化、草原文化、大陆文化、海洋文化等文化形态或文化范式，都无法使中国获得解放和自由，只有红色文化、革命文化才能救中国。闽南也不无例外地融入这场革命当中，加之闽南地理空间的特殊性，追寻、信仰、建构红色文化世界自然就成为闽南文化的主流、主导。如龙岩是红军的创建地、二万五千里长征的出发点之一、三年游击战争的主要活动区域，龙岩上杭县古田村召开的古田会议所确立的建党、建军纲领是中国人民解放军军魂所在，使龙岩成为红色圣地。龙岩苏区是继海陆丰、井冈山根据地之后较早实行土地革命的区域。在整个闽南的现代历史中，在红色文化与白色文化的较量中，红色文化虽然有低潮、失落和失败的时候，但总体上或最终结果是红色文化主导闽南文化世界的前行。加之像古田会议这样的中国人家喻户晓的文化，足以构成闽南现代文化的标志形态。在闽南现代文化世界里，信仰文化、海洋文化、民俗文化、艺术文化以及总体的生活世界与工作世界文化，无不刻有红色文化的深痕明迹，无不得益于红色文化对旧世界的改造和对新世界的建构。其二，闽南文化创生闽南红色文化的文化风土，并为其提供物质和精神能量。闽南文化的和谐与抗争精神、爱国爱乡精神、开拓进取精神、工作创造精神等精神文化，为红色文化的生成铺垫了丰厚而深广的文化契合土壤，为红色文化注入了传统文化的精神动力；而广大民众的生产、工作实践，则为红色文化提供了生长和拓展的物质基础。闽南红色文化的当代形态——闽南社会主义文化，更是在闽南文化的总体构造中前行。现当代的闽南文化就是一个以红色文化和社会主义文化为主导的多元文化并行、互动、互构的过程。当今时代，闽南红色文化与蓝色文化、绿色文化、黄土文化以及早已失却了反动派意义的只剩下纯粹自然色泽的白色文化一道，构筑着闽南文化世界的爱与美、真与善、流变与永恒。红色文化是火文化，闽南红色文化与闽南蓝色、黑色、绿色、白色的海洋包容文化互相构筑、互相造化。这一闽南红色文化与闽南文化互相构造的文化共同体，恰好为闽南诗人创作的闽南诗歌《漳州火山岛——火山岩》中的意象所解构：

靠近你

穿黑色裙衣的女人

今日的火山岛

是一片黑色的美丽

今日的火山口

流溢的是海水

海滩上，草地边

穿黑色裙衣的女人

弹奏黑色的琴

闽南语，闽南歌

今日的闽南风光

是一片黑色的流韵

这被太阳晒过的黑

被海水洗过的黑

被亿万年的火焰焚烧过的黑

你通体的沉静

一颗烧焦的心

海浪迎面扑来

我捧起一颗起伏的石头

呼唤着你的名字

"石以曲为美"

你是一颗火山岩

为爱等候了亿万年

我以内心的波浪迎娶你

"那一刻，你欣喜若狂"

穿黑色裙衣的女人

坐在黑色的山坡上

轻轻地吟唱，重复地吟唱

绽放一朵白珊瑚

一首沉寂已久的歌谣

飘过内心的闽南

那一刻，我们都欣喜若狂

沉迷于彼此的存在

那一刻以及在那之前和在那之后

我们都是亿万年的爱人①

——处女座《漳州火山岛——火山岩》

　　漳州火山岛在海边，海水冲刷着火山岩、火山口，曾经是喷射着火焰的红色的火山口，如今喷射的是蓝色的海水，这是何等的奇观！而这奇观源于一场爱的造化。漳州火山岛、火山岩、火山口可视为自然界的红色遗址，自然界的红色意义、红色符号可以标识整个存在和普遍存在者的红色意义，亦可标识今日闽南红色文化的意义。这首诗的核心意象是"穿黑色裙衣的女人"，这种黑色是亿万年的红色火焰的焚烧和蓝色海水的熔炼以及绿色草地的映衬和托举而成的黑丝之美，在这种爱与美的吟唱中，"穿黑色裙衣的女人"又将自己幻化成洁白的海珊瑚。红与蓝、黑与白、火与水、海与地融成一个人与人、自然互相造化的文化共同体。她以海岸为琴弦，弹奏着闽歌，穿越世事的沧桑与流变，亿万年不离不弃，而她反复吟唱的那首沉寂的歌谣，或许就是那支在火焰中诞生的已被一些世人遗忘的红色歌谣，飘过"我"和"她""内心的闽南"，而亿万年的红色火焰和蓝色海水无疑主导着这个悲怆而激越的爱情共同体奇观。

　　红色就是热烈、青春、爱情、美丽、生活、工作、创造、公平、正义、激情、诗性，或许，今日的红色文化只是一个文化符号，除了红色的意象意义外，早已不具有"打土豪，分田地"的意味。那些土豪、土豪金大可不必谈红色变，拒斥红色文化，倒是应该热爱、崇尚、追寻红色，在红色中净化商业灵魂和生财之道，在红色中抵达蓝色、白色、绿色等多元色彩的文化共同体。

　　今日的红色文化是历史上的红色文化的遗存和承载它的载体，在很大

---

　　①　处女座：《穿越者之诗——从故乡到异乡》，知识产权出版社，2013，第198～199页。

程度上已经失却了当年的血色，取而代之的是青青山岗绽放的或革命烈士墓地祭奠的玫瑰花朵，它的具体、丰富、感性、惨烈而雄壮的历史已积淀为历史，流溢到今天的是那些抽象的遗存、载体、普遍世界的精神以及那些惊天地、泣鬼神的故事与传说，供今人旅游、体验、缅怀并将那些普遍精神内化于自己心灵、生活、工作、创造、爱情、审美以及对自由、公平、正义的理解与追寻。这就是红色文化的今日生态，它与红色文化的历史存在互相照看，又与红色文化的嵌入、潜入和跃升形态（即当今社会形态）互相照看。红色文化的今日生态亦是红色文化概念蕴含的一个重要指向和应有之义。

每个人都是一部历史，每个红色人物、红色事迹、红色战斗、红色爱情都是一部历史。因此，我们编撰的历史，研究、解读的历史并不是历史，至多是历史的沧海一粟。因此，我们试图通过普遍的概念抵达历史，这似乎离开历史更远了，但概念需要保持同历史的这种距离，这恰好是概念与历史的爱的距离，恰好是抽象爱与抽象美。

三　闽南红色文化思想政治教育路径

闽南红色文化思想政治教育是指一定教育主体将闽南红色文化思想政治教育资源转化为现代思想政治教育的教育实践过程。闽南红色文化思想政治教育资源是指蕴含在闽南红色文化历史形态和载体中的世界观、价值观、人生观、道德观及其具体化、现实化的思想观念或精神结构。闽南红色文化思想政治教育与闽南红色文化教育是两个有所区别的概念。前者是思想政治教育学意义上的教育，后者是一般教育学意义上的教育，二者在教育内容、对象和方式方法上都有所差异。

（一）闽南红色文化的思想政治教育资源

闽南红色文化的思想政治教育资源主要包括闽南红色文化的历史形态资源、精神或思想观念资源以及承载这些历史和精神的载体资源。历史形态资源已在前面做了考察，载体资源将与后面的"路径"部分融合考察，这里主要考察精神资源。

（1）求实创新精神。红色文化是马克思主义普遍思想同中国实际融合创新的产物，因此，求实、创新精神是其根本精神之一，也是闽南红色文化的根本精神之一。如古田会议从中国实际出发确立的建党、建军原则，成功地解决了人民军队性质的重大难题，会议培育的求实创新的精神，后来概括为实事求是，成为中国共产党的指导思想、毛泽东思想活的灵魂。再如闽西红色苏区的基本精神之一就是在斗争中创造新局面、反对本本主义、深入调查研究，这些精神也是对井冈山精神的延续和发展。求实创新还体现在党内批评和民主生活方面。《古田会议决议》中指出："党内批评是坚强党的组织、增加党的战斗力的武器"，"党内批评要防止主观武断和把批评庸俗化，说话要有证据，批评要注意政治。"《古田会议决议》对如何实现集中下的民主生活做了具体表述："党的领导机关要有正确的指导路线，遇事要拿出办法，以建立领导的中枢。""上级机关要明了下级机关的情况和群众生活的情况，成为正确指导的客观基础。"正是由于这种求实创新精神，才有了古田会议的成就以及闽南红色苏区的发展。

（2）群众观念。闽南红色文化有着强烈的群众观念。如《古田会议决议》指出："中国的红军是一个执行革命的政治任务的武装集团。特别是现在，红军决不是单纯地打仗的，它除了打仗消灭敌人军事力量之外，还要负担宣传群众、组织群众、武装群众、帮助群众建立革命政权以至于建立共产党的组织等项重大的任务。红军的打仗，不是单纯地为了打仗而打仗，而是为了宣传群众、组织群众、武装群众，并帮助群众建设革命政权才去打仗的，离了对群众的宣传、组织、武装和建设革命政权等项目标，就是失去了打仗的意义，也就是失去了红军存在的意义。"广大民众是战斗力和工作力的源泉和根本支撑，兵民关系是红色文化最基本的存在关系、生活关系和工作关系，更是战斗力或工作力的保障，兵民共同体关系本身就是最强大的战斗力。

（3）生命与人格意识。闽南红色文化对生命和人格最大的尊重就是尊重广大人民群众的生命和人格。人民群众在历史上曾被视为草芥、刁民、小人，闽南红色文化乃至整个红色文化从诞生的那天起就把民众看成历史的主体、生活的主人、改变旧世界的决定力量，将民众的自由、解放和平等视为生命的价值旨归。古田会议时期还将对生命的珍爱、对人格的尊重，真实地体现在日常生活与工作中。《古田会议决议》指出："官兵之间只有职务的分别，没有阶级的分别，官长不是剥削阶级，士兵不是被剥削阶级。"官长应当爱护士兵，关心士兵的政治进步和生活状况；应当保障士兵的民主权利，尊重士兵的人格，杜绝侮辱、打骂、体罚或变相体罚战士；战士应当尊重干部，自觉服从干部的管理，做到令行禁止。《古田会议决议》规定要严格执行"三大纪律、六项注意"，爱护人民群众利益。明确规定红军对俘虏的态度和政策是不虐待，不搜腰包，决不允许给俘虏以任何言语上或行动上侮辱，对敌方伤病员，则给予医治；对不愿意留在红军中而要求回家的俘虏兵，在经过宣传教育后，发给路费，任其回去。红色文化的尊重生命和人格，并不是贪生怕死或为活着而活着的那种尊重，而是为了尊重民众的生命自由和解放，不惜牺牲个人生命。如在土地革命战争时期，闽西有 10 万英雄儿女参加了红军，参加长征的 3 万闽西子弟只幸存 2000 人，这种牺牲也使他们自身获得了崇高的人格和生命价值。

（4）思想政治教育观念。《古田会议决议》是党的思想政治教育工作史上一个里程碑性的纲领文献。《古田会议决议》开宗明义地指出，红军党内最迫切的问题，要算是教育问题，指出思想政治教育工作必须根据不同的工作对象采取不同的方法，如要对士兵进行针对性思想教育，对工作不安心、思想动摇、受过处罚的人以及伤病员、新兵、俘虏兵等都要进行个别谈话，并恢复每月发鞋袜费的制度，让士兵切实感受到党的人文关怀；还列举了办党报、编写各种小册子、办训练班、上政治课等具体、切实可行的方法。

（5）爱拼敢赢精神。这一精神的突出表现就是红色文化的长征精神。1934 年 10 月，中央红军的一部约 4 万人分别集结于福建长汀、宁化，开始了二万五千里长征。红军长征队伍历经千辛万苦，冲破百万敌人的围追堵截，最终取得长征的胜利。这种长征精神就是乐于吃苦、不惧艰难、坚信胜利的乐观主义精神和勇于战斗、无坚不摧的革命英雄主义精神。这是中华民族百折不挠、自强不息的民族精神的集中展现。这一精神也实现了同闽南传统文化的爱拼敢赢精神的契合。

（6）民族团结和共同体精神。福建是三年游击战争的主要活动地，从九一八事变到卢沟桥事变，中日民族矛盾逐步上升为中国社会主要矛盾。在中华民族生死存亡的紧要关头，中国共产党以民族利益为重，将主要活跃于闽西一带的 6 支红军和游击队同南方 14 支红军和游击队改编为新四军，开赴华中抗日前线，成为活跃在大江南北抗击日寇的主力军。红军和游击队与国民党军队从血海深仇走到共御外侮，这种民族团结和共同体精神足以惊天地、泣鬼神，也是我们今天推动海峡两岸和平发展，共举民族复兴大业的精神动力。

（7）理想信念信仰精神。在闽西红色苏区建设，长征途中的跋涉以及红军和游击队的抗争中，面对复杂的斗争环境和严酷无情的自然环境，红军将士和广大民众能够坦然面对、威武不屈，各种困难和挫折也没有令他们动摇，说到底还是因为有崇高的革命理想和对革命事业的信念和信仰。这种信仰不同于对宗教道德精神实体的信仰，它是对新世界的社会制度和生活自由的信仰，是对自己通过工作创造和奉献牺牲改变世界的生命价值的信仰。

（8）生活世界总体精神。闽南红色文化是生活世界总体文化，摆脱了单向度的权力中心、资本至上以及自然主义和道德本体论倾向，追寻人与人、自然和社会的和谐发展关系，核心是追寻共创共享的生活共同体关系。这种生活世界总体精神就是人的自由全面发展精神。要反对那种把闽南红色文化只理解为暴力文化、权力文化、杀富济贫文化等单面文化的倾向。自由、平等、和谐、冲突、抗争，物质、精神、思想、艺术，爱情、婚姻、家庭，工作、创造、休闲，技术、制度、观念，理想、信念、信仰、梦想，宏大叙述与日常生活……闽南红色文化创造和追寻着生活世界的全部意义。

（9）工作世界本质精神。闽南红色文化的核心价值取向就是构建共创共享的公平正义的工作世界共同体，而这个共同体要靠工作创造。求实创新、理想信念、爱拼敢赢精神都要靠工作创造实现。闽南红色文化是有着强烈的工作创世意蕴的文化，这种工作创世不是宗教信仰文化中的神灵的工作创世精神，也不是土楼文化中的家族共同体的独自工作创造精神，而是以民众为主体的人类自己的工作创世行动和改变旧世界的工作创造精神，这种工作创世精神体现在生产工作、技术工作、军事工作、文艺工作、思想政治工作各个方面，是工作世界总体精神。闽南红色文化的价值旨归就是解放生产力和工作力，建构大众化的共创共享的工作共同体关系。

上述闽南红色文化的精神结构也是红色文化的普遍精神向度，其特质只是承载这些精神的历史、人物、事件等物质载体、行为方式和精神依托有所不同，这一点已为上述闽南文化的历史形态所展示。

（二）闽南红色文化思想政治教育资源现代转化路径

闽南红色文化思想政治教育资源现代转化路径是指如何将闽南红色文化的思想政治教育资源转化为现代思想政治教育实践的方式、方法，是闽南文化思想政治教育资源一般转化方式的具体化。

（1）校园文化转化。闽南红色文化融入校园文化建设的主要方式包括：一些建筑物、景观反映红色文化的特征；开展丰富多样的以红色文化为中心的文艺活动；开展多种形式的学术、艺术活动；运用报纸、期刊、书籍、广播、网络、电视等媒体宣传红色文化；利用重大纪念日、节假日举办红色文化研讨会、红色旅游目的地导游词解说大赛、红色诗歌大赛、红歌会、红色文化读书会、红色演讲、红色论坛等。

（2）课堂转化。调查显示，多数同学都很欢迎红色资源进课堂。特别是闽南区域的学校可将闽南红色文化的有关内容贯穿于思想政治理论课、历史课、中国教育史课、中国现当代文学课、音乐课、舞蹈课等课程的教育教学过程。

（3）教材转化。以公选课或思想政治教育专业课的形式，开设闽南文化思想政治教育课程，将闽南红色文化纳入"文化哲学方法与闽南文化思想政治教育"课程教材的一部分，并在教育中同闽南传统文化进行比照教育。

（4）实践课转化。清明节前后到革命烈士陵园扫墓，义务为红色景点当导游、讲解员；采用学生自愿报名、公开选拔，指导教师带队的方式，组织师生参与"闽南地区及周边地区红色文化"采风实践活动；组织学生去红色文化景点或教育基地进行实践体验。龙岩曾作为中央苏区的半壁江山，目前有22个省爱国主义教育基地，3个全国爱国主义教育基地，红色文化资源十分丰富。

（5）旅游开发转化。旅游开发转化是面向社会的红色文化思想政治教育形式，可实现旅游者大众化的自我教育。龙岩是全国 12 个重点红色旅游区之一。中共中央办公厅、国务院印发的《2004—2010 年全国红色旅游发展规划纲要》确定龙岩、三明、南平、福州、漳州 5 处为红色旅游经典景区；中共福建省委办公厅、省人民政府印发的《2005—2010 年福建红色旅游发展规划纲要》又另外确定龙岩新罗区红色旅游系列景点等 20 处红色旅游景区。龙岩红色旅游可主要围绕"古田会议丰碑，万里长征起点"的主题，以古田会议旧址为龙头，以闽西苏区为重点，辐射闽北、闽东等地。闽西红色旅游可注重"红绿"有机结合，把红色旅游与五龙村的乡村旅游、虎园的生态旅游、土楼的客家旅游等相结合。闽西红色旅游现存的主要问题是：红色资源的开发形式较单一，基本都是博物馆、纪念碑、塑像等参观性产品，融入生活的开发性产品太少，且没有同闽南海洋文化的蓝色旅游资源开发结合起来。这些问题要在红色旅游开发中加以解决。

（6）文艺转化。大型交响乐《红旗不倒》、《红色闽西》专题片、《红色闽西》杂志、红色动漫《闽西红小鬼》等一大批优秀文化作品已相继问世。以这些文艺形式再现闽南红色文化的历史和精神，会收到感性、形象的教育效果并产生广泛的教育效应。

第四节　闽南—台湾文化思想政治教育

思想政治教育是标识生活世界总体教育和工作世界本质教育的文化符号，闽南—台湾文化思想政治教育亦如此。这里提出闽南—台湾文化以及闽南—台湾文化思想政治教育的新概念。

闽南红色文化是现代闽南文化的主导因子和标志形态，但它与妈祖文化、土楼文化以及闽南—台湾文化等闽南文化的标志形态一道，都处在闽南文化的总体框架中，并与其他文化形态互构并行。闽南文化从远古的石器时代就开始与闽南—台湾文化同行。随着这种同行的绵延，闽南—台湾文化逐渐成为闽南文化的主导因子和标志形态之一，也成为闽台文化的主导因子和标志形态之一。这就注定了闽南—台湾文化思想政治教育是闽南文化思想政治教育的主导因子和标志形态之一。

一　闽南—台湾文化是闽南文化的主导因子和标志形态

从闽南文化演进的历史过程看，闽南—台湾文化是闽南文化、闽台文化的主导因子和标志形态之一。它伴随闽南文化、闽台文化的始终，是闽南文化、闽台文化的原初形态和普遍范式之一，并随着闽南文化的发展，逐渐成为闽南文化的主导因子和标志形态之一。

闽南—台湾关系的历史是闽南历史文化与闽台文化的原点、过程及重要构成因子。闽南—闽台文化就是闽南与台湾的关系文化。在原始文化这一人类原初文化的意义上，它是闽南文化的原点或原初形态之一。这一点可以从考古资料得到证明。古代地质学早就证明，福建、台湾都属于亚洲大陆板块，而更新世的早、中期，台湾海峡多为陆地，福建、台湾曾经不止一次地连成一体。一直到更新世的晚期，气候转暖，冰川融化，海平面上升，台湾才被海隔开，成为岛屿，但海并未隔断闽台文化联系。考古资料表明，漳州莲花池山文化旧石器年代比台湾的长滨文化早，但与台湾长滨文化有整体相似性和通约性。漳州莲花池山文化遗址证明了闽南文化的最初是以采集与采集—狩猎为主的大陆文化。长滨文化是迄今在台湾所发现最古老的文化，出现在台湾尚与大陆相连时。当时是一个以狩猎、渔猎和采集为生的群落社会，其石器制作方式与漳州莲花池山文化遗址和当时中国东南地区史前石器文物相似。长滨文化距今约 1.5 万年，最早可以推到距今约 5 万年，为旧石器时代晚期。与大陆特别是闽南旧石器时代晚期文化比较发现，长滨文化源自中国南方特别是闽南，表明台湾和大陆特别是闽南原始文化的联系可追溯到 1.5 万年以前。考古证明，早于台湾长滨文化的漳州莲花池山旧石器时代文化遗址与长滨文化有整体相似性和通约性，这至少表明闽南是原始人类过台湾的起点、原点之一，是两岸技术文化交流的原点、起点之一。另外，如前所述，台湾长滨文化的石器工作技术和以采集与狩猎为主的工作生活方式，亦证明台湾文化的最初世界不具有海洋文化性质，而是陆地或大陆文化范式，至多在生活资料上有一点海产品的味道，这同闽南文化先大陆后海洋的文化世界运行历史和逻辑也是相通的。这进一步表明，闽南与台湾的同源、同宗、同类关系在闽南文化的原初技术时代（即旧石器时代）就已经发生了。"台湾已发现的古人类化石和旧石器地点几乎都集中在台湾南部，福建迄今发现的古人类化石和旧石器，也集中分布在闽南地区。可以设想，闽南地区是大陆古人类迁移台湾的始发点。他们沿着已经成陆的东山陆桥，经过长途跋涉到了澎湖群岛，最后借助于最原始的渡海工具，例如竹木排之类，越过澎湖水道。最后在台南登岸、落脚。"①

新石器时代闽南与台湾的关系更加明晰。考古研究表明，新石器时代，以绳纹粗陶及打磨石器并存为主要文化内涵的台湾大岔坑文化，在闽南的金门富国墩贝丘遗址也有发现。有学者认为，"福建的富国墩文化（指壳丘头文化）和台湾的大岔坑文化，两者可能是同一文化的两个地方相"。② 台湾的刻纹黑陶文化与福建闽侯县石山遗址中上层的遗物十分相似。从两地出土陶器的器形、陶质、纹饰及年代来看，福建县石山的中上层与台湾凤鼻头的三、四层同属于一个文化类型，有着非常密切的关系。有学者认为，"台湾的新石器时代文化虽有一点地方特征，但从大体上看，却是属于祖国大陆东南一带的系统"。③ 这里的"东南一带"当然包括闽南。有考古学者总结了印文陶文化涵盖的时空包括7个基本区系，粤东闽南区是其中之一。④ 这些都表明闽台关系、闽南—台湾关系在新石器时代的进一步发展。

春秋战国时期，部分闽越人乘船东渡台湾，西汉时期汉武帝出兵攻打闽越，一部分闽越人则乘船过海，迁居台湾，成为台湾的古闽越族。宋元时期，泉州人已在澎湖种植粟、麦、麻等农作物。澎湖出土的宋代瓷片和铜钱表明闽台两地已开始贸易往来。明代特别是明中叶以后，两岸的贸易进一步发展，闽南语成为台湾主要语种。闽南的风俗习惯也开始在岛内流行，闽南人祀奉的开漳圣王、妈祖、保生大帝等神祇也传入台湾。郑氏治台时期，郑成功在厦门时已经建立各种行政机构及管理系统。收复台湾以后，将厦门的政权机构移植台湾，正式设立一府二县。郑经时，设立六

---

① 陈纯冼：《从考古学看台湾文化的起源》，《福建师范大学学报》（哲学社会科学版）1994 年第 9 期。
② 张光直：《新石器时代的台湾海峡》，《考古》1989 年第 6 期。
③ 林惠祥：《福建武平新石器时代遗址》，《厦门人学学报》1956 年第 4 期。
④ 李伯谦：《我国南方地区几何印纹陶遗存的分区、分期及其有关问题》，《北京人学学报》1981 年第 1 期。

官，将两县升为州。清朝统一台湾以后，设立台湾府，隶属于福建省。闽台关系、闽南与台湾关系更为密切。

在闽南与台湾关系的历史进程中，始终伴随着移民关系。闽南人早在隋唐时就已经到澎湖（台湾）进行开发。到了南宋时期，已经有相当数量的闽南人在澎湖定居。宋末元初，为躲避战乱又有部分闽南人移居台湾。但较大规模移民始于明朝。如连横所著《台湾通史》描述：天启时海澄人颜思齐入居台湾，于是漳泉人至者日多，阔土田，建部落，以镇抚土番，而番亦无猜焉。崇祯时，福建大旱，郑芝龙在闽南一带，"以舶徙饥民数万至台湾"，这是一次大规模的移民。郑成功收复台湾后，为了建设抗清基地，又从闽南招纳大批居民渡台垦荒。清朝统一台湾，虽然禁止渡台，但闽南人仍不断涌入台湾。据史料记载，清末至民国初期，南靖县各乡常住的 67 个姓氏中，至少有 53 个姓氏向台湾移民。据统计，台湾的汉族移民中，福建人约占 83.1%，其中泉州籍约占 44.8%，漳州籍约35.1%，汀州、龙岩、福州等籍约占 3.2%；其余为别省的移民。由于闽南人占台湾移民人口的绝大多数，所以汉文化在台湾传播发展的历史也是闽南文化在台湾传播发展的历史。闽南话几乎成为台湾通用的方言；台湾移民社会基本上保留着闽南地区的饮食习惯、服饰文化、建筑风格、婚丧喜庆和岁时节庆风俗。

简要的历史回顾表明，闽南—台湾文化（即闽南与台湾的关系）是闽南文化的历史原点之一，伴随着闽南文化的整个发展过程，并随着闽南文化历史的发展越来越具有主导性意义。同样，闽南文化也伴随闽南—台湾文化历史过程的始终，并在其中越来越具有主导性意义。闽南—台湾文化与闽南文化是一个互为主导的双向互构过程，构成一个不可分割的关联总体，并互为彼此的一部分。同样，闽南—台湾文化也是闽台文化的历史原点，并伴随闽台历史文化的始终，随着闽台文化的历史进展，越来越具有主导性因子的作用。

闽南—台湾文化作为闽南文化的主导因子和标志形态，还在于其影响力的巨大。闽南—台湾文化是闽南文化中最具影响力的文化之一。这种影响力主要表现在对台湾文化和闽南文化的双向影响以及对整个中华文化乃至世界文化的影响。

　　闽南—台湾文化的民俗、宗教信仰、民间艺术等各个方面，都对台湾社会及人民产生深刻的影响。闽南人迁移到台湾的同时，将自身的闽南方言也带到了台湾。所谓的"台湾话"除了特殊词语和语调上的微小差异外，与闽南话没有本质的差别。就是说，台湾同胞常使用的"台湾话"实际上就是闽南地区使用的方言——闽南话，就是闽南—台湾语言文化。台湾人口中闽南籍人口占到了绝大多数，因此，这种闽南—台湾语言自然成为台湾语言中影响面最大、流行面最广的汉语方言。除此之外，闽南—台湾文化、闽南—台湾艺术文化以及闽南—台湾技术、制度、观念文化，都对台湾产生了广泛、全面而深远的影响，而且这种影响一直持续到今天。从清朝初期开始，包括梨园戏、歌仔戏、木偶戏、高甲戏在内的闽南戏剧和有"华夏瑰宝""音乐活化石"之美称的闽南南音等大部分闽南民间艺术就陆续传入台湾。以闽南最古老的剧种——梨园戏为例，在康熙时期流传到台湾之后，很快就成为台湾最为流行、最受欢迎的剧种之一。又如漳州"锦歌"随漳州人迁移入台后，发展成为台湾的歌仔戏，后来歌仔戏传回漳州，即现今广为流行的芗剧。再如中国现存四大古乐中历史最悠久的曲种——南音，在雍正、乾隆时期传入台湾，因其"集华夏古乐之精华，含唐宋曲韵之神妙"，很快受到台湾同胞的喜爱，并得以传承、发扬与光大。闽南—台湾的信仰主要有妈祖信仰、清水祖师信仰、陈元光信仰、关帝信仰等，这些民间信仰随着移民迁入台湾也传播到台湾，并成为台湾的主要民间信仰。以妈祖信仰为例，在郑成功收复台湾后，1662年台湾就建起了台南天妃宫，随后1668年又建起了鹿港天妃宫。康熙二十三年（1684），随着"天妃"升格为"天后"，台南、台中、嘉义、淡水、彰化等地相继从泉州分灵出天后宫多座。从乡村到城市，台湾到处可见妈祖庙。至今岛内妈祖的庙宇有1000多座，信众达1600多万人，妈祖信仰已是台湾影响最大的民间信仰。

　　闽南—台湾文化对闽南文化的影响，主要表现为它是闽南文化的普遍范式和重要组成部分，并与闽南文化互动发展。如前所述，诸如旧石器时代的闽南氏族文化、新石器时代的"七闽"部落文化、闽越部落融合文化、闽越与中原移民的融合文化、开漳圣王文化、妈祖文化、泉州港与漳州月港的港口文化、郑成功收复台湾文化、近代厦门通商口岸文化等，闽南与台湾的关系如影随形地存在于闽南文化历史进展的各个主要阶段、文化范式或形态之中，这就构成闽南文化的普遍范式。闽南文化的行进历程同时也是闽南与台湾关系的进展过程。随着历史的发展特别是在现代文化世界，闽南与台湾的关系越来越重要，并成为闽南文化的一个相对独立的范式以及具体、基本、标志形态，成为闽南文化的主导因子之一。闽南文化在闽南—台湾文化的发展中不断丰盈和壮大，同样，闽南—台湾文化也随着闽南文化的发展而发展、壮大而壮大。

除了对闽南和台湾的重要影响外，闽南—台湾文化的影响力还表现在对福建、中华文化乃至世界文化的影响上。其一，闽南—台湾关系的和谐发展，有利于促进两岸经贸的合作与交流，为海峡西岸经济区建设和"环海峡经济区"的形成提供重要的文化基础，促进文化上、感情上的良性互动，有利于两岸关系的和谐发展，有利于祖国和平统一。其二，闽南—台湾文化，包括历史文化、信仰文化、艺术文化、民俗文化都对整个中华文化乃至世界文化产生了广泛而深远的影响。在福建、东南亚乃至国际世界有影响力的开漳圣王文化、妈祖文化、土楼文化等著名历史文化以及厦门特区文化、海西开发区文化等现代文化都包含着闽南与台湾的共同造化关系，都是闽南—台湾文化的普遍世界影响力所在。

综上所述，闽南—台湾文化作为闽南文化、闽台文化的主导因子和标志形态之一，是一个历史过程，它并不一开始就是这样。从石器时代的闽南原始氏族文化和"七闽"部落文化到春秋战国时代的闽越部落融合文化，再到闽越族群与中原移民的不断融合文化，闽南—台湾文化都是闽南文化、闽台文化的一个普通的因子和范式，并衍生和依附于闽南文化。随着闽南文化在开漳圣王文化中的文明化进程，随着闽南海洋文化在宋代开始成为闽南文化的相对独立范式，闽南—台湾文化也随着闽南文化的形成、发展、壮大而逐渐形成、发展和壮大起来，并反过来也使闽南文化的生活和工作世界空间不断丰盈和充实。到了明代，伴随着闽南大规模向台湾的移民，意指闽南与台湾关系的闽南—台湾文化与闽南文化的互动、互构关系和共同体空间更加凸显，并成为闽南文化的一个相对独立范式、标志形态和主导因子之一。近代社会闽南—台湾文化虽在西方列强的入侵、侵占中发生一定程度的断裂，但这无法剪断闽南—台湾文化的生活世界总体关联特别是深层维系的精神纽带，闽南—台湾文化依然是闽南文化、闽台文化的造化和构造者，并与闽南文化、闽台文化一道，艰难地构筑着、成就着中华文化的生存空间以及物质、技术、制度、精神总体向度的文化世界殿堂。到了现当代特别是改革开放以来，闽南—台湾文化在闽南文化中的主导性、标志性更是日益增强和凸显，以至于现在一提起闽南文化，人们首先想到的就是闽南和台湾的关系。因此，研究、理解、学习、体验、传承、创新、传授闽南文化，必须重视闽南—台湾文化这个主导性因子和标志形态。

二 闽南—台湾文化的概念内蕴

闽南—台湾文化概念的提出主要基于三个原因。其一，如前所述，从历史看，闽南—台湾文化伴随闽南文化始终，是闽南文化的原点、普遍范式、标志形态之一，并在一定历史发展阶段跃升为闽南文化、闽台文化的主导因子之一。这种历史存在和文化地位的事实，需要有一个与之相应的概念表达，这就像有了一个出生的孩子的事实就要给他一个名字一样，否则就不好称呼。概念其实就是承载存在意义的符号，它不只是一个名称，而是意义的表达。其二，从现实看，闽南—台湾文化在闽南文化、闽台文化乃至整个中华文化中的存在空间越来越开阔，意义越来越重要和彰显，特别是关系到两岸和平发展的文化世界大格局，它作为闽南文化、闽台文化和两岸关系的主导因素之一的作用越来越突出。因此，应该提出闽南—台湾文化概念，使其从闽南文化、闽台文化和两岸文化中显现出来，而不是总是渗透或遮蔽在闽南文化、闽台文化和两岸文化的总体中，否则，其特殊地位和作用就在一定程度上被其他概念掩饰了。其三，学界对闽南文化、台湾文化、福建文化的研究，只提出和形成了闽台文化的概念，尚未顾及、提出和阐明闽南—台湾文化的概念，这就没有与闽南—台湾文化的历史存在和现实生态相呼应。而在实际中对闽南—台湾文化的认知和理解又囿于学界已有的闽台文化概念，这就在一定程度上曲解、遮蔽甚至埋没了闽南—台湾文化的意义，如其生活世界总体意义和工作世界本质意义，如其作为闽南文化、闽台文化主导因子、标志形态、普遍范式之一的地位和身份。基于上述三个考虑，本研究觉得有必要提出并阐明闽南—台湾文化这一新的概念范式，以此同闽台文化等概念互相照看。

这里，附带说明一下闽台文化概念的局限问题。何绵山先生在《闽台区域文化》一书中认为，广义的闽台文化包括闽台各地区、各兄弟民族的文化。狭义的闽台文化，一方面主要是指对台湾文化发展产生影响的福建部分区域文化，以福建闽南籍、闽西客家地区为主；另一方面是指由迁台的闽籍移民在台湾创造并发展、与闽文化血脉相连、成为台湾主要特征的台湾文化。唐文基、林国平先生认为，"闽台文化是指生活在闽台两地人民共同创造、以闽方言为主要载体的区域文化，它既是中国传统文化的重要组成部分，又富有鲜明的区域文化特色"。① 又有学者认为，"闽台文化一般是指来自汉族核心地区的中原文化，在播迁闽台的过程中，因地理环境的不同、历史发展的差异和与土著文化融合所产生的变异等诸种因素，而形成的一种地域性的亚文化。它具有汉民族文化普遍的本质属性，又拥有闽台地区自己的特殊品格。闽台文化属于中原文化的一个分支，是中华文化的一种地域形态"。② 这些闽台文化界说主要是从闽台文化的统一性、区域性、共同体性的意义上界定了闽台文化，但对闽台文化统一性或共同体性中的异质性或"异同体性"重视不够，特别是没有提及闽台文化的普遍世界意义。何绵山先生在《闽台文化探略》中把闽台文化分为"福建篇"和"台湾篇"，对福建和台湾文化各自特点做了可贵的探索，试图弥补对闽台文化异质性研究的不足。但这种研究还是处于具体历史叙事层面，还不是对闽台文化共同体异质性一般意义或总体意义的揭示。关于闽台文化内容结构的研究，林国平主编的"闽台关系文化丛书"（11 卷本）描述了闽台先民历史、方言、教育、民俗、宗教、文艺、民居建筑、闽南语民歌等具体文化形态结构；也有学者探讨了闽台文化的精神意蕴和价值观、伦理观。但这些研究亦没有揭示闽台文化共同体的深层结构特别是其工作共同体结构。

上述历史学、政治学、社会学、文化学、人类学视域的闽台文化界说，总体上还处在历史叙事层次，没有探究到闽台文化共同体特别是其工

---

① 唐文基、林国平：《闽台文化的形成及其特征》，《福建师范大学学报》（哲学社会科学版）1995 年第 4 期。

② 吴碧英：《闽台文化是中华文化的一种地域形态》，《福州党校学报》2003 年第 4 期。

作世界基础和核心问题，尚缺少当代文化哲学视野，缺少文化世界总体性方法特别是工作世界本质向度；在研究对象上，还主要局限于具体文化形态的分类研究，缺少对闽台文化意义结构的总体解构和综合探究。另外，还有特别值得说明的一点，就是在闽台文化的基本内涵上，学界尚未十分明晰或简明扼要地把闽台文化归结为闽南与台湾的关系文化，一些较为具体或较为复杂的界定使得这一概念显得有些扑朔迷离。闽台文化概念的局限导致对闽南—台湾文化理解的一些偏差，这些偏差的主要表现就是没有从闽南与台湾的关系意义上去理解闽南—台湾文化，从而在一定程度上遮蔽了闽南—台湾文化，从而只有闽台文化概念，没有闽南—台湾文化概念。如果从闽南与台湾的关系意义上去理解闽台文化的概念内涵，如果从闽南与台湾的关系意义上去理解闽南—台湾文化，就会立刻发现闽台文化概念与闽南—台湾文化概念是何等的不同，就会从概念上提出闽南—台湾文化概念，以同闽南—台湾文化的历史和现实存在相呼应，就会从概念上凸显闽南—台湾文化的历史和现实。循着闽南—台湾文化概念界定的逻辑和轨迹，这里先给闽台文化一个概念界定，即闽台文化就是闽南与台湾的关系文化，其本质是闽南与台湾的文化共同体关系，而闽台文化共同体的总体就是闽台生活世界共同体关系，其本质是闽台工作世界共同体关系。

那么，什么是闽南—台湾文化呢？其实，前面的历史考察已经预示了这一概念的内涵。概言之，闽南—台湾文化就是闽南与台湾的关系文化，或者说，凡是能体现闽南与台湾关系的文化都是闽南—台湾文化。闽南—台湾文化可分为三个基本类型或层次：一是闽南与台湾关系的历史与现实存在，这是其实体性的存在和规定，处在一级层次；二是承载、反映、认知、理解、体验、传授、建构闽南与台湾关系的文化，如妈祖庙、东山岛的关帝庙、《云水谣》电影，以及一些文化节、学术交流和研究活动与成果，等等，这个类型主要是载体和意识形态层次的闽南—台湾文化生态，处在二级层次；三是闽南—台湾文化的精神内蕴或精神结构，这是核心层次的闽南—台湾文化。

文化就是主体化，主体化就是主体化世界，主体化世界就是人与人、自然和社会的关系，就是主体化关系，主体化关系就是主体化生活世界的总体，其本质是工作世界或工作世界共同体关系。闽南—台湾文化就是闽南与台湾的关系文化，这种关系亦是人与人、自然和社会关系的总体，是生活世界总体文化，其本质是工作世界或工作共同体关系。闽南与台湾关系的历史进展的每个阶段，都呈现人与人、自然和社会关系的总体性，都无不显示出工作世界特别是工作技术对这种关系的支配作用，即闽南—台湾文化的总体是闽南与台湾生活世界关系的总体，其本质是闽南与台湾的生活世界共同体或文化共同体，而闽南与台湾的生活世界共同体或文化共同体的本质或价值核心是闽南与台湾的工作世界关系特别是工作世界共同体。

闽南—台湾文化概念的基本内涵可归结为四个方面。①闽南—台湾文化就是闽南与台湾的关系文化，其实质是闽南与台湾的共同体关系，即文化共同体。②闽南—台湾文化共同体的表层意蕴是闽南人与台湾同胞共同的文化创造、文化确认、文化体验、文化信仰；其深层结构或内涵是以工作创造精神为核心的闽南—台湾精神共同体。③闽南—台湾文化共同体的根本特征是以中华文化共同体为主体、历史文化和现实文化交融发展、异质文化与同质文化并行、和谐文化与冲突文化互动的多样文化共同体。④闽南—台湾文化共同体的总体性是闽南—台湾生活世界总体性，其本质和核心价值取向是闽南—台湾同胞的工作共同体。

闽南—台湾文化不同于闽南文化并与之互构。前者是后者的一部分，并随着历史的进展而成为后者的主导因子、普遍范式和标志形态之一；后者包括前者、衍生前者，与前者互动发展，并在前者的发展壮大中不断丰盈和开阔。

闽南—台湾文化不同于闽台文化并与之互构。前者是闽南与台湾的关系文化，后者是包括闽南在内的整个福建与台湾的关系文化。前者是后者的主导因子和标志形态；后者为前者提供总体的存在框架并与前者互相造化。

提出并阐明闽南—台湾文化概念，其理论价值在于：①拓展闽南文化、闽台文化研究的新视域，改变闽南—台湾文化被闽南文化、闽台文化等概念遮蔽的研究生态，并在文化哲学方法论的意义上超越时下实际研究中的较为零碎和表层的历史叙事研究方式；②在闽南—台湾文化是闽南文化、闽台文化的主导因子、普遍范式和标志形态的意义上，进一步丰盈闽南文化的价值意义；③解析闽南—台湾文化共同体的生活世界总体性、精神结构和工作世界本质，为闽南—台湾文化研究提供研究基础和核心价值取向；④发掘闽南—台湾文化新内涵、新结构、新本质，建构以闽南—台湾文化共同体为核心范式的闽南—台湾文化思想政治教育新理论体系。其现实意义在于：闽南—台湾文化共同体建设是一国两制视域下中国特色社会主义文化建设的应有之义，更是闽台和平发展关系的前哨和优先选择，如此，闽南—台湾文化建设对于推进闽台关系、两岸关系和中国特色社会主义文化大发展大繁荣有重要的理论指向意义。①为闽南文化、闽南—台湾文化以及闽台文化研究提供闽南—台湾文化共同体的核心价值取向。②为闽台文化交流和建设提供闽南—台湾文化共同体的价值观、精神向度和建构路径。③为闽台文化教育特别是闽南—台湾文化思想政治教育提供闽南—台湾文化的概念教育内容。

三　闽南—台湾文化思想政治教育路径

闽南—台湾文化思想政治教育是指一定教育主体将闽南—台湾文化的思想政治教育资源转化为现代思想政治教育的内容，其实质是闽南—台湾文化的生活世界总体和工作世界本质意义的教育。这里的教育主体包括教育者主体和受教育者主体。或者说，闽南—台湾文化思想政治教育是指一定的教育主体对一定的受教育主体进行闽南—台湾文化的世界观、人生观、价值观、道德观等思想观念的教育实践，其实质是闽南—台湾文化的生活世界总体和工作世界本质意义的教育。这两种界定是一致的，闽南—台湾文化思想政治教育资源主要是指蕴含在闽南—台湾文化中的世界观、人生观、价值观、道德观等思想观念或精神结构，其实质是闽南—台湾文化的生活世界总体和工作世界本质意义。因此，这里首先要探讨闽南—台湾文化的思想政治教育资源问题，然后再基于这些资源探究闽南—台湾文化思想政治教育的路径。

（一）闽南—台湾文化的思想政治教育资源

闽南—台湾文化的思想政治教育资源主要包括闽南—台湾文化的历史文化资源、载体资源以及思想观念或精神资源，这三种资源没有原则性的界限，其中，历史文化资源主要是闽南与台湾关系的实体存在资源，载体资源主要是承载这些历史关系的物质形式、意识形态等方面，精神资源主要是蕴含在历史文化资源和载体资源中的思想观念或精神的关联结构，是闽南—台湾文化思想政治教育资源的深层规定和价值指向。鉴于历史文化资源和载体资源在上述闽南—台湾文化的历史演进中已经考察过了，这里主要阐释闽南—台湾文化的思想观念或精神结构资源。

（1）故乡与异乡并求的生存空间观念。闽南—台湾文化的故乡祖根意识和异乡开拓观念都十分强烈。从生存空间的意义上讲，闽南与台湾的文化关系，就是故乡与异乡的关系。对于走向台湾的闽南人来说，他们视闽南为故乡，视台湾为异乡。"故土难离"，"月是故乡明"，他们热爱故乡，但为了生命的承担，又勇于远离故乡，走向异乡，去开拓新的生存空间，这新的生存空间是一个生活世界总体空间，包含着人与人、自然和社会的和谐与冲突关系，其核心和基础是工作世界或工作创造，无论是作为台湾文化初生者的台湾长滨文化，还是后来的移民文化，这些文化的存在者都要靠工作活动创造一个生活世界。而这个新开创的生活世界又凝结着太多的闽南故乡情愫、技术积累、行为规制、道德伦理，因此，这些来自闽南的台湾人又饱含着太多的对闽南故乡的怀念、梦想和追寻，当他们有条件和能力探访故乡的时候，又将在台湾积累的技术、文化和生命情愫带回闽南，他们回故乡，不只是回归旧梦，而是带着新的梦想。他们就这样穿行于台湾异乡与闽南故乡之间，以至于最后分不清哪里是故乡、哪里是异乡，抵达了"故乡与异乡都是我的乡、我乡情"的存在境界，抵达了故乡与异乡、闽南与台湾、海峡两岸合二为一的存在生态。

（2）仁爱观念与勇于抗争精神并举。闽南—台湾民众重仁爱义气。闽南—台湾民间信仰中的妈祖、关帝、保生大帝等神灵，大多蕴含着儒家性善仁爱的伦理道德内容。妻室在家侍奉公婆、抚养儿女、从事劳动生产，丈夫在外打拼劳作，千方百计将积蓄寄回原乡。闽南—台湾人民忠勇爱国精神十分突出。明末抗清斗争坚持最久、抵抗最烈的就是以闽南—台湾人为主体的闽台人民。台湾同胞有着强烈的祖根意识和族群观念，并把家族地缘观扩展成为原乡观念。当日本殖民者在台湾推行殖民文化、妄想用殖民文化同化中华文化时，激起台湾民众的强烈反抗。台湾同胞更是将原乡意识发展成为民族意识、祖国意识。抗战期间，尽管日本殖民者在台湾千方百计强化"皇民运动"，但都受到台湾同胞各种形式的抵制和反抗，许多台湾同胞坚持不读日文、不说日语，极力保持中华民族文化及生活方式。闽南—台湾人民也敢于突破大陆文化的一些保守制度和限制，反抗那些压制工作创造力和生活自由的"清规戒律"。明清两代的统治者均实行过严厉的海禁政策，闽南—台湾人民往往冲破政府禁令，冒险走向海洋、走向世界，创造了灿烂的海洋文化。

（3）大陆文化意识与海洋文化精神并行。历史上中华大陆文化是农耕为本，轻视甚至抑制工商。闽南—台湾人民亦崇尚"耕读为本""诗礼传家""书香门第"。闽台的开发比中原地区要晚，但读书、科举、求取功名之风不亚于内地，朱熹之闽学在整个东南亚被称为显学。闽南—台湾人民在重农耕的同时也重工商，并创造了海洋文化范式，这方面第四章已系统论及，这里不再赘述。

（4）异质并存观念与包容精神并重。闽南—台湾文化同根、同源，这注定其同质融合观念和文化共同体精神。但闽南与台湾又具有不同的自然地理环境和文化风土，这就注定了其异质并存观念和异质共同体精神。特别是现在的闽南—台湾文化，由于社会制度和意识形态的差异，更需要这种异质并存观念。而异质并存观念必然衍生包容精神，这一点在闽南—台湾文化的信仰文化方面体现得尤为明显。闽南—台湾的信仰文化是包容道教、儒教、基督教、佛教以及妈祖信仰、关帝信仰、开漳圣王信仰等不同信仰文化的体系。闽南与台湾都是移民社会，都是不同文化主体的聚集地，这也注定了这种异质并存观念和包容精神并重的文化生态。

（5）自信、自强意识与信仰精神统一。闽南与台湾民众自信、自强意识主要表现在他们的拼搏、开拓和冒险精神。闽南语歌曲《爱拼才会赢》《雨过天就晴》是闽南—台湾人民开拓精神和坚强意志的典型表征。闽南—台湾的宗教信仰与民间信仰崇拜深入人心。但求神拜佛不只是为了消除厄运、保佑平安以及祈求财富，更是对道德精神实体的敬仰和崇尚，而神灵作为道德精神实体的化身，其价值核心就在于他们的工作创世、立世精神，人们对神灵的信仰和崇拜实际上就是对自己工作创造本性的敬仰和崇拜，亦是一种工作自信、自强、自立。当然，这种信仰也含有迷信的成分，这方面要予以扬弃。

（6）文化共同体和工作共同体协同精神。闽南—台湾文化的本质是文化共同体，文化共同体的根本在于工作共同体。闽南—台湾文化共同体主要表现为闽南与台湾共同的文化确认、理解、体验、建构和追寻。如闽南与台湾共同的妈祖信仰、关帝信仰、开漳圣王信仰与保生大帝信仰都是这种文化共同体关系。这种文化共同体亦是生活世界总体的共同体，闽南与台湾在信仰、价值观、意识形态、文化艺术以及衣食住行等方面有太多的共同确认、理解、体验、理想和追求。文化共同体或生活共同体的基础和核心是工作世界共同体。闽南与台湾文化的生成与发展都建立在工作世界、工作创造基础上。远古时代闽南与台湾石器技术的相似性就预示了这种工作共同体关系特别是技术共同体关系，在闽南与台湾关系的历史演进中，闽南的工作技术、制度和观念不断地传到台湾，台湾有了好的工作技术、制度和观念也不断地传到闽南。

（二）闽南—台湾文化思想政治教育路径

闽南—台湾文化思想政治教育路径即闽南—台湾文化思想政治教育资源的转化方式。从教育转化主体视角看，学校、政府、民间团体都是教育主体。学校是理论化、系统化教育转化和人才培养的主导，政府是文化交流教育和载体建设教育的中坚力量，民间团体是最广泛的社会教育力量。这三者角色分工不同，构成闽南—台湾文化思想政治教育资源现代转化的有机整体。从教育转化的内容上看，教育主体都是以闽南—台湾历史文化为支撑，以载体建设为依托，以精神结构为核心价值取向。从教育转化方式上看，教育转化包括开设理论课和实践课、文化交流、文艺演出与传播、发展文化产业、文化旅游等多种方式。下面从教育主体视角，融合历史文化、载体和精神意蕴，探讨闽南—台湾文化思想政治教育资源转化路径。

1. 学校教育转化

学校教育转化的主要方式有课堂教育、校园文化建设、实践教育等教育转化方式。课堂教育转化主要是在思想政治理论课中融入闽南—台湾文化教育，福建一些开设闽南文化课程的学校，还可将其融入有关闽南文化课程，或者将其作为闽南文化思想政治教育的一部分，开设专门的"文化哲学方法与闽南文化思想政治教育"课程。思想政治理论课或思想政治教育课程的教育具有理论化、系统化的特点，并要体现马克思主义的主导地位，下面重点谈谈如何以社会主义核心价值观引领闽南—台湾文化教育，而以社会主义核心价值观引领闽南—台湾文化教育就是闽南—台湾文化思想政治教育。

学界在社会主义核心价值观引领高校文化、校园文化、文化改革、文化思潮、文化产业以及引领的方向、根本的价值观等方面的研究取得了诸多成果；在引领的方式上，学界提出了一元与多样融合发展、增强社会主义核心价值观的理论吸引力、建构以社会主义核心价值观为指导的思想观念整合机制、加强社会主义核心价值观引领社会思潮的社会支撑体系和教育体系建设等主张。这些研究，在引领的内容上，尚缺少社会主义核心价值观引领区域文化建设的视觉，更未触及社会主义核心价值观引领闽南—台湾文化建设及其思想政治教育问题；在引领路径的研究上，主要局限于对社会主义核心价值观自身的认识，尚缺乏对多向度引领方式、引领主体等方面的具体探究。闽南—台湾文化是闽南文化、闽台文化的主导因子、标志形态和普遍范式，社会主义核心价值观要与区域文化相融才能实现其主导文化的价值，否则就会被悬置。闽南—台湾文化的工作创造精神、自主自立精神、开拓进取精神等人文精神和价值观与社会主义核心价值观勤劳、自由、和谐等内容一脉相承，同时闽南—台湾文化又具有自己的独立性和异质性，并在一定程度上缺失一些大局观和社会总体观，在闽南—台湾文化建设和教育中还存在资本化、权贵化、迷信化、家族化等问题和倾向。社会主义核心价值观与闽南—台湾文化的契合与差异、和谐与冲突关系，注定了社会主义核心价值观引领闽南—台湾文化建设和教育的必要性和价值意义。

社会主义核心价值观引领闽南—台湾文化教育的基本路径是：在引领的内容上，主要包括闽南—台湾文化的历史文化、意识文化以及精神结构的教育；在引领的方式上，主要有契合融入引领、异质并存引领、冲突主导引领、多元包容引领、优化扬弃引领、择同存异引领等方式；在引领的主体上，包括学校或教师主体、政府主体、企业主体、民间主体、媒体主体、学术主体等多维主体；在引领的基本观点上主要包括以下基本观点。①闽南—台湾文化思想政治教育是闽南文化思想政治教育的标志形态和普遍范式，是一国两制视域下中国特色社会主义文化和社会主义核心价值观建设和教育的应有之义，是当今闽南—台湾文化发展的前哨和优先选择，是闽台同胞的生存自觉。②闽南—台湾文化的实质是闽南—台湾文化共同体，是闽南—台湾同胞共同的文化创造、文化确认、文化体验、文化信仰；这一共同体的根本特征是以中华文化共同体为主体、历史文化和现实文化交融发展、异质文化与同质文化并行、和谐文化与冲突文化互动的多样文化共同体；闽南—台湾文化共同体的总体性是闽南与台湾的生活世界总体性，其本质和核心价值取向是闽南与台湾的工作世界共同体；闽南—台湾文化思想政治教育的实质是闽南—台湾文化共同体教育。

以社会主义核心价值观引领闽南—台湾文化思想政治教育对于推进闽南—台湾关系、闽台关系、两岸关系和中国特色社会主义文化大发展大繁荣有重要的理论指向意义；为闽南—台湾文化、闽台文化研究、确认、理解和建构提供闽南—台湾文化的区域文化哲学基础和核心价值取向；为闽南—台湾文化交流和建设提供闽南—台湾文化共同体的价值观、精神向度和建构路径；为推进社会主义核心价值观与闽南—台湾文化的融合提供精神能量；为闽南—台湾同胞提供生活与工作世界的文化自觉、自信和文化生存方式。

学校教育转化除了课堂教育方式外，还有校园文化建设、实践教育等方式，这些方式在实际教育中都取得了良好的效果。如百名台湾大学生"八闽行"来闽南师范大学联谊交流就是一种很好的实践教育形式。2014年7月，来自台湾政治大学、辅仁大学等32所台湾高校的100多名学生参观该校校园环境，随后，参观福建历史文化名胜田螺坑土楼，感受闽南文化，并与大陆学子联谊交流。晚上住宿塔下村，该村为"八闽行"的高校师生们准备了联欢晚会，邀请来自塔下小学和塔下幼儿园的小朋友们表演丰富多彩的节目；被称为"土楼绝艺王"的民间奇人李福渊能"一心五用"，同时表演5种乐器，一曲《土楼之歌》嗨翻全场，在座师生无不拍案惊奇；土楼木偶团表演传承千年的民间木偶戏，手把手传授台湾学生如何表演木偶，学生们纷纷跃跃欲试。晚会结束后，参观当地萤火虫公园，许多从小在大都市长大的学生开了眼界，他们重温了拥抱大自然的感觉。本次夏令营活动由福建省教育厅主办，海峡两岸职业教育交流合作中心、台湾木铎学社和福建省多所高校承办，自 7 月 3 日在福建工程学院开营以来，以"八闽祖地文化之旅"为主题，与福建师范大学、福建中医药大学等多所高校交流，并从北往南沿途参观福建相关旅游景点，了解风土民情，增进两岸学子感情。

2. 政府、民间团体的教育转化

交流转化是闽南—台湾文化思想政治教育资源现代转化的一个普遍形式。通过闽南—台湾文化的交流活动，使交流主体达到对闽南—台湾文化的文化确认、理解、体验和建构。举办学术研讨会是交流教育转化的一种主要形式。改革开放以来特别是新世纪以来，海峡两岸学术交流日趋频繁。如 2000 年泉州市政协、泉台民间交流协会与台湾亚太综合研究院、高雄大学等单位合作，先后在高雄和泉州举办了"闽台亲缘今古观——海洋文明与社会生活讲座"和"海峡两岸高等教育与经济建设研讨会"。2005 年在厦门举办了"中华之根——海峡两岸谱牒"学术研讨会。仅 2001 年到 2010 年间，福建省炎黄文化研究会和台湾"中华闽南文化研究会"分别在厦门、泉州、漳州、厦门、台北、龙岩联合主办了 6 届"闽南文化"研讨会。这些学术交流有力地推动了闽台文化特别是闽南—台湾文化的历史承传、认知与确认，对研究者、参与者都产生了很好的主体间性的互相教育和感化的教育效果。宗教、民间信仰交流也是交流转化的一种重要方式。据统计，台湾地区现有寺庙 8000 多座，80% 的台湾宫庙分灵自泉州。近年来，闽台地区利用宗教、民间信仰进行交流的次数、人数都比较多。如 2010 年 6 月，在漳州东山举办的以"缘系关帝、和谐两岸"为主题的第十九届海峡两岸关帝文化旅游节，海内外各主要关帝庙主委，各地投资商和台商，以及台湾知名人士、关帝信众共 2000 多人欢聚东山参加盛会。

以文艺为载体进行教育转化，也是闽南—台湾文化思想政治教育资源现代转化的重要形式。闽南地区的歌仔戏艺术团、梨园戏实验剧团等多次作为"文化使者"赴台演出交流，台湾地方戏剧协会等也到闽南地区演出交流。闽台两地之间已经建立海峡两岸歌仔戏艺术节、泉州国际南音大会唱、国际木偶节海西论坛等以闽南—台湾文化为载体的交流平台。民间艺术团体的交流，巩固了海峡两岸文化共同体关系。特别值得一提的是，反映闽台关系的影视作品《云水谣》，在台湾和大陆广为传播，收到了远远超越闽南与台湾地域的普遍世界教育效果，搜索百度百科对该作品的介绍，点击率达百万次以上。

基地或载体建设是教育转化的又一重要形式。如政府通过建立专题博物馆和举办展览来搭建闽南—台湾间的文化交流平台。如 2005 年泉州设立的闽台缘博物馆，以"闽台缘"为主线，向海内外各界人士全面展示了海峡两岸在地域、血缘、文化、建制沿革、商贸往来、宗教信仰和民俗风情等方面的历史关系。2007 年漳州东山县博物馆举办了"闽台关系考古文物成果展"，展出多年来发掘、珍藏的 5200 多件珍贵文物，吸引来自海峡两岸 35000 多人前来参观。这些形式都有助于认知、确认、理解、体验闽南与台湾的关系。

文化旅游亦是教育转化的重要形式。做大、做强以闽南—台湾文化为特色的旅游业，打造闽南—台湾文化旅游品牌。如对闽南—台湾文化旅游资源加以规划整合，打造一条闽南—台湾精品旅游路线，这可以产生大众化、普遍世界化的教育效应。现有的土楼文化旅游、妈祖文化旅游都产生了这种教育效应。

第六章 闽南诗文化思想政治教育

这里所说的诗文化是以诗歌为主要形式的文学艺术文化。闽南诗文化包括闽南外生诗文化和闽南内生诗文化。闽南文化先大陆后海洋的运行逻辑注定了闽南诗文化思想政治教育亦是先大陆诗文化后海洋诗文化的思想政治教育内容结构，前者主要是普遍世界空间的闽南外生诗文化思想政治教育，后者主要是具有海洋文化特质的闽南内生诗文化思想政治教育。闽南诗文化是闽南文化的具体、标志形态，闽南诗文化思想政治教育是闽南文化思想政治教育的具体、标志形态。

针对缺失生活世界总体性特别是工作世界价值核心意蕴的文化诗学、存在诗学、主体诗学和当今学界的实践诗学等诗学范式，本研究提出主体化诗学或工作诗学的概念。主体化诗学是研究诗文化主体化或主体化诗文化的生活世界总体意义结构的理论体系，内含诗文化世界观、价值观、生存论和建构方法论。主体化诗学是以工作世界为基础和核心的关于诗文化总体意义结构的理论体系，是走进工作世界的诗文化哲学，即工作世界诗文化哲学，简称工作诗学。本研究对主体化诗学或工作诗学的研究还属初级，对这个问题的系统化、总体化研究，还需要考察诗文化演进的历史逻辑，解析诗文化理论的经典形态特别是诗文化哲学形态，解析诗文化世界的意义结构，这是一个笔者未来才能细化、系统化研究的课题。这里以文化哲学方法为导向，揭示主体化诗学或工作诗学的概念意义，并以诗人处女座的诗歌为范例，从诗歌视觉探究诗文化主体化的意义结构，进而以此为导向，再以生活于闽南地的闽南人处女座的闽南诗歌为范例，透析闽南诗文化主体化的生活世界总体意蕴和工作世界本质，特别是阐释闽南诗文化的思想政治教育内容或意义，以具体化、现实化、实体化地佐证和预示主体化诗学研究的价值取向和意义指涉，使闽南诗文化思想政治教育一方面呈现闽南诗文化思想政治教育的海洋文化特质，一方面彰显出闽南诗文化思想政治教育的普遍世界性。这也是诗歌作者以诗歌读者、探究者的身份理解自己诗歌的意义，如此，这种诗歌的意义就是作者的创意、读者的读意、研究者的研意以及教育者的教意的意义共同体，就是同一个人或同一部作品的多重存在世界的意义共同体。

第一节　诗文化的意义向度①

现代诗歌写作和诗歌研究中流行一种不问意义而将诗歌语言化的语言形式主义倾向，如有作者和学者认为，现代诗歌拼的就是语言，而拼语言就是拼语言的新奇，而语言的新奇就是语言或意象的出乎意料，即"陌生感"，如什克洛夫斯基提出"艺术的手法就是使事物'陌生'，使得形式难懂，增进认知的难度和长度"。② 俄国形式主义的传统继承者穆卡洛夫斯基指出"艺术是体验事物艺术性的方式，而事物本身并不重要"，"艺术的技法是使事物'不熟悉'，使形式变得困难，加大感知的难度和长度，因为感知过程本身就是审美的目的，必须把它延长"，③ 认为诗歌价值就在于通过语言对熟悉的事物最大限度地"前景化"，即在熟悉的背景、自动化和常规中突出呈现陌生的"前景"，"前景"即以背景相对的新的创造性的语言意象。这种诗歌语言化倾向实际是把语言意识本体化、人本化的现代语言哲学和意识哲学的诗文化呈现。利奇认为理解诗歌就是进行诗歌语言分析，就是"把语言中那些被前景化的方方面面解释清楚"。④

---

① 此文原载于《人学走进工作世界——主体化人学初探》，人民出版社，2012，第六章第四节第一部分，选入本著作时文字上有修改，有增添。
② 转引自〔英〕拉曼·塞尔登《文学批评理论——从柏拉图到现在》，刘象愚、陈永国等译，北京大学出版社，2000，第290页。
③ 转引自朱刚《二十世纪西方文论》，北京大学出版社，2006，第20页。
④ 转引自朱刚《二十世纪西方文论》，北京大学出版社，2006，第225页。

"语言是从劳动中并和劳动一起产生出来的",① 语言的意义在于生活特别是劳动（工作）的意义，语言是思维形式或意识存在方式，人与世界的意义都通过语言来呈现，从这个意义上讲，人与世界就是语言的存在，而语言的存在实质是意义、人与世界意义的存在。离开意义，离开生活世界总体特别是工作世界本质意义，语言就会成为空壳。因此，诗歌写作和研究若只求语言而不问意义无疑是舍本逐末的做法，或者至多是离开生活世界或事物本身去关注语言本身的意义。

　　针对生活世界总体意义和工作世界核心价值在当今中国诗歌写作和研究中的分裂与缺失状况，这里依据文化哲学方法所揭示的文化世界的意义结构理论，以诗人处女座的诗歌为范例，主要从诗歌视觉探究诗文化（诗歌）的意义问题。在本研究的语境中，诗文化有两层含义：一是狭义的诗文化，指诗歌；二是广义的诗文化，指诗性文化，包括诗歌、诗论、诗生活、诗交流活动等一切与诗歌有关的文化活动、文化存在和文化意识形式，以及各种文学艺术存在、活动和意识形式。这里主要在诗歌的意义上使用诗文化一词，但在这种使用中也蕴含了广义的诗文化意义，即本论题"诗文化的意义向度"所探讨的诗文化的意义主要是诗歌的意义，同时也指向广义的诗文化意义。

一　主体化诗学（工作诗学）概念的提出

　　一将文化哲学方法应用于诗文化主体化问题研究，主体化世界或文化世界存在与本质的丰富性、现实世界性就更加具体、亲切和明亮。文化哲学方法认为，人的世界就是主体造化的世界，即主体化世界，主体化世界就是主体造化的生活世界，即主体化生活世界，而工作世界居于生活世界的核心。因此，诗歌、诗文化的意义就是主体化意义，就是主体化生活世界总体和工作世界本质意义。因此，这种建立在主体化人学基础上的诗学就是主体化诗学。主体化诗学是研究诗文化主体化或主体化诗文化的生活世界总体意义的理论体系，内含诗文化世界观、价值观、生存论和建构方法论，是以工作世界为基础和核心的关于诗文化总体意义结构的理论体

---

① 《马克思恩格斯全集》第 20 卷，人民出版社，1971，第 512 页。

系，是走进工作世界的诗文化哲学，即工作世界诗文化哲学，简称工作诗学。因此，主体化诗学与工作诗学是同一概念，只是在不同语境中选择不同。这里所说的诗学具有比时下各种诗学界定的"诗学"更广泛的内涵，它是柏拉图传统诗学意义上的诗学（文艺学）与上述广义的诗文化学的总体。前者主要研究对象是文学、音乐、绘画、舞蹈、雕塑、歌曲等艺术形态；后者是内含在或隐现于其他文化形态中的艺术形式，如哲学艺术形式，有的哲学用诗歌语言表达，如古希腊一些哲学表达方式；有的哲学用文学叙事方式，如庄子的故事哲学；还有的具有历史文化的艺术意义，如司马迁的《史记》有文学叙事的艺术。

对现实、事物、感性世界的理解，不能只从客体的角度去理解，而要从主体的角度去理解，从实践的角度去理解，① 这样理解的世界就是人的存在，就是人的生活过程或生活世界。马克思的"人化自然"或"人化世界"的概念，海德格尔的"此在"或"亲在"概念，都是主体化世界或主体化存在概念。这些都表明现实世界是主体化世界。主体化世界是主体化生活世界的总体或主体化关系的总体，其本质是主体化工作世界。主体化关系是主体化世界的基本结构，是主体对世界的造化关系，是主体与主体、自然、社会的互动、互构关系。诗文化是主体理解、体验和造化世界的文化艺术方式，是主体化世界的诗文化存在形式。诗文化的本质是诗文化主体化或主体化诗文化，诗文化主体化与主体化诗文化是同一概念。诗文化主体化是生活世界主体化或主体化生活世界，本质是工作世界主体化或主体化工作世界。诗文化关系是诗文化的基本结构，是主体与自然、社会和主体的诗性或诗意造化关系。

诗文化的本质是工作世界诗文化，工作世界诗文化的本质是工作共同体化诗文化。现实世界是一个日常生活世界，日常生活世界是一个常识世界，而"常识世界从一开始就是一个文化世界"，② 现象学社会学家许茨的生活世界文化哲学道出了文化的生活世界总体意蕴，并确立了工作世界对于文化世界或生活世界的核心地位。卡西尔的人类文化哲学认为，人就

① 《马克思恩格斯选集》第 1 卷，人民出版社，1995，第 54 页。
② 〔美〕阿尔弗雷德·许茨：《社会实在问题》，霍桂桓译，华夏出版社，2001，第 388 页。

是文化，人的本质就是创造文化的工作活动，"人的突出特征，人与众不同的标志，既不是他的形而上学本性也不是他的物理本性，而是人的劳作（work）。正是这种劳作，正是这种人类互动的体系，规定和划定了'人性'的圆周，语言、神话、宗教、艺术、科学、历史，都是这个圆的组成部分和各个扇面"。① 即诗文化是工作世界圆周上的一个"扇面"，包括诗文化在内的所有文化都环绕工作世界这个价值圆周或轴心。马克思的实践文化哲学认为，"全部社会生活在本质上是实践的"，② 实践就是人化自然、人化社会、人化世界的文化活动或文化世界。"物质生活的生产方式制约着整个社会生活、政治生活和精神生活的过程。"③ 在文化世界中，生产活动或生产方式是一切文化现象、文化意义的源泉和根本动力，而生产活动或生产方式的主体化、现实化就是人们的工作活动或工作方式。因此，文化就是文化世界，文化世界就是人化世界，就是主体化生活世界总体或主体化关系的总体，其本质或价值核心是工作世界，是共创、共享生命、财富和生活的工作共同体世界。任何一种文化形态、文化形式，其本质不仅在于自身，更在于其与自然、社会和人的关系，更在于其生活世界总体性和工作世界本质。因此，我们对文化的认知和觉解要采用文化世界总体性方法，把文化置于文化世界的总体性存在背景或境遇中进行考察、分析和确认，并解构其工作世界内蕴。因此，诗歌、小说、音乐、舞蹈、歌曲、绘画等文学艺术或诗文化，就是主体化世界的艺术形式，就是主体化生活世界总体和工作世界本质意义的艺术形式，它们是作者、读者、学者、听众、观众等多重主体生活世界和工作世界共在性意义的共同体，是创作者主体与其他研究者、教育者、阅读者、欣赏者和应用者多重主体的共同造化、共同创作以及共同自觉、体验和享受。以此类推，舞蹈不只是舞者的舞蹈，更在于舞者的舞姿所蕴含的生活世界的意义，其本质是工作世界的意义，这种意义不只是舞者或创作者的意义，更是舞者、歌者、创作者和观众与欣赏者的共同自觉、体验、造化和建构。诗歌不只是诗人的诗歌，更在于诗歌语言符号所蕴含、

---

① 〔德〕恩斯特·卡西尔：《人论》，甘阳译，上海译文出版社，2003，第107页。
② 《马克思恩格斯选集》第1卷，人民出版社，1995，第56页。
③ 《马克思恩格斯选集》第2卷，人民出版社，1995，第32页。

指向和预示的生活世界的意义，其本质是工作世界的意义，是诗人与读者等多重主体共同的意义自觉和建构。

海德格尔认为，艺术的本性是真理，也就是诗。他说："真理作为在的东西的澄明和隐蔽，发生在被创作的东西之中，像一位诗人创作一首诗那样。一切艺术，都是这样的，作为使关于在的事物的真理发生，本质上都是诗意的。"① 艺术的本质是诗，艺术文化的本质是诗文化，但艺术与诗、艺术文化与诗文化又有所不同。当艺术作品使存在之真理创生显现，便放射出真理的光芒，也就是诗意的光辉。说艺术的本性是真理，也就是诗，并非意味着"真理"和"诗"完全同一，两者是同一事情的两个不同名称。艺术是真理的创造与生成，而诗是真理的显现和光辉。艺术与诗都是"在的事物的真理发生"，即都是人的存在的真理，因为人的存在才是在的事物发生的根源，而人的存在就是"此在"或"亲在"，即主体化的存在，即主体化的生活世界和工作世界。因此，"在的真理"就是生活世界总体意义和工作世界本质意义的真理。因此，海德格尔的存在诗学对本研究提出的诗文化的艺术文化内蕴构成根据，而且对本研究提出的"主体化诗学"或"工作诗学"概念构成辅证。当然，这还只是海德格尔诗学的一个逻辑延展，他并没有直接地将"在的真理"归结为生活世界特别是工作世界的意义，而是将其解蔽为"烦""畏""死"等精神体验状态，并把这种体验和思维归结为语言本身的意义。

综上，主体化诗学是以主体化工作世界为核心范式和价值取向的生活世界总体意义的诗文化理论，是走进主体的工作世界的诗文化哲学，即工作诗学。它既是生活世界总体诗学，也是工作世界本质诗学，不同于作为诗学本质诗学的实践诗学，实践无法涵盖生活世界意义的总体性；它是以工作世界为基础和核心价值取向，不同于时下学界论及的文化诗学，后者只有文化总体性意义，缺失工作世界总体意义和工作共同体的核心价值取向，且最终把文化的意义归于语言符号的意义；它也不同于无生活世界总体意蕴和工作世界本质内涵的存在诗学、生活诗学、人本诗学等其他诗学形式。

① 〔德〕海德格尔：《艺术作品的本源》，载《外国美学》第 7 辑，商务印书馆，1989，第345 页。

二 "诗人,大地的异乡者":诗歌的生活世界总体意义

诗歌的意义就是诗歌的主体化意义,诗歌主体化的意义就是主体造化的生活世界总体意义,即主体化生活世界总体意义。

存在必须有意义,否则就不是存在,更不是本质的存在。"灵魂的本性就是运动",就是在现实的"大地"上栖居!海德格尔在读到乔治·特拉克尔《灵魂的春天》里的诗句"灵魂,大地的异乡者"时指出:"诗人把灵魂称为'大地上的异乡音'。灵魂之漫游迄今尚未能达到的地方,就是大地。灵魂才寻找大地,灵魂没有逃之夭夭。灵魂之本质在于:在漫游中寻找大地,以便它能够在大地上诗意地筑造和栖居,并因之得以拯救大地之为大地。"[1] 尽管灵魂视大地为"异乡",但她也获得了异乡的实在感和现象感,尽管她体验着孤独、沉寂,但她与大多数现当代哲学家一样觉得再也不能甚至也不想回到柏拉图的纯粹的精神世界,她甚至甘愿在大地的对象中沉沦,她觉得这就是生活、生命、工作的意义,而她就是意义的主体,她的使命不仅是发出意义,而且要把意义给予使她沉沦的对象和现实世界,她的使命就是在对象上指示意义,不断地用新的意义覆盖以往的"有意义"和"无意义"。从诗人关于灵魂的意象和海德格尔对灵魂本质的理解看,现代的灵魂实际上已经背叛了被古典哲学家柏拉图称为故乡的那个理念世界,或者说,灵魂自己对自己的故乡已经有了现代的理解,即视异乡为故乡,这完全是为了获得"大地"的实在性或"现象"的强烈感,她似乎厌倦了始于柏拉图的西方理性主义的理念故乡的虚无、纯粹、抽象和"无主体"。生活在现代生活大地上的现象学家同样把意义问题作为世界和文化的根本问题,可以说,现象学就是在"现实的大地"上探寻、求索意义的哲学。现象学的意义原则不仅建构意义,而且是"自我或我们"的"共同意识"在"大地"的对象中建构意义,即建构"主体间性"的普适意义。"我们可以说,现象学家并不与客体本身发生什么关系,他所感兴趣的是它们的意义,因为它是由我们的心灵活动构造的。"[2]

---

① 〔德〕海德格尔:《在通向语言的途中》,孙周兴译,商务印书馆,1997,第13页。

② 〔美〕阿尔弗雷德·许茨:《社会实在问题》,霍桂桓译,华夏出版社,2001,第167页。

　　生活在现代生活大地上的诗人特拉克尔与现当代一些哲学家都体悟到了自己、他人和灵魂的现实的故乡就是"大地"。"灵魂的本性就是运动"，就是说灵魂就是思大地的意义，亦即"我思故我在"，但不是笛卡尔理性主义的无大地对象的精神自思、我思或自我意识。从一定意义上讲，诗歌就是在现实的大地上追求意义的艺术，它同其他文化艺术一样，是人的生命的一种本质的存在方式。诗歌，就是对存在的诗性规定；诗人就是在现实的大地上创造意义的人，而这现实的大地就是生活世界和工作世界。"灵魂，大地的异乡者"，就是说灵魂给大地带来新的异乡的意义，而灵魂创造意义的过程就是它的漫游过程，而诗人就是灵魂的漫游者、穿越者和工作存在意义的解蔽者、规定者、建构者。

　　"诗人，大地的异乡者"，这是诗人处女座在读到特拉克尔的诗句"灵魂，大地的异乡者"时进行的话语转换，处女座把来自天堂的灵魂现实化、亲和化为诗人的灵魂，即诗性存在者的灵魂，其意义更逼近大地、更融进生活和工作世界、更嵌入生命，这就使"大地的异乡者"进一步超越了灵魂的简单和抽象，更具有血肉、肢体的人性主体感和生活世界特别是工作世界意义的"大地"现实感、真切感，这不仅是诗性话语的艺术文化转换，同时也是对海德格尔的存在主义、胡塞尔与许茨的现象学的哲学文化的话语转换，即把哲学文化的意义原则或意向性精神注入诗文化及其主体化的生活世界。诗歌就是诗人给生活的大地注入新的异乡的意义，就是诗歌主体造化世界为主体存在的意义。诗歌的意义向度是诗歌的根本向度，诗歌的意义自觉是诗人的根本自觉，诗歌的意义建构是诗歌的根本建构！而这个意义就是主体化的生活世界总体意义和工作世界本质意义。

　　诗歌的意义向度就是诗人在现实生活特别是工作世界的大地上创造意义的价值取向和存在趋向，就是在无意义中创造有意义，在有意义中创造新的意义。意义从根本上说不是发现出来的，而是创造出来的、发生出来的，或者说发现出来的意义已经存在了，存在的东西不需要诗人再去鹦鹉学舌地发现了，诗人是大地的异乡者，要把新的自觉的意义给予大地。对一些人来说，世界不是缺少意义，而是缺少意义的发生与建构，缺少对擦肩而过的五百年情人的高度自觉。真正的意义不是发现出来而是建构起来的，只有意义的发生者、建构者才能成为诗人，才能抵达"与大地相融"的诗性意义的本质与存在境界！

诗歌的生活叙事和现实描述，都不是支离破碎的意象罗列和叠加，而是生活世界总体意义的解蔽，且这种总体意义是多重生活世界的总体意义，即每一片叶子都是一个世界、一个世界总体。而缺少现实世界总体性或存在格局，是当今中国诗歌的主要问题。如此，建构诗歌主体化生活世界的总体意义，就是当下诗歌文化的一个重要运行趋向。建构诗歌主体化生活世界的意义至少应从以下方面进行。

（1）诗歌主体化的存在之乡意义。人活着就是在一定的时空中居住和筑造，这一定的时空就是人们称为"乡"的东西。在这个意义上，人的存在就是"乡"的存在，存在的追寻就是对"乡"的追寻，而"乡"又有"故乡"和"异乡"之分。在存在论的意义上，人的一生就是在"乡"中旅行，如地域之乡、生命之乡、心灵之乡、现实之乡、理想目标之乡……就是不断地从故乡到异乡或从异乡到异乡的过程。在存在论的意义上，对"异乡"的追寻就是一定追寻主体对自己"异在"的追寻，对"故乡"的追寻则是一定追寻主体对自己"同在"的追寻。在存在论的意义上，主体对一种"乡在"的追寻，具有价值取向、思维方式和精神理想的生命存在本体论和方法论意义。中国传统文化贵"和"，重"同在"，尚"同乡""故乡"，在一定程度上排斥"异在""异乡""游子""浪子"，如"落叶归根""月是故乡明""浪子回头金不换""孝子不远游"等理念。而当今时代文化的趋向是尊"个性"，重"异在"，尚"异乡"。在城市化、现代化与全球化的生存境遇中，我们都是有着沉重故乡情结又时刻充满异乡感的人。面对故乡情结相对较重、异乡精神相对缺失的当今中国文化，建造从故乡到异乡再到新的异乡的存在者之乡，具有当今时代文化的宝贵意蕴和当代人存在的实有、实用价值。请看处女座的诗歌《穿越者》：

> 人的一生就是在乡中穿越
> 从故乡到异乡
> 从异乡到故乡
> 从异乡到新的异乡

穿越就是我的乡

我的乡情

凡是我灵魂飞过的土地和天空

都是我的故乡

凡是我生命栖居和筑造的寓所

都是我的故乡

凡是我的故乡

都是我的异乡

如果我不飞翔筑造

大地与天空、陆地与海洋

哪里是故乡

哪里是异乡

故乡与异乡都是我的乡

我的乡情

我们去异乡，不是缘于诱惑

而是生命的承担

存在的召唤

我们回故乡

不是回归旧梦

而是带着新的梦想①

——处女座《穿越者》

　　穿越者的乡情是存在的乡情，穿越是穿越存在之乡。要改变乡的传统观念，确立存在之乡的意识。现代人已无传统意义的乡或故乡，是以穿越为乡，这个乡是流动和流变的而不是固守的乡，是主体化的而不是客体化

---

　　① 处女座：《穿越者之诗——从故乡到异乡》，知识产权出版社，2013，第 2 页。

的乡。这里，"穿越者"如果是被客体诱惑而去异乡，或如果是回归故乡客体的旧梦，他就被客体化了。带着生命的责任去异乡，或带着新的梦想回故乡，这就是一个主体造化客体的主体化的人存在的过程。人的存在就是乡在，诗歌主体化就是建构存在之乡。如此，诗文化就是解蔽、理解、建构人的乡在，就是建构主体化的故乡或异乡。

（2）诗歌的民间意义。民间是存在之乡的所在地和依附地，民间最具主体化的生活世界总体意义和工作世界共同体本意，也是主体间性意义最深厚的策源地。"桃花真正属于民间/绝世的美不可复制……桃花生来就属于山谷/她的美一年一度"（处女座：《桃花世界》，出自《穿越者之诗——从故乡到异乡》，以下所引诗句皆出于此）。"民间"是诗歌意义的对象支撑或主体依托，是意义之本；灵魂、思想意识是意义之源。以人为本就是以民众的生命存在和发展为本，就是以"民间"的意义为本，而民间意义的根本就是民生的意义，民生就是民众的生存、生产、生活、工作，就是民众的生活世界和工作世界的主体化。写写鸡鸭猪狗并不就具有了民间性，民间性或人性化写作的关键在于创造出"民间"的意义和价值，而不是消解甚至丑化"民间"的意义。"爱情的石头沉默无语"，"丘陵地带/桃花生于石头/桃木坚硬/桃花挺立/像雪一样白/像血一样红"（处女座《桃花世界》）；"桃花世界/你是真正懂得桃花的人/你是桃花唯一的情人"（处女座《桃花世界》）。石头表征民生的艰难和顽强，美生于民间的山谷，"民间"是主体化的最美丽的"情人"。

（3）诗歌的实有意义。民间是存在和本质最丰富的领域，诗歌的民间性注定了诗歌的实有意义。"他习惯性地/把左手放在右手背上/两只冻得发胖的手/叠在一起/一种坦然的姿态/他表情灰暗、亲切、安详/土豆，土中的豆/闪耀灰暗的光芒。"（处女座《卖土豆的男人》）诗歌的实有性往往体现在民间的日常工作和生活中，体现在被一些目光短浅者和理解力低下者认为是无意义甚至是丑陋的活动和存在之中，而处女座则指示了其意义："我真想摸一摸他的冻手/我的灵魂/一直在抚摸。"面对在别人看来除了空无和死亡什么也没有的沙滩和河流，处女座则指示其潜在的主体化意义："沙滩灿烂/金灿灿的沙滩/河流的骸骨/河流裸露的皮肤/灵魂的水川流不息。"（处女座《四月丘陵》）别人看见的枯竭的河流，诗人却能赋予其川流不息的意义，并且是那样让人相信。是啊，即使是我们看见那些枯竭了的古河道，灵魂中总是浮现出水的奔流景象。而这些荒滩、土豆上的实有意义只有在工作世界中才能被意识主体意识化或被工作主体工作化。

（4）诗歌的普遍世界意义。诗歌的普遍世界意义即诗歌的主体化世界意义，主体化世界的总体性，使得诗歌不是单个人的孤立写作，也不是某个集体的集体化道白，而是叙说和展现主体化存在共同体的共同性、共鸣性。如果写一个人或一件事，不能写出它的普世性，就绝对不是诗歌，而是一种纯粹个人化的自我表现。诗歌应该有自己的存在也有他人和世界的境遇，有现世的生活也有来生的生命，有尘世的栖居也有天堂的筑造；诗歌最初是从心灵出发走进你我，后来从你我走进世界，现在从世界走进内心——那里有你我也有世界，将来走向心灵之外的心灵；诗歌不是游客的旅游，不是观看已有的风光、欣赏既成的风景，而是心灵的旅行，是穿越客体的景物，构造经验的世界，是深入存在的内部，以灵魂建造灵魂。这些都是诗歌普世意义的主体化规定。这种普世意义就是强调诗歌是作者与读者、作者与世界境遇的共在性和共同体性。"桃花真正属于民间/绝世的美不可复制"，"灵魂的水川流不息"，这难道不是普世的主体化存在意义和精神吗?! 当然，这更是低处的流水、低处的民间人的主体化存在意义和精神。可以说，每一首真正的诗歌，都呈现这种强烈的普世意义，都抵达了有自己和世界、有尘世和天堂、有现世和来生的主体化生活、生命的境界。

（5）诗歌的建构意义。这也是诗歌的前景化意义，是诗歌的根本意义。民间意义、普世意义、实有意义都是建构出来的，而这种建构又都是在生活世界特别是工作世界的主体化建构。诗歌一旦肢解了生活世界的总体性，一旦偏离了工作世界的价值核心，就会失却建构意义。千篇一律的个人化写作、唠唠叨叨的生活碎片化叙事、云山雾罩的妄想化直白、怨天尤人的概念化图解、鸡鸣狗盗的世俗化述说、风花雪月的意象化复制，还有怨妇式的辱骂……面对这些当今中国诗歌文化生态，面对这些无意义或消解意义的非意义写作，面对这个缺少意义、遮蔽意义、消解意义、不太清楚意义的时代，谁能建构意义，谁就能成为民间诗人、时代的思者；谁的意义越多，谁就越是诗人，反之亦然。诗人，是这个时代的思想者；思想者，是这个时代的诗人。思，就是指向对象，在现实生活的大地上指示意义、建构意义。"心灵的旅行/穿越客体的景物/构造经验的世界/心灵的旅行/深入存在的内部/以灵魂建造灵魂。"（处女座《心灵之旅》）"我抚摸着、敲打着诗歌的石头/中都颓败/我用诗歌的石料/再建都城的王室和圣殿/我快乐着异乡人的快乐/痛苦着异乡人的痛苦。"（处女座《在凤阳》）这是用主体化诗性存在的建构消解客体化的权力中心历史文化。诗歌是不能改变世界的，但可以改变世界的意义。世界的破坏已经够多了，现实的人们看见、经历和感受的破坏绝不比诗人少，他们不需要诗人再去破坏了，他们亟须重建世界的意义！他们亟须在残破的物质世界上重建主体化的生活世界和精神家园！在构建和谐世界时代，破坏是低层次的意识和行为，连一个精神病患者都会破坏，而建构就不是那么简单了，它需要从主体化诗歌和主体化诗人的灵魂中"流溢"，而这个灵魂就是工作建构、造化和创生的精神。"诗人，大地的异乡者/栖居在丘陵地带/灵魂的诗歌川流不息。"（处女座《四月丘陵》）

（6）诗歌主体化的主体意义。以上意义主要是从诗歌内容上阐明诗歌主体化的意义，而内容的主体化意义实际上是诗歌主体指向的意义，都是主体造化出来的意义，都离不开诗歌主体。诗歌主体是一个多重的主体世界，不同的主体指向不同的主体化意义。诗歌作者主体指向的意义可以叫作写意或创意，读者指向的意义可叫读意，研究者指向的意义可叫研意，教育者指向的意义可叫教意，学习者指向的意义可叫学意，应用者指向的意义可叫用意，还有考试者指向的意义可叫考意。这些意义都是不同诗歌主体不同的意义指向和价值取舍。解意、研意、教意、学意、用意、考意，不同诗歌主体各取所需。比如学习者关注诗歌的写作方法，而一般读者则不关注方法，只寻求自己与诗歌意义的共在。我们通常说，对于一首诗歌或一部作品，不同的人可以有不同的理解，这恰好是诗歌主体化意义多重性的反映。但人们尚未对这些不同的意义作上述归结，尚未把诗歌的意义结构同主体的主体化结构连接起来。

三　诗歌的工作世界本质意义

诗歌主体化的工作世界本质意义是诗歌建构的根本意义。存在意义、生活意义都以工作世界为根基和支撑。"任何一个民族，如果停止劳动，不用说一年，就是几个星期，也要灭亡，这是每一个小孩都知道的。"①在马克思看来，人依靠工作（劳动）生存，这是连"小孩都知道"的生存论。马克思明确指出了人的工作生存意义，"这种活动、这种连续不断的感性劳动和创造、这种生产，正是整个现存的感性世界的基础"。②他把实践、生产、劳动以及社会关系或生产关系作为人的生存基础、根本或生存意义的源泉，就是把人的工作活动看作人的生存依靠。工作就是主体化、实体化的生产活动，工作活动是社会实践、生产、劳动的实体存在和主体化形式，工作关系是社会关系或生产关系的实体存在和主体化形式。工作生存论是实践生存论的核心层次，是实践生存论的大众化、日常化、主体化和实体形式。

在许茨看来，工作世界是生活世界的核心领域和最高的社会实在。"精明成熟的自我在它的工作中并且通过它的工作，把它的现在、过去和未来结合成一种特殊的时间维度；它通过它的工作活动实现作为一种整体性的自身；它通过工作活动与他人进行沟通；它通过工作活动把这个日常生活世界的不同空间视角组织起来。"③个体通过自己的工作活动与外部世界连接起来，实现自己在世界中总体的生存意义；工作世界赋予日常生活最切实的实在感，只有在工作世界的实在中，个体之间才能有效地相互作用、观察、沟通、理解、支持、感受，从而形成主体间性的"伙伴关系"。④许茨这种主体间性的个人工作共同体的现实生存状态或生存方式，最后又被他还原为工作意识的生存过程，还原为意识的工作意向性，"我们可以说，现象学家并不与客体本身发生什么关系，他所感兴趣的是它们的意义，因为它是由我们的心灵活动构造的"。⑤

如果说许茨在主体间性的工作共同体关系上以意识生存论的方式展现了工作生存的浓厚意蕴，那么"建设性后现代主义"则在崇尚创造力的

---

① 《马克思恩格斯选集》第4卷，人民出版社，1995，第580页。
② 《马克思恩格斯选集》第1卷，人民出版社，1995，第77页。
③ 〔美〕阿尔弗雷德·许茨：《社会实在问题》，霍桂桓译，华夏出版社，2001，第289页。
④ 〔美〕阿尔弗雷德·许茨：《社会实在问题》，霍桂桓译，华夏出版社，2001，第298页。
⑤ 〔美〕阿尔弗雷德·许茨：《社会实在问题》，霍桂桓译，华夏出版社，2001，第167页。

意义上表达了工作生存思想。格里芬认为，人的本质、本性就是创造，创造性能量是每个人都具有的，人的工作活动就是创造活动，这种创造性工作又离不开人与人互相需要、互相贡献的工作关系，即接受他人贡献的"接受性需要"和为他人创造的"创造性贡献"的关系，工作并不只是为了金钱，而是追求和实现创造性本质，若忽视人们工作的创造性能量、价值和本质，就会使一些"掌握政治经济大权的人们制定出不现实的政策"，他告诫决策者们"工人不仅仅是'工人'，他们首先是人，因而他们需要从工作中获得某种满足感；需要创造性地行事；需要感觉到他们对某些事情作出了有价值的贡献；需要参与公司的决策程序"。① 福柯则认为，人们写作、生活、恋爱、乐趣等生存意义，都存在于创造性的工作过程，生活本身就是工作创造出来的活生生的艺术品，"人生劳作的主要兴趣是使自己成为不同于昨日的另外之人"。② 但是，与许茨现象学的工作生存思想一样，"建设性后现代主义"的创造性工作生存理念最后又复归为意识生存论，如霍兰德把格里芬的"创造性能量"归结为"精神能量"，认为精神能量的首要性是第一原则，所有社会能量都以精神性为基础和根源。③

　　人的本质是工作，工作的本质是工作世界，工作世界的本质是工作世界总体性，即和谐的人性化工作共同体世界；工作世界是一个意义的世界，是一个不断地建构、获得意义与破坏、丧失意义并行的过程。"艺术工作是真正的工作"，④ 即艺术由工作创造，艺术的本质是展现工作世界的创造意义。工作世界总体化生活世界、现实世界、存在世界、价值意义世界，工作世界是诗文化艺术的根本意义向度。处女座大量的诗歌都展现、解蔽、建构了工作世界的意义，如《在凤阳》《中原大地》《卖土豆的男人》《寂静的乡村》《故园》《红冠鸟》《孔雀东南飞》等，可以说，

---

① 〔美〕大卫·雷·格里芬：《后现代精神》，王成兵译，中央编译出版社，1998，第223页。
② 〔美〕大卫·雷·格里芬：《后现代精神》，王成兵译，中央编译出版社，1998，第4页。
③ 〔美〕大卫·雷·格里芬：《后现代精神》，王成兵译，中央编译出版社，1998，第73页。
④ 〔美〕赫伯特·马尔库塞：《爱欲与文明》，黄勇、薛民译，上海译文出版社，2012，第73页。

处女座的诗歌特别是 2000 年以后的诗作几乎都以工作世界的意义为根本向度，都具有强烈的工作世界感，而这种工作世界诗歌展现了工作世界的总体性，这不同于一些具体地描述某种工作活动、工作场景、工作身份的"工作"诗歌，如一些写农民工、打工族的诗歌，它们缺少工作世界总体性和存在的大格局。诗歌的本质是工作世界诗歌，诗学的本质是工作世界诗学，即工作诗学。离开工作大地、工作世界，实践、文化、生活、存在就无所依附，实践诗学、文化诗学、存在诗学，等等，所有的诗学就无所寄托。

综上，诗歌就是诗人主体与读者主体化解世界为彼此共在主体的语言艺术形式，诗歌主体化或主体化诗歌就是诗歌主体把世界化解为主体与主体、主体与世界的共在。这种化境、这种造化是生活世界总体化，而其最根本的依靠是工作世界或工作化。诗文化主体化或主体化诗文化的本质是工作世界化或工作世界共同体化。因此，诗文化、诗歌本质上是作者与读者对主体化生命、主体化世界、主体化生活世界和工作世界的共同体验、理解、造化和建构，是作者与读者的共同创作。

第二节　大陆诗文化：闽南外生诗文化思想政治教育①

大陆诗文化是叙写和建构大陆生活和工作世界空间意义的诗文化，是闽南外生诗文化思想政治教育的主要内容。闽南诗文化包括闽南外生诗文化和闽南内生诗文化，前者指闽南人之外的其他主体创作的非闽南区域空间或普遍世界空间的诗文化，如屈原的《离骚》、白居易的《长恨歌》，这些外生诗文化一些已经融入闽南文化风土，一些正在或将要融入闽南文化风土；后者指闽南人创作的叙写、映照和建构闽南区域空间的诗文化，如生活于闽南的诗人处女座的《闽台桐花》《闽台茶诗》等作品，这些闽南内生诗文化已经融入或正在融入或将要融入闽南区域文化风土，并走向

---

① 本节一、二、三、四、五部分内容都曾以诗论的形式在 2005 年前后发表于"界限""诗江湖"等诗歌网站，收入本著作时文字上有修改、有删节、有增添。本节所引用的处女座诗歌可见处女座诗歌集《穿越者之诗——从故乡到异乡》，知识产权出版社，2013。

普遍世界，融入普遍人们的生活世界。闽南诗文化思想政治教育是指一定教育主体将闽南诗文化的思想政治教育资源转化为现代思想政治教育的内容，对受教育者进行诗文化的世界观、价值观、道德观、生命观等方面的教育，其总体是生活世界意义教育，本质是工作世界意义教育，因此，闽南诗文化思想政治教育亦可归结为闽南诗文化的意义教育，即生活世界总体和工作世界本质意义教育。本节以处女座诗歌为范例，从诗文化的意义向度，叙写一些闽南外生诗文化思想政治教育的内容。这些诗歌都是诗人在来闽之前的内陆地域作品，具有大陆诗文化特质。而教育路径方面，这里不再具体探讨，前述关于闽南文化思想政治教育各种路径的探究，亦适用于闽南文化思想政治教育。

一　"把根放飞"：从"根文化"看存在者的异乡精神与超越

"寻根""寻根热""落叶归根""故土难离"等，这就是中国传统的"根文化"的基本意蕴。这种根文化是一种生命的"回溯"文化，是爱国、爱家、爱故乡文化，但从过度怀旧、迷信寻根和固守原地的存在生态看，也是恋旧、怀旧、守旧文化，与躯干、枝叶的伸展精神，与鸟儿的飞翔舍弃精神是背道而驰的。寻根文化是一种过度的故乡情结，与处在文化和存在互相流动和碰撞时代背景中的"异乡"精神形成巨大的反差。"灵魂的本性就是漫游"（海德格尔语），"灵魂，大地的异乡者"（特拉克尔语），"诗人，大地的异乡者"（处女座语），可见，异乡精神是为现当代的诗人和哲学家所崇尚的人文存在和文化精神。这是一种工作创造精神，因为只有不断地工作创造才能不断地走向异乡寻求开拓新的工作世界和生活空间。哲学家也好，诗人也好，普通人也好，谁能理解、摄取和展现这种精神，谁就具有了当代、当今现实或实有的品格和素质。而从当今中国诗文化的存在生态看，确实也有这样的"在者"，如处女座的诗歌《根》：

> 盘住故乡的一小块泥土
> 将生命延伸成躯干
> 再将躯干延伸成枝桠、叶片
> 再倾毕生之功力

将自己延伸成枝桠上的翠鸟

然后，飞走

忍住泪儿流

在一切枯萎之前

决定远走他乡

——处女座《根》

首先，我们说这是一首精美的小诗。所谓精美，就是能指示一个整体的存在状态或方式，或解蔽一种整体的存在遭遇。并不是句子短或诗短、文字少就"精美"了。生活场景或杂碎的罗列，意象的叠加，无论长短都既不是整体也不精美。精美绝不是有些诗人所感觉的，一首诗写个三五句话就精美了，关键是整体（即生活世界总体）的存在感。另外，精美的语言格局必须是有规律可循，好记，这是中国传统诗歌的一个优良传统。激进一点说吧，传统诗歌什么都可以丢，唯有这个语言传统不能丢。《根》这首诗短短九句，语言有规律可循，笔者看一两遍，不用特意记基本就能记住。而精美、语言等不过是这首诗的表层优秀，其深层价值在于它的意义，"意义向度是诗歌的根本向度"。这首诗的重大意义就在于用异乡精神消解了中国几千年传统的过度"故乡情结"。"故土难离""落叶归根""月是故乡明""孝子不远游"，等等，这是传统文化的过度故乡情结。异乡精神是当今的存在精神。我们都是大地的异乡人，快乐着异乡人的快乐，痛苦着异乡人的痛苦。《根》从"盘住故乡的一小块泥土"开始，延伸成躯干、枝桠、叶片，最后惊人一跃，也是惊人一笔，"将自己延伸成枝桠上的翠鸟/然后，飞走……"这种决绝不只是一个告别者对故乡的告别，更是一种新的异乡文化对过度或迷信的寻根文化的告别，是一种普遍世界存在和文化对偏狭地域存在和文化的告别。而有些诗文化却还在追寻着另一种存在，即寻根的古老存在，还在进行着另一种告别，即告别生命的伸展漫游本质回到原始的根部，如一位叫西叶的诗人所写的《根》（出自"界限"诗歌网站）：

将我愤怒地埋下

将我埋在冬天

我要旷野的眼睛

将我悬吊空中

石头不可企及

缠绕的水纹

聚成黑色的姐妹

我要延伸至死

我要雪花般降落

我决定枯萎

在我老死的故乡

——西叶《根》

　　可以说，这首诗从语言状态上看，也是一首精美的小诗，但"我要延伸至死/我要雪花般降落/我决定枯萎/在我老死的故乡"，这最后的决绝决绝在传统"寻根"文化上，这就使它的决绝显得不合时宜了，这种决绝越决绝就越不该决绝，越决绝就越远离了生命与存在的实有状态和精神。一些人热衷于寻根，一些人想得到漫游存在，追寻异乡状态，而这种异乡追寻往往是从精神梦想到现实践行的工作创造过程。如果说处女座的《根》凸显的主要是"延伸""飞走""远走"等生命生长状态或工作拓展行动，那么处女座的《异乡人》则显现了异乡追寻的梦想、理想精神。

五月，我看见一只唱鸟

一个异乡人，落在窗外的香樟树上

她穿着绚丽的羽毛和翅膀

跟我们长相大不一样

歌声清唳、婉转、悠扬

音符非常清晰，节奏非常明快

树枝颤动，机械轰鸣，喇叭声声

她不紧不慢，不慌不忙，唱得非常投入

我好像在听一首原版的天文歌曲

听不懂歌词大意，但非常感动

她高高地歌唱，远远地歌唱

不时地四处张望，向我这里窥视

向我呼唤，似乎就要把我带走

飞向被我称作异乡的地方

——处女座《异乡人》

这里，"异乡人"还只是以鸟的状态呈现出来的理想精神，也就是说，在《异乡人》里，诗人还没有体验到异乡人的痛苦和快乐，还没有过过异乡人一天的实有的日子。但这首诗从香樟树到鸟的生命延伸过程与《根》有一种默契，只是缺少根的部分，或许，诗人把自己当成根部了吧。但无论如何，在《异乡人》里存在者还没有延伸成《根》里的翠鸟，与翠鸟还处在不同的被分割的空间里，只是看见、理解、追寻翠鸟的空间存在。而处女座的《根》恰好是弥补了这种欠缺或存在的分裂，将自己本身延伸成翠鸟，并进入其存在的空间，进而将《异乡人》的异乡精神梦想转换成异乡精神的现实存在，并在飞往异乡的途中实实在在地体验到异乡人的快乐与痛苦。而无论是快乐与痛苦、幸福与不幸，这种异乡追寻都是超越了狭小根部或故乡地域的现实生命的前景和存在境界，都表露了生活世界总体意义和工作世界创造的爱与美。

而这异乡又在哪里？根是泥土之根，是大陆文化符号。有道是"天高任鸟飞"，这里的翠鸟可视为海洋文化符号。"把根放飞"、根羽化成一只翠鸟就是飞向与大陆空间相对应的海洋世界，去追寻海洋异乡世界的意义。《根》总体上是大陆诗文化作品，但预示了先大陆后海洋的存在者的空间追寻生态。这一点也可从处女座《故乡》一诗得到佐证。

躺在故乡的河畔

这冬天的河

河面封冻

水在冰下静静地奔流

天空辽远

大地空旷

河谷，童年的渡口

寂静

洁净的沙滩

柔软而温热

一只被河水冲回故乡的贝壳

薄如蝉翼

光芒一闪

等待春汛

漂走

贝的异乡

河流的爱侣呵

请不要

不要现在将我拾起

我单薄而脆弱

一触即碎

故乡呵

除了这片河谷

一切都是陌生

一切都已冰冷

——处女座《故乡》

　　存在者作为一只河贝躺在故乡的河畔，等待春汛漂走、漂向贝的异乡。这里，河畔、贝壳都是大陆文化符号。"千条江河向大海"，贝的异乡就是河流的异乡，即大海。存在者躺在柔软的沙滩上，充满了对大陆故乡的依恋，但是这"柔软"的大陆故乡空间的有限性和海洋异乡空间的召唤，使存在者期待着走向海洋异乡，羽化成海贝，开拓更广阔的海洋世界空间。大陆故乡的意义在"陌生"和"冰冷"的背景和境遇中被消解了，而海洋异乡的意义正对存在者敞开和涌现。这就是先大陆后海洋的存在者的空间追寻生态。

最后，还是要说一下，诗人或作者看了这些评说，可能会说，写这首诗的时候什么也没想。诗人可以这么说，可以这么做，但作为诗文化评说者，不能这么想，不能这么做。否则，还要评说者干什么?! 诗歌是诗人对存在的主体化艺术，诗评、诗论是评说者对诗文化的主体化体验、理解和建构，它是基于一定诗歌、诗文化原意、本意的主体化创意，甚至即使是一个诗人评说自己诗文化的时候都会突然发现自己在写作的时候根本就没想到那些自己作为评说者的时候的意义。"我写诗的时候根本就没想那么多"，诗人可以如是说，但评说者不仅要想，而且要思想很多，或许，这才是个合格的评说者吧。"灵魂的本性就是漫游"，"诗人，大地的异乡者"，评说者还要召唤诗人、存在者和其他评说者学习《根》这种"再倾毕生之功力／将自己延伸成枝桠上的翠鸟／然后，飞走"的海洋异乡精神，学习其异乡情怀和在现实大地上对异乡存在的追寻和在异乡的漫游精神！"我们去异乡／不是源于诱惑／而是生命的承担、存在的召唤。"（处女座诗语）故乡的土地、家园、资源等生存空间是狭隘和有限的，要尽可能地把这些留给乡亲或原生世界的伙伴，让自己去开拓异乡的生存空间，并在爱而不是迷信和固守的故乡情结里不断地回溯故乡。"我们回故乡／不是回归旧梦／而是带着新的梦想。"我们要学会把根留住的大陆故乡文化生态，更要学会把根放飞的海洋异乡文化追寻。

二　存在的格局与趋向：《暗香》《西藏》《故园》《一个老人坐在傍晚的院子里》……

这里仅选择处女座的《暗香》《西藏》《故园》《一个老人坐在傍晚的院子里》等作品，展现主体化人的生活世界和工作世界存在格局和价值取向。

（一）存在的格局与趋向：诗歌《暗香》解构

"一切皆流，无物常住"，"存在不存在，非存在存在"，这是赫拉克利特的存在文化；"有不比无多"，"有生于无"，这是德谟克利特和老子的存在文化。而亚里士多德则在现实的存在中寻找潜能、潜在；培根也在实体存在中挖掘潜伏结构；而弗洛伊德则把自我认作本我和超我的平衡状态，把潜在的本我或潜意识认作真我；而后现代则在信仰、理性和现有意义的存在中抵达了虚无和荒谬的境地。这些哲学文化都把存在视为一个在与不在、在与非在、有与无、实体与形式、显在与潜在、现有与潜能、明摆与潜伏的关联格局状态，而在这种格局中，又都趋向于潜伏、潜能。空无不是一无所有，而是一种暗藏、潜伏的爱和美的存在，是一种潜能或潜在的美的能量，用诗文化的话语来说，就是处女座意指的"暗香"。哲学文化崇尚"潜在""潜伏"，诗歌文化追寻暗藏之在、暗香之香，或叫异域、异香。

继《青花劫》将"异域"之在的"美意"解蔽之后，处女座又在《暗香》一诗中指示了存在的实体梅树之在与潜伏的或暗藏的"香"在的共存格局，并显摆了"暗香"之在，读了以后感觉"暗香"之在直面我们涌现。《暗香》之梅树与梅香就是我们每个人存在的格局和趋向。

　　……
　　梅树可以守得稳自己
　　却守不住自己的暗香

　　丘陵的石头暗流涌动
　　穿雪花鞋，带胭脂红
　　三两步可进入十三月的入海口
　　梅花三弄，你一日走失三次
　　红头涨脸，最后坐在一条旧木船
　　无论怎样描眉画眼
　　也掩饰不住丢失的痕迹

　　十三月的日子无始无终
　　十三月的海域水火相融
　　在十三月着色，花朵可以传世
　　……

　　　　　　　　　　　　　　　——处女座《暗香》

我们的现存世界很受拘束，很不完满，很寂寞、压抑，如技术的、制度的文化的压抑，物质的、精神的意识形态的压抑，等等。我们"以梅自居，筑石头的高墙，守贞洁的空房"，这种明在以梅树的姿态张扬着、守卫着、荣耀着，但"梅树可以守得稳自己，却守不住自己的暗香"。这种守不住不仅来自"高墙"之上或之外的"万丈阳光"和"亿万雪花"的牵引、描画和支助，更在于"暗香之香"的自我涌现。这种无禁锢、无律制的"暗藏"的"潜伏结构"或"潜能"，还在于"丘陵的石头暗流涌动"为"潜能"提供了宣泄时空，为"潜伏结构"摆置了"潜伏"床椅或露天空场。这样，再加之她有"穿雪花鞋，带胭脂红"的"潜能"，她就完全可以"三两步"步入"十三月"的海域，步入这个可溶解石头的"水火相融"的新领地，这里没有"石头的高墙"，"一半是雨水，一半是光线"，熟悉而陌生，亲切而热烈，"日子无始无终"，海域无边无际。"十三月"在十二月之中又在十二月之外，在天地时空之中又在天地时空之外，"在十三月着色，花朵可以传世"。就是这么一个去处，使她情不自禁"一日走失三次"，她也曾极力掩饰"走失"状态，但无奈"暗香"潜能力量的巨大使她无法掩饰，"暗香"的巨泻使她外观上呈现"红头涨脸"的美态和失态。而这恰好是真正的本我的"梅态"，这里，这种"暗藏"与"潜伏"已经明摆在"十三月"了……最后她进入一幅彩色画卷，这只是她"潜能"巨泻或"潜伏"趋向"明摆"的一个现场场景的绘制。

请问，哪一个存在者不是在实体的禁锢中趋向这种"潜能巨泻"或"潜伏结构"的明摆状态呢?! 只不过是梅开了一条先路，率先找到了"入海口"，提前完成了从大陆空间到海洋世界的存在格局的自我摆置，在冬天，以"暗香"的美态，穿过"石头的高墙"，进入"丘陵的暗流"——十三月的海域，那里，"花朵可以传世"。

《暗香》不同于"一枝红杏出墙来"的古代人传统"暗香"，后者仅仅是肢体的越墙，没有前者的身心总体化逾越和潜能巨泻的涌现力或穿透力，也没有将墙外的肢体和墙内的肢体分开，即没有将"实体"之在和"潜能"之在分开，更没有逾越十二月的时空，这种在原有的领地和时空内的"出墙"，很让人怀疑是情欲女人的偷情行为，而不具有普适的主体化存在格局和意义。《暗香》不同于"凌寒独自开"的孤芳自赏式的沉寂与沉沦，前者积极涌现，积极入世，以梅树的实体和暗香的潜能两种姿态或双重人伦摆置自己的主体化存在格局，并使"暗香"之在由暗伏境地趋向明摆结构；而后者积聚的愁怨亦让人怀疑仅仅是一个怨妇的愁怨与"寂寞无主"。《暗香》也不同于"俏也不争春，只把春来报"的梅花救世情境，前者心志平和，无意于三四月时空或五六月时空，无意于远离冬日的高远时空，只求"三两步"进入一个"非存在存在"的存在，即潜能的"海洋"空间世界，无须等待，就在眼前，就在冬天，就潜伏在每一块石头、每一个制度、每一个形态之中，它比任何一个实体和现实更实在、更现实，"十三月"比任何一个月更像一个月，比任何一块地更像一块地，比任何水火更像水火，它本身、本我就是由水火构成，梅对这样的存在再适合不过了，这是主体化人对海洋世界空间的新开拓、新造化。"暗香"之梅无意救世，无意报春，只是存在主体的主体化流溢、涌现与巨泻，她的行动和选择只是无意之中为他者呈现了一个从现实大陆生态到潜能海洋空间的存在格局与趋向。

（二）和谐与碰撞：诗歌《西藏》之美及其存在个性

《西藏》是处女座 90 年代末的处女作，它已经远远地超越了地域意义上的西藏，抵达了一种普适化的诗文化主体化境界。它使人感觉到人性、自然和神性相互碰撞的美。这是一种大美，是时代的大美、存在的大美，而不是风景的小美。"美即和谐"，毕达哥拉斯如是说；"碰撞产生和谐"，赫拉克利特如是说；"冲气以为和"，老子如是说……

美、和谐真的需要碰撞吗？经济碰撞了，技术碰撞了，政治、文化、制度也碰撞了，人与人、自然、社会都碰撞了，还有什么不能碰撞呢？还有什么不是碰撞呢?! 如果太阳和月亮、火星与地球有笛卡尔的"思"，有现象学的"意向"，有马克思的"社会关系"根基，它们也会碰撞的，那该是一种怎样的和谐和美啊！自然可以不碰撞，或者可以晚一些碰撞，而人是必须碰撞的，人的和谐与美是必须、必然碰撞的。而实际上，自然已经碰撞了，在人之前就碰撞了。诸如德谟克利特的"旋涡运动"、伊壁鸠鲁的"原子偏离"、康德的"星云聚散"，自然一直在碰撞，在碰撞中和谐和美。那是火与火、光芒与光芒的碰撞，那是"种子"与"种子"、

"爱力"与"恨力"的碰撞，那是元素与元素、自由与自由的碰撞……

面对一些人以"审丑""扬恶""尚暴""崇无"为诗、为论、为文、为乐的沉沦文化状态，面对消解美的意义、不太清楚美的意义的迷茫文化时代，《西藏》以其"碰撞的和谐美"内涵和诗歌艺术以及实有的意义建构，为我们确立了主体化诗性文化的审美向度和价值取舍，还原了美的真存和意义。"今夜，高原的少女/触摸着星星的瓦砾/情人的灰烬/腰间的剑鞘上/龙焗黄了头发/爱情的短剑锈迹斑斑。"（处女座《西藏》）"龙焗黄了头发"，这是主体何等的自省与昂奋啊！"触摸着星星的瓦砾/情人的灰烬"，"爱情的短剑锈迹斑斑"，这又是主体何等的贞烈与"锈美"！《西藏》是对美、对诗性文化主体化存在的一次孤独而冷艳的拯救。而这种拯救还在主体化存在的冲突中持续和延展。"布达拉宫，众神最后的圣殿，依旧灯火辉煌，灵光普照。"（处女座《西藏》）"神性"的强大似乎占了上风。可以说，作为西藏地域的"神性之光"是美的，是令人神往的，而作为存在并与人性和自然相对峙的"神性之光"则是对人与自然之性、之美的遮蔽和消解。作为后者的"神性之光"正湮没在处女座冷艳的抒情主体和自然客体的存在之中。"天堂的最后一道门，打开/你倚在紫红色的门槛上/看太阳的红绣球/从东方滚来/牦牛和绵羊低哞着饥饿/青青的草地/高原稚嫩的皮肤/挂满莹莹泪水……"（处女座《西藏》）这是诗人对主体化存在与本质的高度自觉，是诗人"灵魂的流溢"，是自然、人性、神性相互碰撞与和谐的主体化存在之美！

海子也写过一首《西藏》：

> 西藏，一块孤独的石头坐满整个天空
> 没有任何夜晚能使我沉睡
> 没有任何黎明能使我醒来
> 一块孤独的石头坐满整个天空
> 他说：在这一千年里我只热爱我自己
>
> 一块孤独的石头坐满整个天空
> 没有任何泪水使我变成花朵

没有任何国王使我变成王座

——海子《西藏》

比照之下，处女座的"西藏"比海子的"西藏"更具有工作世界的"实有感"和"在场感"，更具有主体化的个性与群性的并存与通约性。海子的"西藏"是海子的存在空间与时间，不得不说，这是一种"孤独""未醒"的自我封闭的"石头"状态，其实是一种存在的虚幻。处女座遭遇的是"西部大开发"等文化和存在的冲突、碰撞与和谐。"天堂的最后一道门，打开"，"打开"就是一种工作世界的"造化"。这种存在时间与空间的境遇的不同，使处女座的"西藏"与海子"西藏"呈现不同的存在个性。海子的那个无矛盾冲突的单向度的封闭的石头状态的"西藏"，被消解在处女座自然、人性、神性相互碰撞的多向度的开放或开化的"西藏"之大美中。海子把西藏写成一块孤独未醒的封闭的自高自大的石头，似乎有概念化写作的嫌疑，似乎在用一些个体的存在图解西藏的存在。海子的"西藏"只有一个石头的意义，只有一个石头的话语和意象，"一块孤独的石头坐满整个天空"，一共八句话的诗，这句话就重复了三次，"一块孤独的石头坐满整个天空"，看来，除了石头，海子觉得再也没有什么可说的了。这种对西藏的理解显然是不合时宜的，西藏的意义早已不是"一块石头"的意义了。现代的西藏需要诗人用新的西藏意义覆盖以往的封闭落后、虚幻的石头意义！这种新的意义就是，西藏是一种光芒，神性的光芒，自然的光芒，人性的光芒。笔者 2006 年在一个文化节上当面倾听过著名西藏女歌手索朗旺姆演唱的《光》，感受到西藏就是这种光的存在。这与处女座 20 世纪末的"西藏"非常契合。处女座的"西藏"恰好抓住了这些光芒，有自然的日光、星光，人性的剑光、泪光，神性的灵光……并把它们置于光芒与光芒（即主体与客体）以及人性与自然、神性碰撞的大美存在之中。而海子的"石头西藏"恰好没抓住这些光，他的手恰好把这些光芒给漏掉了，只剩下一块暗淡的石头"坐满天空"，主体、人性都被遮蔽在客体化的石头之中。处女座与海子的相同之处就是二人的《西藏》都是用精美而纯粹的诗歌话语展现出一定遭遇中的存在与文化的格局和内涵，都不是那种关于西藏的风情、风景的景物诗，都不是关于西藏"那个地方"的诗歌。

"诗人，大地的异乡者"，诗人是"西藏"的异乡人，正行走在通往和谐与碰撞并存的"西藏共同体"的主体化存在途中，这是一条当代诗文化主体化的运行之路、拯救之途，是一次远征的恋爱和冒险，闪耀着思想高原的孤独之光。

（三）诗歌《故园》的超越性与农民的诗性再生

当下经济学对农民的救赎是把农民资本化、要素化，这是一条资本化的物化、客体化道路；而诗歌文化对农民的拯救是走着一条诗性再生的道路，这是一条人性化、人本化的还原和复归之路。诗性再生就是诗性存在的再生与再造。从列斐伏尔的"诗性实践"和海德格尔的"诗性哲学"向度看，诗性存在就是超越了经济异化或物化的自由、情爱、激情等向度的存在状态。诗性存在本质上是主体化的生活世界和工作世界，它与被资本化、要素化、物化的客体化存在相对峙。农民的诗性存在就是：自由生活与存在；自主生产和活动；主体间性的互相交往，亲情友情的浓烈；不太为吃穿发愁，农产品价格好或好年景就赚一些钱，价格不好、种地赔钱就种一些够自己吃穿就行了；质朴、仁爱、义气；不必为涨工资、职位晋升费尽心机；不必为待业下岗忧虑，不用把自己的命运系在别人的身上；他们自我劳动、自我创造，在大地上诗意地栖居和筑造。这种诗性存在不仅存在于自然经济状态下，也存在于当下的市场经济状态下。这种存在之所以能持续到今天，就是因为农民手里有一块属于自己的土地。

当下农民的诗性存在不是封建田园式的诗性存在，而是在各种矛盾冲突中的开放存在。除了一些自然灾害、生活贫困等问题，还有异类的驱赶和胁迫，"让农民到城市去！让他们流动起来！""农民代表传统落后的生产方式！"……这些声音一直在农民的故园上空回响，当下则更是愈演愈烈。难道农民过稳定的自由自在的生活有什么不好吗？难道非要让他们接受利润价值取向、资本逻辑和权力的齐一化行动准则吗？！难道他们得罪谁了吗？在经济学或经济学家那里，农民只不过被当成一个物化的要素，一个资本和权力的因子，经济学和经济学家要让农民们流转起来，要让他们转起来、流起来，最后成为利润流转到资本或权力的口袋里！经济学遵循的资本逻辑和利润价值，似乎从不知道农民的诗性存在为何物，而一旦知道了，它就要与这种存在誓不两立，就要消灭这种存在，就要"消灭农民"。"要素流转""农民进城"这条资本化的集约道路不是拯救农民的灵丹妙药，它会使农民成为无根的漂泊者，真正地生活"在别处"，成为真正意义上的无家可归者。"让下岗工人进村"，"让农民进城"，为什么他们让流转的总是这些弱势群体或低世界的存在?!

而追求、解蔽诗性存在的诗人则以经济学相对峙，他要向世人敞开农民的诗性存在，使这种存在的意义在世人面前明亮起来！经济学家是资本和利润的动物，而诗人是存在的存在者！处女座的《故园》一诗是写农民生态的范例。《故园》首先通过故园中隐喻着资本化和权力化的"官气"和"商气"，展示了故园的"瘴气"："盛夏是我隐居的日子／我回乡村老家／看故园的景物／听尘世的变迁／父亲说一些亲戚升官了／当了镇长、区长、局长／一些亲戚发财了／有百万、千万家财／还有一个绰号叫'小大肚'的同乡／花50万当上镇长／因喝酒争小姐打死人／把官弄丢了／后来又花50万买个镇长／为收回成本向农民摊派／遭人举报又丢了官／我对官商不感兴趣／暗暗不满父亲对他们的传扬"。然后，以"牛鬼蛇神"之"蛇"的驯服为重点，解蔽了故园的神气、灵气，把一个原本就是属于农民自己的但被"瘴气"异化和遮蔽了的故园又还原为农民自己的故园，"我把自己关在家里／哪也不去，谁也不见／我视故园为圣地／视农民为观音菩萨／牛鬼蛇神都要来拜见我们／我仰卧在父母的火炕上／听父母的唠叨和窗外的鸟语／地上的母亲突然惊叫／顺着母亲的指向看去／一条小蛇爬上窗外的花盆／缠着月季花向上攀援／'蛇是来拜见我们的'／我想起蛇是小仙／观音是大神／……我用一根玉米秸把蛇挑起／扔到园子的姜地里／眼望着它扭动着柔软的身体／顺着姜地的垄台爬走了／羞涩的样子叫人怜爱／哧溜哧溜的形状让母亲恐惧"。最后把自己置于"灵魂之星宿"的存在境地和时空，悬浮于故园的庭院（而不是天空），进一步为故园注入存在的神气和灵气，"七月大地，植物茂盛／农田长满低贱的蔬菜和粮食／我的故园，生灵寂静／远去的星宿／逝者的在天之灵／生者的梦幻之灵／浪子的漂泊与漫游之灵／都汇聚夜晚的天空／星仔密布，闪耀的灵魂／对着故园凝望／明亮与幽暗／我必是其中一颗／悬浮于故园的庭院"。由此，读过之后，让人感觉到这个故园确实是农民自己的故园，而不是别人的故园；确实是故园，而不是什么别的园子。《故园》一诗实现了三个超越：其一，显摆了父母、青蛇、低贱的粮食以及灵魂自我的日常化、普通化存在意义，超越了把故园虚无化的"虚无故园"；其二，展现了"官气""商气""蛇气"与人性父母的对峙与和解，超越了无矛盾冲突的虚幻的封建"田园故园"；其三，把故园置于总体的"乡村故园"，进而又把"乡村故园"置于普适化的存在故园的大格局境地，超越了把故园家园化的"个体家园故园"。

从《故园》的意义结构和超越性上看，农民要使自己的诗性存在（即主体化存在）存在下去，就要摆脱资本化的处境和危险，就要在各种矛盾冲突和对抗中再造自己的诗性存在，这种再造既是一次再生的过程，也是一次回归的行动，也是农民主体自我的救赎之路，即处女座《故园》诗中所说，"我视故园为圣地/视农民为观音菩萨/牛鬼蛇神都要来拜见我们"。这条主体化的诗性存在的道路就是循着上述处女座《故园》诗歌的意义结构去行动，循着《故园》诗歌的超越性路径去选择。其要点、要义就是：清除资本化和权力化的客体化"瘴气"，驯服牛鬼蛇神；自由生活和自主活动；用有意义覆盖无意义，用新的意义去覆盖旧的意义；用反抗与和解替换单向度的服从与屈从；为乡村故园、大地注入神气、灵气、人气，注入人性的主体化存在。这条道路不比也没有必要比经济学那"一加一等于二"清楚，但闪耀着人性的光辉和袒露着主体化存在的实在，并把经济学的资本逻辑和利润价值抿抹在这种光辉和实在之中。

（四）敞开的存在：诗歌《一个老人坐在傍晚的院子里》鉴赏

你不是农民，你就不会理解农民老人的存在；你不是一个农民老人的孩子，你就不会理解农民父亲的存在。而由于你的目光和文化视觉对这种存在的遮蔽，当有诗人解蔽了这种存在并让其在你面前明亮地敞开的时刻，你依然看不见、不理解这种存在，依然会说"确实没有什么能吸引我的地方"。你所看见的农民老人乃至所有的老人就是苍老、衰弱、黯淡以至贫困或慈祥可亲叫人怜悯同情的样子。一个对存在缺少思考、理解、追寻和崇尚的人，是不会理解农民老人的，也不会理解任何意义的老人乃至人的存在。处女座的诗歌《一个老人坐在傍晚的院子里》（以下简称"老人"）解蔽了老人真实而完整的存在，凸显了被诗歌文化和芸芸众生的世俗目光忽略和遮蔽了的老人的存在世界意义结构，这个世界就是老人的工作世界。

> 一个老人坐在傍晚的院子里
>
> 暗淡的身影遮蔽了小木凳的轮廓
>
> 手里摇着的那把旧纸扇
>
> 上面的字画已经模糊
>
> 太阳慢慢地隐去
>
> 疲惫的光辉散落大地
>
> 散落他鬈头上的白发和脸上的皱纹
>
> 园子里的姜苗一天天长高
>
> 地下的姜果一天天成熟
>
> 他的身体一天天苍老、衰弱
>
> 过道上的凤尾花变幻着颜色
>
> 红、粉、白，花瓣明亮地敞开
>
> 花朵一节节上升
>
> 他的灵魂一节节上升
>
> 他目光游移而充盈
>
> 已收获存在的美和果实
>
> ……
>
> ——处女座《一个老人坐在傍晚的院子里》

在"老人"这首诗里，苍老、疾病、白发、无力、可怜、慈爱以及黑暗、蚊子、凳子等向度只是老人存在世界的一种陪衬或边缘化状态，而老人的存在世界和充满希冀的灵魂世界构成了存在的主体和明亮时空，连坐着的"小木凳"也被老人黯淡的身影遮蔽了"轮廓"。姜果、凤尾花、燕雀与疲惫的阳光一起构成老人的身体，成为老人存在的一部分，老人的工作世界虽然那么无力（如用扇子拍打几下黑暗和蚊子）、微薄（只有一个庭院里的园子向他敞开）、隐藏（姜果埋在地下），但实实在在的是一个老人垂暮之年的希冀、喜悦、劳动和汗水的价值意义存在向度。这不是拔高，但这确实是一种存在的高度，我们无法企及的高度，之所以无法企及是因为这是一种农村老人或垂暮之人的低世界的低级高度。这也正如处女座另一首诗所写："他们不缺钱花/也可以没有钱花/但必须有一块劳作的土地/并在土地的边缘种植一些花草/吸引蝴蝶和蜜蜂。"（处女座《姜地》）老人通过种姜、养花自我劳动、自我收获、自我栖居、自我筑造并成为燕雀的依附之所，抵达了"已收获存在的美和果实"的境界，而这个老人竟是一个有着"黯淡的身影"之人、"疲惫、苍老衰弱"之人以及"抽一口烟咳嗽一声"和用纸扇拍打"黑暗和蚊子"之人。而我们这些青春之人、强壮之人或高世界的人又怎样呢？我们也劳动，但总是期望着别人给我们涨工资、给我们提拔职位、给我们分房子或卖给我们房子以及给我们荣誉和赞美，我们的命运似乎总是系于别人手上，我们的价值似乎总是指向别处（而不在自己的庭院或劳动处），我们的存在似乎总是"在别处"，我们也许很有钱和地位，但那已不是"存在的美和果实"。而这个老人由于收获了"存在的美和果实"，让诗人也让我们实实在在体验了"在他之外和在他之上/世界一片空虚"。

不用说我们这些写诗的人，即使是一个普通人的儿女，看见一个垂暮的老人还在劳动、耕种和希冀，看到他把这种生活作为自己灵魂的依附并独自坐在傍晚的庭院里面对自己的园子，也会被这种主体化生活世界和工作世界吸引和感动，而且这种吸引和感动远胜过我们从别人、别处得到的权力、金钱或财富的吸引和感动，这些物化的东西总是带着一种把人引向客体化存在的嫌疑靠近我们。

庄子解释了美的东西、好的东西不能被一些人欣赏的原因：一个在河边洗澡的美女，人类看了，一定会被吸引、被感动，而鱼却不懂得欣赏而被吓跑了。是鱼泡一样的客体化眼睛遮蔽了主体化美女的美，而不是没有美女。当然，即使是感觉到美和吸引力的人类，由于种种原因，此刻也不会出现在美女的面前向她说一声"你真美！"

三 秦淮文化：《我的花船行于水上》

笔者反对有人把秦淮文化归结为妓女文化或青楼文化，因为这里的妓女只是被理解为卖淫的妓女，这里的青楼只是被理解为妓院。笔者反对有人把秦淮文化归结为内含了妓女文化、夫子庙文化及青楼、红楼、白楼文化的多元文化，因为这是罗列秦淮文化的存在形态，没有把握它的根本范式。笔者还反对有人把以李香君等"秦淮八艳"为代表的妓女们在明清陵谷之际的不凡表现和她们身边的一批文人名士的慷慨志节看成"秦淮文化"的内涵，因为这就把秦淮文化归结为才子和妓女佳人的文化，文化历来是内含了才子、妓女佳人的民文化，商贾、政客不过是处在文化表层的浮沫而已，他们可以占据权力和资本的中心，却从未在历史上进入过文化的核心。笔者认为秦淮文化是展现妓女、玉女、民女等民众意义的"花妓文化"，或者说，是囊括了清水、浑水、红水、白水、黑水的"水文化"。这里的"花妓"是内含了博大、普遍生命意义的人文化符号，即民众文化符号，而不只是嫖宿者体验、感觉和认识的妓女；"水"也是博大、普遍生命意义的文化符号，而不是单纯的自然水或狭义的河水。花妓、花船、花灯都是秦淮水文化体系的文化符号。秦淮文化始于秦淮河，始于水，是水文化，而人文化是水文化的精髓，民文化是人文化的精髓，生活世界和工作世界文化是民文化的精髓。水是世界的本体，是秦淮文化的本体，而民众是水的本体。民众是创世与灭世之水，是创造与毁灭之水。权贵、资本和一些封建文人都不过是漂在水上的水文化的一些浮沫而已。处女座的诗歌《我的花船行于水上》展现了秦淮文化的这种民文化本蕴及其生活世界总体意义和工作创世与灭世的本质。

（一）秦淮文化：从杜牧到李香君到朱自清

秦淮河，古称淮水，据说秦始皇时凿通方山引淮水，横贯城中，故名秦淮河。秦淮河是扬子江的一条支流，全长约 110 公里，是南京地区主要河道，历史上极有名气。近代因战乱等原因，两岸建筑多遭毁坏，河水亦日渐污浊，繁华不复存在。1985 年以后经修复，已再度成为著名游览胜地。六朝时代，秦淮河及夫子庙一带便已繁华异常，十里秦淮两岸贵族世家聚居，文人墨客荟萃。隋唐之后，一度冷落。明清再度繁华，富贾云集，青楼林立，画舫凌波，成江南佳丽之地。秦淮风光，以灯船最为著名。河上之船一律彩灯悬挂，游秦淮河之人，以必乘灯船为快。秦淮河是南京的母亲河，秦淮文化是南京的母体文化。早在公元前 472 年，勾践灭吴之后，就在秦淮河畔长干桥头建起"越城"，这是南京建城将近 2500年历史的开始。公元前 210 年秦始皇东巡到此，听信"望气者"之言，凿断方山地脉以泄"王气",从此秦淮河才改向北流。秣陵、湖熟和丹阳,这三座秦淮河流域的古城,构成南京数千年的地理文化,成为秦淮文化中特色鲜明的地域因子。清末曾国藩与太平天国在南京的殊死战争,辛亥革命定都南京与孙中山在此就任临时大总统的无上光荣,日本侵略者南京大屠杀的滔天罪行,中国人民解放军百万雄师过大江的辉煌胜利,这些是秦淮文化明显区别于其他地域文化的历史因子,使秦淮文化超越了地域具有国域和世域的普遍意义。如今,秦淮河风光带,以夫子庙为中心,秦淮河为纽带,包括瞻园、夫子庙古建筑群、白鹭洲、中华门城堡,以及从桃叶渡至镇淮桥一带的秦淮水上游船和沿河景观,融古迹、园林、画舫、市街、河房厅和民俗民风于一体,极富情趣和魅力。

有人说唐朝杜牧的诗《泊秦淮》是秦淮河的千古绝唱。这在很大程度上特别是在诗文化的意义向度上实属误读、误解。笔者不讨厌杜牧的《泊秦淮》,但笔者讨厌至今还被一些人吟咏特别是被一些所谓的诗评家推崇的杜牧的《泊秦淮》认识理念:商女不知亡国恨,隔江犹唱后庭花。杜牧啊,你行于秦淮河上,难道你只会辱骂妓女?难道你所谓的亡国是妓女造成的?难道你就不动脑筋想一想是什么把她们变成了妓女?是谁让妓女唱后庭花、喜欢听后庭花?你这种"红颜祸水"的思维方式太落后了,你对妓女的亵渎太过分了,甚至太下流了!这样一个低文化品格的封建文人怎么能理解秦淮文化的内蕴呢!怎么能看清秦淮文化的美和丑、荣和辱呢!怎么能把妓女的存在层次提升到花妓进而提升到民女进而提升到民众普遍的生存状态呢!怎么能看到妓女身上的神圣和创世与灭世的力量呢!从文化理念和诗文化价值取向上看,封建文人杜牧不过是一个一边意淫和体淫妓女,一边辱骂、鞭打妓女的普通嫖客或变态男权的代表而已!

明清时代,秦淮河畔人烟稠密,金粉楼台,十分繁华。秦淮河畔的夫子庙、贡院是封建统治者笼络和挑选人才的地方。明代吴敬梓的小说《儒林外史》中,对此有深刻的揭露。清代戏曲家孔尚任的《桃花扇》以秦淮河为背景,歌颂了歌妓李香君的高尚情操,揭露了统治者内部的矛盾和腐败,描写了国破家亡的悲剧。有学者认为,我们在研究秦淮文化时,不能只谈妓女而忽略妓女周围的一批文士在明清之际的表现;秦淮文化不仅是以"秦淮八艳"为代表的妓女们在明清陵谷之际的不凡表现，也包含她们身边的一批文人名士的慷慨志节，他们共同构筑了"秦淮文化"的内涵，因此，所谓"脂粉文化"和"妓女文化"实在是皮相之谈，而孔尚任的《桃花扇》则从文艺创作的角度，揭示了"秦淮文化"的主旨。这是一种严重缺失工作世界诗文化或民文化素质的评论。这就把秦淮文化看成才子、妓女佳人文化！实际上，《桃花扇》是一个有破坏和建设力量的人文化的符号，李香君不只是一个肉体上的妓女，更是与封建神性对抗的一种神圣的普遍的生命文化符号。她最后与带血的桃花扇一起落进秦淮河，就是与水融为一体，而水又与土融为一体，生成桃花。"桃花真正属于民间，绝世的美不可复制"（处女座《桃花命》）。李香君是在被压迫中反抗压迫的普遍民众意义上的"妓女"，而非狭义的出卖肉体的妓女。只看到李香君的妓女身份而没有把这种"妓女"提升到普遍民生状态，是从古至今人们对《桃花扇》最大的误读！

"桃花"就是秦淮河，"桃花扇"就是秦淮文化，"桃花"之死就是秦淮河之死，"桃花"之重生就是秦淮河之重生。不理解"桃花扇"就不理解秦淮河、秦淮文化，就不理解民女、民文化，就不理解诗文化的意义向度。那么现代文人对这些就都理解了吗？1923年夏，黄昏灯影里胭脂河上，朱自清站在船头，望着秦淮河姑娘们的靓妆、脂粉、纱衣裳，听着桨声、笑语、胡琴声，嗅着微波泛出的暗香，他脸红脖子粗地写下了《桨声灯影里的秦淮河》。有学者认为，朱自清的《桨声灯影里的秦淮河》，是一篇出色的散文代表作；作者坦率和诚挚地流露出真情实感，将自己的感情与思绪融合在技巧十分高超的风景描写中间，使读者真切地感受到作者的思想感情。这又是一种缺乏诗文化特别是民文化素质的评论。这里，评论者和作者都陷入了中国文人的两大认识误区。其一是逼真。艺术的本质是创造，而不是逼真。因为再逼真也没有真的真，人们看真的多好啊，何必看你的什么逼真艺术！如果在古代，把你的"逼真"给别人看，还有一定的道理，因为传媒和交通落后，很多人看不到真的；随着传媒和交通的发展，任何艺术逼真都已经显得太假、太单调和贫乏。如果我能看到黄山，何必再看逼真的黄山的画；如果我能看到秦淮河，何必再看什么逼真的散文或诗歌！诗文化的本质是艺术创造、创意，而不是复制山水、自然和现实，有创造力才有艺术的生命力，而创造就是工作创造，工作世界、工作创造是艺术或诗文化的基础和核心价值取向，那种远离工作世界意义的"桨声灯影里的秦淮河"，那种闲情逸致的体验与生活至多是一些风雅文人的自我封闭或臆想的存在空间，不具有向大众生活世界和工作世界的文化张力。其二是趣味性。文学的本质在于思想的创造和传布。中国文学不能走向世界的根源就是重趣味、缺思想。趣味是个人的经验和体验，一个人觉得有趣味的东西，其他人不一定觉得有趣味。而思想是人们的共"在"。有思想才能被他人接受、被世界接纳。

爱因斯坦说过，"在科学殿堂里有三种人：一种人为了谋取功利，另一种人为了满足兴趣，再一种人为了追求真理。天使要把前两种人赶走，只留下第三种人"。重趣味的传统文人和那些崇尚趣味的评论者应是属于被爱因斯坦的天使赶走的那种趣味性的文人！他们把秦淮文化看成几个令他们垂涎的肉体的女子和花花草草而已！他们把秦淮文化看成风景文化而不是民本的人文化！他们把秦淮文化看成没有冲突和对抗的梦中虚幻的伊甸园和有趣味的世外桃源！这就使诗文化远远背离了大众主体的生活世界和工作世界意义。

英国诗人艾略特称文化是"一个民族的全部生活方式，从出生走进坟墓，从清早到夜晚，甚至在睡梦之中"。冯·皮尔森在其《文化战略》中说，文化被看作"人表现他自身的方式"。英国前首相撒切尔夫人说过："中国不会成为超级大国，因为中国没有那种可用来推进自己的权力，而削弱我们西方国家的具有国际传染性的学说。今天中国出口的是电视机而不是思想观念。"据统计，多年来我国图书进出口版权贸易大约是10∶1的逆差，出口的图书主要是到一些亚洲国家，面对欧美的逆差则达100∶1以上。如 2004 年，从美国引进图书版权 4068 种，输出 14 种；从英国引进 2030 种，输出 16 种；从日本引进 694 种，输出 22 种。2005 年，对美版权贸易是 4000∶24。如果我们都写这种逼真的或有趣味的散文、诗歌或小说，我们的文化永远也不会走向世界。影视作品《无极》自以为有趣，拿到法国去评奖，结果被法国人好一顿嘲笑，说中国只会弄那些打打杀杀的老掉牙的东西。我们的评论家、导演和演员认为有趣味的，人家以为没趣味。而孔子和老子走向了世界，就是因为思想而不是趣味。靠趣味，诗文化是无法走向世界的！文化是无法走向世界的！谁拥有思想谁才能拥有世界！

（二）处女座的秦淮文化：《我的花船行于水上》

诗人，是这个时代的思想者；思想者，是这个时代的诗人。一些现代文人、文化人和评论者没有真正理解秦淮文化的工作世界意义和民文化特质，这在一定程度上消解和遮蔽了秦淮文化及其诗文化的民文化意义。秦淮文化是以"花妓文化"为内涵的水文化，其实质是展现普遍生命或民生形态的生活世界文化。

古希腊哲学家泰利斯（又译泰勒斯）的水哲学是水文化的最初形式。泰利斯的水与秦淮河的水是同质的。认识秦淮河的水首先要认识泰利斯的水。"水是万物的本源"，这是哲学，也是一句诗。古希腊的哲学是充满诗性的，古希腊的诗歌是充满哲思的。最初的文化，哲学之"王"和诗歌之"后"就像水一样聚合在一起。理解古希腊的哲学不能靠我们今天的概念逻辑，必须唤醒自己的诗性。中国诗人海子在长诗《但是水，水》的后记中说："我们当然不会拜倒在一只哑哑的太阳下，也不会乞求于自己严密无情的智力。我们在地上找水，建设家园，流浪，拖儿带女。我是说，我们不屑于在永恒面前停留。实体是有的，仍是这活命的土地与水！我们寻求相互庇护的灵魂。我仍然要在温暖的尘世建造自己就像建造一座房子。我是一个拖儿带女的东方人，手提水罐如诗稿，那么，永恒于我，又有什么价值？"在古希腊，哲学之"王"与诗歌之"后"相伴而生，哲学是诗化的哲学，诗歌是哲化的诗歌。借助诗歌的力量，我们才能深入哲学，深入"水"，才能在一种本源的意义上思索泰利斯的水。同样，也只有借助哲学的力量，借助古希腊哲学的力量，借助元素论特别是泰利斯的"水哲学"我们才能理解诗文化的水。

水是元素之水、五行之水。泰利斯认为水是万物的本源；其后恩培多克勒又提出四元素说，认为世界由"气、水、火、土"四种元素组成，水是其中之一。古印度哲学家也提出了"地、水、火、风、气"五大概念，后来在佛教中演化为"地、水、火、风"四大元素。中国古代五行学说把宇宙间的事物归属于水、火、木、金、土五种基本的类别，水在五行中占有一席之地，代表润化、生机、财富等意义，而管子认为水在五行之中具有五行之本的地位。

水是创世之水、灭世之水。人类文明的起源大多都在大河流域,如尼罗河流域的古埃及文明,两河流域的巴比伦文明以及长江、黄河流域的中华文明等。早期城市一般都在水边建立,以解决灌溉、饮用和排污问题。没有水就没有生命,仅仅从这个意义上就可以说水就是生命、就是人,人就是水。水是圣洁之水。在基督教中,水被认为能洗净人身体及灵魂上的罪恶。《旧约圣经》记载,创世之初,上帝的灵魂行于水上,上帝为了惩罚人类的罪恶以洪水灭世。在《新约圣经》之中,耶稣本身受过洗者若翰的洗礼,后来基督徒是经由受洗礼圣事进入教会。在文化的各个领域,水都有丰富的意义,或者表现为隐意,或者表现为显意。在水资源危机、水污染严重的今天,把泰利斯的"水哲学"与水文化联系起来,就是更为现实地具体地探讨人与自然的生命的关系以及人的生存之本、之根。我们都是水,或生于水,或覆灭与再生于水。

秦淮河与泰利斯的水、元素之水、五行之水以及创世与灭世之水是一个水文化共同体,是一条有普遍生命意义的水文化河流。杜牧的"秦淮河"是衰落的大唐王朝没落的背影;"卖油郎独占花魁","杜十娘怒沉百宝箱",冯梦龙的"三言"里秦淮河满溢脂粉的情爱;李香君的秦淮河沉没了最美的桃花扇;吴敬梓的秦淮河积满腐烂的淤泥;朱自清的秦淮河是趣味文人的"桨声灯影"……几千年来,谁能展现这条文化之河的内涵?谁能显摆这条文化之河的绝世之美和灭世与创世之力、之声、之像、之意?谁能把秦淮河置于普遍的人类生命特别是民生状态的河流的界面?谁能把秦淮文化嵌入文化世界的总体意义?只在秦淮河的水里看不见秦淮文化的真相!只有融古今中外的水文化于一体,才能抵达这个境界。下面是当今诗人处女座的秦淮文化诗歌——《我的花船行于水上》。

> 我的花船行于水上
> 中国的五行水
> 希腊的四根水
> 还有《圣经》的圣水
> "水是最好的"

泰利斯，泰利斯

我的第一个客人

漂在最初的水中

……

我的花船行于水上

缓缓地驶过洪荒

我最后的两个客人

一个是上帝一个是诺亚

——处女座《我的花船行于水上》

　　"花船""洪荒""客人"，"红颜祸水"！与其说诗人把当代我们一种经验的世界还原成远古的一次洪荒，不如说是把远古的一次洪荒还原成一种我们可经验的世界。这个世界，除了"红颜祸水"，批判、运动，物质、精神、战斗、战争，还有什么能摧毁或再造它呢？这是自然之水、"元素之水"、圣水，是中国的"五行"之水、古希腊的"四根"之水，是人性之水、民众之水，是工作世界的工作创造与毁灭之水。神、自然、人，人文化、神文化、自然文化，在诗人的诗歌文化里合而为一了。"洪荒"之水毁灭了一个失去人性、自然性和神性的世界，又再造了一个拥有人性和神性、自然和谐的世界。不是花船浮在水上，而是水生于花船。"花船"就是水的源头，"红颜祸水"就是水的源头，亚马孙河、密西西比河、底格里斯河、幼发拉底河，红海、黑海、黄海、爱琴海，天河、地中海……"红颜祸水"是一切水的源头，上帝和诺亚也是花妓的客人，他们一同在那条花船之上。他们与花妓是互为主体的"主体间性"的关系。上帝、诺亚、花妓是花船上的"共同体"，是"红颜祸水共同体"，他们一起看见新大陆，看见一只树鹊，而不是鸽子；看见雨桐、雨杉、雨梅，而不是橄榄枝。他们看见了再造人类的土和肋骨，树鹊飞离的地面有土和石头的骨肉。终点又回到起点，这个新的创世的起点是在东方，在"雨落秦淮"的秦淮，而不是虚幻的远古的伊甸园。"淮上三花，美艳绝伦"，花妓美艳绝伦，"红颜祸水"美艳绝伦。杜十娘是一个代表普遍花妓的文化符号。杜十娘怒沉百宝箱的京杭运河与李香君沉落桃花扇的秦淮河融为一体！"三"是一个代表多的文化符号。"淮上三花"与"秦淮八艳"融为一体！花船与灯船融为一体！而终点回到起点只是一种逻辑的形式，终点已不再重复起点的规定性，不再重复伊甸园的蒙昧和对抗的冲动，神性、人性、自然，杜十娘、李香君、诺亚、上帝，都被花妓的"红颜祸水"连接成一个智慧的共同体！秦淮河、京杭运河都被"红颜祸水"连接成一个水文化的河流共同体！"花妓"诗歌，通过一次"洪荒"的冲突抵达了一个共同体的文化世界，这是一次文化创造，是一种超越背景的前景化，是基于一定世界境遇的世界境界，而不是复制背景、境遇和已有的历史和现实，也不是向自然的"逼真"。"人的本质就是文化活动"，"人就是创造文化"，卡西尔如是说。

"秦淮花雨"，那最初的水与最初的土和肋骨，又怎么能分离得开呢！"我的花船行于水上"，

> 淮上三花
> 美艳绝伦
> 十娘的花船鼓乐笙箫
> 十娘的花船万人注目
> 十娘的花船沉沉欲落
> ……
>
> ——处女座《我的花船行于水上》

这个世界，还有哪一条船能被"花"压得沉沉欲坠呢?! 还有哪一条船能被注视的目光和琴声压得沉沉欲坠呢?! 而即便是沉落了，沉入"红颜祸水"，沉入"洪荒"，不又是一次新的倾覆和诞生吗?

> 从普通民女到水上花妓
> 一切都是水的恩赐
> 一切都是水的照耀
>
> 创世的人也是灭世的人

创世的水也是灭世的水

我的花船行于水上

缓缓地驶过洪荒

……

秦淮花语

我手抚诗琴看见新大陆

一只树鹊飞离地面

落在高大的香樟树上

————处女座《我的花船行于水上》

花妓、花船、花灯，"红颜祸水共同体"、创世与灭世的民众之水的共同体！这是诗人创造的又一种新的诗文化，又一种新的"文化符号"。"文化即符号"，"文化活动就是符号活动"，卡西尔又说。试问，古今中外，除了民众之水，谁的"红颜祸水"有如此巨大的美和创造力呢？这种美与创造，卡西尔作为一个哲学家、人学家做出了错误的判断。那不只是"符号活动"，不只是精神符号的抵达，那更是现实生命的抵达，是前景化的生活世界和工作世界境界的抵达。诗人手抚诗琴看见新大陆、鸟雀和树木，诗人的"花船"转换成创世的诺亚方舟，载着种子、牲畜和工具——而不是资本和黄金，确实抵达了那个"秦淮人家"，那里确实是"灯花四溅"，那里确实是"淮上三花，美艳绝伦"！

当代西方文化思潮消解了民众的意义，认为民众至多是个词语，没有实际意义，或是一群被富人任意驱使的乌合之众；一些中国的诗文化也消解了民众的意义，贫穷、愚昧、丑陋是他们的存在形象，是他们的小说、诗歌、影视形象。而处女座就是在这种普遍消解"民意""民性""民在"的背景下用诗歌艺术展现了"民生""民在"的花妓状态及其工作创世、灭世、救世的意义。这是诗文化的创造意义，诗文化的创造意义是存在者、诗人和读者的共同创造，是生活世界和工作世界的意义共同体。如果一首写花妓的诗只是把花妓写成花妓，这绝对不是诗；如果一首写花妓的诗就是写花妓的不幸、悲惨和对她的同情，这绝对不是诗。只有把花妓摆置在民众的存在格局和文化世界境遇中才能抵达花妓的真谛，花妓亦是生活世界总体存在和工作世界本质意义。花妓文化、秦淮文化以及"我的花船行于水上"的诗文化，都是生活世界总体存在和工作世界本质意义。

水是生活世界的本体，是秦淮文化的本体，而民众是水的总体和本体。民众是创世与灭世、创造与毁灭之水。权贵、商贾、资本以及一些封建文人和情趣作家都不过是漂在水上的水文化的一些浮沫抑或泡沫而已，他们虽然因为处在文化的表层而显露出浮华的景观审美，但也暴露着一定程度的淫邪、罪恶、丑陋和猥琐。而诗文化或诗文化哲学则在这种浮华的审美对权贵、资本与猥琐的文人的推崇中审视和注目民众之水的总体，并到水的深处去感悟、体验、欣赏、悲悯和建构民众之水的创世与灭世的冲动与流变、屈辱与苦难、美艳与力量、潜能与显示。

四 "执着的荒诞"：诗人对现代城市的存在经验

读处女座的诗歌《回大连及辽宁师范大学》，感觉诗人对现代城市的理解是一种深度的主体化存在经验，而"深度"就深在诗人对学习、生活、工作世界的主体化存在总体的亲历与自省。

"从厦门到大连/只是一次不经意的路过。"许多人神往的大连旅游城，诗人只是不经意的路过。为什么是一次不经意的路过，而没想过特意去看看？这要联想诗人的异乡存在追寻和诗文化求索。诗人是异乡追寻者，在大连生活、学习过，现在的大连已不是其异乡追求的对象。诗人走南闯北，听从存在的召唤，对存在的丰富阅历与对生命的广博体悟，使其视野开阔、心胸宽敞，如此，在诗人的心里，城市的街道、物质的混凝土太狭窄，即使是像大连这样一个被人奉为大城市、明珠城市的偶像，也逃不过物质世界的狭窄和拥堵。靠金钱和物质累积的生活街市是人类狭窄的存在，湮没在诗人的心灵宽敞和视觉的亮丽之中。"心灵的宽敞使街道显得狭窄/使天桥显得拥堵/南方视觉的亮丽/使北方大城市显得灰暗/大连，我初行城市的偶像/如今在我眼前还剩下什么。"诗人在对城市物质的淡漠中、在对物化价值取向的不屑中张扬了主体化人的爱情及心灵的博大、光辉与开阔。这里"南方视觉"隐喻诗人从南方到北方又从北方到南方的生命漂游，这种漂游的视觉生命使得那些固化在某个地域、地方的城市显得僵化、呆滞而缺失流变的人性或心灵神韵。因此，在一个崇尚生命和心灵的诗人眼里，这钢筋混凝土垒砌的城市还剩下什么?!

"街市，繁华流转/我无意于谁的辉煌、谁的败落。"现代城市的辉煌与高耸也确实是现代社会的发展、发达和前进的标志。没去过大连的人，可能还会把大连作为一个令人神往的城市，去过或居住在大连的人可能还会为这座城市感到自豪，甚至有些文人、诗人还会写几首关于大连风景的旅游诗，也有诗文化可能还会批判一些城市的物化倾向或揭露一些堕落、腐败、污染、贫富不均的现象。现代人文学者和诗文化大多描述了被城市物质淹没和异化的客体化生存状态，但陷入悲观、颓废与荒诞的存在领域。而处女座却在这种晦暗而荒芜的诗文化中寻求并抵达了现实的主体化人性的光辉，诗人以不断行走和创造的工作人性、独立的爱情旅程超越了城市物质的晦暗、拥堵和狭窄。而在一个与人对峙的存在境遇和背景下，又有一个自为的诗意的主体化存在世界。

"'二十年后我再谢你'/'二十年后我一定谢谢'/一个二十年前的荒诞承诺/如今兑现给谁。"这人性化的存在状态存在于一个荒诞的爱情承诺和那些缥缈的身影，这是精神与灵魂的依附之所、渴望之地，是承诺的兑现对象或主体。这里把"初行城市的偶像"转换成了人、人性、灵魂的偶像，而那个物质的城市偶像已不再矗立。这表现在诗人要执着地兑现一个二十年前的"荒诞承诺"。而一个二十年前的荒诞承诺如今兑现给谁？首先，这是做给谁的承诺？惯常地想应该是人，应该是一个刻骨铭心的人，不然不会二十年后还要记得和感谢。但这个人并不只是单个的抽象的肉体化的人，而是一个存在的世界，是自然化的人性或人性化的自然，是律动的大海、飘逸的生命。大海、生命和灵魂，大学母校、精神文化的幽径，现在的孩子和往昔的孩子，都永恒不落。"黑石礁，星海的波澜/那一片起伏的胸怀/那一个长发飘逸的身影/是谁永不散落的灵魂/辽宁师范大学，母校/打伞走过心灵的幽径/对面走过来的那个男孩和女孩/还是你当年的样子吗"。物质的与精神的、自然的与人性的、精神的与肉体的，这是一个存在元素的总体，一个个人总体性的学习、生活和工作的世界。"一场雨不约而至/我已不再问她是为谁降临"，诗人不再沉湎于单个的人、单个的谁，而是注目这个总体化的世界，一场雨可以是思想的雨、感性的爱、工作创造的果实，这些都是为这个总体的世界而来并融于这个总体，为兑现承诺的那个人、那个对象和主体而来，也为诗人自己而来。诗人在这里把被后现代肢解了的碎片化的残破存在总体化起来，建构起一个真存与亲在的诗意世界。诗人不问这雨是为谁降落的，那样问就俗了，就把人从这个诗意世界中单一地分解出去了，就制造了人与世界的分裂，诗人只是去感悟和体验这场不约而至的雨，体验往昔、现在和未来，体验自我、他人与社会，体验自然、人性与神性的从天而降的雨水。这场雨伴随诗人回大连并直到离开这座城市。

那么，为什么"二十年后我再谢你"？为什么又是一个"荒诞的承诺"？这里不得而知。

诗人不愿意参加那些轰轰烈烈的聚会、校友会，而喜欢一个人在二十年后独自走在母校的幽径上，独自演绎爱情的传奇。这是一个人的聚会、校友会，喜欢一个人抵达一个总体的世界，这样一个总体的世界，这样一个本真的存在状态或许也只有一个人独立才能抵达。个人总体性世界是属于个人的，也只有个人去抵达，这个总体世界就是每个人的生命主题，而个人之间不是彼此分割的，而是互为"序曲"的关系，是"主体间性"的共在、共为的共同体。这正如诗人把想见与不想见的人、把遇见的人都视为天使。"二十年一遇的依恋/想见与不想见的人/遇见的都是天使/我的行程已经预定/不会为谁停留/'相聚是共同的序曲/道别才进入各自的主题'/一个人的行走/一个人的雨水/爱情的传奇渐入高潮/大连火车站/这个曾使我自豪的标志性建筑/沉入一片低矮的天空。"超越城市，一个人进入爱情的传奇，进入一个在实有的世界中不断演绎的传奇！这种爱使得那些"标志性的建筑"沉落于灰暗和低矮的境地、空地。诗人在这种超越物化、客体化、个体化、碎片罗列化的诗意境界中体验了传奇的孤独和幸福。最后火车站的一笔与开头呼应，那些物化的火车站、那些自诩为崇高的"标志性建筑"，与诗人的行走、人性化或主体化的雨水、工作的创造和爱情的传奇相比，是何等的低矮、僵固、灰暗甚至沉沦。

最后，再回到那个不得而知的问题。诗人为什么说"二十年后我再谢你"，这对于世俗的爱情来说，是有些不可理解甚至冷酷的；又为什么说是一个荒诞的承诺？是不是二十年后诗人感受到这种爱情的冷酷和执着的荒诞？诗人为什么不在三年后哪怕是五年、十年后感谢那个"你"呢？诗人的这种内敛真是考验笔者的智慧和理解力了。笔者无法触及诗人的这冷酷存在和荒诞体验。或许这只能属于诗人自己的世界了，这使笔者感觉到主体间的沟通和理解有时具有相对的意义，有时缺乏共在的存在就会影响共在的体验，哪怕是自己和自己——二十年前的自己和二十年后的自己的主体间性关系，也有这种隔世的隔膜和不可通约。还有，这种执着的有意义的荒诞是否构成了与后现代那种随机的无意义的荒诞的文化对峙呢？

五　"故乡遗梦"——大学生的肉身与诗人的灵魂

2010 年 9 月 10 日，大河网报道，"农村大学生成'新知青'城里没房住回村没户口"。想逃离城市的高房价、高生活成本和低收入，想回农村又回不去的大学生，因为他们已取得城市户籍，再入农村户籍已经停办了，"回村"比"进城"难。而退一万步讲，即使有了户籍也没有用，因为地早就分出去了，三十年不变，他们得不到任何土地。过度城市化的辉煌成就对于这位大学生这样的平民有什么生命的意义？而它的败落对于这样的平民又会有什么存在的感觉？城市化的本质是人性化工作世界的建构，是大众工作者工作技能、工作关系的现代化与人性化，是工作分配、工作成果享有的公平化、正义化。这种无法居住和工作的城市化与"回不去的乡村"还只是一些大学生、农民工和平民的表层的存在状态和"回不去"，还只是他们在生活、工作、户籍等生存物质形态方面的丧失，而诗人则从内心的向度体验了那种"回不去"的乡村故乡之恋，这种精神上的"回不去"与那些大学生和农民工那种物质、地域上的"回不去"互相照看，这两种"回不去"共同拷问着人类对乡村故乡失落的责任，并唤醒着、驱动着人们对自己存在之乡、生活工作之乡的重新审视和精神依恋。

处女座创作的《故乡遗梦》，诗歌开头就是对乡村故乡生命情境的实有描述：

> 那时你站在山庄的门口
>
> 我依着栏杆留住进屋的脚步
>
> 那时天还没有暗下来
>
> 你刚从远处的县城赶来
>
> 青山肃穆，空气有些凝固
>
> "当初我们为什么会分手"
>
> 二十年一遇的重逢
>
> 你只说这一句话

——处女座《故乡遗梦》

诗人一开始就将自己置身于乡村故乡美与爱的生命情境和被人责难的存在遭遇中，这里"山庄"是一个山村、乡村的存在时空，在这个意义域中，"你"和故乡在情境化的存在中融为一体，二者互为彼此和隐喻；而"我"则是一个在外飘荡多年的从远方的城市归来相聚的"异客"。这里，诗人没有亮明"你"和"我"的具体身份，也没有渲染二者的表征，因为"故乡"就是"你"的身份和表征，"城市异乡"就是"我"的身份和表征，二者的相聚就是异乡与故乡的相聚或重逢，这种乡村化和城市化的存在身份、状态和意象早已在人们的感知中了，但人们尚未理解和抵达的是二者内心的精神向度和体验，而诗人经验到的恰好是这个深度生命。这种深度生命是一种内心的、隐含的、非物化的、无形的精神生命实体，是被那些沉迷于有形实体的人们斥为无意义的虚空，新闻报道、哲学意识形态等文化形式无法触及，只有诗歌才能抵达。诗人对"乡村故乡"的描述、对"你"还是"我"的解蔽都是在这种生命经验中运行。"你""山庄""门口""过廊""栏杆"，这些惯常的存在只是在精神的遭遇和体验中才获得美的意义，"青山肃穆，空气有些凝固"，也只是一种你和我相遇时的精神化存在，而"留住进屋的脚步"则是对这种存在之美的情不自禁。但这种美的体验只是一个瞬间，接着就被隐喻为故乡的"你"的责问所刺痛。"当初我们为什么会分手"，这是一个被"你"体验了二十年的内心存在，它不可外露，如今面对"我"、面对这个来自远方城市的"异乡生命"涌现出来了，而且"你"只问这一句话，即所有的生命都精神化为这一个问题，这一个冲突的存在。

> 一个二十年前问题
> 二十年前就说不清楚
> 二十年后依旧没有答案
> 你转身进入欢聚的人群
> 无语的背影刺痛我的内心
> ……
>
> ——处女座《故乡遗梦》

　　冲突是对美的破坏，可有时也是一种悲情的美、悲戚甚至惨烈的美，也是美的依附之所。冲突的美更需要生命的经验，这个二十年的执着与追问凝聚为一句话的冲突，这种近似无声无望的美的冲突足以刺痛生命的心灵。自然的风景是青山绕绿水，而人的存在已造成了这种山水的分裂，诗人只能用泪水与青山对峙，这种对峙使彼此的眼睛和内心都充满了依恋与幽怨，在黄昏的山岭中默默地自我涌现。这是乡村故乡的沉寂的爱情，正在随着夕阳一起沉落。

　　当初为什么要分手？为什么要离开故乡漂向远方？诗人朦胧地想起多年来对乡村故乡存在的忽略、淡漠以及现在已无法抵达的这种遭遇。

> 故乡是我遗落的梦境
> 你是我折伤的一株桃花
> ……
> 今日，你桃花灼灼
> 近在咫尺却远如隔世
>
> ——处女座《故乡遗梦》

　　诗人似乎有些迷茫，没有回答那些为什么的问题，这里只有生命的内心体验，只有那种因爱而起的美丽的对峙和忧伤的泪水。

"像做梦一样回到从前"

我再回欢聚的人群

泪光闪闪地微笑、举杯

重复着梦境的错觉

我看见你徘徊在歌舞的边缘

默默擦去脸上的泪痕

……

——处女座《故乡遗梦》

一个人内心最不能抹去的就是对故乡的愧疚，这种愧疚情结又缘于对故乡的疏远与背弃，诗人这种愧疚情结与相聚故乡的幸福感融合在一起。"泪光闪闪地微笑、举杯/重复着梦境的错觉"，诗人隐隐约约地表达着自己的愧疚以及故乡梦幻般的虚妄，感觉到这相聚只能是一个梦境的体验，只能是不断重复着的回乡村故乡的错觉，并回想起那首遥远的乡村爱情诗歌。诗人知道自己的肉身真的回到了故乡、回到了生养自己的乡村，却觉得是梦的错觉，"故乡"真正成了诗人回不去的精神异乡。而那些乡村大学生和无法生活、工作下去的城市农民工，无论是作为物质生命的肉身、土地和身份户籍，还是作为精神实体的爱情、喜悦、梦想则都永远回不去了，都遗落和淹没在通往过度城市化的城市存在的途径上。而诗人的肉身最后还要转回城市。

……

深夜笼罩寂静的大地

面对你二十年的伤痕

我怎敢言受伤二字呢

我只想用泪水归还一些泪水

我只能用相聚填充片刻的分离

——处女座《故乡遗梦》

明明是感受到故乡无语背影的伤害，诗人却不能说。诗人只能用这短暂的相聚来填充对故乡多年的远离，只能"用泪水归还一些泪水"。乡村故乡只能是诗人遗落的一个永恒不落的梦境。诗人在盛夏的假日从遥远的城市回乡村故乡小聚，体验这被遗落的梦境、赏阅与审视那被折伤的桃花……我们都是有着沉重的乡村故乡情结而又充满城市异乡感的人。而城市，并非生来就是生命的物化、异化之所，它与生命的对抗、它与那些大学生、农民工和普通平民的分裂，它对诗歌、诗文化和精神实体的背弃，是缘于过度城市化对乡村化的侵害和劫掠，缘于资本至上价值和权力中心主义对生命存在的摧残，缘于物性对人性的统治。这个人类的存在之乡，还有多少生命之乡的意义？据报道，"汉口最大城中湖被别墅群包围，售楼处称是私家湖"，据报道"云南大理的私人豪宅吞噬着洱海"，还有那些强拆与自焚……现在，人们还在疯狂地城市化、去乡村化，卖房子、卖地，地越来越少、房子越来越多，而贫穷的"肉身"越来越住不起房子或没房子住，这是为什么？即便如此，人们还要疯狂地涌向城市，试图去过城市的"好生活"，这是为什么？土地、农业已经越来越成为真正的稀缺资源，农产品又是真正的可再生资源，大蒜、生姜、各种蔬菜价格正在暴涨，现代的乡村化越来越涌现出生命的价值意义和存在的总体维度，可一些地方政府和开发商还在疯狂地卖房子、卖地，把优质的农村生产要素（包括农民劳动力、资金和人才）都吸引或驱赶到城市，这是为什么？这些问题或许都如"当初我们为什么会分手"一样，是一个二十年前或二十年后都没有答案的问题。而即使有了答案，那答案与这个存在与生命分裂的过程相比，与城市对乡村的背弃、物质对精神的消解、资本对人性的统治相比，又是何等的轻飘与过时，而那答案又会在痛惜和无奈中掩饰了多少真相。或许，这种过度城市化对乡村故乡的离弃、这种存在与生命的分裂就是一个不说答案、不叙原委的无语生成、流变与幻灭的过程，让那些深爱着乡村故乡的人在遗落的梦境中理解生命，而那个本真意义的乡村故乡，那个诗意生活、工作，存在世界的那个诗意的你，那枝三月的桃花，都"已不可抵达"，甚至"从未真正抵达"，只能"近在咫尺却远如隔世"，只能"桃花灼灼"地作为一种被折伤的生命存在遗落在乡村故乡的梦境。只有泪光闪闪的诗人还以泪水对峙着无言的依恋和失落的遭遇，试图以爱和梦境实现生命的超越。如此，作为灵魂实体的诗人已不必愧疚。"没有为故乡做什么"，"没有给他们带来什么"，诗人与故乡的相聚就是带来灵魂的实体，诗人已不必再奉献什么。灵魂生来就是以乡村故乡的肉身为依附，并在存在的大地上漂游，尽管那已不是其生命的原样，但依旧桃花灼灼，幸福快乐与那幽怨的凄美互相映照。

诗歌是存在的艺术方式，诗人是灵魂主体化的实体，诗歌在主体化存在的总体中叙写生命，为失落的肉身和灵魂寻找主体化栖居之地和筑造之所。没有存在的维度，没有筑造的时空和境遇，无论是个人化写作，集体化写作，还是其他各种"化"境的写作，都既缺少生命的浅显维度、量度，又缺少深度的生命质感和内涵、内蕴。而工作世界总体化存在世界，是存在的总体和本体。因此，解蔽工作世界的有意义与无意义、美善与荒诞、实体与梦境就是诗歌的本真存在，而筑造诗意工作世界（即主体化工作世界）就是诗歌的核心价值取向。乡村与城市是人类存在、生活和工作的两种基本范式，也是人类的两种时空维度，人类就是在这两种存在之乡中旅行，或者安于此处或者行于彼处，或者与之凝聚或者与之分裂，它们构成人类生活、存在、工作的现实实体、要素、意象、梦境，文化的共时性和历时性也都在此实现和体验。处女座的两首诗歌《回大连及辽宁师范大学》和《乡村遗梦》恰好构成了一个完整的存在系列，而这种完整或总体的存在是以个人生活、工作和存在的总体性抵达的，这给我们呈现了一个生活、生命、工作、存在世界的原样、异样和诗样。

第三节　海洋诗文化：闽南内生诗文化思想政治教育

海洋诗文化是叙写和建构海洋生活和工作世界空间意义的诗文化，是闽南内生诗文化思想政治教育的主要内容。闽南外生诗文化思想政治教育是普遍世界诗文化思想政治教育，虽然在普遍世界意义上适用闽南，但没有彰显闽南区域特色特别是海洋文化特质。闽南内生诗文化是指闽南人创作的叙写、映照和建构闽南区域空间的诗文化，闽南内生诗文化思想政治教育既能凸显闽南诗文化思想政治教育的区域特色，又能与普遍世界诗文化思想政治教育的意义相通融和连接，是具有闽南海洋文化特质的诗文化思想政治教育。这里仍以闽南诗人处女座创作的叙写闽南空间的诗歌为范例，探究一些闽南内生诗文化思想政治教育的内容，这些诗歌都是诗人在来闽之后作为一个闽南人创作的叙写和建构闽南生活和工作世界空间的作品，彰显了海洋诗文化特质。而其教育路径亦不再赘述，前述关于闽南文化思想政治教育的路径探究亦适用于此。

当下闽南诗文化教育存在的主要问题是：无论是闽南内生还是外生诗文化教育都存在过度迷恋古典、经典以及学界与官方推崇作品而忽视、漠视当代、当今民间作品的倾向。最典型的表现就是一提诗文化教育或一开诗会，就是那几句或几首古诗词或 20 世纪 80 年代那几首诗歌，除此之外，学界、官方和读者仿佛不知还有别的诗文化。古典一旦成为古典，它就是古典了，不可能成为现代；经典一旦成为经典就不再是经典了，就成为过去时，如现在看 20 世纪 80 年代流行的一些诗歌就会觉得很可笑。诗文化研究、诗文化教育特别是诗文化思想政治教育应该以单向度地传诵、解释经典为憾，应以张扬、推介独创的当代、当今诗文化为荣，这应成为诗文化研究和教育的一个伦理原则。

一　"弃绝之舞"：《孔雀东南飞》的存在生态

处女座《孔雀东南飞》，[①] 改变了古乐府诗《孔雀东南飞》里主人公的凄惨命运和存在生态，使"孔雀东南飞"的意义明亮起来。古乐府诗《孔雀东南飞》是中国文学史上第一部长篇叙事诗，最早见于南朝徐陵的《玉台新咏》，题为《古诗为焦仲卿妻作》。宋代郭茂倩《乐府诗集》将它收入《杂曲歌辞》，题为《焦仲卿妻》。《孔雀东南飞》的创作时间大致是东汉献帝建安年间，作者不详，全诗 340 多句，1700 多字，主要写刘兰芝嫁到焦家为焦母不容而被遣回娘家，兄逼其改嫁。新婚之夜，兰芝投水自尽。从汉末到南朝，此诗在民间广为流传并不断被加工，终成为汉代乐府民歌中最杰出的长篇叙事诗。巧合的是，当代诗人处女座和古人刘兰芝、焦仲卿走的都是一条"标准的东南航线"。"孔雀载着孔雀，飞

---

① 处女座：《穿越者之诗——从故乡到异乡》，知识产权出版社，2013，第 178～179 页。

走"，"转眼间从合肥到厦门"。处女座践行了古代民众不能践行的追求恋爱自由、生活幸福美好的强烈愿望和梦想，以神话的方式抵达了现实，以现实的存在抵达了神话。

古乐府诗里的孔雀是被逼飞的，充满了眷恋，"孔雀东南飞，五里一徘徊"，处女座的孔雀是"一跃而起，穿过云海的上空，转眼间从合肥到厦门"，是主动的选择，自由飞翔，虽也有一些阴郁和阻挡的云海，也有烦恼和痛苦，但那是人的本真状态，存在主义认为烦恼和痛苦是人自由选择时的本真状态。人生要学会放弃。"放弃已有，追寻未有"确实需要一种改变的力量和舍弃的勇气，它必然伴随着对已有的留恋和对未来未有的忧虑，必然烦恼和痛苦。这是"为之于未有"的大痛苦，也是大智慧，是《老子》"为而不盈""为而不持"的持续改变与创新智慧。"功成而弗居。夫唯弗居，是以不去"，这样就可永远处在新生与创新的状态，这就需要有"放弃已有，追寻未有"的选择的痛苦、精神和行动，即使"没有人看见绚丽的光环/掩藏着多少选择的痛苦"，即使自己"来不及快乐与幸福"，只要能以自己的旋舞和歌吟、能以自己的工作创造娱悦世界，只要能成为一个"娱悦世界"的舞者、歌者……

"改变"已成为当下一个流行世界的文化词语，人是要不断改变自己的，即使我们不能改变世界，但至少可以改变自己，而每个自己都改变了，世界也就改变了。面对一个需要改变的世界，谁改变得快，谁率先改变，谁就会提前进入未来。

人们习惯于说古乐府诗《孔雀东南飞》是"千古爱情绝唱"，这实属误读、误解。难道非要成为封建礼教的牺牲品并最后以死来解脱的爱情才是"千古绝唱"？！难道连家庭礼教、儒学纲常都不能摆脱的爱情就是"千古绝唱"？！难道我们还要用这种"千古绝唱"去教育学生、今人不求现世的自由只做死后的虚幻的"鸳鸯"？！真正的千古绝唱应该是能改变境遇、超越现实的爱情和自由，应该是现世的旋舞与歌吟，应该是实有的飞翔与行走，应该是一种追寻异乡、异在和改变的自由、自主精神与行动，应该是不仅给自己以存在和本质的意义，而且也给大地以筑造和拯救的意义。一个连自我都不能超越的人又如何给大地、世界或他人带来生命的意义？！存在必须有意义，否则就不是存在，更不是本质的存在。"灵魂的本性就是运动"，就是在现实的"大地"上栖居！海德格尔在读到乔治·特拉克尔《灵魂的春天》里的诗句"灵魂，大地的异乡者"时指出："诗人把灵魂称为'大地上的异乡音'。灵魂之漫游迄今尚未能达到的地方，就是大地。灵魂才寻找大地，灵魂没有逃之夭夭。灵魂之本质在于：在漫游中寻找大地，以便它能够在大地上诗意地筑造和栖居，并因之得以拯救大地之为大地。"这样的爱之灵魂、自由之灵魂、选择之灵魂才具有"千古绝唱"的意蕴或韵律。这样的灵魂必是孔雀，必被绚丽的羽翼托起和沉降于实有的天地和天地之间。

　　"现世痛苦，来生幸福"，这是宗教。古乐府诗《孔雀东南飞》本身不是宗教，而是古代民众生存事实和行动状况的叙说和倾诉，自有它的历史意义和文学价值，但还不是存在的绝唱，不是存在的绝唱就很难成为诗歌的绝唱。而今世的一些论说者却一直在宗教式地论说、解读和传扬，是这种"宗教式论说"把它奉为"千古绝唱"。此外，诸如陶渊明式的田园诗歌文学、欧阳修式的怡情山水文学，等等，多年来今世的古代文学论说者和教育者就是用这些精神文化在论说和教育学生，严重缺失今世人文精神和生存论向度。封闭的田园情怀、封建士大夫的怡情和与民同乐以及为爱殉情的爱情故事，都远离我们今天的生存状态和精神内蕴，我们都听得太多，我们已经厌倦了这种论说者的"古典"。存在者需要存在的文学，当下的存在者需要当下的存在文学。因此，古代文学的言说与教育，必须融合今世人文精神和当下主体的存在与本质，才会成为有精神内蕴和生存向度的文学，否则，就会继续沦为宗教式论说的"千古绝唱"。"放弃已有，追寻未有"，"舞者，歌者，娱悦世界的人，来不及快乐与幸福"，这娱悦世界的人，这"为之于未有"的人，这有着强烈的自我与世界意识并不断自我改变或主体间性地改变着的存在者的存在，即主体化的存在、主体化的生活世界和工作世界，才是真正的"千古绝唱"。

　　春江花月夜
　　木棉红盛火
　　勿需提及厦门
　　漳州已足够美丽

勿需提及大海

九龙江已足够美丽

——处女座《孔雀东南飞》

依山而立，面朝江水！这是人类理想的生活栖居和诗意的工作筑造。诗人又一次以自己的工作存在创造了一个现实的神话，将潜能转化为现实，将非存在实化为存在，以"生活在别处"抵达了"自处"，以"异乡"抵达了"自乡"，以"异在"实现了"自在"。诗人始终过着一种主体化的哲学和诗歌生活，使哲学和诗歌世界化，使世界诗歌和哲学化。处女座《孔雀东南飞》不只是诗歌的绝唱，更是存在的绝唱！"孔雀载着孔雀，飞走"，"走，不需要太多理由，放弃已有，追寻未有"，这又是爱情与自由的绝唱！而这所有的绝唱、所有的存在都是以工作世界、工作创造为根基，诗说：

帷幕拉开，孔雀的舞蹈

序曲已经开始

没有人看见绚丽的光环

掩藏着多少选择的痛苦

舞者，歌者，娱悦世界的人

来不及快乐与幸福

——处女座《孔雀东南飞》

处女座《孔雀东南飞》隐含地显现着的是工作世界的流变、改变和创造精神以及自由选择的决绝。"舞者，歌者，娱悦世界的人"，这是作为多重存在向度和生命身份的诗人或存在者，这歌与舞就是诗人或存在者的生存选择和工作创造，就是筑造歌与舞的诗意工作世界以及在此根基上艰辛的甚至来不及快乐与幸福的主体化生活世界。"放弃已有，追寻未有"，人生要学会放弃，人生要学会弃绝，人生要学会自由选择的决绝。主体化的新生活、自由、存在，主体化的工作创造，或许就源于这种放弃或弃绝。处女座《孔雀东南飞》是对闽南自由存在生态的追寻，而这种自由生态亦不是现成地摆在那里，而是靠工作创造。

人生不要要小聪明，而要有大智慧。小聪明就是只会绞尽脑汁地钻营眼前的小利，不会观测未来的前景，或在一条歧途上苦苦争斗，不会选择正确的人生路向。小聪明就是不会放弃，不会自由选择。一个大智慧胜于成千上万个小聪明。所谓大智慧就是确立和找准正确的人生方向或趋向、目标和格局，并不惜放弃眼前的利益、暂时的显赫和浮华的辉煌。小聪明是这个格局与趋向框架内的具体方法和智慧。人生方向和目标不对，小聪明要得再多也徒劳无益，甚至会聪明反被聪明误。有了这种正确的大方向、大格局，即大智慧，一切就迎刃而解。因此，不要把主要精力和心计都用在要小聪明上，而要用在大智慧上，即选准方向、目标，营造存在的格局与趋向，累积存在的资源、过程、能力和素质，造就自我发展的势力。大智慧就是学会放弃与自由选择。

"勿需提及厦门/漳州已足够美丽/勿需提及大海/九龙江已足够美丽。"存在者已从内陆抵达海滨，抵达海洋的边缘，须先夯实大陆存在的根基，再开拓海洋世界的空间。正如诗中所云："还有第三步/跨越远洋。"而海洋的边缘既是海洋的起点或基点，又是大陆的终点。"帷幕拉开，孔雀的舞蹈/序曲已经开始。"因此，存在者实际已经开始进入海洋空间了。而作为起点或基点的生活和工作世界又必是一个寂寞的世界，必是歌者与舞者的寂寞之城。

二 《芗城天上人间》：人生要学会寂寞

人生要学会放弃，而有放弃就有失落，有失落就有寂寞，但这放弃、失落与寂寞不是生命本身的放弃、失落和寂寞，恰好相反，而是对真实或创造性生命的追寻和捕获，是生命自我的富有与荣耀，是存在者生活世界总体意义和工作世界创造本质与物化、资本化和权力中心化的客体化世界的对峙及其在客体化世界中的主体化意义的建构与张扬。在此意义上，"守得住寂寞/你就是一位圣者"。人生要学会寂寞，寂寞是选择的自由状态和价值体验。处女座的诗歌《芗城天上人间》，① 就是这种寂寞之城与

① 处女座：《穿越者之诗——从故乡到异乡》，知识产权出版社，2013，第 188～189 页。

欲望之都的对峙和比照。

　　芗城即漳州。漳州地处"闽南金三角"，芗城区为核心城区。这里，芗城是漳州的一个文化符号，是闽南的一个文化符号，是城市的一个文化符号，是存在者空间的一个文化符号，具有普遍世界意义，又具有漳州、闽南区域文化世界的特殊意义，那就是一个存在者初来漳州的存在生态，首先要经历的寂寞过程。

　　芗城或漳州的意义是什么呢？漳州地处"闽南金三角"，核心城区为芗城区、龙文区、圆山新城，中心城区有漳州台商投资区、漳州开发区，是福建的"田园都市，生态之城"，全年空气质量优良率高达 99.45%，生态城市竞争力位居福建第一。境内拥有国务院批准的中国首个生态型人工岛——"双鱼岛"。漳州东邻厦门，东北与泉州接壤，西南与广东交界，东南与台湾隔海相望。是厦深高铁、龙厦高铁、鹰厦铁路交会的重要交通枢纽城市。漳州是著名的"鱼米花果之乡"。漳州平原是福建最大的平原，素有"海滨邹鲁"的美誉，是文明富庶的经济开发区、国家外向型农业示范区，是闽南商贸重镇和富有亚热带风光的海岸地区。先后荣获国家历史文化名城、中国优秀旅游城市、全国科技先进城市、国家园林城市、全国双拥模范城市等称号。境内有东山岛、漳州滨海火山国家地质公园、南靖土楼等景点。漳州系历史文化名城，早于 1 万年前就有先民在这里繁衍生息。唐垂拱二年（686）建州，迄今已有 1300 余年历史。漳州是一个人杰地灵的地方。漳州是著名的侨乡和台湾祖居地，旅居海外的华侨、港澳同胞有 70 万人，台胞 1/3 祖籍漳州。

　　那么，芗城的意义就是上述介绍的这些意义吗？这些意义，你爱与不爱、恨与不恨、生活与不生活它都客体化地摆在那里，与你无关。这是客体化的地理或历史叙事，而非存在者的空间存在意义。如对一个整日待在家里不去看或不知道这些意义的人，这些意义就没有意义。意义是存在者的主体化。同样，闽南文化的意义也是如此，不管它有多少历史文化和地理空间，如果不被存在者主体化，即如果不是存在者的存在，就只是一个对存在者无意义的客体化的存在。这就进一步表明，闽南文化思想政治教育并不是复述客体化的文化存在，而是一个主体化的理解、体验和建构过程。闽南诗文化思想政治教育则是对诗文化的理解、体验和建构过程，是一种创造性的行动，而不是朗诵几首古典诗词。那么芎城的意义还有什么呢？那就是主体化的存在空间，包括物质地理和精神空间，是主体化生活世界的总体和工作世界本质意义。对大地的理解、体验和建构，对寂寞、爱情、空间、价值、道德、资本、权力、城市、精神、物质、景物、历史、现实的理解、体验和建构，即对生活世界总体意义和工作世界本质意义的理解、体验和建构，才是芎城的真意、本意所在。

　　而处女座的《芎城天上人间》这首诗中，诗人把芎城理解为一座寂寞之城，而这寂寞正是他的天上人间。

> 登上七楼的平台
> 这是他芎城的天上人间
> 一把南方的红木椅
> 一块红土堆砌的菜地
> 黄瓜藤开满黄花
> 结出带毛刺儿的小黄瓜
> 番茄、南瓜，都结出硕果
> 还有韭菜、香菜、茄子、丝瓜
> 这些都是女人的建造与播种
> 他只是一个黄昏的看客
> 一个把菜地当女人的欣赏者
> 一个酷爱土地与植物的恋人

——处女座《芎城天上人间》

　　存在者视楼顶的一块平台为自己的寂寞之地，为自己的天上人间。而这寂寞的天上人间都是女人的建造，他只是"一个把菜地当女人的欣赏者/一个酷爱土地与植物的恋人"，他在黄昏时走进这片天地，静静地对着菜地像对着心爱的女人，体验着与土地、大地和女人的融合之美、之爱，走向诗意的工作大地——精神与物质的工作大地。这就是他的天上人间，在喧嚣的城市之中，只占一小块平台。与大地融为一体，与植物融为一体，是对大地爱的寂寞，是冲动与生长的寂寞。每一粒草籽都是大地的财富，对于大地来说，在腐烂为灰烬的意义上，草籽与黄金、美元没有区别。黄金也没有大地长久。而在现存的意义上是有区别的，大地更爱草籽，那是它自己的生养，自然的生养，而纸币和黄金，那是大地的怪胎，一叠纸币或一两黄金要祸害多少大地的身体和精神！大地喜欢、酷爱的是植物的生长和生命的雨露阳光。资本的高楼分割、遮蔽大地的肢体，权力贩卖大地，不断地使其升值成为资本的奴隶和权贵的财富，甚至成为豪宅、豪车以及嫖宿的资费。而草籽、青草和植物荫蔽和呵护大地。一个贪官，一个开发商，一辆名车，一个煤老板，在大地的眼里根本就比不上一个草籽富有，它们从未进入大地的心灵视野，大地从不关注它们，或者视它们为腐烂的灰烬，大地只关注自己的工作创造、爱和植物。大地给了我们一个对富贵的理解或富贵的理念，那就是普遍生命的冲动、生长和创造，而不是资本和黄金。这与马克思的富贵观相契合，"因为真正的财富就是所有个人的发达的生产力"。① 马克思也认为真正的财富不是黄金、纸币和楼房，而是普遍个体的生产力，即工作创造力。《芗城天上人间》只用一小块平台上的土地，建造了一个生命富贵的空间，这是男人、女人与土地的共同造化。"一个酷爱土地与植物的恋人"，珍惜土地，不需更多的土地。但似乎光这物质的或自然的空间还不够，还要筑造一个精神充盈的空间家园。

> 而此时，他坐在椅子上
> 用肘拄着椅子的扶手
> 用手掌托着脸颊
> 凝望着九龙江的天空
> 一片片鱼鳞状的云彩
> 一根根青龙的肋骨
> 一缕缕清幽的思绪
> 缓缓地凝聚又缓缓地飘散
> "守得住寂寞

---

① 《马克思恩格斯全集》第 31 卷，人民出版社，1998，第 104 页。

你就是一个圣者"

一切繁华在此消隐

一切孤独在此沉静

——处女座《芗城天上人间》

大地的富贵是生命的富贵，生命的富贵是一种寂寞，而不是所谓消费英雄的身份显赫或消费美学的物质张扬，如此，"守得住寂寞/你就是一个圣者"，守得住寂寞就是守得住这种生命的富贵，而这种生命的富贵是生生不息的生命创生与精神建构的双重存在空间和过程。一个小平台、一把红木椅、一个座位，只是这双重存在空间的有形载体，那些"清幽的思绪"才是这空间的潜能巨泻，它隐含和发生于存在者的内心，又以云的形体和龙的肋骨展现于这双重存在空间的天地，使那些显赫的物质的繁华成为浮华并消退、消逝于这精神、思绪和思想的光辉。而存在者的孤独亦不再是孤独，而是寂寞之美、沉静之爱，是寂寞与沉静之富贵，是抽象精神之美与富贵。这寂寞的圣者是一个普通的、日常的、大众化的存在生态，是土地与植物、男人与女人共同造化的爱的共同体。这寂寞之美足以构成一种寂寞美学，足以抵消、消解和遮蔽那些承载着太多贪欲、猥琐、腐败、欺诈、虚伪甚至罪恶的消费美学。而这寂寞美学除了流溢着普通圣者的普通思绪和爱意，还创生着普通圣者的不普通诗性与哲思的存在空间，而这哲思的存在空间又超越了圣者的自身存在空间，延展为一个普遍的精神空间，悬浮于"六月的芗城"，悬浮于城市与普遍存在的空间，这精神的空间是悬浮着的，即在城市之上照耀城市。

……

起身的天空暗下来

浮现一缕火烧的云

一首诗已经炼成

一个思想已经出炉

拖曳着爱情的火焰

悬浮于六月的芗城

——处女座《芗城天上人间》

这里，"火烧"、"火焰"、"炼成"与"出炉"，这情丝的云水、诗性的冶炼、爱意的烧制、哲思的灿烂，是一个多么艰辛的充满技术和艺术的工作创生过程，这个寂寞的独创的过程生成一件寂寞的独创的作品，它可以是一首诗或一个哲思，可以是一本诗集或哲学著作，它以黄昏时分火烧云的姿态和肢体悬浮或飘荡于城市的天空，这爱情的火烧云构筑的精神家园在物质的城市之上，使存在者与存在、圣者与非圣者、芗城与普遍世界共同获得了物质与精神生命的双重存在空间意义，并演绎着寂寞美学与资本美学、消费美学的对峙行动，试图用精神的质料填充物质高楼的沟壑。这就是芗城、芗城天上人间的真意、本意和全意。

一些资本和权力也贪爱大地，他们以卖房子、卖地为生，靠卖房子、卖地劫掠财富，除了卖房子、卖地几乎不会做别的事情。他们根本就不懂对大地的爱，而不懂对大地的爱就不懂人类的爱。由于资本是他们的爱情质料，他们的爱情形式也就沾满了资本的贪欲、愚昧、无知和暴虐。曾有一个靠卖房子、卖地发展经济的官员竟自诩懂哲学，而一个真正懂哲学的人是不会卖掉自己的一寸土地的。他们甚至为了获取农民的土地，有意无意地用推土机强行驱赶和碾压农民的肉体。他们把大地当成自己发财的资本、奴隶和工具，并为自己建造灯红酒绿、纸醉金迷的天上人间，把自己的天上人间变成民众的人间地狱。而《芗城天上人间》里的存在者是"一个把菜地当女人的欣赏者，一个酷爱土地与植物的恋人"。对于生命的总体意义来说，收获果实并不是唯一的意义，过程的意义大于利润和果实。即便有更多的利润，也要给农民一块土地，给他们生活和工作的存在空间，这是他们的本质之地、存在之乡。土地不只在于其利润、资本和经济价值，而在于生活世界的总体意义，它是生命活动的过程，它可以贫瘠，但不能失落；它可以无高楼大厦、灯红酒绿，但不能没有播种、耕耘和灌溉；它可以无资本、老板、开发商、村主任，但不能没有农夫和一切以土地为生命本身的人。

爱的寂寞是生命的充盈。守得住寂寞，对一个人是这样，对一个国家、社会、政府也是这样。好大喜功地建造形象工程和显赫的辉煌只产生短期效应，只有默默无闻地创造、实干，甚至坐得住冷板凳，才能干出真正的事业，表面的轰轰烈烈和物欲的横流往往都是短命的。缺乏实质性的创造力，任何显赫的辉煌都是浮华与颓败。但是，怎样追寻那种爱的充盈的寂寞？诗歌里的芗城本质上并不是一个地理空间或城市物质空间，而是在城市物质空间之上的精神空间。物质空间是一个被分割的物化场所，存在者的物质空间很小，甚至只在一个平台上，但可以通过精神空间的开拓超越物质空间的狭小，用精神思想和诗性弥合物质空间的碎裂。

最富丽堂皇的地方往往装置最腐烂的肉体和灵魂。在《芗城天上人间》里，城市的物资空间只是一个背景，主体成为前景，存在于城市之上的精神空间，与诗和哲思融为一体。天女与云融为一体，在宗教画像里云是天使，是天女。火烧云是一种悬置，一种被悬置和自我悬置，一种悬置的寂寞，圣者的寂寞。圣者从不因为没有或失去物质、金钱、财富、权力而寂寞，他的寂寞是精神空间里沉静而美丽的寂寞，是坐在尘世的冷板凳上造化、开辟诗性和哲思的精神空间境界的寂寞，是真正的寂寞美学。谁守得住这样的寂寞，并带着对大地、对每一颗草籽和植物的爱和敬畏，谁就会成为一个圣者，就会捕获自己爱的天上人间。它在城市之上，是一所寂寞之城，并与欲望之城相对峙。

三 《闽台桐花》：不是过客是归人

作为一个生活于闽南地的闽南人，处女座近年创作了大量的闽南诗歌，这些诗歌都是闽南生活与工作世界的写照、映照与建构。作为一个闽南地的闽南人，处女座又有着强烈的闽台情缘，并将这种情缘注入闽南诗歌之中，创作了独特的闽台诗歌，如《闽台桐花》《闽台茶诗》《闽台关帝》《闽台舞蹈》，等等。闽台情缘是闽南文化的重要内蕴，闽台诗歌是闽南诗歌的重要构成因子，闽台诗文化是闽南诗文化的重要内生文化。油桐花文化是闽南文化、闽台文化、闽南—台湾文化的重要构成因子。这里只探寻和解构处女座《闽台桐花》一诗的意义指向。诗歌《闽台桐花》是闽南内生诗文化，是闽南、闽台油桐花诗文化，是典型的闽南、闽台海洋诗文化。下面首先从闽南、闽台油桐花文化说起。

油桐原产中国大陆，为落叶性乔木，树形修长，可高达 10 米，为大戟科油桐属。树冠呈水平展开，层层枝叶浓密，耐旱耐瘠，为良好园景树及行道树种。油桐树皮平滑，灰色，叶互生，花白色并稍带一点红色；雌雄同株异花，花瓣 5 片，雄花具雄蕊 8～10 蕊，果实内有种子 3～5 颗。油桐树开的花称桐花，这些花朵，用最灿最美的生命点缀母株，油桐花在盛开之时，两天就会落花，一朵接一朵。花开时白花成簇堆积绿叶上头，有如冬雪轻覆枝头，加上花朵随风吹飘落，模样更像是雪花，因而赢得"夏雪"美名，虽然 4 月便见桐花开，但因盛花期在 5 月间，又有"五月雪"的封号。油桐花好看，而且全身是宝。桐油为油漆、印刷油墨的优良原料；树皮可制胶；果壳制活性炭；根、叶、花、果均可入药；桐树本身可供建筑之用，亦可用作防腐材料、乐器用材等。

台湾的油桐树，为早年自大陆引进。油桐在台湾的造林面积很广，在新竹、苗栗一带的客家庄尤其茂盛，早年许多客家人以油桐树为经济作物，所以油桐树与客家人的渊源深厚。当工业替代品出现后，油桐树失去经济价值，遍植全台的木油桐树，因缘际会成为美丽的观花植物。远看桐花如云似雾，近观一朵朵小花组成的花簇，却是美丽迷人，一地落花尤其浪漫。

下面是一个旅游网站上一位自称是台湾嘉义人名叫小鱼的朋友对台湾油桐花的一段描述：

> 台湾山林 4 月下雪，白色油桐花随着风来访而飘落，瞬间如雨般的雪花飘落，潇洒，风度翩翩，挥洒着白色花瓣随风而飘，如雪而下，让树下铺满白色花瓣地毯，羽化成泥土，见景思情，这份思绪，随着花雨飘落，让我沉思、让我想念着远方好友，愿我的思念化成片片纯洁油桐花瓣，随风而飘，遥送我的思念之心，送给远方的好友。台湾的山林在离嘉义最近的云林县，2012 年客家油桐花季开始，"五月雪"的桐花因南部气温暖和，展开它的开花落花精彩序幕，我会随着油桐花在台湾各地的开放开动追花列车，来报道台湾"五月雪"的油桐故事。①

---

① http://www.mafengwo.cn/i/864832.html.

下面是这个网页一位网友与另一位网友的对话：

　　再度欢迎你搭上小鱼的日光倾城追花列车，秉持着追花列车的精神，尽己之力在上班休闲之余，背着单反相机踏遍台湾县市小镇，寻找那份属于你、我相约的承诺，寻找那份属于山林花仙子的美姿，寻找花仙子的踪迹，……那些让你、我深盼的美美的花，这些花总算我们心仪，为让你了解台湾小角落自然美景，你的来访，就是我最大的动力，再度感谢你。

上述两段叙说足以反映台湾人对油桐花之美的倾倒和爱意，"追花列车"这一用语更为形象地反映了这种心境。这些叙说、爱意和追寻表明，台湾人已视油桐花为自己的生命存在。而由台湾音乐人陈明章作词、作曲的闽南语歌曲《油桐花新娘》则从诗文化的视角更为深情和艺术地表明了台湾人将生活、生命、爱情、审美与油桐花融为一体的油桐花存在生态。

　　靠置树枝的油桐花
　　是阮欲嫁你的网仔纱
　　飞置空中的油桐花
　　是跳舞的嫁纱
　　一生一世
　　阮跟你迺
　　飘置空中的油桐花
　　是阮爱你欢喜的目屎
　　是玉山的春雪
　　落置土脚的油桐花
　　是阿爸牵阮的手
　　交乎你誓言
　　是每年五月雪
　　这世人

你爱答应

阮欲做你尚美的新娘

油桐花新娘

有美美的目睭

陪你笑

陪你哭

陪你亲

欢喜做新娘

油桐花新娘

有美美的目睭

陪你笑

陪你哭

陪你亲

欢喜做新娘①

——陈明章《油桐花新娘》

　　油桐花获得油桐花新娘的形象就是获得了爱情、亲情、自然、审美、生活与工作创造的生命形态。而台湾的闽南语歌曲就是台湾的闽南文化，是台湾的闽南诗文化。《油桐花新娘》不仅在台湾传唱，也在大陆特别是福建和闽南传唱，因此，它也是大陆特别是闽南人和闽南地的闽南诗文化。而闽南地区是大陆油桐花分布区之一，特别是历史上一些闽南人移民台湾时就是带着油桐花籽到台湾种植油桐树并以此维持生计，因此，福建的闽南人亦构成台湾油桐花文化初创者之一。在这些意义上，可以说闽南文化亦将生命融进了油桐花文化，视油桐花为自己的生命存在或陪伴自己一生的"新娘花"。因此，从大陆、闽南到台湾的油桐花与从台湾到大陆、闽南的《油桐花新娘》一起构成了油桐花的穿越生命生态，即

①　"阮"在闽南语中是"我"或"我们"的意思；"网仔纱"是一种布料，薄薄的，这里指新娘的嫁衣或头巾；"目屎"指眼泪；"玉山"是台湾的一座山；"迺"指"姓"，亦同"乃"，"跟你迺"是指"跟你过"；"土脚"指"地面"；"目睭"指"眼睛"。

"闽台桐花"的穿越生态。而更为直接和邻近地叙说、表达、显摆、彰显这种生命状态的闽南诗文化当属处女座 2011 年创作的诗歌《闽台桐花》。

从台中到南靖

从南靖到漳州

从漳州到厦门

你一路述说着油桐花

你说你古代的先民

从南靖来到台中的山地

种植油桐树

收获油桐籽

榨取一点点桐油

你说油桐树是你的先民

自己过艰辛的日子

把美丽的身心留给后人

你说油桐花很小

台中市很小

地球很小很小

你用心灵穿越宇宙

宇宙很小很小

你是一朵含泪的桐花

闽台桐花

一场四月的雨或五月的雪

你无法穿越你自己①

——处女座《闽台桐花》

为了理解这首诗，先看一则报道：

---

① 处女座：《穿越者之诗——从故乡到异乡》，知识产权出版社，2013，第 208 页。

2011 年 12 月 2～5 日，台湾明道大学中文系主任罗文玲副教授莅临漳州师范学院（现闽南师范大学）博雅讲坛，举办了 4 场讲座，题目分别为《生活美学》《从春分到小雪——阅读，给予生命力量》《老子的乐活学》《茶与音乐》。首场讲座《生活美学》分别讲到了关于生活美学的 7 个部分：大自然、建筑居住、形象、生命、心灵、人文、生活教育。让我们意识到美就是把握当下，要善于发现身边无处不在的美丽。第二场讲座题为《从春分到小雪——阅读，给予生命力量》，则为我们诠释了阅读的意义，伴随着一年四季 24 个节气，阅读给我们的生命带来更多的感动，它拓宽了我们生命的宽度，延长了我们生命的长度……最后一讲《茶与音乐》又将我们大家从哲学的高峰拉回到平凡简单的现实生活，在轻松的音乐中聆听着关于生活真谛的讲解……

　　处女座就是听了台湾学者罗文玲所做的讲座《生活美学》后创作了《闽台桐花》这首诗，这首诗是根据罗文玲女士在讲"生活美学"时对油桐花的讲述和感受而写。她说历史上自己的先人从漳州南靖将油桐花籽带到台中的山地，先人们就是以种植油桐树、采撷油桐花、榨取桐油为生计，自己过清苦的日子，养育后代。她讲到这里时眼里已噙着泪水……她用 PPT 播放着油桐花的图片以及从小到大排列的台湾、大陆、世界和宇宙的版图，述说着油桐花的身世，以及她回南靖老家的感受，说明天还要到厦门大学去做讲座，后天回台中。她说到自己在世界各国的游历，说台中市很小，地球很小，宇宙很大也很小，而有故乡的地方才是最美、最可爱的地方。结束的时候她几乎是喃喃自语："一般的花是在美丽过后逐渐枯萎而掉落，油桐花却是在最成熟美丽的那一天掉落凡尘，她就开一天，就是昙花一现……就是昙花一现……"而她带着闪闪的泪光起身离去的时候，那一袭白色长裙的背影犹如昙花一现，亦如油桐花的飘落——她自己已经幻化成或她已经被听众幻化成一朵飘落、飘走的油桐花……

　　一个台湾女性学者，一朵穿越于台湾、漳州、南靖、厦门的闽台桐花，一朵穿越于台湾、大陆、世界和宇宙的闽台桐花！"你说油桐花很小/台中市很小/地球很小很小/你用心灵穿越宇宙/宇宙很小很小。"对于心灵的穿越者来说，台中、大陆、地球、天体、宇宙，一切有形的物质的空间都很小很小，心灵的穿越者捕获和追寻的是这狭小地理与广袤精神的双重存在空间的意义。而这朵"含泪的桐花""闽台桐花"，这场"四月的雨或五月的雪"，却无法穿越她自己，因为她所到之处就是她自己。台中、南靖、漳州、厦门，都是她自己，她飘落哪里哪里就是她自己，她走到哪里她就是哪里的归人，而她离开哪里她依旧是哪里的归人，而不是过客，路过的人并不都是过客。如果一个路过自己家门口的人，或者一个进入自己的家又离开家门口的人，称自己是过客而不是归人，那这个人一定不是这个家的人，或者是这个家的人而不认这个家，或者是一个不知何为家、何为归人与过客的没心没肺的人。我们走到哪里我们就是哪里的归人，而我们离开哪里我们并不是哪里的过客。我们都是世界的归人，而不是世界的过客。即使是一片飘零的叶子也是落叶归根，回到自己最初的家。闽台桐花、闽台穿越者以闽台为家，即使是一滴雨、一片雪、一滴泪、一个脚印或一个微笑，只要落在现实的和梦想的家里，就都是心灵与生命的归依。闽台桐花，不是闽台的过客，而是闽台的归人。她转身离去的是昙花一现的身体，是油桐花飘落的背影，她的灵魂连同她的喜悦与哀伤已经沉入闽南的土地、闽南的灵魂，灵魂已沉入灵魂。归人不应以肉体和华裳为标志，而应以灵魂为轴心，花则以花的灵魂为标志。灵魂落在哪里、沉入哪里，你就是哪里的归人，而身体和灵魂的双重归依则是归人的最高境界，而这种境界，闽台桐花已经抵达并将继续抵达，尽管这种抵达只是一个片刻的叙说和交流，但灵魂的抵达，一个片刻足以绵延成永恒。

四　《闽台茶诗》："爱就不要停歇"

闽南茶文化是闽南文化的重要形态，闽南—台湾茶文化是闽南茶文化的重要形态。作于 2014 年的处女座《闽台茶诗》是闽南—台湾茶文化的最新涌现，也是普遍世界茶文化的最新写照。它源于 2014 年的一次闽台茶诗文化的交流活动。请看下面这则闽南师范大学校园网的报道：

2014 年 4 月 8 日，以"诗、茶与闽南文化"为主题的 2014 闽南诗歌节大型文化交流活动在我校举行……以及来自海峡两岸 30 多位诗人、学者、表演艺术家欢聚一堂，以诗歌、茶、闽台语缘、闽南风俗民情为主轴进行广泛的对话与交流。此次诗歌节……邀请的台湾知名诗人有郑愁予、萧萧、白灵、夏婉云等……台湾资深茶道教师李阿利与汉霖艺术团团长王振全的演出片段还曾在当地电视台播映，受到了普遍的关注与好评。台湾明道大学系统总校长汪大永博士接受采访时表示，两岸血浓于水，文化背景相同，通过诗歌节平台，以茶会友、以诗为媒，有利于加强两岸文化交流，让两岸学子在学习借鉴中共同成长。

诗歌创作者处女座看了这则报道后，以这则报道为写作冲动，以闽南诗文化和两岸关系以及自我和普遍生活世界意义为指向，写了《闽台茶诗》这首诗。

　　　一汪海水
　　　叙说你我千年的离别
　　　一杯清茶
　　　接续你我隔世的相聚
　　　云水四溢
　　　正是闽南的四月
　　　嘴唇贴近茶盅的边沿
　　　不要……急于吞咽
　　　茶香与唇吻
　　　浸透海峡两岸
　　　茶叶雨，花瓣雪
　　　都是你弹奏的茶诗
　　　爱就不要停歇
　　　我喜欢这缓缓的节奏
　　　闽台茶诗
　　　茶艺源于茶道
　　　我的情丝都在弦上

> 海岸的心弦
>
> 情到深处
>
> 只凭你律动的指尖①
>
> ——处女座《闽台茶诗》

　　茶艺可将千年的离别幻化为相聚，可将隔海而望的爱人、恋人、情人以及学者、朋友合而为一，可将隔海而望的两岸空间合而为一。这幻化的时间是云水四溢的四月，幻化的技艺是茶艺，幻化的物质无须资本砸钱和顶天立地的工程项目，只凭"一杯清茶"。这茶艺的精湛娴熟已臻化境。千年的离别、隔世的相聚，面对云水四溢的茶盅，依旧从起点到终点，没有省略和遗漏，造化一次千年的离别之爱、隔世的相聚之美。"嘴唇贴近茶盅的边沿"，以吻茶盅的边沿为起点，使喝茶成为吻茶，或者说，喝茶从吻茶开始，吻茶从吻茶盅的边沿开始，这开始就是一个急而不急的艺术，否则就不是开始，就失却了茶艺的审美基点。开始、开端、发端，这个地方无论是物质的实体还是生命的肉身，都是一个有存在感、诗学美和哲学抽象的地方，更是一个茶艺审美所在，美与爱最不可逾越的就是这个起点、基点。茶艺、茶诗、茶文化，闽台茶诗必始于这个云水四溢的茶盅的边沿。这不急于吞咽的茶水，在刚一贴近茶盅边沿的时刻就已唇齿流香，浸人心脾，就已"茶香与唇吻/浸透海峡两岸"，并弹奏出"茶叶雨"与"花瓣雪"的"茶诗"。边沿即中心，且只是茶艺的开始。

　　"爱就不要停歇/我喜欢这缓缓的节奏。"笔者初到闽南时，每当做起闽南人的茶客，看闽南人用一个个鸡蛋大小的小盅喝茶，总是担心不够喝。后来听说闽南人很不屑于北方人、东北人用大碗、大杯喝茶。北方人、东北人大碗喝茶、大块吃肉的急躁、豪爽、贪吃贪喝心态与闽南人小盅喝茶、小块吃肉的平和、平缓、内敛生态形成巨大的反差。或许，这"缓缓的节奏"才是真爱的节奏，才能真正抵达持续恒久的爱境。

　　"闽台茶诗/茶艺源于茶道"，茶道就是爱之道、情之道，茶艺就是爱

---

　　① 此诗原载于界限网站诗歌论坛，2014。

与情的审美艺术，茶道流溢茶艺，茶艺涌现茶道。这就是爱的真理，爱的真理就是艺术和审美的真理。而真理必是一个过程，过程必是一个缓缓的绵延行途。物质的辉煌、权力的显赫都可进入历史，且只能成为历史，而爱的绵延和精神的能量既可进入历史，亦可跨越历史、穿越时空，在物质的颓败和权力的腐朽中绵延和涌现成永恒的过程。"我的情丝都在弦上"，那些"海岸的心弦"绵延千年、万年、亿万年，浸润、沐浴着大海、台海的万顷波涛，而这万顷波涛对于茶诗的创造者、生成者，对于隔海而爱的爱者来说，不过是"一杯清茶"，一杯鸡蛋大小的闽南茶盅里的清茶，那或许就是闻名遐迩的安溪铁观音吧。

那么，经历了这个缓缓的爱的绵延过程，这个过程行进到现在或当下，大海已幻化成一杯铁观音，这隔"海"而望、隔"茶"而叙的爱者、穿越者，这"两岸的心弦"，似乎可以合而为一了，或者说已经合而为一了，就在那个缓缓的节奏弹射的绵延过程之中。情到深处，必不能自已。

普遍世界的爱情关系、闽南—台湾关系、闽台关系、两岸关系的秘密都在一个情字，彼此只凭"律动的指尖"即可将情进行到深处，弹奏曼妙的"合一"乐曲，这是一种何等的茶艺审美境界！又是一种何等的茶道爱情生态！那时，恐怕想分都分不开了，而两条心弦、两岸心弦一旦合一，就构成了一个共同的本尊，就都有了本尊的名分，那被分割、分离的灵魂将不再漂泊，即使处在同样的陆生原地或海岛空间，依旧是合一的本尊之身。而这合一之身就是一个基于工作世界和生活世界的总体或生活世界共同体，它不只是资本、权力或经济、政治，它是一个靠工作世界创造的生活世界总体意义的共同体，因此，经济主义、资本至上逻辑和权力中心价值取向都不适合这个共同体，都很难融入这个共同体。经济、资本、权力都是这个生活世界总体或共同体框架中必不可少的较低级、易逝、易朽的存在因子和表面层次。这个总体或共同体的深层结构是工作世界的茶艺审美和茶道情缘以及永不停歇却又缓缓绵延的爱的节奏。"爱就不要停歇/我喜欢这缓缓的节奏"；"海岸的心弦/情到深处/只凭你律动的指尖"。因此，《闽台茶诗》似可构成标识和蕴含普遍世界爱情关系、闽南—台湾关系、闽台关系、两岸关系以及闽南海洋诗文化意义和秘密的诗文化符号或茶诗文化符号。

五　《我们的云水谣》："我们一直在云水之中"

云水谣是闽南漳州市南靖县的一个小镇，原名长教镇，是台湾拍摄的反映闽台青年恋爱关系的电影《云水谣》的取景地，后更名为云水谣镇。"云水谣"已成为标识闽台关系或两岸关系的一个文化符号，亦是现代闽南—台湾文化的重要构成因子，一提起云水谣，人们就会想到台湾和闽南。处女座 2013 年创作的诗歌《我们的云水谣》可理解或释义为借用"云水谣"这一文化符号，标识和建构"我们"的闽台关系、两岸关系和普遍世界的爱情关系。

> 三月的相聚，闽南雨
> 唱着云水的歌谣
> 漫过火山口，穿越云洞岩
> 流落九龙江畔
> 我们一直在云水之中
> 远离盛会与盛宴
> 一生爱过的人
> 是一支支沉寂的歌谣
> 唯有这一曲，我们的云水谣
> 一直萦绕耳畔
>
> "你没有变，就像从前"
> 在心灵的注视里有青春的永恒
> 爱与美，往昔与现在
> 没有什么可以改变
> 淅淅沥沥的雨
> 细细碎碎的脚步
> 不紧也不慢
> 恰好是初爱的节奏
> 云水的恋情只要今生的序曲

把高潮和尾声留给来世①

——处女座《我们的云水谣》

云水谣镇是云水谣的本谣，而有爱的人处处都是云水谣。"三月的相聚，闽南雨/唱着云水的歌谣/漫过火山口，穿越云洞岩/流落九龙江畔。"闽南雨，每一滴雨水都是云水谣的一个分谣，所有的闽南雨合在一起构成云水谣的本谣。本谣的"理一"在哪里，分谣的"分殊"又在哪里，这个其实并不重要，重要的是爱，有爱就有"理一"，有爱就有"分殊"，海洋文化、海洋精神的精髓就在于这种普遍世界的爱。火山岛的火山口、云洞岩、九龙江畔，处处都是云水谣，处处都承载着海洋世界的爱与美。

爱在云水之中，"我们一直在云水之中/远离盛会与盛宴"。"盛会"与"盛宴"是一个正在消隐的、遭遇国家意识形态贬斥的、被民众弃绝的文化符号。"海天盛筵""天上人间""维也纳金色大厅"这些昔日的辉煌场地，这些资本与权力肆虐与唱和的空间已成为与爱无关、与真理无缘的文化符号。海德格尔认为，艺术的本性是真理，也就是诗。他说："真理作为在的东西的澄明和隐蔽，发生在被创作的东西之中，像一位诗人创作一首诗那样。一切艺术，都是这样的，作为使关于在的事物的真理发生，本质上都是诗意的。"② 爱亦是真理，亦是诗。艺术、真理和爱，都不在"盛会"与"盛宴"之中，都在云水之中，被云水谣唤醒，在云水谣中涌现。"一生爱过的人/是一支支沉寂的歌谣/唯有这一曲，我们的云水谣/一直萦绕耳畔。"我们一直在云水之中，爱情的雨水，净化水月的沧桑，洗涤存在的尘埃。爱的世界，不是一个物是人非的世界，"在心灵的注视里有青春的永恒"。流动的现代性，使那些消费英雄、资本时尚、权贵荣耀和精英审美都成为转瞬即逝或一闪而过的灵光，但无法改变爱与美的青春，因为它们一直在云水之中，被心灵注视、庇护和照耀。是的，心灵的能量是精神的能量，可以穿越历史，在物质的颓败与盛宴的荒芜中进入永恒，这是这个世界唯一的永恒。只要将目光转向心灵，以心灵

---

① 此诗原载于界限网站诗歌论坛，2013。

② 〔德〕海德格尔：《艺术作品的本源》，载《外国美学》第 7 辑，商务印书馆，1989，第 345 页。

注视心灵，就可抵达爱的永恒，这个世界是有永恒的！以至于一生的爱、脚步以及醉心其中的雨水，不过是一支支序曲，吟唱着云水的歌谣，"把高潮和尾声留给来世"。来世就在今世的隔壁，或是一山之隔，或是一海之距，或是一天之远。那边，闽南雨依旧唱着云水的歌谣，那边的城市由云水筑成，矗立于尘世和心灵之上，那边依旧是"我们一直在云水之中"。来世的云水飘落今世，"我在云水谣等你"，他与她似乎都听到了彼此的呼唤……

有房地产商也听见了云水的召唤，在《海峡导报》上用《我们的云水谣》推销南靖的楼盘。他说："有诗歌叙之，'三月的相聚/闽南雨/唱着云水的歌谣/漫过火山口/穿越云洞岩/流落九龙江畔/我们一直在云水之中/远离盛会与盛宴'。电影《云水谣》让许多人认识了南靖这座美丽的小城。在山清水秀的地方，寻求建筑与环境和谐共生。在钢筋水泥的建筑中，让生活多一些温情和诗意，这正是许多旅居项目的灵魂。"①

"我们一直在云水之中"，房地产商、婚纱店主、旅行者、闽南人、闽北人、东北人……他们都在倾听《我们的云水谣》，这是每一个人的"云水谣"。"我在云水谣等你"，此时，闽台人、闽南—台湾人，此时，大陆与海岛、陆地与海洋、心灵与肉身，都漫过闽南雨、闽台雨，倾听着云水的召唤，吟唱着《我们的云水谣》……

云水、云城、云乡、云水谣，都在前世、今生、来世，有人遇而不遇，有人未遇而遇。我们都是云水谣的穿越者，云水谣的穿越者都是闽台穿越者，这"云水谣——闽台穿越者"的生态亦有诗歌《云水谣——闽台穿越者》叙之：

> 从台湾到漳州
>
> 从漳州到云水谣
>
> 云水一色，山水一脉，海天一统
>
> 闽台穿越者内心一统
>
> 台湾人、漳州人、云水人

---

① http//www.363600.net/nouse/article-46.html.

谁是谁的归人

谁是谁的过客

有人遇而不遇，逢而不逢

闽台穿越者在闽台之外

又在闽台之内

未遇而遇，未逢而逢

哦，你诵诗的样子依旧哀婉

你海洋的音韵依旧优美

云水悠悠，你手扶亭栏

定格在一张云水谣的照片里

看见你，我在云水之外

不，是在云水之内

穿越闽台，五月的云水谣

我手抚诗琴日日弹奏

弹响你内心的长恨歌

弹落你眼角千年的离恨

拭去你腮边隔世的别愁①

——处女座《云水谣——闽台穿越者》

从"三月的闽南雨"唱到"五月的云水谣"，"云水的恋情只要今生的序曲/把高潮和尾声留给来世"。《云水谣——闽台穿越者》是序曲、高潮还是尾声？

"我们一直在云水之中"，眼角的离恨、腮边的别愁，有诗琴弹落……

---

① 处女座：《穿越者之诗——从故乡到异乡》，知识产权出版社，2013，第 207 页。

参考文献

1.《马克思恩格斯选集》第 1~4 卷，人民出版社，1995。

2.《马克思恩格斯全集》第 1、6、7、44 卷，人民出版社，2001。

3.《马克思恩格斯全集》第 42、45、46、47 卷，人民出版社，1979。

4.《毛泽东年谱》上卷，人民出版社，1993。

5.《毛泽东文集》第 1 卷，人民出版社，1993。

6.〔美〕摩尔根：《古代社会》，杨东莼等译，商务印书馆，1981。

7.〔美〕威廉·A. 哈维兰：《文化人类学》，上海社会科学院出版社，2006。

8.〔德〕黑格尔：《历史哲学》，王造时译，三联书店，1956。

9.〔美〕阿尔弗雷德·许茨：《社会实在问题》，霍桂桓等译，华夏出版社，2001。

10.〔德〕海德格尔：《存在与时间》，陈嘉映等译，三联书店，1987。

11.〔德〕海德格尔：《林中路》，孙周兴译，上海译文出版社，1997。

12.〔德〕海德格尔：《在通向语言的途中》，孙周兴译，商务印书馆，1997。

13.〔德〕恩斯特·卡西尔：《人论》，甘阳译，上海译文出版社，2003。

14.〔美〕赫伯特·马尔库塞：《爱欲与文明》，黄勇、薛民译，上海译文出版社，2012。

15.〔德〕雅斯贝尔斯：《什么是教育》，三联书店，1991。

16.〔美〕小威廉姆·E. 多尔：《后现代课程观》，王红宇译，教育科学出版社，2000。

17. 李晓元：《人学走进工作世界——主体化人学初探》，人民出版社，2012。

18. 李晓元：《世界境界哲学——中国梦的世界境界及其实现》，社会科学文献出版社，2013。

19. 中国考古学会：《中国考古学会第二次年会论文集》，文物出版社，1980。

20. 《东南考古研究》第二辑，厦门大学出版社，1999。

21. 陈国强、叶文程、吴绵吉主编《闽台考古》，厦门大学出版社，1993。

22. 陈孔立：《清代台湾移民社会研究》，九州出版社，2003。

23. 周文顺：《台陆关系通史》，中州古籍出版社，1991。

24. 连横：《台湾通史》，商务印书馆，1983。

25. 葛剑雄等：《简明中国移民史》，福建人民出版社，1993。

26. 尤玉柱主编《漳州史前文化》，福建人民出版社，1991。

27. 福建博物院编《福建考古资料汇编》（1953—1959），科学出版社，2011。

28. 福建晋江流域考古调查队编著《福建晋江流域考古调查与研究》，科学出版社，2010。

29. 陈支平：《福建六大民系》，福建人民出版社，2000。

30. 何绵山：《闽台文化探略》，厦门大学出版社，2005。

31. 杨琮：《闽越国文化》，福建人民出版社，1998。

32. 〔美〕Barry Rolett：《中国东南的早期海洋文化》，干莉译，厦门大学出版社，2005。

33. 李献章：《妈祖信仰研究》，澳门海事博物馆，1979。

34. 蒋维锬、朱合浦：《湄洲妈祖志》，方志出版社，2011。

35. 林文豪：《海内外学人论妈祖》，中国社会科学出版社，1992。

36. 徐晓望：《妈祖的子民：闽台海洋文化研究》，学林出版社，1999。

37. 罗香林：《客家源流考》，中国华侨出版社，1999。

38. 〔英〕加得纳：《人类的居所、房屋起源和演变》，汪瑞等译，北京大学出版社，2006。

39. 《福建土楼》编委会编《中国福建土楼》，中国大百科全书出版社，2007。

40. 曾五岳：《漳州土楼揭秘》，福建人民出版社，2006。

41. 刘大可：《传统的客家社会与文化》，福建教育出版社，2001。

42. 黄汉民：《福建土楼：中国传统民居的瑰宝》，三联书店，2003。

43. 周振国、高海生等：《红色旅游基本理论研究》，社会科学文献出版社，2008。

44. 《周礼》卷十《秋官·司寇下》。

45. 《周礼》卷八《秋官·司寇下》。

46. 《山海经》卷十《海内南经》。

47. 《汉书》卷一《高帝祀》。

48. （汉）司马迁：《史记》，中华书局，2006。

49. （宋）廖鹏飞：《圣墩祖庙重建顺济庙记》，《白塘李氏族谱》。

50. （宋）洪迈：《林夫人庙》，《夷坚志·支景》第9卷。

51. （宋）刘克庄：《白湖庙》，《后村先生大全集》第96卷。

52. （宋）李丑父：《灵惠妃庙记》，《至顺镇江志》第8卷。

53. （宋）丁伯桂：《顺济圣妃庙记》，《咸淳临安志》第73卷。

54. （明）刘基：《台州路重建天妃庙碑》，《诚意伯刘先生文集》第13卷。

55. （明）郑和：《天妃之神灵应记》，《长乐显应宫存碑》。

56. （明）黄仲昭：《八闽通志》，福建人民出版社，2006。

57. 《大清仁宗睿皇帝实录》第229卷。

58. （清）李光波《周礼述注》第19卷。

59. 陈寿祺等：《福建通志》，华文书局，1968。

60. 台湾文献委员会：《台湾省通志》卷六《学艺志·文微篇》。

61. 福建省地方志编纂委员会编《福建省志·民俗志》，方志出版社，1997。

62. Martin Heidegger, *The Fundamental Concepts of Metaphysics*, trans: WcNeill and Nicholas Walker, Bloomington: Indiana University Press, 1995.

63. Wagner, H. R. , *Alfred Schutz*: *An lntellectual Bioigraphy*, Chicago and London: The Universitv of Chicago Press, 1983.

64. Karl Jaspers, *The Idea of the University*, London: Peter Owen Ltd. , 1965.

后　记

　　2011 年，笔者提出文化思想政治教育和闽南文化思想政治教育的概念，并申请开设了"文化思想政治教育"（亦称"文化与思想政治教育"）选修课，将思想政治教育置于文化世界的大格局、大视野，践行文化思想政治教育理念。2012 年笔者主持国家社会科学基金项目"马克思主义哲学中国化的文化世界向度研究"（项目编号：12BZX011），2013 年主持福建省教育科学规划基金重点项目"闽南文化德育资源现代转化研究"（项目编号：FJJKCGZ13 - 046），并成为"福建省马克思主义理论（思想政治教育）研究生教育创新基地"项目中"哲学与闽南文化思想政治教育研究"方向的负责人。随着这些相互关联的课程、项目、基地的发端以及教育实践和研究进展，用文化哲学方法研究闽南文化思想政治教育的著作写作和出版就水到渠成了。因此，本研究是上述两个科研项目和一个基地项目的共同成果。

　　感谢闽南师范大学为本研究提供的境遇支撑！感谢社会科学文献出版社社会政法分社传媒与文化编辑室周琼主任和单远举编辑，他们对本书的设计和编辑做出了重要贡献！

　　本研究用文化哲学新方法，探究闽南文化思想政治教育的意义结构，这首先要探究闽南文化的意义结构，因此，本研究集文化哲学方法论、闽南文化哲学、闽南文化思想政治教育学于一体。本研究尝试性开创闽南文化思想政治教育学新理论体系，试图为思想政治教育学开启区域文化思想政治教育学研究与实践的新视野和新学科增长点。当然，本研究还处于初级阶段，还有很多未竟的研究领域和事宜。闽南文化具有无限的意义域、价值核和存在空间，本研究至多只能在总体上和一些标志性文化形态上相对地抵达闽南文化的实体空间和教育真存，无法穷尽其每一片充满魅力而丰盈的叶子，这是一种缺憾；又由于水平所限，必有不当之处；一些研究枝节也会存在与前定文化哲学方法疏离的现象，而笔者并未苛求这一点，觉得这似乎能涌现一定的原生丰盈意义和流露某种被遮蔽的原逻辑。愿学界同行和读者朋友不吝赐教！笔者愿与同行和读者一道，共同开启闽南文化思想政治教育的小宇宙，共同造化和体验这种研究、教育、学习和践行的爱与美。

李晓元

2014 年 8 月于芗城白鹭园

图书在版编目（CIP）数据

文化哲学方法与闽南文化思想政治教育研究/李晓元著.
—北京：社会科学文献出版社，2014.12
ISBN 978 - 7 - 5097 - 6979 - 9

Ⅰ.①文…　Ⅱ.①李…　Ⅲ.①文化史 - 研究 - 福建省
Ⅳ.①K295.7

中国版本图书馆 CIP 数据核字（2014）第 303207 号

文化哲学方法与闽南文化思想政治教育研究

著　　者/李晓元

出 版 人/谢寿光
项目统筹/周　琼
责任编辑/单远举　关晶焱

出　　版/社会科学文献出版社·社会政法分社（010）59367156
　　　　　地址：北京市北三环中路甲 29 号院华龙大厦　邮编：100029
　　　　　网址：www. ssap. com. cn
发　　行/市场营销中心（010）59367081　59367090
　　　　　读者服务中心（010）59367028
印　　装/三河市东方印刷有限公司

规　　格/开　本：787mm×1092mm　1/16
　　　　　印　张：25.75　字　数：407 千字
版　　次/2014 年 12 月第 1 版　2014 年 12 月第 1 次印刷
书　　号/ISBN 978 - 7 - 5097 - 6979 - 9
定　　价/96.00 元